吉岡眞之 著

日本古代典籍研究

——史書・法制史料・儀式書・説話——

八木書店

目次

第一部　史　書

第四章　類聚国史……125

第二部　法制史料

第三部　儀式書

第四部　説　話

序 ―歴史学研究と史料―

一　史料研究の意義

1　主要な検討対象

歴史学は資料を基礎とし、かつ精緻な論理の構成によって成り立つ学問である。かつて、その研究の基礎とされたのは、古典籍（文学作品を含む）・古文書・古記録などの文献史料であった。しかし現在では、さまざまな出土遺物・絵画・工芸品・民俗資料などのモノ資料から写真・映像・録音などまでを含んだ、きわめて多様で広範囲の資料を対象とする研究が行われるようになっている。

日本古代史研究の分野でも、従来は六国史と律令格式、『万葉集』『懐風藻』などの文学作品や『日本霊異記』のような説話、および古文書・古記録などが主要な研究対象であった。しかし藤原宮（京）・平城宮（京）などの古代の宮都や国・郡などの官衙、寺院などのさまざまな遺跡の発掘調査が盛んに行われるようになり、それにともなって多様な遺物、とりわけ大量の文字資料（木簡・漆紙文書・墨書土器など）や絵画資料も出土するようになった。そのなかには、従来の常識では理解困難な内容のものや、現在まで残る民俗慣行に関連するものも少なくない。このように、歴史学の基礎となる資料は、かつてと比べて質量ともに飛躍的に増加し豊かになっており、この傾向は今後も変わらないだろう。

しかしそのような状況のなかでも、文献史料、とりわけ歴史を叙述した勅撰の正史である六国史、国家の基本法典である律令格式は依然、全体の骨格として重視すべきである。その理由は、たとえば出土文字資料の場合、ほとんどは断片的なものであり、資料の内容を歴史的に位置付けるためには、当該時期の歴史の流れや、基本法令の諸規定のなかで内容を検討することが不可欠だからである。つまり出土文字資料と歴史書（史書）・法制史料をトータルに検討することで、はじめて断片的資料が活きてくることになる。これが、歴史書と法制史料を文献史料の中核に置く理由である。

なお文献史料のうち、一九五〇年代以降に研究が本格化した古文書、および一九八〇年代以降に研究が盛んとなった古記録については、これまでの筆者の研究領域に占める割合はわずかである。よって、本書における検討の対象とはしない（とりあえず古記録については本章末尾の文献Ⅱ④・⑧、古文書についてはⅡ⑰、出土文字資料についてはⅡ⑨を参照されたい。以下、文献の略称は同じ）。

2　近世版本から近代活字本へ

このように歴史書と法制史料を研究の中心に置く際、どのようなテキストを用いるべきか。現在、古代史研究の分野に限れば、数ある基本文献のほとんどは活字化されている。先に挙げた六国史・律令格式は、その他の古代史関係史料とともに「新訂増補国史大系」（吉川弘文館）に収録され、また『万葉集』『懐風藻』『日本霊異記』は「日本古典文学大系」（岩波書店）などに収められ、我々はこれらの活字本を容易に手にすることができる。また近年では、それらの史料のかなりの部分がフルテキストデータ化され、全文検索も可能となっている。

日本古代史研究をめぐっては、第二次世界大戦の敗戦以前は多くのタブーがあり、自由に研究することができなかった。しかし敗戦とともにそうしたタブーから解放され、研究が一気に隆盛を迎えることとなった。ただし研究の基礎となる史料の多くは、たとえば「新訂増補国史大系」のように、戦前に刊行された活字本の本文を利用することが多かった。それは「国史大系」がテキストとして優れていたことにもよるのであって、そのこと自体は、当初、さほど問題にはならなかった。しかし一九七〇年代以降、戦前以来利用されてきた「国史大系」のようなテキストが批判にさらされ始めた。批判の対象とされたのは主として史料の本文であり、本文の質を保証する本文校訂の方法であった（この問題については、後に具体的に述べる）。

本文校訂とは、簡略に述べれば、ある史料のテキストを作成する場合、複数の写本を比較検討して文字の異同を検出し、正しいと判断される文字を選択し、本文として採用する行為である。前近代のテキストは、主に人間の手によって書写され、流布し、伝来してきた。したがって、そこでは誤写・誤脱などの現象の発生は避けられない。

日本における古い史料の残り具合は、他地域と比べてかなりよいとはいえ、古代史料の原本が現存する事例はそれほど多くない。もちろん正倉院文書や『御堂関白記』などのような原本が現存する事例では、史料そのものの厳密な分析から作業を始めればよい。しかし、そうした条件が整っていない事例では、本文の検討に入る前提として、何世代にもわたって転写され続けてきた複数の「写本」を比較・検討する作業が不可欠となるのである。

たとえば六国史や律令格式は、近世に入って版本（板本）の印刷が行われ広く流通するようになる。この段階においても、版本が刊行される際、各種の写本を用いて一通りの校訂がなされたうえで利用されていた。しかしその校訂の実態を見てみると、広い範囲から探し出した良質な写本を底本とした事例は多くなく、校訂方針に関しても現代の目から見ると不十分な点が目立つ。

ここで問題となるのは、近代以降の活字テキストは、こうした近世の版本の強い影響のもとに作成され、利用されてきている点である。たとえば、一九二八～一九三一年に朝日新聞社が出版した六国史の場合、作成する際に用いた底本はいずれも近世に出版された版本であった。したがってそこでは近世の版本の不十分な校訂の結果が少なからず継承されている（I④）。優れたテキストとして定評のある「国史大系」の場合でも、一部を除いて近世版本を底本としており、その影響は免れない（この点は、具体的に『続日本紀』の事例を取り上げて後述する）。

このような近代の活字テキストの問題点を再検討する必要性が、ようやく一九七〇年代頃から認識され始めたのである。その結果、新たな活字テキストを作ること、あるいは良質な写本を影印本として刊行することが多く行われるようになった。これは、研究をする際、できる限り正確な本文のテキストにもとづかなければならないという認識の結果であり、そうした認識が生まれる背景には、旧来の活字本が出版された段階と比べて、古代史研究の水準が高度化してきたことがある。

それでは、現在の古代史研究の水準にふさわしい新たなテキストとはどのようなものであり、それはどのようにして獲得できるのか。そのためには本文の校訂を厳密に行うことが必要であるが、そもそも厳密な本文校訂とはどのような行為を指すのか。ここに、史料そのものを研究する「史料学」の必要性が意識されることとなる。

3　諸写本の生成

先に述べたように、本文校訂を行うためには複数の写本を比較検討する作業が必要となる。それでは、複数の写本とはどういった性格のものか。『日本書紀』（養老四年〔七二〇〕完成）を例にとれば、近世に至るまで、膨大な量の写本が作成され、そのうち多くが現在にも伝えられている。本文校訂を行う際、現存するそれらの写本の全てを比較・検討することは、ほぼ不可能である。そうであれば、写本のなかからいくつかを選んで、比較・検討するほかに方法はない。それでは写本を選ぶ際、選択の方法・基準はどのようにして設定すればよいのか。

写本は、人間の手によって写されるものである。写本Aを用いて写本Bが写され、写本Bを用いて写本Cが作成されるという作業が繰り返し行われることによって多くの写本が生まれ、流布していく。こうしてA→B→Cという書写の流れ、すなわち「写本の系統」が形成される。しかし実際には写本系統はこのように単線的に形成されるだけではなく、写本Cを書写する過程で別の写本Dや写本Eが参照され、それらにもとづいて写本Cの本文が改訂されることもある。そのため、書写された写本の性質は、非常に複雑な構造を持つ場合も少なくない。複数の写本から異なる情報を引き写して合成を繰り返した尊経閣文庫本『年中行事秘抄』（本書第三部第三章）などは、そうした成り立ちを経た典型例といえる。

現在の研究水準が要求する新しいテキストを作成するには、このように形成された複雑な写本群のなかからどれを選択して底本とし、どれとどれを校訂に用いるのが妥当かという判断が求められる。その判断を適切に下す方法を研究するために、「史料学」という独自の学問領域が必要になってくるのである。

4　写本に記録された情報

吉岡がこのような認識を明確に持つようになったのは、次のような複数の環境に身を置いたことがきっかけとなっている。

第一に、大学院修了後、指導教官であった井上光貞氏（一九一七～一九八三）のお薦めにより、吉岡は宮内庁書陵部に職を得て史料集の編纂に従事することになった（一九七二〜一九九六）。書陵部は宮家・公家などが所蔵していた日記その他、大量の歴史・文学関係の史料を収蔵している官庁である。これらの史料を中心として、古代から現代までの皇室の制度、宮廷の儀礼・儀式の変遷を歴史的に追跡するための史料集を編纂・刊行することが、そこでの吉岡に与えられた職務であった。つまり研究の前提としての史料を研究し、その成果としての本文テキストを提供するという、いわば「史料提供者」としての仕事である。

そのためには、できる限り良質な本文を提供することが求められ、必然的に個々の史料を吟味し、どれが良質かを見定める必要が生じてくる。『日本書紀』を例にとると、この史料は極めて多くの写本が現在に伝わっている。そのなかから良質な写本を選択するに当たって、通常、古写本（おおよそ室町時代以前に写されたもの）ほど誤りが少ないと見なされる。写本は人の手によって写されるものなので、転写の回数を経ているものほど写し誤りが発生する可能性が高いからである。

しかしこれは一般論にすぎず、新写本（おおよそ江戸時代以降に写されたもの）であっても採るべきものは少なくない。どの写本を「善本」と認定するかについては、親本（あるいは祖本）の質がよいこと、信頼性の高い主体が転写したこと、転写の回数が少ないこと、保存状態がよいことなどが判断基準となる。単純に、記載された文字情報のみからでは判断できず、伝来・転写過程の把握が不可欠となる所以である。こうした観点からすれば、近世になって良質な古写本を書写したもののほうが、中世に雑な転写を繰り返したものよりも、善本と見なされることになる。

つまり良質な写本を選択するためには、個々の写本を手当たり次第に調査研究するのではなく、伝来の経緯によって写本をいくつかの系統に分類し、そのうえで総体的に判断することが望ましい。とくに『日本書紀』のように大量の写本が残されている史料の場合、手当たり次第の調査では膨大な時間とエネルギーを必要とし、しかも得られる成果は必ずしも満足なものにならない。的確に写本の良否を見極め、それを前提に適切な校訂を行い、最終的には良質なテキストを作ること、これが史料研究の最終的な目標である。吉岡は、このことを書陵部での公務を通じて学んだ。

日本古代史研究に使用される史料のほとんどはすでに活字化されており、吉岡もそれを何気なく使っていた。しかし、信頼度の高い活字本を作るには右に述べたような目に見えない基礎研究が必要であること、つまり史料自体の研究の重要性を「史料提供者」の立場に立つことによって明確に認識することができたのである。

5　校訂の方針というもの

第二の経験は、一九七〇年代後半に、井上光貞氏をリーダーとする『続日本紀』（延暦一六年〈七九七〉完成）の注釈書の作成プロジェクトで、本文の校訂を石上英一氏（当時、東京大学）とともに担当する機会を与えられたことである。『続日本紀』は八世紀研究の根本史料であり、その写本について深く検討することは、吉岡にとって大変有意義なことであった。

『続日本紀』は、活字テキストとして新訂増補国史大系に収められたもの（以下、国史大系本と呼ぶ）がすでに存在し、これがほぼ一世紀にわたって信頼を得ている活字テキストとして広く利用され続けていた。このテキストに、新たな活字本を作成して対置することになるのであるから、その緊張感は大変なものであった。さいわいにも、『続日本紀』の写本の調査は、すでに北川和秀氏（当時、群馬県立女子大学）・故鎌田元一氏（当時、京都大学）を中心に進められており、最も労力を必要とする写本系統の解明がほぼなされていた。そこで吉岡たちは、底本として鎌倉時代後期に書写された最古の写本である蓬左文庫本（名古屋市蓬左文庫所蔵）を選択するとともに、底本と比較検討するための対校本には、北川・鎌田両氏の研究成果に依拠して四種類の写本を選び、あわせて国史大系本とも比較することにした（具体的には後に述べる）。

これらの諸本をひたすら相互に対照する作業を進めるなかで、国史大系本の優れた校訂の方針・方法が明らかになる一方、さまざまな疑問も感じられるようになった。国史大系本の校訂方針に対する吉岡の疑問は、国史大系本と自分たちの校訂が目指すものとの違いに起因するものである。一言でいえば、国史大系本が目指すものは、読んで意味が通る本文を提供することで、そのためには、『続日本紀』の写本以外に、参考となるあらゆる史料を動員して校訂する必要があったと考えられる。

これに対して、我々の目的は『続日本紀』の原撰本（編纂当初の姿）の復原であった。そこで『続日本紀』本文の純粋性を確保するため、比較検討の対象は『続日本紀』の写本に限定し、国史大系本が校訂に用いた多様な史料は厳格に排除することにした。このため意味が通じがたい箇所も残らざるをえないが、それについては利用者の判断に委ねなければならない、という考え方である。このような方針をとったのは、現在の古代史研究の水準が求めるものが、できるかぎり原撰本に接近することにあると考えたからである。

6　写本の重層性

こうして校訂作業を続ける過程で、先に触れた蓬左文庫本の特異な様態が目を引いた。『続日本紀』写本研究の展開全般については後述するとして、ここで同本の現状が示している写本というものの特性について触れておこう。かいつまんでいえば、写本というものは紙の上に書かれた平面的なものであるが、平面それ自体が実は目に見えな

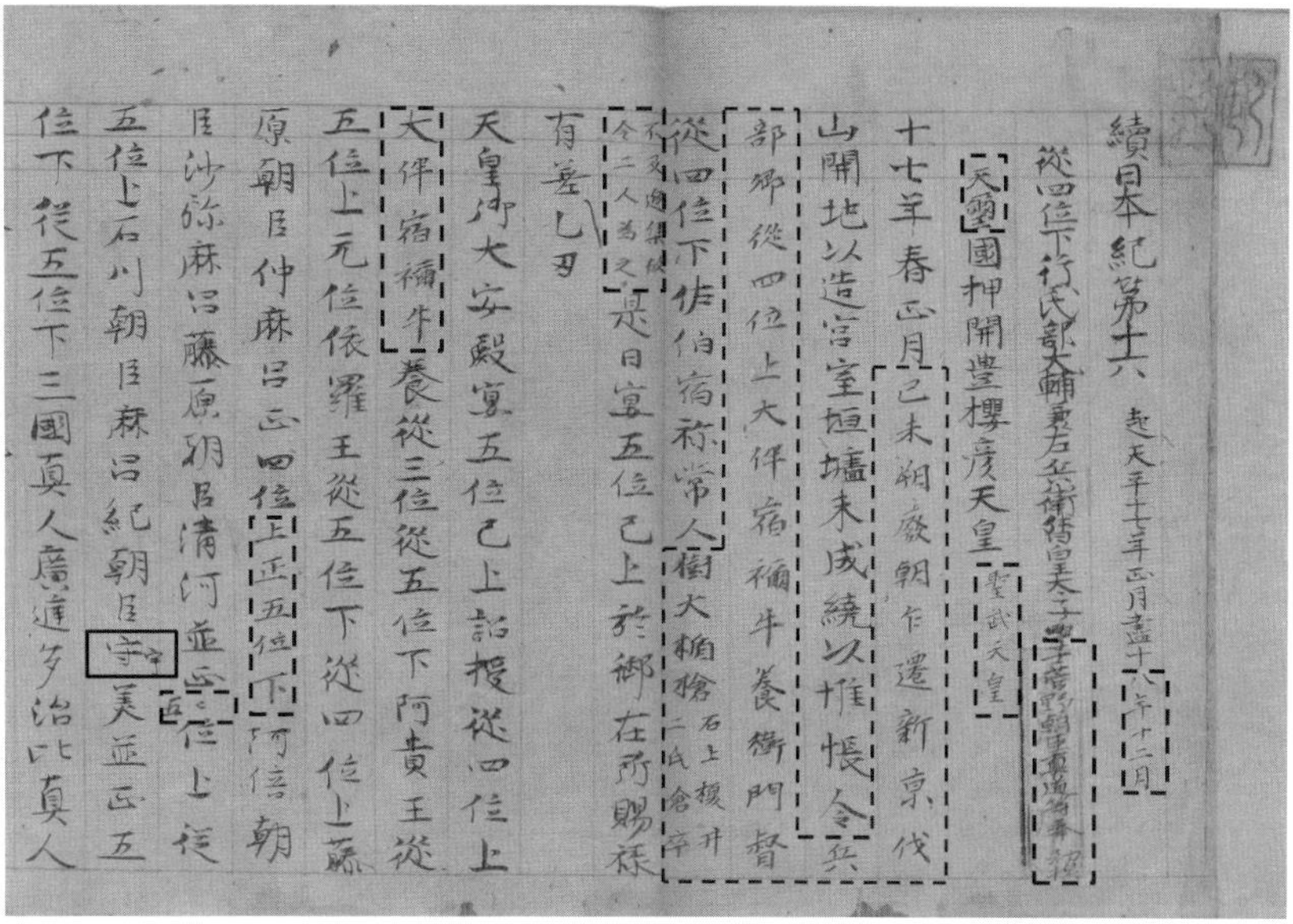

図1　蓬左文庫本『続日本紀』巻16 冒頭（名古屋市蓬左文庫所蔵）

い立体的な構造を持っているということである。

たとえば巻一六の冒頭部分（図1）では、「紀朝臣守美」とある部分に、本文と同筆で「宇」と傍書されている（図1の実線囲い部分）。これは、蓬左文庫本の親本（金沢文庫本）の段階で存在した書入れをそのまま転写したものであろう。親本に存在した校異か、書写後に本文を整定した際の補記と推定される。親本の段階では本文と別筆だった可能性もあるが、蓬左文庫本が転写された際、その区別が付かなくなった事例である。

これに対し、現状においても筆跡・墨色の差から別筆であることが明確な箇所（図1の点線囲い部分）は、蓬左文庫本（かつての金沢文庫本）が書写されて以降に加筆された文字と判断できる。これらは親本（もしくは祖本）に生じていた欠損ないし空白を、三条西本系統の写本によって補っている部分である。これらの補記を行った主体は、角倉素庵（一五七一～一六三二）と考えられる。なお欠損が、すでにこの写本を書写した段階で存在していたことは、冒頭の「士菅野朝臣真道等奉 勅撰」が押紙の上に書かれ、その紙の下方に「金沢文庫」の蔵書印が捺されている点からも推定できる（以上の点について、詳しくは著書Ⅰ③を参照）。

このように現在の姿になる以前に、写本には幾人もの手が繰り返し加わっており、その重なり（重層的な構造）は、写本が書写されることによって一旦平面化する。そこにまた後世の人の手が加わって立体化するが、これを書写すれば立体的な構造は再び平面化する。写本の現状は、この繰り返しの結果として存在する。その重なり具合を写本の現状から識別することは困難な場合が多いが、比喩的にいえば、写本の立体構造はパイの薄皮が幾重にも重なっている様子を思い浮かべればよい。とすれば、この薄皮を一枚ずつはがしていけば、論理的には、原撰本に到達することができるはずである。もちろん現実にはそこに到達することはほぼ不可能であり、そこに至る永いプロセスがあるのみかもしれないが、原撰本に近づくためのこのような努力は尊重しなければならない。

『続日本紀』注釈本作成プロジェクトのリーダーであった井上氏は、晩年、国立歴史民俗博物館の創設のために文字通り東奔西走するかたわら、ご自身のライフワークとして、これも古代史研究の基本史料である法制書『令集解』全巻の注釈書の編纂という大きな構想を持っていた（氏の研究については、断片的ながらⅡ①・⑤などで触れた）。一九七八年四月の還暦・退官を祝う会の席上、氏は「令集解の研究」を今後のライフワークとする旨を表明した後、山川出版社から『令集解の研究』（研究篇一二巻・論文篇・索引篇）を出版するための具体的な作業も始めていたが、間もなく六六歳で急逝された。歴博の一般公開を二週間後に控えた時期のことだった。

この計画でも、『令集解』本文の校訂を石上英一氏と吉岡に委ねられ、我々は『続日本紀』と同様の考え方・方法を採用した。氏の逝去により、併行して進められていた『続日本紀』『令集解』の注解作業のうち、氏個人の事業としての色彩が濃かった後者が頓挫してしまったことは誠に残念なことであったが、その過程で石上氏は『令集解』の写本研究を進めて系統の分類を行い、どの写本が質の高いものであるかを解明された（石上英一『日本古代史料学』東京大学出版会、一九九七年）。ここに、現在に至る『令集解』写本の選択基準が確立されたといってよい。

7　原本調査の重要性

以上、『続日本紀』の事例で見てきたところからも分かるように、研究の基礎は史料、それも質の高いテキスト（活字本）を使うことである。しかし全ての史料について良質なテキストが、すでに用意されているとは限らない。場合によっては自分でテキストを作らなければならないこともありうる。ただしそれには多大な時間と労力を費やさなければならず、テキスト作成そのものを目的とする研究を行うのでない限り、次善の策を講じるほかない。

活字のテキストを利用する場合は、最低限その底本とされた写本、校訂に使われた写本を実見し、活字本に誤りがないかどうかを確認することが必要である。とはいえ、写本の実物を見るのは容易でないことが多い。主な史料所蔵機関については後述するが、史料学の重要性が認識されるとともに、各所蔵機関の蔵書を積極的に活用して研究を進めることが重要になってきている。

近年では影印本の刊行や、画像データベースの公開も盛んに行われており、それらによって最低限の書誌情報が入手できる場合も少なくない、しかし、それによって本書所収の諸論文で重視した原本調査の意義が失われたわけではない。いくら精緻な活字本（や、それをもとに入力されたデータベース）・影印本であっても、原本の持つ情報を全て反映することは困難だからである。

写本の寸法・冊数（巻数）・丁数・行数・字数などの情報は、文字情報によってある程度は記録可能である。また写真によれば、奥書・識語・蔵書印などの情報は分析できるし、筆跡（本書第一部第二章）についても、ある程度は判断可能かもしれない。しかし高精度の写真ですら、薄墨・細字による注記に関して十分な記録はできないし、折れ目や欠損箇所の形状は視認が困難である。紙・墨・顔料などの質（これらの要素は、たとえば年代比定などの際にも重要な情報を提供する）に至っては、写真上ではほぼ確認できない。具体例を挙げると、田中本『春記』・九条家本『中右記』・九条家本『道房公記』などの装訂に関して、もともと巻子本だったものが折本状に改装された事例を紹介したことがある（Ⅱ⑥・⑦）。この種の情報も、活字本や影印本を見るだけでは確認は困難で、現物を観察しない限り判明しないものである。

各種データベースの充実によって、かつてとは比べものにならない高レベルの研究を平易に実現できる環境が整いつつある一方、研究者と史料現物の間の距離が遠ざかっているようにも思われる現在、史料を現場で扱っていた人々の手に成る櫛笥節男『宮内庁書陵部　書庫渉獵―書写と装訂―』（おうふう、二〇〇六年）・吉野敏武『古文書の装幀と造本』（印刷学会出版部、二〇〇六年）などの成果は、折に触れて見返す必要があろう。

二　古代史料の編纂とその伝来

本節では、古代史料が転写を繰り返しつつ今日まで伝来する現象の背景について、具体例として法制史料と史書を取り上げて検討する。

1　古代史料の全容

古代の文献史料（ここでは典籍を中心に考える）には、すでに述べたように六国史・律令格式、『万葉集』など、現在まで伝わっているものも少なくないが、その一方で失われて伝わらない史料も多い。それでは、伝わっている史料と失われた史料という差は、どのような背景から生じたのであろうか。

この点を考えるために、現在に伝わる主な古代典籍を概観する。

A　六国史（『日本書紀』『続日本紀』『日本後紀』『続日本後紀』『日本文徳天皇実録』『日本三代実録』）…「新訂増補国史大系」（吉川弘文館）などに所収

B　律令格式（『養老律』『令義解』『令集解』『類聚三代格』『弘仁式』『延喜式』『延暦交替式』『貞観交替式』『延喜交替式』）…「新訂増補国史大系」（吉川弘文館）などに所収

C　その他（『古事記』『風土記』〔常陸・播磨・出雲・豊後・肥前〕『万葉集』『懐風藻』など）…「日本古典文学大系」（岩波書店）などに所収

これらは近代以後、たびたび活字本として刊行されている。ここで注意すべきは、活字本のもとは写本であり、文献史料は写本を写し継がれて伝来する点である。したがって、写されない史料は伝わらない。

次に、古代に作成された史料の例として、六国史に記述されている文献を挙げる（表1）。

このなかには、全体もしくは一部が今日まで伝わっているものもある（12・14）が、大半は散逸して伝わらない。勿論、この一覧は偶然に記録に残った書名を挙げたもので、実際にはこれよりはるかに多くの文献が作成され、失われたと見てよい。それらの史料が失われたのは、なぜか。その要因は、大きく二つ考えられよう。

第一は外的な要因、すなわち戦乱や自然災害（火災ほか）などにより失われた場合である。とくに一〇世紀以来、幕末に至るまで、内裏は頻繁に火災に罹り、周辺の公家の文庫に所蔵されていた書物の多くもその都度焼けた。たとえば近世初期の万治（一六五八〜六一）・宝永年間（一七〇四〜一一）の京都大火では、内裏だけでなく、多数の

No	文献名	出典	内容
(18)	世要動静経	『同上』貞観16・5・27日条、陰陽頭兼陰陽博士滋岳川人伝	陰陽道関係の書。
(19)	指掌宿曜経	『同上』貞観16・5・27条、陰陽頭兼陰陽博士滋岳川人伝	陰陽道関係の書。
(20)	滋川新術遁甲書	『同上』貞観16・5・27条、陰陽頭兼陰陽博士滋岳川人伝	陰陽道関係の書。
(21)	群籍要覧	『同上』元慶元・11・3条、大江音人伝	儒家の書籍に関する書か。
(22)	弘帝範	『同上』元慶元・11・3条、大江音人伝	儒家の書か。
(23)	会分類集	『同上』元慶4・8・30条、菅原是善伝	儒家の書か。
(24)	銀牓輸律詩	『同上』元慶4・8・30条、菅原是善伝	詩に関する書。
(25)	集韻律詩	『同上』元慶4・8・30条、菅原是善伝	詩に関する書。
(26)	家集	『同上』元慶4・8・30条、菅原是善伝	儒家の漢詩集か。
(27)	因明九句義	『同上』仁和2・7・22条、隆海伝	仏教哲学に関する書か。
(28)	二諦義	『同上』仁和2・7・22条、隆海伝	仏教関係の書か。
(29)	方言義	『同上』仁和2・7・22条、隆海伝	仏教関係の書か。
(30)	四諦義	『同上』仁和2・7・22条、隆海伝	仏教関係の書か。
(31)	二智義	『同上』仁和2・7・22条、隆海伝	仏教関係の書か。
(32)	二空比量義	『同上』仁和2・7・22条、隆海伝	仏教関係の書か。

表1　六国史に見える古代文献名

No	文献名	出典	内容
(1)	年代暦	『続日本紀』大宝元・3・甲午条	年代記の一種か。
(2)	国造記	『同上』大宝2・4・庚戌条	令制下の国造の氏を定め、系譜等を記録したものか。
(3)	神祇官記	『同上』慶雲3・2・庚子条	神名・神祇官の行事に関する記録か。
(4)	秦大麻呂問答六巻	『同上』天平7・5・壬戌条	唐への留学生であった秦大麻呂が唐での教えをまとめたものか。もしくは「大宝律六巻」に関する問答か。
(5)	愚志一巻	『同上』天平16・10・辛卯条	僧尼のことを論じた書。
(6)	高麗旧記	『同上』天平勝宝5・6・丁丑条	高句麗と倭国との交渉に関する記録か。
(7)	近江朝書法一百巻	『同上』天平勝宝8・8・乙酉条	天智天皇の時代に作られた書の手本か。
(8)	田村記	『同上』天平宝字元・6・甲辰条	「田村邸」の主である藤原仲麻呂の記録、もしくは淳仁天皇の「帝紀」か。
(9)	勝宝九歳記	『同上』神護景雲元・9・庚午条	橘奈良麻呂の乱などに関する天平勝宝9歳の記録か。
(10)	瑞式	『同上』神護景雲2・9・辛巳条	養老令の施行細則である「式」の一つで、最終的には「延喜式」に集約されたものか。
(11)	和氏譜	『日本後紀』延暦18・2・乙巳条、和気清麻呂伝	和気氏の系譜か。
(12)	三教論	『続日本後紀』承和2・3・庚午条、空海伝	空海著『三教指帰』。現存。
(13)	治瘡記	『同上』承和2・10・乙亥条、右近衛医師大村直福吉等賜氏記事	医術に関する勅撰の書。
(14)	秘府略	『日本文徳天皇実録』仁寿2・2・乙巳条、滋野貞主伝	勅撰の百科全書。一部現存。
(15)	摂養要決	『日本三代実録』貞観2・10・3条、内薬正兼侍医物部広泉伝	医術に関する書。
(16)	金蘭方	『同上』貞観12・3・30条、菅原峯嗣伝	医術に関する勅撰の書。
(17)	金匱新注	『同上』貞観16・5・27条、陰陽頭兼陰陽博士滋岳川人伝	陰陽道関係の書。

公家文庫が被害を受けている。その際、応仁の乱をはじめとする中世の戦乱を乗り越えて伝来したさまざまな書物が焼失した。

第二の要因は内的な要因、すなわち書籍自体の内容に起因する散逸である。先の一覧の（11）以下は、そのほとんどが人物伝のなかに見えるもので、それぞれの書籍の編纂者が明確である。これらを総覧すると、

（一）僧侶の手に成るもの（12、27〜32）
（二）医家の手に成るもの（13、15、16）
（三）儒家の手に成るもの（14、21〜26）
（四）陰陽家の手に成るもの（17〜20）

に分類することができよう。ここから分かることは、著述された文献の内容が著作者の職能と深く関連しているということである。それぞれの職能やその基礎を成す学問が進歩するとともに、従来の学問や技能が衰え、文献の価値の低下は避けられない。散逸の内的な要因とは、こうした現象のことである。

このような諸要因が複合した結果、これまでに多くの文献が失われたのである。

なお、旧来の保管主体が社会情勢の変化（政争・内乱による地位の喪失）から保管能力を喪失したことで文献が散逸した場合でも、その文献の価値が社会のなかで認められ続ける限り、別の主体が所蔵することで伝存することが一般的である。明治維新のように社会全体で価値観の変動が生じた場合でも、新たな所蔵主体（公的機関や個人コレクター）が異なる価値を見出すことで、再蒐集された場合もある。こうした再蒐集のサイクルに乗らない事例でも、所蔵主体が裏面を二次利用（紙背文書化）することで、記載された文字情報自体は保存される場合が少なくない。勿論、再生紙の材料として再利用されてしまった事例も多かっただろうが、たとえば金沢文庫本『本朝月令要

文』(本書第三部第一章)のように書状が二次利用された形で伝来した貴重な写本も散見されることは、前近代社会における紙の貴重さによる現象といえよう。

2　書籍自体の内容に起因する散逸

文献の散逸に関する以上のような要因、とりわけ重要な第二の要因、つまり書籍自体の内容に起因する散逸について、法制史料を例として具体的に述べる。

律令法の編纂と伝来

まず、日本古代の律令法典については、近江令・飛鳥浄御原令・大宝律令・養老律令が知られている(ただし近江令の存在については、これを疑う説もある)。このうち伝存しているのは養老律令(ただし一部散逸)で、ほかはほぼ散逸した。このケースは、前述の第二の「内容による散逸」、つまり書物の必要性が消滅した結果としての散逸に当たる。すなわち、同じ性質であるが、より高次の書物が編纂された場合には、もとの書物の内容は新たな書物に吸収され、もしくは取って代わられ、必要性が低下、もしくは消滅する。律令法についていえば、養老律令が編纂されたことによって、それ以前の法令である大宝律令は必要性が薄れ、やがて散逸して、最新の法である養老律令のみが伝来することになる。

以下、律令法の編纂と伝来について、やや詳しく述べておこう。そもそも律令法と一言でいうものの、律と令とでは残り方に違いがある。養老律はその大半が失われているが、養老令はその多くが現在まで伝えられている。この違いはどこから来るのか。まず注目しなければならないのは、日本の律令が中国の律令法を継受した点である。

律についていえば、中国古代における律の持つ意味は日本古代におけるそれとはいささか異なっていた。中国古代では国家・社会の秩序を維持するための規範として「礼」が重んじられ、それが社会組織に深く根を下ろしていた。このような規範を維持すべき役割が、刑法である律に課されていた。これに対して古代の日本では、国家秩序の形成過程や社会組織の在り方が中国とは異なっており、中国的な規範意識は未発達であった。本来、日本においてはその社会組織に適合的な律を独自に編纂する必要があったが、それは当時の状況では非常に困難で、唐の律をほぼ引き写して日本律を編纂するにとどまった。中国の律が今日まで伝来しているのに対して、日本律の大部分が失われたのは、このような日中の律の基本的役割、実効性の違いが一因と考えられる。

かつて日本の養老律には『律集解』という注釈書が存在したが、今は伝わらない。『律集解』は八～九世紀の明法家による律の注釈を集めたもので、個別の注釈としては「律疏」「(附)釈」「物記」「穴記」「春記」などがあったことが知られるが、いずれもまとまった形では伝わっていない。その理由の一つは、『律集解』が編纂され、多くの明法家(法律家)の学説が『律集解』に吸収されたことによって、個々の注釈の価値が薄れたからと見られる。この『律集解』自体も南北朝期には散逸したと推定されるが、その一因としては、前述した日本における律受容の困難さと、法としての実効性の弱さを想定することは可能であろう。

令については、令本文のみを掲載した写本は残っていないが、『令義解』『令集解』という注釈書に引用される形で養老令の大半の条文が伝わっている。令は国家の組織および行政に関する法規であり、律のような規範意識に拘束される側面が少ない。このため中国の令を継受することは相対的に容易であり、また中国令の内容を古代日本の実情にあわせて改変し、日本独自の令を編纂することが、律に比べて少ない負担で可能であった。

令は日本において公武の間に永く伝わり、とりわけ公家社会においては律令的位階・官職制度を中心に幕末まで関心を引き続けた。前に述べたように、日本の令の注釈書として『令義解』『令集解』が現存しているのは、そうした社会的背景とも関係があろう。

『令義解』（天長一〇年〈八三三〉完成）は養老令の公的な注釈書で、令の条文のみならず、個々の条文の注釈もまた令本文と同様に法としての効力を持った。このため令の本体より、それに注釈が加わった『令義解』の方が有用であり、令本文の写本は失われ、『令義解』が伝わることとなった。

『令集解』（九世紀の中頃編纂）は、『令義解』とは異なり、八〜九世紀のさまざまな明法家の法解釈を集成した私的な編纂物である。『令集解』に引用される多くの学説の存在によって、八〜九世紀に多くの明法家が活躍していたことが知られるが、そのなかには、今は伝わらない大宝令の注釈書「古記」を始め、養老令の注釈書「令釈」「跡記」「穴記」「讃記」などが見られる。それぞれの注釈書の著者については不明瞭なものもあるが、「跡記」は阿刀氏、「穴記」は穴太氏、「讃記」は讃岐氏がそれぞれ施した注釈と考えられている。しかしこれら個々の注釈書そのものはいずれも伝わっておらず、『令集解』によってその内容の一部が知られるのみである。明法家の注釈を集めた『令集解』が編纂されたことによって、個々の明法家の注釈書の必要性が薄れ、いつしか散逸したものと考えられるのである。

このように日本と中国の国家秩序の形成過程や社会組織の在り方の相違から、律と令の継受の在り方に相違が生じ、そのことが継受後の日本における律と令の伝来と散逸の様相を規定することとなった。とくに律の継受の困難さ、法的実効性の弱さは、日本律が早くに散逸する要因の一つとなった。一方、令の場合は律のような継受の困難さは少なく、規範意識に拘束される側面も小さかったため、公家社会においては幕末まで広く講読され、武家社会の権力者も令を重要な法令として座右に置き、かくして現在に伝わることとなった。

また律・令はともに早くより明法家による法解釈が行われており、個々の明法家による注釈書が作られていたが、後にそれらが一つの書物（『律集解』『令集解』）に集約されたことにより、参照に便利な後者が残り、個々の注釈書は価値が薄れて散逸していった。

格式の編纂と伝来

次に、「格式」をめぐって生じた同様の現象についても確認しておこう。「格」は律令法の規定を修正するために発せられた単行法令、「式」は律令を具体的に適用する際に必要なより細かい法令（施行細則）であり、多くは単行法令から成っている。したがって格式は律令制の成立（＝律令法の施行）とともに頻繁に公布された。とりわけ律令法の施行に不可欠の式は八世紀の早い時期から編纂された。これら格と式は九世紀〜一〇世紀初頭にかけて集成の方向に向かい、『弘仁格』『弘仁式』、『貞観格』『貞観式』、『延喜格』『延喜式』が編纂された。これらは「三代の格式」と総称される。

このうち三代の格については一一世紀に『類聚三代格』として統合・再編され、それにともなって先行して編纂された三代の格は利用価値が低下し、いずれも散逸したと見られる。

また式については、『延喜式』の編纂によってそれ以前の『弘仁式』『貞観式』はこれに吸収され再編成されたため、利用価値が減少し一部を除いて散逸した。散逸を免れ現在まで伝わったのは『弘仁式部式』『弘仁主税式』の一部で、九条家旧蔵本『延喜式』（国宝、東京国立博物館所蔵）の紙背に残されたものである。すなわち、不要になった『弘仁式部式』『弘仁主税式』を反故としてその紙背に『延喜式』が書写され、これが後世に伝わったため、『弘仁式部式』『弘仁主税式』の一部もまた伝来したのである。このような残り方は偶然といえなくもないが、新しいものの出現によって古いものが駆逐されるという、文献の伝来と散逸の在り方を象徴する現象とも理解できよう。なお式の一種として『延暦交替式』『貞観交替式』『延喜交替式』がある。現在は『延暦交替式』『延喜交替式』および『貞観交替式』の下巻（上巻は散逸）が伝わっている。これまでに見てきた書物の伝来と散逸の〝法則〟（新しいものが古いものを駆逐する）に照らせば、こうした交替式の伝来の在り方は異例といえよう。

このうち『延暦交替式』は石山寺に伝わったもので、『南天竺国般若菩提悉曇』十八章を書写するために『延暦交替式』を反故とし、その紙背を再利用したために今日まで残ったものであり、その点では先に述べた『弘仁式部式』『弘仁主税式』の場合と事情は似通っている。

一方、『貞観交替式』（本書第二部第一章）については十分な説明は難しいが、かつて三条西家に伝来していたもので、近世前期に金沢藩第五代当主の前田綱紀（一六四三～一七二四）が同家から入手したものである。三条西家は、多くの古典籍を所蔵していたことで有名である。ことに室町時代後期の三条西実隆（一四五五～一五三七）・公条（一四八七～一五六三）の父子は、古典籍の書写・収集に努めた当代一流の文人公家である。彼らが収集しあるいは自らの手で書写した古典籍のなかには、〝天下の孤本〟といえるようなものが少なからず含まれていた。『貞観交替式』の伝来はそのような環境と関連するもので、その意味では偶然に支配された結果とも考えられる。

史書の編纂と伝来

次に史料の編纂から、後世における利用の過程で「類聚」される現象までを見ておこう。「類聚」という行為も、ある意味で蓄積され続けた情報の整理・集約の典型的な方法といえるからである。

まずは、六国史の内容を確認しておく。表2所載の収録範囲からも分かるように、六国史は、神代から九世紀末

表2　六国史の一覧

No	文献名	巻数	成立年	収録年	内容
1	日本書紀	30巻	養老4年（720）成立	神代～持統天皇11年（697）	神代～持統天皇の歴史
2	続日本紀	40巻	延暦16年（797）成立	文武元年（697）～延暦10年（791）	文武天皇～桓武天皇の歴史
3	日本後紀	40巻（但し10巻分のみ現存）	承和7年（840）成立	延暦11年（792）～天長10年（833）	桓武天皇～淳和天皇の歴史
4	続日本後紀	30巻	貞観11年（869）成立	天長10年（833）～嘉祥3年（850）	仁明天皇1代の歴史
5	日本文徳天皇実録	10巻	元慶3年（879）成立	嘉祥3年（850）～天安2年（858）	文徳天皇1代の歴史
6	日本三代実録	50巻	延喜元年（901）成立	天安2年（858）～仁和3年（887）	清和・陽成・光孝3天皇の歴史

表3『日本書紀』分注に見える史料

No	文献名	出典	内容
(1)	百済記	神功47年4月紀分注ほか	百済滅亡後に渡来した百済人の手に成る記録か
(2)	百済新撰	雄略2年7月紀分注ほか	同
(3)	百済本記	継体3年2月紀分注ほか	同
(4)	日本旧記	雄略21年3月紀分注	不明
(5)	譜第	顕宗即位前紀分注	「帝紀」と同類の書か
(6)	帝王本紀	欽明2年3月紀分注	同
(7)	日本世記	斉明6年7月乙卯紀分注ほか	高句麗からの渡来僧・道顕が著した斉明～天智期の対外関係記録
(8)	伊吉連博徳書	斉明5年7月戊寅紀分注ほか	同人が著した記録
(9)	難波吉士男人書	斉明5年7月戊寅紀分注	同人が著した記録

（光孝天皇の仁和三年〔八八七〕）までの古代国家の歴史を叙述した勅撰の歴史書である。これら歴史書の編纂には膨大で多様な材料が利用された。たとえば『日本書紀』の場合、本文に加えられた分注に次のような編纂材料が見受けられる（表3）。

『日本書紀』の場合、表3の（1）（2）（3）（8）（9）のような個人が作成したと思われる記録なども編纂に用いられていたが、編纂材料として最も重要なのは、天皇の系譜を書き上げた「帝紀」と、いろいろな物語の類をまとめた「旧辞」であった。このほかにも諸氏族の伝承を記録したものや、諸国の伝承、寺院の縁起なども材料として利用された。しかしこれらの『日本書紀』の編纂材料そのものは現在には伝わらず、編纂の結果としての『日本書紀』が伝わるのみである。編纂に直接用いられた材料は『日本書紀』のなかに吸収された結果、必要性を失って散逸したのである。

このような現象が生じたのは、『日本書紀』の場合だけではない。律令国家のもとで行われた国家的な歴史書編纂は中務省の管轄下にある図書寮の所管であった。編纂に当たっては、

格・式などの法令集

中務省所管の「御所記録」

式部省所管の「内外文官名帳」「位記」「功臣家伝」

治部省所管の「祥瑞」「贈賻」の記録

中務省陰陽寮が天皇に奏上した天文に関する記録

などのほか、太政官・神祇官以下、各省などの政府機関が保管している膨大な記録類も利用されたと考えられる。これらの記録類は国家機構が保管し利用していた現用の公文書、というべき史料群である。歴史書は国家の支配の

正統性を明らかにすることを目的として編纂されるものであり、客観的な内容が求められる。実録性の高い歴史書を編纂するには、このような公的な史料が重要である。したがって、歴史書の編纂が命じられると、各役所が保管している膨大な史料は、歴史書の編纂を担当する中務省図書寮、あるいは編纂のためにとくに設置された「撰国史所」に集約され、編纂に利用されたと考えられる。

こうして集められ歴史書編纂に利用された史料も、ほぼ全て失われ、現在には伝わっていない。残ったのは、それらの史料にもとづいて編纂された歴史書であって、そのもとになった史料は失われたのである。これもまた古いものが新しいものに吸収され、古いものが失われるという、これまでに述べてきた〝法則〟の一例といえる。

しかし歴史書の伝来のあり方は、すでに述べた律令格式の伝来とは異なる面を持っている。すなわち、律令格式の場合、養老律令が編纂・施行されたことによってそれ以前の大宝律令の必要性が薄れ、やがて失われるという〝法則〟どおりの経緯を辿る。しかし六国史の場合、『続日本紀』が編纂されることによって『日本書紀』が不要になるというような現象は発生しなかった。それぞれの編纂対象とする時期の違いもあり、どちらも連綿と続く国家の正統性を明らかにするために必要不可欠な書物と見なされ続けたのである。六国史が今日にまで伝来してきた理由の一つは、この点にある。

なお歴史書の編纂に当たっては、その編纂材料の保存を図り、それを政務の参考にしようとしたと推定されるものも作られた。『本朝法家文書目録』（平安時代成立か）によれば、『続日本紀』の編纂にともなって以下の書物がまとめられたと推定される。

・『官曹事類』三〇巻

『続日本紀』の編纂のために集められた材料のうち、採用されなかったものを、『続日本紀』編纂後の延暦二二年

（八〇三）にまとめたといわれる。まとめたのは、『続日本紀』の編纂に従事した菅野真道・秋篠安人・中原巨都雄らである。『官曹事類』は「続日本紀之雑例也」（『本朝法家文書目録』）と評され、『続日本紀』に加えられなかった日常の些細な事柄であるが、官司に保存しておくべきものを類別して閲覧の便を図ったものという。

・『外官事類』一一巻

「外官」すなわち国司の政務の便を図るための、『続日本紀』に付随するものではなかったかと推定されている。さらに『本朝法家文書目録』によれば、『日本後紀』の編纂に当たって、官司が参考とすべき格などを抄出し分類した『天長格抄』と称するものも存在したという。『官曹事類』『天長格抄』については、後に『延喜交替式』を編纂する際に、編纂担当の勘解由使が外記曹司からこれらの書籍を借用しており、実際に活用されていたことが知られる。

このように歴史書の編纂に当たっては、編纂材料を保存するとともにそれを政務の参考に供することを目的とした、いわば〝編纂の副産物〟も生み出された。これらのなかには『官曹事類』『天長格抄』のように、前述したような国家的な編纂事業の参考資料として活用されたものもあった。これらは『官曹事類』『天長格抄』が外記曹司に保管されていたことが示すように、中央のしかるべき官庁に保存され利用されていた。ところが九世紀後半以降、律令国家が動揺し解体に向かうなかで、国家的な編纂事業は徐々に衰退し、律令体制そのものも次第に機能不全に陥る。そのような国家の動向とともに、政務の在り方も大きく変化し、政務の参考書である『官曹事類』『天長格抄』のような書物も消滅していくことになる。

国家的編纂事業の頓挫とその後

律令体制の動揺にともなって、新たな歴史書・律令格式の編纂は同じく行われなくなる。ただし、その後の伝来について見ると、歴史書の場合、すでに述べた律令格式の伝来とは異なる傾向も確認できる。律令格式の場合は、養老律令が編纂されたことによってそれ以前の大宝律令の必要性が薄れ、やがて失われるという〝法則〟にしたがった経緯を辿るが、歴史書はそのような性質のものではないことは前述したとおりである。たとえば、六国史が徳川家康（一五四三～一六一六）の手によって蒐集され、幕府創設の参考に供されたように、はるか後世にも重要視された。幕末、さらには今日にまで伝来してきた理由の一つはこの点にある。

このように六国史は、『律』や『令義解』とともに日本古代国家の骨格を示す書籍として永く利用された。とくに為政者や学者には、後世まで折に触れて参照されることになる。そこで参照の便を図ることを一つの目的として、『日本書紀』以下、『日本三代実録』に至る六国史全体の記事を、一定の原則にしたがって再編成し、記事の検索の便宜を図ることが行われた。九世紀末に菅原道真が編纂した『類聚国史』二〇〇巻が、それである（本書第一部第四章・第五章）。そこでは、「神祇」「帝王」「政務」などの事項別に六国史の記事を分類し、各事項に含まれる記事が年代順に配列された。

こうした整理方式を「類聚」という。「類聚」の大きな目的は、検索を容易にすることである。『本朝書籍目録』（一三世紀後半の成立と考えられる図書目録）によれば、『類聚検非違使私記』『類聚判集』『類聚句題集』など、多様なジャンルの「類聚」された文献が多く見える。いずれも、類似の事項・法令、あるいは和歌の題などの検索を容易にする目的で編纂されたものと考えられる。

以上の例のように、文献は、利用の便を考えて再編成された形で伝来することも少なくない。そのために、より便利な形の文献が残り、もとの形の文献は失われるということも起こりえたと考えられる。たとえば、すでに触れた『類聚三代格』も、官司ごとにまとめられていた弘仁・貞観・延喜の三代の格を一つにまとめるとともに、事項別、すなわち個々の格の内容ごとに「類聚」し、関連する法令の検索を容易にすることが目的である。しかしこのように「類聚」されたことによって、もとの弘仁・貞観・延喜の三代の格は失われ、今日には伝わらないのである。なお『類聚国史』に関していえば、「類聚」の意義は単なる便宜だけではなかったようである。前述のように、九世紀末には律令制的支配秩序が動揺し、それにともなって律令格式や歴史書の編纂も行われなくなる。『類聚国史』は、このような時代背景のもとで編纂されたものであった。つまり新たな創造ではなく、これまで蓄積されてきた知識を総合し再編成すること、そのことによって既存の秩序や価値体系の動揺を抑止するという目的を『類聚国史』の編纂は持っていた。「類聚する」という行為は、その意味では保守的な思想を背景に持つ行為であった。

三　文献史料群の形成と伝来

すでに述べたように、古代に成立した史料が今日に伝わる過程においては、複数回の転写や所蔵主体の変遷をたどることが通例である。そのため古写本といっても成立時期が中世まで下ることは多く、近世以降の新写本しか現存しない史料も少なくない。こうしたあり方を念頭に置けば、古代史料の性格を理解するために、中世・近世の段階を経て今日まで伝わる過程そのものを検討する作業は不可欠となる。

本節では、そのような観点から古代史料の所蔵主体と、その変遷を中心に見ていく。具体的には、古代史料の伝来の過程で重要な役割を果たした保管主体について、とくに近世の禁裏文庫やその周辺の公家文庫の事例を取り上げて検討する。

1　史料の所蔵機関

本来、古代典籍の大半を生み出した主体であり、それ故に主要な写本の保管主体でもあり続けた公家社会は、中世以降の武家の世において社会的地位を低下させ、また明治維新によって蔵書保管の必要性を大きく失った。その後も、第二次世界大戦の敗戦による経済的な困窮から蔵書を手放す事例が多発するなどの諸要因もあって、現在まで蔵書を維持している主体はほとんどない。公家社会に次いで各種の史料を所蔵してきた寺院の場合も、明治維新やその後の廃仏毀釈のなかで、多くの蔵書を放棄していった。

その結果、現在では各種史料のかなりの部分が、公的機関によって保管される状況になっている。同一の写本が時期によって異なる目的で利用される現象に関しては、たとえば金沢文庫本『続日本紀』の事例で指摘したとおりである（本書第一部第一章）。明治維新以降に公家・寺院などによって手放された蔵書が、公的機関や個人コレクターによって蒐集された現象も、社会全体でその種の典籍への価値認識が転換（実用品から歴史資料・骨董品へ）した結果という点で、類似の現象といえよう。

現状で、この種の史料を所蔵する主要な機関を挙げると、以下のとおりである。

博物館…東京国立博物館・京都国立博物館・奈良国立博物館・九州国立博物館・国立歴史民俗博物館など

図書館…国立国会図書館・都道府県立図書館・大学図書館（天理大学附属天理図書館・京都大学附属図書館・東京大学総合図書館）など

資（史）料館…国文学研究資料館など

文書館…国立公文書館・都道府県文書館（神奈川県立金沢文庫・京都府立京都学・歴彩館）など
特殊文庫…国立公文書館（旧内閣文庫）・宮内庁書陵部・前田育徳会尊経閣文庫・名古屋市蓬左文庫・水府明徳会彰考館・西尾市岩瀬文庫・陽明文庫・神宮文庫・大東急記念文庫など
その他…東京大学史料編纂所など

このうち、本書と関連する機関に限定して概略を述べておく。

・国立公文書館（旧内閣文庫）

明治一七年（一八八四）創設。「太政官文庫」と称す。各省所管の図書の集中管理を目的として設置された。徳川幕府の紅葉山文庫本および昌平坂学問所本が蔵書の中核である。ほかに塙保己一創設の和学講談所の蔵書、および医師・多紀家によって創設され、後に幕府の経営となった医学館の蔵書が明治以後に入る。また公家（広橋家・山科家・日野家・坊城家など）、武家（佐伯毛利家・須坂堀家など）、学者（木村蒹葭堂など）の蔵書も収める。本書で取り上げた史料では、『法曹類林』（第二部第五章）・『小野宮故実旧例』（第三部第二章）の写本などがここに所蔵されている。

・宮内庁書陵部

天皇家の文庫（禁裏文庫）の蔵書（御所本）や宮家（伏見宮家・有栖川宮家・久邇宮家）の蔵書をはじめ、公家諸家（九条家・鷹司家・三条西家・柳原家など）の蔵書、学者（新井白石・谷森善臣・松岡辰方・鹿持雅澄など）の蔵書、また武家（徳山毛利家・佐伯毛利家・蜂須賀家・山内家・桑名松平家・新宮水野家など）の蔵書なども収める。公家の蔵書が圧倒的に多い。

・前田育徳会尊経閣文庫（図2）

図2　前田育徳会尊経閣文庫（東京都目黒区）の外観

図3　名古屋市蓬左文庫の外観

加賀前田家の旧蔵書が中心。第五代藩主・前田綱紀（一六四三〜一七二四）の収集した書籍が重要。綱紀の蔵書のうちでも、とくに重要な「秘閣群籍」と呼ばれる書籍群についてはⅡ⑮で検討を加えた。このほか本書で取り上げる史料の大半も、尊経閣文庫の所蔵品である。

・名古屋市蓬左文庫（図3）

尾張徳川家の歴代当主の旧蔵書が中心。初代藩主・徳川義直（一六〇一〜一六五〇）が父家康の死後に贈与された書籍群（駿河御譲本）を含む。このうちの金沢文庫旧蔵本に関しては、Ⅰ③・本書第一部第一章などで検討を加えた。

2　現代に伝わる古典籍

以上、古典籍を所蔵する機関を概観すると、かつて公家に伝わっていた古典籍を所蔵する機関が多いこと、換言すれば公家諸家に多くの古典籍が伝来していたことが分かる。ここでは主に歴史関係史料を中心に見ているが、古典文学もまた公家の手によって書写され、伝来してきたものが多数を占める。

つまり大まかにいって、前近代社会における歴史・文学に関する主要文献の保管主体は公家社会だったといってよい。前述したように、公家社会内部でも諸要因から史料の散逸→再蒐集というサイクルを繰り返していくが、全体的に文献の供給元としての機能を維持しつつ、近代まで至っている。これに対し中世以降、各時代の需要に応じて、鎌倉北条氏・徳川家などの新たな権力者（組織）が転写・購入という形で、公家社会に伝来した古代文献を入手するという社会構造も併存するようになった。

このように公家の家に伝えられてきた蔵書群は、中世の戦乱や近世における内裏の火災、近代では第二次世界大戦の戦火などによって多くが失われ、このほか明治維新や戦後の社会変動のなかで公家諸家からかなりの蔵書群が流出した。このうち後者は、おもに古書店を通じて売却され、公私のさまざまな主体に所有されたが、行方が分からなくなったものも少なくない。先に挙げた古典籍の所蔵機関のほとんどは戦前に書籍を取得しているが、天理大学附属天理図書館・大東急記念文庫などは戦後に多くの古典籍を購入している。また国立歴史民俗博物館（一九八三年設立）・九州国立博物館（二〇〇五年設立）では、そうした過程で民間に流出した後、最終的に国に購入された史料を、文化庁を経由して入手している。

こうして公家の蔵書の多くは、本来の所蔵者である公家の家を離れ、その一部は散逸してしまった。今もって自らの家で多量の蔵書群を保有している例は、近衛家の陽明文庫や冷泉家の時雨亭文庫など極めて稀である。

以上のように歴史・文学の古典籍の多くは公家社会から発信・伝播してきたが、その中核となっていたのは天皇家の蔵書（禁裏の蔵書、禁裏本）であった。禁裏の蔵書は公家が政治的な実権を失った時代においても王朝文化の規範としての位置を譲らず、公家の文化を発信する源であり続けた。今日に伝わる古典籍の写本に、禁裏の蔵書を

図4　東山御文庫（京都市上京区）の外観
（『東山御文庫御物』2、毎日新聞社、1999年より転載）

写したことを示す奥書を有するものがあり、また禁裏の蔵書を借り出して自らが所蔵する蔵書に校合を加えたことを示す記録も少なくない。こうしたことは、禁裏の蔵書の公家社会における重要性を示すものである。つまり公家文化発信の拠点としての位置にあった禁裏本の重要性は、日本の歴史・文化を考察するうえで不可欠の史料を提供するところにあるといえよう。

　現在における禁裏本の本体は、京都御所の東山御文庫に保管されている（図4）。一般にこれを「東山御文庫本」と称し、勅封によって管理されている。東山御文庫本は天皇家の私有財産であり、その数はおよそ六万点といわれる。これが約二〇〇の箱に納められ、宮内庁侍従職によって管理されている。東山御文庫本はそのほとんどが近世の写本（新写本）であり、室町時代以前の写本（古写本）は稀である。ただし新写本とはいえ、東山御文庫本は非常に良質な写本と認識されており、新写本についてもその意義を再認識する必要がある典型例と位置づけられる。

　東山御文庫では、毎年一〇～一一月の頃に書籍を取り出して曝涼する（これについては個人的体験をⅡ⑲で触れた）。この期間であれば、しかるべき手続きを経て東山御文庫本を閲覧することができる。ただし曝涼は毎年およそ五〇箱程度であり、二〇〇箱の書籍を全て一通り曝涼するには約四年を要する。このようにして曝涼を毎年繰り返すことで、東山御文庫本は良好な状態で保管され続けている。

なお、かつての禁裏本の一部は、現在、国立歴史民俗博物館・宮内庁書陵部・陽明文庫などに分散・所蔵されている。これらを含め、禁裏本を総体として把握し、その伝来の経緯を明らかにすることが、日本古典文化の発展のありようを解明する糸口となる。

3　禁裏文庫・禁裏本関係の研究と研究成果（概要）

禁裏本・禁裏文庫を対象とする研究は、二〇世紀前半までは所蔵主体の閉鎖性もあって極めて低調な状況が続いていた。ようやく本格化したのは、科研（一）を先駆けとした主に二〇〇〇年代初頭の各種大型研究による。吉岡も、とくに国立歴史民俗博物館での勤務（一九九六年四月～二〇一〇年三月）以降、科研（四）・（五）などを通じて、その一翼を担ってきた。

科学研究費補助金等による研究

（一）一九九八（平成一〇）～二〇〇〇（平成一二）年度科学研究費補助金（基盤研究（A）（2））「東山御文庫を中心とした禁裏本および禁裏文庫の総合的研究」（研究代表：東京大学史料編纂所・田島公）

（二）二〇〇二（平成一四）～二〇〇五（平成一七）年度科学研究費補助金（基盤研究（A）（1））「禁裏・宮家・公家文庫収蔵古典籍のデジタル化による目録学的研究」（研究代表：東京大学史料編纂所・田島公）

（三）二〇〇七（平成一九）～二〇一一（平成二三）年度科学研究費補助金（学術創成研究費）「目録学の構築と古典学の再生―天皇家・公家文庫の実態復原と伝統的知識体系の解明―」（研究代表：東京大学史料編纂所・田島公）

（四）二〇〇五（平成一七）〜二〇〇七（平成一九）年度科学研究費補助金（基盤研究（C））「高松宮家蔵書群の形成とその性格に関する総合的研究」（研究代表：国立歴史民俗博物館・吉岡眞之）

（五）二〇〇五（平成一七）〜二〇〇八（平成二〇）年度人間文化研究機構連携研究「文化資源の高度活用　中世近世の禁裏の蔵書と古典学の研究―高松宮家伝来禁裏本を中心として―」（研究代表：国立歴史民俗博物館・吉岡眞之）

研究成果

禁裏本をめぐっては、以下に挙げたように、戦前から断片的な論考も公表されてはいるが、本格的な分析成果は、やはり先に挙げた各種の大型研究の実施以降に集中している。

（1）黒板勝美「東山御文庫及びその歴代宸翰について」（『虚心文集』六、吉川弘文館、一九四〇年、初出一九三一年）

（2）辻善之助「京都御所東山御文庫について―特に後水尾天皇の御信仰に関する宸翰について―」（『日本宗教講座』一五、東方書院、一九二九年）

（3）小野則秋「東山御文庫と親王家の文庫」（『日本文庫史』教育図書、一九四二年）

（4）芳賀幸四郎「公家社会の教養と世界観―室町中期における古典主義運動の展開―」（『東山文化の研究』上〈芳賀幸四郎歴史論集Ⅰ〉思文閣出版、一九八一年、初出一九四五年）

（5）工藤壮平「東山御文庫の整理」（黒板博士記念会編『古文化の保存と研究―黒板博士の業績を中心として―』吉川弘文館、一九五三年）

（6）和田万吉『日本文献史序説』（青裳堂書店、一九八三年）

（7）田島公「禁裏文庫の変遷と東山御文庫の蔵書―古代・中世の古典籍・古記録研究のために―」（『蔵書目録からみた天皇家文庫史―天皇家ゆかりの文庫・宝蔵の目録学的研究―』塙書房、二〇二四年、初出一九九七年）

（8）吉岡眞之編『高松宮家蔵書群の形成とその性格に関する総合的研究　平成一七年度～平成一九年度科学研究費補助金（基盤研究（C））研究成果報告書』（国立歴史民俗博物館、二〇〇八年）

（9）「中世近世の禁裏の蔵書と古典学の研究―高松宮家伝来禁裏本を中心として―」（研究プロジェクト編『中世近世の禁裏の蔵書と古典学の研究―高松宮家伝来禁裏本を中心として―　研究調査報告 一（平成一八年度）』人間文化研究機構、二〇〇七年）

（10）「中世近世の禁裏の蔵書と古典学の研究―高松宮家伝来禁裏本を中心として―」（研究プロジェクト編『人間文化研究機構連携研究「文化資源の高度活用」中世近世の禁裏の蔵書と古典学の研究―高松宮家伝来禁裏本を中心として―　研究調査報告 二（平成一九年度）』人間文化研究機構、二〇〇八年）

（11）国立歴史民俗博物館編『高松宮家伝来禁裏本目録［分類目録編］』・『同［奥書刊記集成・解説編］』（二〇〇九年）

（12）吉岡眞之・小川剛生編『禁裏本と古典学』（塙書房、二〇〇九年）

（13）酒井茂幸『禁裏本歌書の蔵書史的研究』（思文閣出版、二〇〇九年）

（14）小倉慈司「「高松宮家伝来禁裏本」の形成過程」（『国立歴史民俗博物館研究報告』一七八、二〇一三年）

＊　＊

このほか、二〇〇三年から刊行が開始された『禁裏・公家文庫研究』（第一～八輯は田島公編、第九輯は尾上陽介編、掲載論文の全体像については章末六〇～六三頁『禁裏・公家文庫研究』掲載論文リストを参照）は、この分野の研究の本格化を象徴する存在といえる。たとえば第一輯の北啓太「明治以後における東山御文庫御物の来歴」・田島公「近世禁裏文庫の変遷と蔵書目録」や、第二輯の田島公「中世天皇家の文庫・宝蔵の変遷」、第三輯の飯倉晴武「近代の禁裏・公家文庫」などは、今後の関連研究において一定の役割を果たすことが期待される。吉岡も、第五輯で「柳原家旧蔵書籍群の現状とその目録」（Ⅱ⑱）などの成果を掲載している。

4　近世禁裏文庫の形成

このような一連の研究によって、禁裏文庫の形成過程が次第に明らかとなってきた。その概略をまとめると、以下のようになる。

古代・中世を通じて伝えられてきた天皇家および公家の文庫とその蔵書は、中世後期、一五世紀後半の内乱―応仁・文明の乱―により甚大な被害を蒙った。禁裏文庫についていえば、後土御門天皇（在位：一四六四～一五〇〇）の晩年から後柏原天皇（在位：一五〇〇～一五二六）の時期に再興が図られ、近世に入って本格的な復興が行われた。すなわち、後陽成天皇（在位：一五八六～一六一一。一六一七死去）の死後、その蔵書を受け継いだ後水尾天皇（在位：一六一一～一六二九）が禁裏文庫の整備を行っている。とくに元和年間（一六一五～一六二四）以降、文庫の整理、書籍の書写を行った。明正天皇（在位：一六二九～一六四三）への譲位後も書籍の収集に努め、同天皇や後光明天皇（在位：一六四三～一六五四）に収集した書籍を贈り、それらが禁裏の文庫に納められ、次第に禁裏文庫が充実していった。

ところがこの後、禁裏は大火に見舞われる。まず承応二年（一六五三）六月の大火で禁裏のかなりの部分が焼失した。しかしこの時は幸いにも禁裏の文庫は被災を免れ、後水尾天皇が収集した書籍群は生き残った。

その八年後の万治四年（一六六一）正月に、再度大火が禁裏を見舞った。今回は禁裏文庫も類焼を免れなかった。この時に焼失した禁裏の蔵書の実態は大東急記念文庫所蔵の『禁裡御蔵書目録』〈大東急記念文庫善本叢刊第一一近世篇二『書目集』一〉（汲古書院、一九七七年）によってうかがうことができ、また当時の公家の日記にも関係する記述が見受けられる。たとえば小槻忠利の日記『忠利宿禰記』万治四年（一六六一）正月一六日条によれば、「禁中文庫古筆入申御蔵」は焼失したが、「御記録一通リ新儀ニ被二仰付一候分、相残申由也」とあり、後西天皇（在位：一六五四〜一六六三）が、「新儀」に禁裏や公家諸家などの蔵書の書写を仰せ付け、作成しておいた新写の副本を納めた文庫は、焼失を免れたという。

後西天皇は寛文三年（一六六三）に霊元天皇（在位：一六六三〜一六八七）に譲位するが、寛文六年、後水尾上皇の要請にもとづいて、万治の火災で残った新写の副本を霊元天皇の禁裏の文庫に納めた。この時、禁裏に納められた書籍については、『葉室頼業日記』寛文六年三月二四日条に見えるが、それは現在の東山御文庫の蔵書と一致するものが多い。

したがって後西上皇が禁裏（霊元天皇）に納めた書籍が、現在の東山御文庫本の母体となったということができる。霊元天皇はこの後も書籍の収集に努め、禁裏の文庫の充実を図った。現在の東山御文庫の蔵書は、この頃に完成したといっても過言ではないであろう。

以上のような東山御文庫の蔵書の形成過程からうかがわれるように、現在の東山御文庫に所蔵されている書籍は、後西天皇・霊元天皇によって書写・収集されたものが多く、それ以前の時代の書籍は総体的に少ない。また後西・霊元によって書写された書籍には、伏見宮家本・近衛家本・冷泉家本などを親本として書写した良質な写本が多数含まれている（酒井茂幸『禁裏本歌書の蔵書史的研究』思文閣出版、二〇〇九年）。このことから、禁裏文庫復興期における書物の書写は全体的に良質なものを選んで行われたことが推定される。一般に古写本は新写本に勝るといわれ、そのこと自体は必ずしも誤りではないが、東山御文庫本のありようは、新写本であっても、適切なプロセスを経て作成されている場合は、古写本に劣らない高い質を確保しうることを物語っている。

具体的に、本書に収録した論文でいうと、本書第一部第一章・第二章、第二部第三章・第四章所収論文などは禁裏本（あるいは本来は禁裏文庫の所蔵だった本）を対象とした研究成果である。とくに『延喜式覆奏短尺草写』については、禁裏本が伝わらなければ目にすることも不可能だった史料である。これと同様の孤本が、禁裏文庫のなかに少なからず伝存していることは、この史料群の重要性を典型的に示す現象といえよう。

5　公家文庫の形成と伝来 ―柳原家の場合―

次に禁裏文庫と密接な関係を持ち、総体として公家文庫の一角を担っていた事例のなかから、柳原家の蔵書を取り上げておきたい。同家の蔵書に関しては、すでに形成と現状について検討しており（Ⅱ⑱）、ここでは概略を述べるにとどめる。

柳原家は、弁官・蔵人を経由して大納言に至る「名家」の一つである。日野俊光（一二六〇～一三二六）の四男・資明（一二九七～一三五三）が直接の祖に当たり、藤原氏北家の日野流に分類される。藤原資業（九八八～一〇七〇）以来、紀伝道を家職としたことで膨大な関連書籍が集積され、それが鎌倉・南北朝の頃に日野俊光から資明に継承された。

柳原紀光（一七四六～一八〇〇）の随筆『閑窓自語』によれば、この蔵書群は中世の戦乱をのがれて近世まで伝わってきたが、万治四年（一六六一）の火災の際に九割以上の蔵書を失い、宝永の火災（一七〇八）でも蔵一宇を焼き、蔵書を失ったという（五六 当家書府事）。

万治と宝永の二度の火災により失われた書籍は、その後、柳原紀光による『続史愚抄』の編纂の過程で、三〇年余りの時間をかけた書籍の収集が行われた結果、再興された。彼が力を注いだのは、宮家・公家諸家・寺院などに収蔵されている記録類を中心とする書籍の書写ないしは買得であった。このような典籍の書写は紀光みずからも行っているが、家礼の土橋忠種による書写が非常に多く、また姉妹弟・妻子など、親族の援助も大きかった。さらに紀光は諸家の記録を書写するとともに、それらをもとに部類記を作成しているが、これは歴史書編纂に当たって史料検索の便を図ったものと考えられる。

その後については、先の『閑窓自語』によれば、「天明《八年—引用者注》の火にこそ、五箇所のくら一宇もやけす、文書一巻もやきうしなはす、ひとへに祖神の加護とおほえ侍るなり」とあり、天明八年には火災による書籍の焼失を免れたという。柳原家の蔵書群はこうして再度形成され、近代に至ったと考えられる。

こうして再興された同家の文庫は近代以降に献納・売却され、現在では宮内庁書陵部・西尾市岩瀬文庫を中心に、京都府立京都学・歴彩館・三康図書館・国立歴史民俗博物館・東京大学史料編纂所・学習院大学・東北大学附属図書館などの各所に分散している。今後、これら所蔵機関の蔵書に関してそれぞれの来歴を解明する作業を行い、併行して未発見の柳原本の探索を進めることで「柳原紀光収集書籍群」の復原が実現すれば、史料の移動（贈答・貸借=書写）、つまり禁裏・公家諸家の間における〝知のネットワーク〟の一端が明らかになるはずである。

6　今後の方向性

なお近年では、以上述べてきたような現存写本の伝来過程だけでなく、より広い範囲における史料の利用状況を分析する試みも本格化しつつある。たとえば『小右記』『左経記』などの古記録を素材として、逸文の分布に加え、部類記・説話史料などへの引用状況まで分析することで、特定史料を対象とした前近代社会における享受圏の全体を復原しようとする研究成果も提示されつつある（加藤友康「『小右記』と説話・言談とのあいだ」〈加藤ほか編『小右記』と王朝時代』吉川弘文館、二〇二三年〉・渡辺滋「『左経記』の史料性について―源経頼の履歴から史料の伝来までを含めて―」〈『山口県立大学国際文化学部紀要』三〇、二〇二四年〉など）。今後の史料伝来に関する研究では、このような点にまで視野を広げた分析姿勢が求められよう。

四　写本研究とは

本節では、こうして今日まで伝来してきた写本が、どのように研究の俎上に載せられるのかについて、具体的な事例を取り上げて検討する。

1　総　論

これまで見てきたように、今日に残されている文献史料（主として古典籍）は、古代以来、宮廷および公家の社会のなかで伝えられてきたものが、ほとんど全てである。このことは、換言すれば宮廷および公家社会において必要とされる典籍が書写を重ねて伝播していったことを意味する。そこで必要とされていた典籍とは、宮廷社会で行われる政治・儀式、あるいは儀式にともなう文化的な行事（和歌、管弦など）を行うために必要な書籍である。それはたとえば律令格式であり、宮廷儀式の作法をまとめた儀式書（『内裏式』『内裏儀式』『（貞観）儀式』『西宮記』『北山抄』『江家次第』など)、あるいは儀式作法の先例を調査するうえで不可欠な公家の日記などである。また、それらをもとに新たに編纂された書籍(たとえば律令法の修正を目的として発せられた単発の法令〔格〕を分類整理した『類聚三代格』や、公家日記の儀式ごとの記事を分類整理した各種の部類記)なども数多く作られ、公家社会のなかに広まった。

中世以降、権力を掌握した武士は武家による支配の基礎を固めるため、公家政権が蓄積してきた政務運営のための知識から学ぶことを試みた。その典型は鎌倉時代に北条実時(一二二四~一二七六)が設立した金沢文庫の蔵書群である。その蔵書は和・漢、内典・外典を問わず、幕府首脳として政務を運営するのに不可欠の知識と実務に関する情報が大量に集積されていた。鎌倉幕府の滅亡以降に文庫の外へと流出したものも少なくないが、おもな蔵書を挙げれば、政治思想の基礎となる中国儒教の経典である『春秋経伝集解』『古文孝経』、中国の帝王学の書である『群書治要』、日本の法制の書である『律』『令義解』『類聚三代格』、さらには『続日本紀』『百練抄』などの歴史書、『源氏物語』『本朝文粋』のような文学・漢詩文などがある。

このように公家社会の文化を武家政権の政務運営に利用しようとしたのは北条実時のみではなく、徳川家康もまた同様であった。家康が慶長一九~二〇年(一六一四~一六一五)にかけて収集した典籍には、『群書治要』『貞観政要』のような漢籍や、『続日本紀』(本書第一部第一章)、『延喜式』のような日本の歴史書、法制書などがある。その収集に当たっては庫外に流出していた金沢文庫本を入手したこともあったが、それと同時に、公家社会が永年培ってきた知的ネットワークにアクセスし、その知識体系を吸収することもあった。

このようにして伝来してきた書籍が、今日の歴史学研究の基礎を支えている。したがって我々が研究を行うに当たっては、それらの書籍の伝来経緯を明らかにすることによって、書籍の性質や、その質の違いを把握することが不可欠である。

また以上のような状況を念頭に置くと、史料の性格を考える際、史料を〝群〟としてとらえ、その伝来に注意を払うことは不可欠である。しかし史料のなかには、ある時期に〝群〟から離れて単独に伝来したものも少なくない。主要な古代史料の場合、『続日本紀』『令集解』もその一例であり、両者はかつて金沢文庫の蔵書群に属していた。金沢文庫の蔵書は戦国時代末期に豊臣秀次によってかなりの量が庫外に持ち出されたと見られ、それらのうちのいくつかは京都の公家・今出川晴季の手を経て公家社会に流布したり、あるいは徳川家康の有に帰したりしたものもある。このようなケースでは、金沢文庫から流出後に新しい写本が作成され、今日に伝わっているものも多い。これらの新写本は、もとの金沢文庫本が失われてしまっている場合には非常に重要な写本ということになる。それを研究することは、失われた金沢文庫旧蔵書群の復原のみならず、写本の系統の解明にとっても重大な意味を持っている。このように特定史料を分析する際、それが元々属していた史料群を検討する必要があることは勿論ながら、そこから分離した事例の場合、分離以降の伝来状況や、その過程で派生的に作成された新写本の性格の研究もゆるがせにできない。

この種の個別写本を対象とした研究をめぐっては、写本の書誌的調査研究、ほかの写本との関係（＝写本系統）、写本の所有者の交友関係の広がりなどの究明を通じて、当該時期における学者たちのネットワークが明らかになり、そこから全く予期しない成果が上がることも少なくない。さらに、ほかの史料の文献学的研究に新しい光を当てることもありうる。以下、具体例として『続日本紀』について見ていきたい。

2　『続日本紀』の写本をめぐる研究

『続日本紀』は、ほかの五国史とともに古代史研究、とくに八世紀史研究の最も基本となる文献史料であり、それだけにこれまで多くの研究が重ねられ、また以下のような各種テキスト・注釈・影印本も刊行されている。

（1）『新訂続日本紀』巻一～一〇（東京堂書房、一八九二年）
（2）国史大系『続日本紀』（経済雑誌社、一八九七年）
（3）本朝六国史『続日本紀』（郁文舎、一九〇七年）
（4）国史大系六国史『続日本紀』（経済雑誌社、一九一四年）
（5）校訂標注六国史『続日本紀』上・下（朝日新聞社、一九二九年／名著普及会、一九八二年として復刻）
（6）国文六国史『続日本紀』上・中・下（大岡山書店、一九三三年／『訓読続日本紀』一冊（臨川書店、一九八六年）として復刻）
（7）新訂増補国史大系『続日本紀』（吉川弘文館、一九三五年）
（8）大日本文庫『続日本紀』上（大日本文庫刊行会、一九三八年）
（9）村尾元融『続日本紀考証』（国書刊行会、一九七一年）
（10）『〈完訳注釈〉続日本紀』（現代思潮社、一九八五～一九八九年）
（11）平凡社『訳注続日本紀』一～四（平凡社東洋文庫、一九八六～一九九二年）
（12）新日本古典文学大系『続日本紀』一～五（岩波書店、一九八九～二〇〇〇年）
（13）『続日本紀　蓬左文庫本』一～五（八木書店、一九九一・一九九三年）…影印本
（14）宇治谷孟『続日本紀 全現代語訳』上・中・下（講談社学術文庫、一九九二～一九九五年）
（15）国立歴史民俗博物館館蔵史料編集会編『続日本紀』一～五（臨川書店、一九九九～二〇〇〇年）…影印本

この史料をめぐる本格的な写本研究は、北川和秀「続日本紀諸本の系統について」（『続日本紀研究』一八八、一九七六年）から始まった。北川氏は歴史研究者ではなく、古代の日本語の実態解明を専門とする国語学者で、彼の研究目的は古代の日本列島でどのような言語が話されていたのかを明らかにすることであった。北川氏は八世紀の言語の実相を解明するための史料として、『続日本紀』に収められている「宣命」に着目した。宣命を天皇のミコトノリを当時のまま表現したものと見なし、それを分析することにより古代言語の実相を明らかにしようとしたのである。

宣命については、近世の国学者である本居宣長が『歴朝詔詞解』を著わし、『続日本紀』の宣命を検討している。ただし宣長は中国文化の影響を徹底して排除することによって日本固有の文化を復原的に研究するという独自の方法を取っており、古代の言語についても同様に、中国の影響を排除して純粋の古代日本語を復原しようとした。このため宣長の研究には、宣命の本文を恣意的に改訂するという傾向が強く表れていた。北川氏は、このような思想・方法にもとづく宣長の研究をそのまま受け入れるのではなく、客観的な方法による研究を目指した。

研究を開始するに当たり、北川氏は当時最も広く流布していた新訂増補国史大系『続日本紀』（初版一九三五年）をテキストに選んだ。しかしこのテキストの宣命の部分は宣長の『歴朝詔詞解』に多く依拠しており、本文の文字の改訂が著しい。研究を進める過程で、国史大系本の底本である写本（宮内庁書陵部所蔵谷森本）とは大きく異なっていることに気付き、自らの研究のために写本研究が必要であることを認識した。北川氏が『続日本紀』写本の系統研究に手を染めた理由は、ここにある。

北川氏とほぼ同じ時期に写本研究の成果を公表し始めた鎌田元一「卜部家本及び永正本『続日本紀』についての二・三の考察」（『続日本紀研究』一九三、一九七七年）の場合も、北川氏と似たような経緯がある。鎌田氏は日本古代史の研究者であり、「律令公民制の研究」を主たる研究テーマとし、律令国家による人民支配の実態を解明しようとしていた。その成果は鎌田氏の著書『律令公民制の研究』(塙書房、二〇〇一年)に集大成されている。その一環として「律令国家の浮逃対策」(赤松俊秀教授退官記念事業会編『国史論集』同会、一九七二年)と題する論考を執筆し、律令公民制の秩序を否定する農民の浮浪・逃亡について論じた。そのなかで鎌田氏は『続日本紀』霊亀元年(七一五)五月辛巳条の記事を分析したが、その記事中に見える「土断」の語に疑問を呈した。「土断」は従来、本貫地(「本籍地」)から浮浪・逃亡した農民を逃亡先で戸籍に搭載し、当地で課税する意味と解釈されてきた。鎌田氏は「土断」の語がほかの古代の文献史料に見えないこと、国史大系本の底本である谷森本には「云断」とあること、などに不審を抱き、この問題を解決するために『続日本紀』の写本研究に取り組んだのである。

一九七二年のこの論文から、鎌田元一「卜部家本及び永正本『続日本紀』についての二、三の考察」(前掲、初出一九七七年)までおよそ五年間、鎌田氏には、本来の研究対象である人民支配に関する論文はほとんど見られないといっても過言ではない。その間、彼は全国の写本所蔵先に出向いて写本調査に没頭していたからである。

このように鎌田氏もまた北川氏と同様に、本来の研究を進める必要から、時間と労力を惜しまず写本研究を行ったのである。現在、古代史学界で共有している『続日本紀』写本系統に関する情報の背景には、北川・鎌田両氏の労苦が存在することを忘れてはなるまい(図5)。

なお、こうした研究の展開を考える際に銘記しておくべきは、北川氏も鎌田氏も本来の研究テーマを推進するために写本研究を行っているのであり、写本研究を自己目的化してはいないという点であろう。写本研究はそれ自体としては有用であり、歴史研究の基礎となる営為ではあるが、それは古代史研究そのものではない。

図5　続日本紀写本略系統図

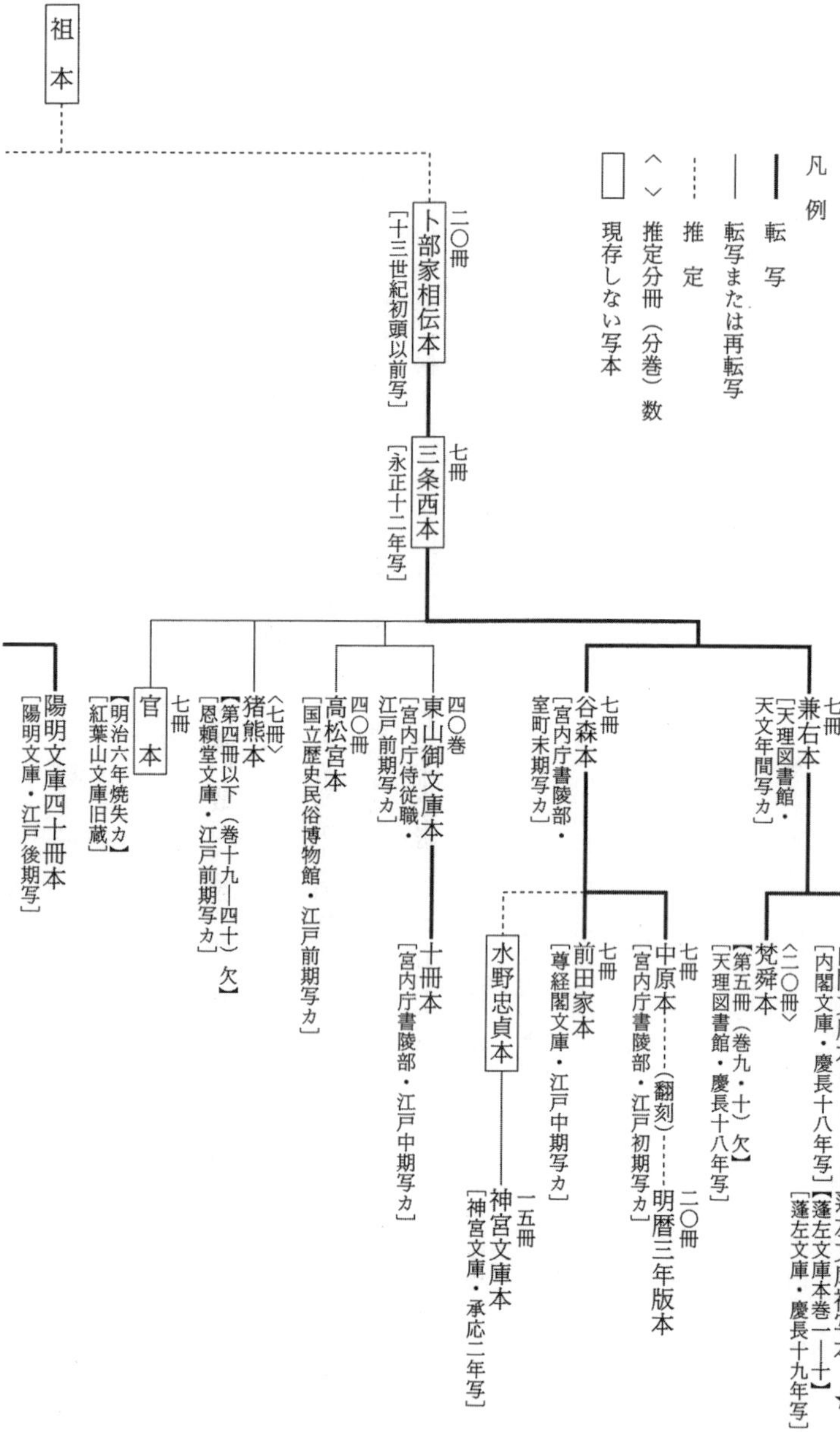

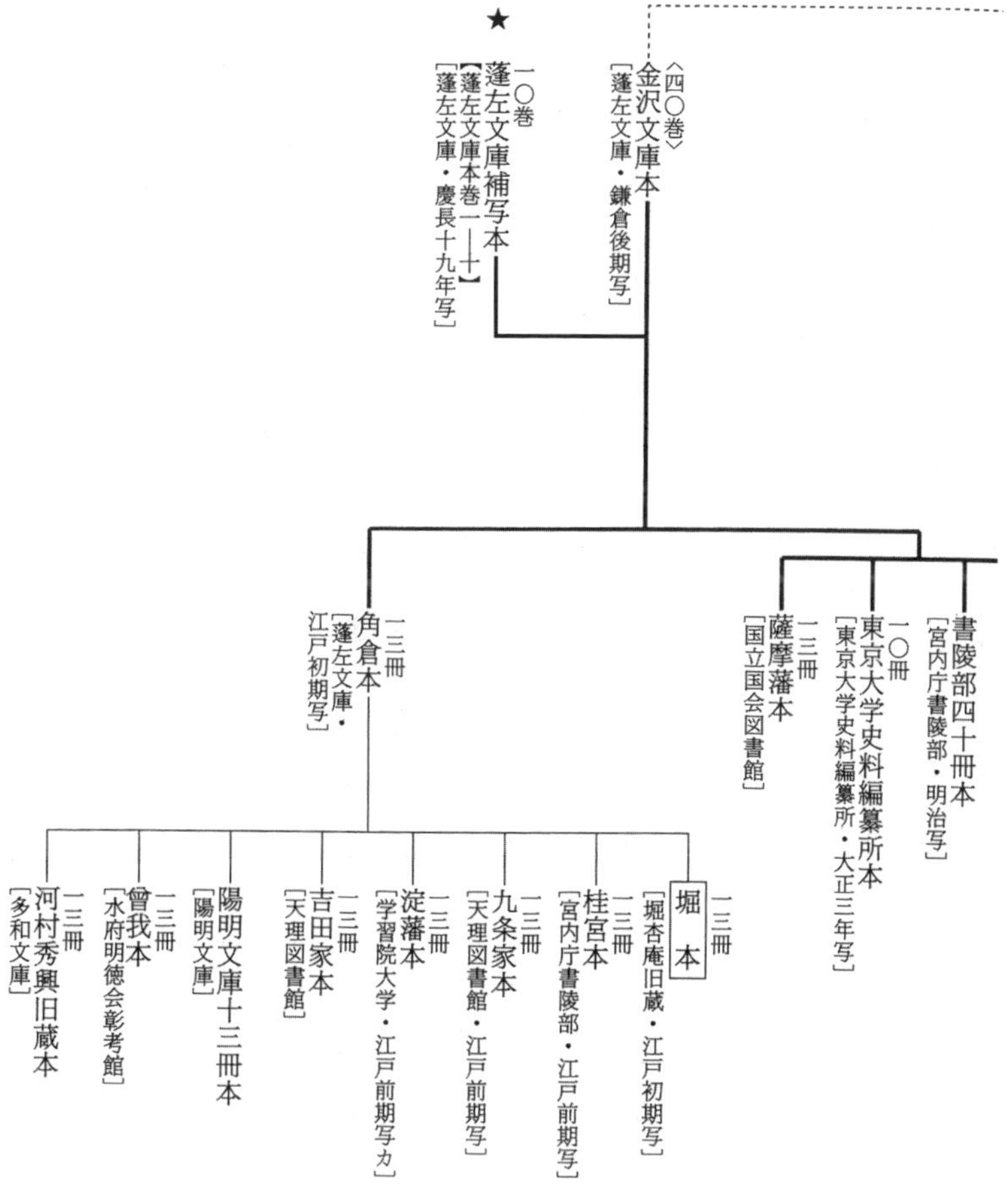
金沢文庫本〈四〇巻〉
[蓬左文庫・鎌倉後期写]
★
蓬左文庫補写本 一〇巻
【蓬左文庫本巻一―十】
[蓬左文庫・慶長十九年写]
書陵部四十冊本
[宮内庁書陵部・明治写]
東京大学史料編纂所本 一〇冊
[東京大学史料編纂所・大正三年写]
薩摩藩本 一三冊
[国立国会図書館]
角倉本 一三冊
[蓬左文庫・江戸初期写]
堀本 一三冊
[堀杏庵旧蔵・江戸初期写]
桂宮本 一三冊
[宮内庁書陵部・江戸前期写]
九条家本 一三冊
[天理図書館・江戸前期写]
淀藩本 一三冊
[学習院大学・江戸前期写カ]
吉田家本 一三冊
[天理図書館]
陽明文庫十三冊本
[陽明文庫]
曾我本 一三冊
[水府明徳会彰考館]
河村秀興旧蔵本 一三冊
[多和文庫]

そもそも『続日本紀』の写本研究については、村尾元融『続日本紀考証』の「例言」（嘉永二年〔一八四九〕。国書刊行会から一九七一年に影印本が刊行）に始まるといってよい。村尾氏は、そのなかで著書の執筆に用いた六種類の写本について個別的に解説を加えている。それらは「卜本」「永正本」「金沢本」「宮本」「鴨本」「堀本」である。現在は所在不明の「卜本」「永正本」「鴨本」「堀本」に言及している点で研究史上に一定の意義を保っている。村尾氏が実際にそれらの写本を見たという確証はないが、その記述はかなり具体的である。

たとえば「金沢本」については「余幸得㆑借㆓覧影鈔本㆒」と述べ、巻一から一〇までは後世の補写であり、それぞれの巻首には「金沢本写」と記されているが、補写に用いた写本が本来の金沢文庫本そのものであるか、もしくはほかの写本であるかは詳らかではないことなど、金沢文庫本の現状の特徴を正確に記述している。

また「堀本」についても蔵書印・奥書に言及し、堀正意（名古屋藩主・徳川義直に仕えた学者）所蔵本の現物を見たことをうかがわせる。次に「宮本」については、これが豊宮崎文庫（伊勢神宮外宮の文庫）の蔵書であること、奥書に承応年間（一六五二～一六五五）の書写とあることを指摘しており、これについても実物を見ていた可能性が高い。さらに「鴨本」については、奥書がないためその由来は未詳とし、「疑出㆓於鴨氏㆒」（あるいは鴨氏の蔵書から出たものか）と述べるにとどまっているが、これも実見していた可能性を否定できない。一方、「卜本」「永正本」については、奥書について述べてはいるものの、両者の原本ではなく、同系統の写本に多く見られる奥書にもとづいている可能性は否定しがたい。

以上のように個々の写本については考察が加えられているが、それらの相互関係については触れておらず、写本の系統研究としては不十分であった。なお村尾氏は「例言」のなかで「余別著続紀諸本考、詳論㆑之」と述べており、詳しい考察を加えた著書があったようであるが、現在は伝わっていない。

つづく佐伯有義「続日本紀解説」（校訂標注六国史『続日本紀』上、朝日新聞社、一九二九年）・同「六国史の編修及古写本に就きて」（『明治聖徳記念学会紀要』三八、一九三二年）などの論考についても、写本の系統研究としてはとくに見るべきものはない。一方、植松安「続日本紀・宣命の書誌」（『国学院雑誌』四二―四・五、一九三六年）では、卜部本―永正本の系統と金沢文庫本の系統の違いについて言及しているとはいえ、その記述は必ずしも正確ではない。

つまり写本の系統に関する本格的な研究は、すでに述べたとおり、北川 一九七六論文・鎌田 一九七七論文に始まる。ただし北川氏は古代日本語の復原を研究のテーマとしており、そのための史料として『続日本紀』の宣命を分析するために写本研究に踏み込んだものであった。そのため、同氏は『続日本紀』全体ではなく、宣命の部分のみを取り上げて諸本を比較検討した。本文全体について調査した鎌田論文には及ばないが、結論としてはかなり正確に諸写本の相互関係、すなわち写本系統を解明しており、写本系統の研究としての重要な位置は揺るがない。なお北川氏の写本研究は、北川和秀「続日本紀諸本の系統」（『学習院大学文学部研究年報』三〇、一九八四年）に集約されている。

同じ頃、岸俊男「『続日本紀』写本と壬戌歳戸籍」（『続日本紀研究』二〇〇、一九七八年）は、『続日本紀』和銅元年七月乙巳条のいくつかの写本に見られる「紀伊国名草郡且来郷壬戌歳戸籍」の一四文字が本来の『続日本紀』のものか、後世の攙入かを検討することにより、このような本文の異同がいつ、どのようにして生じたかを解明しようとした。岸氏には「壬戌歳」が何年を指し、その年に実際に戸籍が作成されたか否かを明らかにしようとする意図があったかと思われ、その一環としての写本研究であったであろう。この論考が公表される以前に北川 一九七六論文が公刊され、右の記事が見える『続日本紀』巻四を含む最初の一〇巻が本来の金沢文庫本ではなく、近世初頭に現在の内閣文庫本（卜部本系統）を用いて補写されたものであることが指摘されていたが、この点についての岸氏の理解が不十分であったことは、鎌田元一「評制施行の歴史的前提―所謂大化前代の「コホリ」について―」（『史林』六三―四、一九八〇年）で指摘されている。

つづく鎌田元一「卜部家本及び永正本『続日本紀』についての二・三の考察」（前掲、初出一九七七年）・同「永正本『続日本紀』の本文復原に関する予備的考察」（『続日本紀研究』二〇〇、一九七八年）は、永正本（卜部本系統）を中心とする研究であった。これに対して、永正本とは別系統の金沢文庫本については、その原本が蓬左文庫に現存することもあって、伝来等については必ずしも十分に検討されなかった。その点で、鎌田 一九八〇論文が近世以降の金沢文庫本の伝来を解明したことは重要である。しかし金沢文庫本から派生した写本、とくにその多くを占める一三冊本の位置付けについては深く追究しなかった。鎌田 一九八〇論文は、鎌田氏の本来の研究テーマである律令的人民支配のシステムを解明するためのものであったので、深い追及はそこでは不要であったからである。しかし写本の研究としては、これもまた重要な課題である。

吉岡眞之「蓬左文庫所蔵「角倉本続日本紀」の諸問題」（『続日本紀研究』二五四、一九八七年→Ⅰ②）は、この一三冊本の一本である角倉本（蓬左文庫所蔵）について検討したものである。吉岡がこの写本に着目した理由は、

（一）角倉本の巻一の末尾に「考本云、永正十二年閏二月三日書之、／元和八壬戌年仲夏廿日、以実隆公自筆木〔本カ〕考了、同日加句読、／西山期遠子」との識語があり、元和八年（一六二二）に「実隆公自筆木〔本カ〕」すなわち今は失われている永正本で対校したとされていること、いい換えれば、角倉本に施されている書入れが永正本そのものの本文の文字を反映している可能性があり、そうであれば角倉本は独自の価値を有する写本であること、

（二）またこの識語の筆跡は角倉本巻一の本文と同筆であり、しかもこの筆跡は金沢文庫本に加えられている書

入れの多くとも同筆であること、

の二点である。とくに後者は、金沢文庫本と角倉本の密接な関係を示唆している。

また宮内庁書陵部・陽明文庫などには、蓬左文庫本を書写した四〇冊本『続日本紀』が所蔵されている。そこには「凡例」（内容・性格に関してはⅠ②を参照）と称する折紙が付属しており、後者に関しては天保年間（一八三〇〜一八四四）の書写であることが陽明文庫のほかの史料によって判明する。これらの四〇冊本はいずれも金沢文庫本を丁寧に写したものであり、書写の際に金沢文庫本を観察した所見を述べたものがこの「凡例」である。「凡例」の筆者は不明であるが、その記述は金沢文庫本の特徴（とくに書入れの性格について）を的確に捉えており、重要な史料である。

吉岡は、このような事情から、金沢文庫本の性格を解明するためにも、角倉本の検討は不可欠であると判断した。詳細はここでは省略するが（→Ⅰ②・③を参照）、識語の「西山期遠子」とは近世初頭の京都の豪商として知られる角倉素庵（一五七一〜一六三二）であり、素庵を介して金沢文庫本と角倉本が深く関係していた。角倉本の名称は素庵に由来するものである。当時、金沢文庫本はその所蔵者であった徳川家康の死後、その第九子で名古屋藩主の徳川義直（一六〇〇〜一六五〇）に譲渡されており、したがって金沢文庫本と角倉本は徳川義直を介しても密接に関係していた。これらの事実が金沢文庫本および角倉本のその後の役割を解明する手がかりとなった。素庵はおそらく徳川義直の命によって金沢文庫本を書写し、これを永正本と対校した（＝角倉本の成立）。その目的は、義直が正保三年（一六四六）に編纂した『類聚日本紀』の〝原稿〟の一部として使用することにあった。この間の経緯を明らかにするには多くの手続きが必要であるが、結論は以上のとおりである。

ここまで『続日本紀』を例として、写本研究の展開とその意義について概観してきた。最後に付言しておくと、現存する写本本文のみならず、そこへの書き込みなどを手がかりとして、すでに失われた写本の内容を復原しようとする試みや、写本の流通範囲を分析していく手法は、今後の研究においてより追求されていくべきであろう。

3 本文が浮動する場合

写本系統の追求が史料研究を進めるに当たり不可欠なのは、たとえば同名の史料であっても、写本ごとに祖本（あるいは親本）の内容が大幅に異なっている可能性も想定されるからである。

異なる本文が伝来する背景としては、（一）転写の過程で生じた単純な誤写・誤脱のほか、（二）編纂主体（著者）による加除や、（三）利用者による加除などが想定できる。このうち（一）については、『続日本紀』の事例を取り上げて概説したので（四―2）、再論しない。

まずは、（二）編纂主体（著者）による加除について触れておこう。『続日本紀』の場合、一旦完成した後、複数回にわたって記事の加除が行われ、現状では延暦一六年（七九七）に奏上された最終版の本文が流布している（さきに取り上げた「本文」とは、この段階の本文のことである）。しかし、『日本紀略』（平安時代後期の成立）に、最終版から除かれた旧版の本文（たとえば延暦四年九月丙申・庚申条）が掲載される点からすれば、ある時期までは異なる内容を持つ複数の写本が並行流通していたと考えられる。

このような複数の版（異なる本文）が流通する現象は、編纂物の場合、珍しくない。たとえば現存する『吾妻鏡』諸写本の字句の違いについて、書写の際に利用した親本が草稿本であるか修正本であるかという違いに起因する可能性が指摘されている（八代国治『吾妻鏡の研究』吉川弘文館、一九一三年）のも、同種の現象と位置づけられる。

古記録の場合でも、『後二条師通記』のように、記主本人が清書本を作成した結果、同一日に関して複数の本文が伝来する事例がある。記主が具注暦の間空きなどに記載した日記本文を時間がたってから清書する事例は、古代・中世を通じて散見され、その要因もさまざまだが、日記といえども唯一の本文のみが伝わっている訳ではない可能性は念頭に置くべきである。なお現状で日次記の形状を取る事例でも、失われた本文が部類記などから復原されたと考えられるケースが『左経記』『平記』の事例で報告されており、そうした可能性も想定する必要があろう。

文学作品でも、『源氏物語』のように著者（紫式部）自身が再三の本文改訂を行っていた（『紫式部日記』）事例は少なくないようである。こうしたケースの場合、成立後の早い段階から複数の本文が並行して流通することになる。その結果、『源氏物語』の場合、後世の校訂作業が河内本・青表紙（定家）本などの複数の本文を派生的に生みだし、これらの異本が古写本を淘汰してしまうという皮肉な結果を招いた。

なお、養老令や令私記の写本が『令集解』に収載された結果として伝来しなくなる現象や、あるいは三代の格が『類聚三代格』にまとめられた結果として書写されなくなる現象などは（二―2で前述）、ここで触れた文学作品における旧版の淘汰現象とは本質的に異なる。法制史料の場合、たとえば養老令と『令集解』の間では、伝来する情報の同一性や情報量は十分に担保されており、情報内容の変更は後世の法家による解釈のレベルで行われるに過ぎない。あくまで基礎となる本文そのものは、変更されずに伝承されていくのである。これに対して、文学作品では本文そのものが大幅に変動する場合が少なくなく、とくに後世の享受の過程で本文が浮動する現象（後述）など、日本史史料を扱う立場からすれば、違和感を禁じえない事例も散見される。

本文校訂をめぐっては、以上のような事例の存在も念頭に置き、単なる字句の異同の比較というレベルにとどまらず、写本系統の解明を重視した分析を心がけるべきである。

このほか、史料の性格によっては（三）利用者による加除が行われる事例も少なくない。たとえば『年中行事秘抄』では、尊経閣文庫本の奥書などによれば、利用の過程で他系統の写本を参考にしつつ未載情報を増補し続けていた実態が確認できる（本書第二部第三章）。『江談抄』の場合、原本の形態を比較的とどめていると推定される古本系だけでなく、配列の再編や記事の増補を行った類聚本が発生している（本書第四部第二章）。こうした現象は、平安時代中期の古辞書『倭名類聚抄』が利用の過程で十巻本・二十巻本に分岐する現象とも同種と位置づけられる。これらの事例の場合、増補・改訂された新版が登場することで、情報量の少ない（あるいは内容が時勢に合致していない）旧版が淘汰されていくことになる。これらの史料（とくに年中行事書や辞書の類）は、利用の過程で内容のバージョンアップが必要となる性格を持っており、その点で歴史書や法制史料とは本質的に異なっている。

文学作品における同種の事例は、さきに『源氏物語』の事例で示したとおり枚挙にいとまがなく、『平家物語』諸本の生成もこうした現象の典型例といってよい。古代の作品の事例でも、同じ紀貫之自筆の『土佐日記』から転写したはずの藤原定家本・藤原為家本・松木宗綱本・三条西実隆本などが、それぞれかなり異なる本文を持つ現象は、文学作品においては比較的容易に本文が浮動する傾向を示している。こうした現象は、諸外国の文学作品の事例でも指摘されるとおり、いわゆる「異本」の発生過程と見なすことができる。そこにおいて、著者の用意した本文は、書写主体の意識的・無意識的な判断のもと、変更の余地を持つものと見なされていた可能性が高い。

一方、狭義の歴史史料において、この種の現象は生じにくい点は留意してよかろう。とくに歴史書や法制史料の場合、本文の字句の変更は価値を損う行為と認識されていた可能性が高く、後世の流布の過程で異本が発生する現象は、基本的に確認できない。古文書・古記録の場合も、積極的に記載情報の改竄を意図した場合を除き、この種の現象の発生は、文学作品の場合と比べて抑制的な傾向にある。とはいえ、いうまでもなく転写の過程で書写主体によって表記が意改される程度の事例は珍しくない（こうした現象は、（一）で取り上げた意図しない誤写と同一カテゴリーに分類してもよかろう）。写本の性格を考える際、書写主体・伝来主体の性格を踏まえる必要があるのは、こうした現象を考えるためにも重要なことなのである。

おわりに

以上、四節にわたって、歴史学研究の前提としての史料研究の重要性について述べてきた。このうち第一節では、検討対象とすべき史料の範囲が広がった今日においても、歴史書や法制史料といった古くから文献の中心と見なされていた史料の重要性は、いささかも減じていないことや、質の高いテキストこそが研究の行う際に最重要の要素となることなどを述べた。また第二節では、古代史料が今日まで伝来する過程において、外的な要因と内的な要因が大きな役割を果たしたことを述べたうえで、とくに後者に関して、法制史料や史書の事例を取り上げて具体的な検討を加えた。第三節では、それぞれの史料が単体で伝来することは基本的になく、史料群の一部として伝来するのが通例であることをふまえ、そうした観点から史料の伝来を検討する重要性について指摘した。また具体的に禁裏文庫・公家文庫の実例分析から、さまざまな危機を乗り越え、今日まで史料を伝来させた経緯を確認した。そして最後に第四節では、このような経緯を経て伝わってきた各種写本を利用して、質の高いテキストを作成する過程に関して述べた。とくに『続日本紀』の事例をめぐって、近世以来の各種の試みの紹介と、それらの問題点を解決する目的から一九七〇年代以降に本格的な写本研究が始まる過程までを概観した。

最後に、本書の本論に収めた各論文の要旨を紹介しておこう。まず第一部第一章〜第三章は『続日本紀』諸写本に関する内容である。このうち第一章「蓬左文庫本『続日本紀』の伝来とその意義」では、金沢文庫旧蔵『続日本紀』の伝来経緯を検討し、この写本が高野山学侶の頼慶を経由して、徳川家康・同義直と受け継がれたことや、それぞれの利用意識に差があったことなどを指摘した。第二章「高松宮家伝来禁裏本『続日本紀』の筆跡」・第三章「東山御文庫本『続日本紀』の周辺」では、すでに失われた三条西家本『続日本紀』の系統を引く両写本の性格を検討し、三条西家本の内容復原の糸口となりうる成果を提示した。

ついで第一部第四章「類聚国史」・第五章「尊経閣文庫本『類聚国史』」では、同書について性質・成立過程・体裁・構成・諸写本などの検討を行ったうえで、尊経閣文庫に現蔵される古本（壬生官務家旧蔵）・明応本（春蘭寿崇旧蔵）・大永本（三条西家旧蔵）などの諸写本を分析した。第二部第一章「尊経閣文庫本『交替式』」・第二章「三条西家旧蔵『延喜式』巻五〇の書誌と影印・翻刻」は、三条西家旧蔵の『貞観交替式』『延喜交替式』『延喜式』などを対象に、伝来・書誌などを検討した成果である。また、第三章「『延喜式覆奏短尺草写』の研究―翻刻・訓読・影印篇―」・第四章「『延喜式覆奏短尺草写』をめぐって」は、東山御文庫本『延喜式覆奏短尺草写』をめぐる先行研究を整理したうえで、その書誌・成立過程・本文などに検討を加えた成果である。

そして第二部第五章「尊経閣文庫本『法曹類林』」・第六章「尊経閣文庫本『政事要略』」・第三部第一章「尊経閣文庫本『本朝月令要文』」・第四部第二章「尊経閣文庫本『江談抄』」では、金沢文庫旧蔵の『法曹類林』『政事要略』『本朝月令要文』『江談抄』（古本系）などを対象として、書誌・伝来などに検討を加えた。このほか第三部第二章「尊経閣文庫本『小野宮故実旧例』」では『小野宮故実旧例』の諸伝本（尊経閣文庫本・内閣文庫本・無窮会本・南葵文庫本）の書誌を、第三章「尊経閣文庫本『年中行事秘抄』」では中原家旧蔵本『年中行事秘抄』の書誌・伝来を、第四部第一章「尊経閣文庫本『日本霊異記』」では尊経閣文庫本『日本霊異記』の書誌を検討している。

「序」においては、紙幅の関係もあって意を尽くせない論点も少なくなかったが、史料研究に際しては理論的な叙述よりも、実例に則した分析が重要である。以下、本書に掲載した史料現物を対象とする具体的な分析を参照していただきたい。

文献リスト

Ⅰ　**吉岡眞之『古代文献の基礎的研究』（吉川弘文館、一九九四年）**

①「古代の史書と法典―史料学的研究の現状と課題―」
②「角倉本『続日本紀』の諸問題」
③「蓬左文庫本『続日本紀』の諸問題」
④「宮内省における六国史校訂事業」
⑤「田中本『令集解』覚書」
⑥「『延喜式覆奏短尺草写』の一問題」
⑦「『延暦交替式』二題」
⑧「不与解由状と勘解由使」
⑨「検交替使帳の基礎的考察」
⑩「九条家本『令訓釈』」
⑪「『平治元年十月記』」
⑫「中世史料に現われた『類聚国史』」

Ⅱ　**著書Ⅰ・本書未収の関連論文（初出年代順）**

①「解説」(井上光貞『日本の文化と思想』〈井上光貞著作集 一〇〉岩波書店、一九八五年)
②「史書の編纂」(『別冊歴史読本 六一 古代史研究最前線』新人物往来社、一九八八年)→「序」二に一部挿入
③「書誌」(『続日本紀』一〈新日本古典文学大系 一二〉岩波書店、一九八九年。石上英一との共著)→「序」四に一部挿入
④「平安貴族はなぜ日記をつけたか」(吉村武彦ほか編『争点 日本の歴史 三 古代編Ⅱ』新人物往来社、一九九一年)
⑤「井上光貞・初代館長のこと」(『友の会ニュース』七四〜七六、一九九七・九八年)
⑥「折本のヴァリエーション—田中本『春記』の旧装訂—」(『日本歴史』六〇〇、一九九八年)
⑦「折本状の『道房公記』自筆本—〝折本のヴァリエーション〟補訂—」(『日本歴史』六一四、一九九九年)
⑧「部類記—「公家学」の教材—」(『歴博』一三一、二〇〇五年)
⑨「文献資料と出土文字資料」(永嶋正春編『出土文字資料の新展開』〈歴史研究の最前線 四〉吉川弘文館、二〇〇五年)
⑩「古代の逸書」(沖森卓也ほか編『文字表現の獲得』〈文字と古代日本 五〉吉川弘文館、二〇〇六年)→「序」二に一部挿入
⑪「古代の辞書」(上原真人ほか編『言語と文字』〈列島の古代史 六 ひと・もの・こと〉岩波書店、二〇〇六年)
⑫「共同研究の可能性 国文学への提言と歴史学の課題」(国立歴史民俗博物館編『和歌と貴族の世界—うたのちから—』塙書房、二〇〇七年)
⑬「平安時代中期の国家儀礼と和歌」(国立歴史民俗博物館編『和歌と貴族の世界—うたのちから—』前掲書)
⑭「連携研究について」(『人間文化研究機構連携研究「文化資源の高度活用」中世近世の禁裏の蔵書と古典学の研究—高松宮家伝来禁裏本を中心として—研究調査報告二』共同研究プロジェクト、二〇〇八年、初出同年)
⑮「前田綱紀収集「秘閣群籍」の目録について」(吉岡眞之・小川剛生編『禁裏本と古典学』塙書房、二〇〇九年、初出二〇〇八年)
⑯「歴史学と史料研究」(『歴博』一五二、二〇〇九年)→「序」一に挿入

⑰「正倉院古文書―一万数千点に上る古代の古文書群―」(『歴博』一五四、二〇〇九年)
⑱「柳原家旧蔵書籍群の形成とその目録―蔵書群の原形復原のための予備的考察―」(田島公編『禁裏・公家文庫研究』五、思文閣出版、二〇一五年、初出二〇一二年)
⑲「序―東山御文庫雑感―」(田島公編『禁裏・公家文庫研究』四、思文閣出版、二〇一二年)

『禁裏・公家文庫研究』掲載論文リスト

○論文・史料紹介・翻刻

田島公編『禁裏・公家文庫研究　第一輯』（思文閣出版、2003年）

橋本義彦	序―東山御文庫と書陵部―
北啓太	明治以後における東山御文庫御物の来歴
田島公	近世禁裏文庫の変遷と蔵書目録―東山御文庫本の史料学的・目録学的研究のために―
鹿内浩胤	田中教忠旧蔵『寛平二年三月記』について―新たに発見された『小野宮年中行事裏書』―
鹿内浩胤	『小野宮年中行事裏書』（田中教忠旧蔵『寛平二年三月記』）影印・翻刻
西本昌弘	広橋家旧蔵本『叙除拾要』について―藤原行成の除目書と思われる写本―
田島公	尊経閣文庫本『無題号記録』と東山御文庫本『叙位記 中外記』所引「院御書」―『院御書』の基礎的研究１―
田島公	『秋玉秘抄』と『除目秘抄』―源有仁原撰本『秋次第』と思われる写本の紹介と検討―
石田実洋	東山御文庫本『御産記寛弘六年十一月』（小右記）の紹介
吉田早苗編	『中右記部類』目録
詫間直樹	伏見宮本『御産部類記』について
菊地大樹	『実躬卿記』写本の形成と公家文庫
藤原重雄	菊亭家本の賀茂（鴨）御幸記二種―洞院家文庫の遺品―
末柄豊	洞院公数の出家―東山御文庫本『洞院家今出川家相論之事』から―

田島公編『禁裏・公家文庫研究　第二輯』（思文閣出版、2006年）

米田雄介	序―東山御文庫の思い出―
飯倉晴武	東山御文庫架蔵「地下文書」の性格―天皇と下級廷臣の世界―
中村一紀	書陵部所蔵宋版一切経の来歴について、その印造から現代まで―時々の保全活動を交えて―
田島公	中世天皇家の文庫・宝蔵の変遷―蔵書目録の紹介と収蔵品の行方―
詫間直樹	高松宮家旧蔵『伏見殿文庫記録目録』について
趙炳舜	渤海南京南海府の位置推定についての考察―『続日本紀』写本の「吐号浦」をめぐって―
石田実洋	九条本『官奏抄』の基礎的考察
尾上陽介	東山御文庫本『除目部類記』所引『法性寺殿御記』『中右記』逸文
吉田早苗編	『中右記部類』年次目録
藤原重雄・三島暁子	高松宮家旧蔵『定能卿記』（安元御賀記）
小川剛生	宮内庁書陵部蔵『叙位儀次第』（管見記第五軸）紙背文書について

田島公編『禁裏・公家文庫研究　第三輯』(思文閣出版、2009 年)

飯倉晴武	序―書陵部の想い出―
飯倉晴武	近代の禁裏・公家文庫―図書寮―
飯倉晴武	伏見宮本の変遷―書陵部での整理と書名決定―
桃崎有一郎	『後円融院宸記』永徳元年・二年・四年記―翻刻・解題と後花園朝の禁裏文庫―
松澤克行	後光明天皇期における禁裏文庫
松澤克行	京都大学附属図書館所蔵『芥記』
小倉真紀子	近世禁裏における六国史の書写とその伝来
西本昌弘	九条家本『神今食次第』にみえる「清涼御記」逸文―「清涼記」の成立年代と「新儀式」との異同―
渡辺滋	『執政所抄』の成立と伝来について―院政期摂関家の家政運営マニュアルに関する検討―
藤原重雄	承安三年最勝光院供養に関する史料
三島暁子	御賀の故実継承と「青海波小輪」について―附早稲田大学図書館蔵『青海波垣代之図』翻刻―
田島公	「公卿学系譜」の研究―平安・鎌倉期の公家社会における朝儀作法・秘事口伝・故実の成立と相承―

田島公編『禁裏・公家文庫研究　第四輯』(思文閣出版、2012 年)

吉岡眞之	序―東山御文庫雑感―
三角洋一	『言談抄』の三伝本の関係
鍛治宏介	「大日本史編纂記録」の史料的特質
村和明	近世朝廷における公日記について―執次「詰所日記」の部類目録を中心に―
志村佳名子	東山御文庫所蔵『日本紀略』と禁裏文庫の『日本後紀』―二十巻本『日本後紀』の抄出紙片をめぐって―
田島公	早稲田大学図書館所蔵『先秘言談抄』の書誌と翻刻―三条西家旧蔵本『言談抄』の紹介―
中町美香子	三条西家旧蔵『禅中記抄』
藤原重雄	宮内庁書陵部所蔵九条家本『定能卿記部類』八「興福寺供養」
宮崎康充	『公卿補任』正中元年条の復原
尾上陽介	翻刻『近衛家記録十五函目録』(昭和十五年四月)

田島公編『禁裏・公家文庫研究　第五輯』(思文閣出版、2015 年)

北啓太	序―禁裏・公家文庫雑感―
吉岡眞之	柳原家旧蔵書籍群の現状とその目録―蔵書群の原形復原のための予備的考察―
田島公	古代の官撰史書・儀式書の写本作成―「壬戌歳戸籍」の紙背利用を通して―
田島公	『延喜式』諸写本の伝来と書写に関する覚書―平安中期から江戸前期までを中心に―
恵美千鶴子	藤原行成筆「陣定定文案」の書誌・伝来
遠藤基郎	後三条・白河院の年中行事書
木下聡	「足利義昭入洛記」と織田信長の上洛について
金子拓	天正四年興福寺別当職相論をめぐる史料
小倉慈司	陽明文庫所蔵『勘例　御薬・朝賀・小朝拝』所引弘仁宮内式逸文

稲田奈津子	東京大学史料編纂所蔵『見忌抄』の紹介と翻刻
藤原重雄	宮内庁書陵部所蔵九条家本『定能卿記部類』九「仏事」
木下聡	伏見宮本『惟房公記』
遠藤珠紀	東京大学史料編纂所所蔵『公維公記』天正二年〜七年記
遠藤珠紀	徳大寺家旧蔵『和歌御会詠草』紙背文書の紹介
田島公	京都大学附属図書館寄託菊亭家本『禁裏楽器幷譜諸目録』の書誌と翻刻
尾葉石真理	東山御文庫蔵『桃園天皇御詠草』の紹介と翻刻

田島公編『禁裏・公家文庫研究　第六輯』（思文閣出版、2017 年）

西本昌弘	序―書陵部京都出張の思い出―
藤井讓治	前久が手にした関ケ原情報
恵美千鶴子	尊経閣文庫所蔵「無題号記録」の書写年代について―高野切第三種筆跡との比較より―
神戸航介	宮内庁書陵部所蔵九条家本「諸次第等目録」について―平安時代儀式研究のために―
黒須友里江	陽明文庫所蔵『勘例』十三函十八号における先例記事の特徴
尾上陽介	大日本古記録未収の『猪隈関白記』原本・古写本
田島公	陽明文庫所蔵「藤原師実執筆除目尻付関係史料」三点の紹介
藤原重雄	宮内庁書陵部所蔵九条家本『定能卿記部類』六「御読経」・七「御願供養」
田島公	陽明文庫所蔵『長谷寺縁起文』の解題と翻刻―鎌倉長谷寺本との比較検討を中心に―
遠藤珠紀	『院中御湯殿上日記』（天正一五年八月〜一二月記）の紹介

田島公編『禁裏・公家文庫研究　第七輯』（思文閣出版、2020 年）

名和修	序―陽明文庫からの情報発信と大型科学研究費―
ジェイスン・ウェッブ	東アジアの目録学伝統と近年における日本の前近代文庫研究
尾上陽介	近衛家家司平時兼の日記（『御八講』）について
林大樹	失われた近世一条家文庫について―近世公家アーカイブズ研究序説―
田島公	『弁官補任』の校訂・復原編修と廣橋家本『辨官補任』に関する覚書―飯倉晴武校訂・編『弁官補任』第一の増補改訂によせて―
印南志帆	九条家旧蔵『諸道勘文 神鏡』所引、行成作「寛弘三年七月三日陣定文」の紹介と成立背景
藤原重雄	宮内庁書陵部所蔵九条家本『定能卿記部類』三「行啓」・五「最勝講下」
山岡瞳	宮内庁書陵部所蔵九条家本『定能卿記部類』四「宮侍始幷親王准后宣下記」
遠藤珠紀	『院中御湯殿上日記』（天正一六年正月〜三月記）の紹介
小倉慈司	東山御文庫本『樗嚢抄』解題・影印
石井悠加・藤原重雄	京都御所東山御文庫所蔵『壬生地蔵絵詞』（翻刻）
糸賀優理	東北大学附属図書館狩野文庫所蔵『近衛家藏書目録』の紹介と翻刻

田島公編『禁裏・公家文庫研究　第八輯』（思文閣出版、2022 年）

田島公	序 二十二年間にわたる大型科研の終了にあたって
ジェイスン・ウェッブ	東アジアの目録学伝統と近年における日本の前近代文庫研究
小倉慈司	讃岐国司解端書（いわゆる「藤原有年申文」）の再検討
田島公	明治大学図書館所蔵三条西家旧蔵本『除秘鈔』の基礎的研究
小塩慶	非摂関の太政大臣―九条家本「被任太政大臣其闕以他人任大臣例」から
川尻秋生	「水落地蔵」の納入品からみた鎌倉初期の東国と東北―愛知県津島市西光寺所蔵地蔵菩薩立像を中心として
新井重行	寛政度内裏造営に関する史料の検討―承知帳・伺帳を中心に
太田克也	宮内庁書陵部所蔵 九条家本『春日行幸類記』・『石清水八幡宮幷賀茂社行幸記』―『中右記』・『永昌記』抜書
藤原重雄	宮内庁書陵部所蔵九条家本『定能卿記部類』二「臨時行幸上」
海上貴彦	九条道家筆『春除目次第』の紹介と翻刻
三島暁子	東山御文庫「琵琶相承系図」について　附翻刻
遠藤珠紀	『院中御湯殿上日記』（天正一六年七月・八月記）の紹介

尾上陽介編『禁裏・公家文庫研究　第九輯』（思文閣出版、2023 年）

藤井讓治	近衛前久花押の変遷
島谷弘幸	近衛家伝来の『和漢朗詠集』の古筆
惠美千鶴子	平清盛・頼盛両筆「紺紙金字経」および「厳島切」の整理と伝来
尾上陽介	陽明文庫所蔵『僧綱補任』について―修理を終えた下巻の紹介―
藤井讓治・遠藤珠紀	近衛前久書状の紹介（「近衛家記録十五函文書」・「東求院筆物」所収分）
遠藤珠紀	寛文七年『御ゆとのの上の日々記』の紹介
尾上陽介	『基熈公記』の原本について

○目録

小倉慈司編	東山御文庫本マイクロフィルム内容目録（稿）（1・2・3・索引）【第 1～3・8 輯所収】
小倉慈司編	宮内庁書陵部所蔵伏見宮本目録【第 3 輯所収】
尾上陽介	陽明文庫所蔵『兵範記』紙背文書目録（十五函之内第十一函及第十二函）【第 4 輯所収】
田島公	陽明文庫所蔵『勘例』内容目録【第 4 輯所収】
西尾市岩瀬文庫編	西尾市岩瀬文庫 柳原家旧蔵資料目録（A）（B）【第 4 輯所収】
小倉慈司	宮内庁書陵部所蔵柳原家旧蔵本目録（稿）【第 4 輯所収】
小倉慈司	宮内庁書陵部所蔵九条家旧蔵本目録（稿）【第 4 輯所収】
小倉慈司	宮内庁書陵部所蔵壬生家旧蔵本目録（稿）【第 5 輯所収】
小倉慈司	宮内庁書陵部所蔵御所本目録（稿）【第 6 輯所収】
吉岡眞之・田島公・小倉慈司編	高松宮家蔵書目録一覧【第 7 輯所収】
遠藤珠紀・尾上陽介・藤井讓治	陽明文庫所蔵一般文書目録「消息」高精細デジタル撮影目録および索引【第 9 輯所収】

第一部 史書

第一章　蓬左文庫本『続日本紀』の伝来とその意義

はじめに

名古屋市蓬左文庫は主として尾張徳川家の歴代当主が集積した蔵書群を今に伝える文庫である。現在ここに伝えられている四〇巻本の『続日本紀』は、巻一一～四〇が「金沢文庫」印を捺す金沢文庫旧蔵本で、鎌倉時代後期の書写と考えられる現存最古の『続日本紀』写本として広く知られる。(補注1) これに対して巻一～一〇は、次に述べるように近世初期に金沢文庫本の闕巻を補うために書写されたものである。以下、巻一～一〇については「近世補写本」、巻一一～四〇は「金沢文庫旧蔵本」と称することとし、四〇巻本『続日本紀』全体を指す場合には「蓬左文庫本（『続日本紀』）」と称する。蓬左文庫本は一九五四年三月二〇日に重要文化財（書一六四八号）の指定を受けているが、その「重要文化財指定書」（蓬左文庫所蔵）によれば近世補写本は「附慶長補写本　十巻」、すなわち金沢文庫旧蔵本三〇巻の附けたりとされており、自ずから異なる位置付けがなされている。

古代律令国家の手に成る正史、六国史の第二番目に位置する『続日本紀』の最重要写本が何故に蓬左文庫に現存するのか、伝来の経緯とその意味について考察するのが本稿の目的である。

一　蓬左文庫本の現状とその形成

蓬左文庫本『続日本紀』は全四〇巻から成るが、右に述べたように、初めの一〇巻は後世の補写であり、いつの頃からか金沢文庫旧蔵本には欠けていた。現存する金沢文庫旧蔵本の現状は、幾度か補修が加えられ、表紙の付替えが行われるなどの手が加わっているほか、本文とは別の筆跡が随所に認められるなど、注目すべき改竄が行われている。それらの詳細については『続日本紀を中心とする8世紀史料の編年的集成とその総合的研究』[1]および拙稿「角倉本『続日本紀』の諸問題」、同「蓬左文庫本『続日本紀』の諸問題」[2]に述べてあるので、それに譲る。

一方、巻一～一〇の補写の実状については北川和秀氏[3]、鎌田元一氏[4]が明らかにしている。北川・鎌田両氏によりつつ補写の経緯を示せば、おおむね以下のごとくである。

まず『駿府記』慶長一九年（一六一四）六月二日条に、

　今日、巻本之続日本紀不足之所十巻、此中仰五山衆令書続給、捧御前、

とある。これにより徳川家康が一〇巻分を欠いた巻子本の『続日本紀』を所持していたこと、その闕巻を補うため、五山衆に命じて補写させたこと、補写が完了して家康に献上されたのは慶長一九年六月二日であること[5]、が知られる。

この補写事業は以下の経緯を辿ったと考えられる。

①『本光国師日記』慶長一七年（一六一二）一二月二八日条

　神龍院《（吉田梵舜）》へ、依道春《（林羅山）》望折紙遣、続日本紀御進上可然由申遣、

②『舜旧記』慶長一八年（一六一三）正月一六日条

図１　蓬左文庫本『続日本紀』（名古屋市蓬左文庫所蔵）

続日本紀七冊、吉田ヨリ左京助持来也、駿河国大御所様（徳川家康）依御
諚、予（吉田梵舜）書写之義申付也、急々義也、道春申次也、

③『舜旧記』慶長一八年三月一五日条

巳刻御対面、（中略）続日本紀廿冊桐箱入進上也、御前之仕
合無残処、本書御気色入事、無是非仕合、共安堵仕也、

慶長一七年一二月二八日、金地院崇伝（本光国師）は、家康の意を受けた林羅山の求めに応じて吉田梵舜のもとに折紙を遣わし、『続日本紀』を家康に進上するよう申し付けた。これを受けて梵舜は翌慶長一八年正月一六日、「吉田」（卜部家）より七冊の『続日本紀』を取り寄せ、これを書写することになった。「急々義也」と記していることから、家康が相当急いでいたことが推定されよう。かくして同年三月一五日、梵舜は家康に対面し、書写した二〇冊の『続日本紀』を桐箱に入れて進上した。家康が気に入ったことがうかがわれる。

この時点で家康は二種類の『続日本紀』を所持したことになるが、これ以外に家康が『続日本紀』を所蔵していた形跡はうかがえない。したがって右に引いた『駿府記』慶長一九年六月二日条にいう巻子本の『続日本紀』が金沢文庫旧蔵本であり、それに欠けていた巻一〜一〇の補写に用いた『続日本紀』は、梵舜が進上した二〇冊本であったと見てよい。

ところで北川・鎌田両氏の研究によって、『続日本紀』の現存写本は（一）蓬左文庫所蔵の金沢文庫旧蔵本を祖本とする金沢文庫本系統と、（二）三条西実隆・公条父子が書写した三条西本（現存せず）を祖本とする三条西本系統、(6)の二系統に分類できることが解明されているが、ここでは（二）三条西本系統に注目する。

右の『舜旧記』には「続日本紀七冊」②、「続日本紀廿冊」③と二種類の写本が見えるが、このうちの「七冊」本は、鎌倉期以来、卜部家に伝来していた写本（卜部家相伝本）が大永五年（一五二五）に焼失したため、焼失以前の永正一二年（一五一五）に三条西実隆・公条父子が書写しておいた写本（三条西本）を卜部家が借り受けて書写したものである。現在、天理大学附属天理図書館が所蔵する七冊本(7)がそれに該当すると考えられている。(8)同書を納める帙の表に「吉田兼右手写天文中古写本」とあり、これにしたがえば②の「七冊」本は天文年間（一五三二〜一五五五）に吉田兼右が書写した写本（兼右本）ということになる。現在伝わっている『続日本紀』写本には七冊から成るものが複数あるが、それらはいずれも三条西本から派生した三条西本系統の写本である。(9)右の吉田兼右書写本もその一つであり、したがってまたそれを梵舜が転写した「廿冊」本も、写本の形態は変化しているが、同じく三条西本系統に属する写本である。ちなみに、吉田兼右は梵舜の実の父であり、梵舜はこの時、父の写本を書写したのである。

なお③の「廿冊」本は現在、国立公文書館（旧内閣文庫）に所蔵されている。(10)徳川家康の蔵書は、その死後、尾張・紀伊・水戸の徳川家に分与された（駿河御譲本）ほか、一部は江戸城内の紅葉山に存在した「御文庫」にも移されており、(11)右の「廿冊」本『続日本紀』はそのなかに含まれていたと考えられる。

このように、梵舜書写の「廿冊」本が「巻本之続日本紀不足之所十巻」（前掲『駿府記』）を補写する際に用いられたものである以上、現在の蓬左文庫本『続日本紀』の巻一〜一〇は、それぞれの巻頭に「金沢本写」と墨書されているにもかかわらず、それは事実ではなく、内閣文庫本を書写した写本、すなわち三条西本系統の写本であることは明らかである。(12)

以上をまとめれば、鎌倉期以来の卜部家相伝本を書写した三条西本から派生した一写本である兼右本(②「七冊」本。天理大学附属天理図書館所蔵)を、吉田梵舜が書写して二〇冊に編成し(③「廿冊」本。国立公文書館所蔵)、徳川家康に進上した。家康はこの写本を用いて金沢文庫旧蔵本の闕巻(巻一〜一〇)を補写し、現在の蓬左文庫本『続日本紀』の形が成立した。したがって蓬左文庫本『続日本紀』は、三条西本系統(巻一〜一〇)と金沢文庫本系統(巻一一〜四〇)の二系統の取り合わせ本である。

二　蓬左文庫本の伝来　―蔵書目録の追跡―

蓬左文庫本『続日本紀』については、『名古屋市蓬左文庫図書分類目録』(名古屋市蓬左文庫編、一九七六年)六六頁に、

続日本紀　　菅野真道等奉勅撰　鎌倉時代写(巻一至一〇慶長一七年補写)
　　「御本」印記　金沢文庫旧蔵　駿河御譲本　四〇巻　四〇軸　一六八・一

と著録され、この『続日本紀』は、(一)巻一〜一〇が慶長一七年の書写で、その他の諸巻は鎌倉時代の写本であること、(二)初代名古屋藩主徳川義直が用いた「御本」の印記があること、(三)本書は金沢文庫に所蔵されていたものであること、(四)義直が父徳川家康から譲渡された駿河御譲本であること、などが記されている。ただ

（一）の巻一〜一〇の書写が完了した時期は、右に述べたように慶長一九年である。[13] また（二）については、厳密には金沢文庫旧蔵本は巻一一〜四〇のみである。

さて（二）〜（四）によれば、今に伝わる金沢文庫旧蔵本『続日本紀』はかつて徳川家康が所持していたもので、後に徳川義直に譲渡された駿河御譲本ということになるが、これは必ずしも自明ではない。よって蓬左文庫その他に所蔵される尾張徳川家歴代当主に関わる蔵書目録などにより、このことを確認する必要がある。

（Ⅰ）『御書籍目録（寛永目録）』（一冊　蓬左文庫所蔵　函号一四八―一三。『尾張徳川家蔵書目録』[14] 一所収）は徳川義直の蔵書を著録する目録であるが、[15] その上冊（三五〜一〇九頁）には義直が譲渡された駿河御譲本の目録の写しが収められている。関連箇所を次に引用する。

御書籍之目録

『〇』（朱）一番二箱

通鑑綱目　百四十六冊外ニ四冊

（中略）

『〇』（朱）上之字長櫃

（中略）

続日本紀　西四十巻一箱

（中略）

右

部数合三百六十三部

冊数合弐千八百廿六冊
已上駿府御分物之御書籍也
元和丁巳年正月七日請取之了
横田三郎兵衛
石原十左衛門
星閑

ここに見える「続日本紀　西四十巻一箱」が、前掲の『名古屋市蓬左文庫図書分類目録』に著録されている蓬左文庫本『続日本紀』に当たると考えられているが、この駿河御譲本の『続日本紀』はどのような経緯を辿って現在に至ったのか、蔵書目録などを用いてこのことをまず確認することにする。

（Ⅱ）『御書籍目録（慶安四年尾張目録）』（一冊　蓬左文庫所蔵　函号　一四八―二四。『尾張目録』一所収）には「続日本紀　四十巻」とある（四一九頁）。この目録は義直が没した慶安三年（一六五〇）の翌年三月二十六日に作成されたもので、義直の蔵書のうち名古屋城内に置かれていた一五一四四冊を藩の重臣一〇名から儒者三名に預けた際の引き継ぎの目録と考えられる[16]。したがってこの目録の『続日本紀』四〇巻本は（Ⅰ）の駿河御譲本に当たると見てよいであろう。

（Ⅲ）『馬場御文庫御蔵書目録（安永九年目録）』（四冊　蓬左文庫所蔵　函号　一四八―四六。『尾張目録』三所収）の第一冊には「一続日本紀　同箱入四十巻」と見える（五八頁）。「馬場御文庫」とは「御文庫」「表御書物蔵」などとも呼ばれ、名古屋城内で最も重要な書庫であり、二代藩主光友の時代に新築されたものであるという[17]。『金城温古

録』第三十四之冊[18]には、

御文庫（中略）一名表御書物蔵とも云、神君（徳川家康）の御遺書薨御の後、御三家へ頒ち賜ふの宋版・朝鮮版の珍書をはじめ、希世の御書物多くあり、これを駿河御譲りと称ふるとなり、をはじめ、敬公（徳川義直）御代以来、御歴代御所蔵の御遺書を納め置せらる、

とあり、この書庫に駿河御譲本を始めとする、義直以下歴代藩主の蔵書が納められていたことがうかがわれるので、この目録に著録された『続日本紀』四〇巻は（Ⅰ）の駿河御譲本と見て差し支えないであろう。なお目録の第四冊末尾（三一三頁）にはこの目録を編纂した経緯などを述べた安永九年（一七八〇）二月付の松平太郎右衛門（君山）の奥書があり、同年に目録が成立したことが明らかである。[19]

（Ⅳ）『御文庫御蔵書目録（天明二年目録）』（五冊　蓬左文庫所蔵　函号　一四八―三四。『尾張目録』四所収）の第五冊に「続日本紀金沢本写　写本巻物四十巻」と見える（三二五頁）。この目録は名古屋藩の古典学者として名高い河村秀穎が、「旧御目録」の書名・巻数を訂正して天明二年（一七八二）に編纂したものである。[20]「金沢本写」「巻物四十巻」とあり、この『続日本紀』は（Ⅰ）の駿河御譲本と見なして差し支えない。

（Ⅴ）『御文庫御書籍目録（寛政目録）』（六冊　蓬左文庫所蔵　函号　一四八―二九。『尾張目録』五所収）の第一冊に「一続日本紀ニ　金沢写本四十巻」とあり（一五四頁）、これも（Ⅰ）の駿河御譲本に当たると見てよい。この目録ではこれに続けて、

此御巻物金沢本ニ而珍希之御巻物ニ御座候、但初十巻金沢本ニ而写足し有之候、

と述べ（同頁）、この『続日本紀』は金沢文庫本であるが、最初の一〇巻は「金沢本」によって補写したものであることを指摘している。この指摘は蓬左文庫本『続日本紀』の現状によく合致している。ただし「金沢本ニ而写足し」たという点が誤りであることは、先に述べたように鎌田元一氏により明らかにされている。

（Ⅵ）『尾藩御文庫御書目（文化十三年目録・田安家旧蔵）』（五冊　国立公文書館〔旧内閣文庫〕所蔵　函号 二一九―一〇九。『尾張目録』七所収）の第一冊に「一　続日本紀　金沢写本　四十巻」とある（二九八頁）。この目録は、何らかの目的で名古屋藩から田安家に提出されたものである。これが文化一三年（一八一六）に作成されたことが確かであれば、この時点での駿河御譲本『続日本紀』の存在が確認される。[21]

（Ⅶ）『御文庫御書物便覧（御書物便覧・国書之部）』（四冊　蓬左文庫所蔵　函号 一四八―二六。『尾張目録』九所収）の第一冊に「駿河御譲　続日本紀金沢本　四十巻」と記録されており（三七頁）、さらに続けて、

此御本ハ金沢文庫ノ物ニシテ、巻毎ニ金沢文庫ト云楷書ノ墨印アリ（注略―金沢文庫の説明）、全書ノ内、初十巻ハ金沢本ヲ以テノ写シ足シ也、或書ニ金沢本ノ事ヲ云ヘル所ニ云、駿記ニ、慶長十九年六月二日、巻本ノ続日本紀不足ノ所十巻、此中仰五山衆令書給捧御前、トアリテ、其御巻本ノ珍希ナルコトヲ云リ、則此御巻本ニ符合ス、寔無類ノ御珍書ナリ、（三八～三九頁）

と説明を加えている。この目録は嘉永元年（一八四八）以前の成立と見られ、各書目に詳細な書誌解題を付している点に特徴がある。[22]幕末における駿河御譲本『続日本紀』の存在を証する記録である。

このほかに名古屋藩の儒者として知られる細野要斎が著した（Ⅷ）『官庫褋記』（一冊　国立国会図書館所蔵　函号 二三五―二八〇。『尾張目録』一〇所収）があり、これに「「東九番」（朱書）〇続日本紀　四十巻　金沢本」と記録され（五九七頁）、さらに続けて、

初巻至十巻、慶長十九年補写、十一巻至四十巻、金沢古写也、表紙、金沢本ハ白地ニ紺ノ模様入紙、木軸、慶長写ハ白紙、本文紙、薄キ雁皮ニ類シタル紙也、

首尾ニ金沢文庫ノ印アリ、慶長写ハ巻首ニ、金沢写本ト記ス、

巻物、竪長サ九寸八分五厘、欄界長八寸二分五厘欄界ノ上一寸一分、同下五分　界行ノハヾ六分五厘、
（四十巻トモ）巻末ニ奥書等ハナシ、
（朱書）「此書、筆者一人ニ非ズトミユ、甚倉卒ニ写シタルモミユ、
侍中群要ニ比スルニ、写手スベテ数等ヲ下レリ、」（同頁）

と、詳細な書誌的解説を加え、さらに駿河御譲本『続日本紀』を納める箱の外形および、巻四〇の表紙の紋様と外題を模写している（五九八頁）が、この箱と巻四〇の形状はいずれも現存する蓬左文庫本のそれと一致している。この書は嘉永三年（一八五〇）の頃の成立と推定されるから(23)、その時点で駿河御譲本すなわち蓬左文庫本『続日本紀』が名古屋藩に存在していたことを証する史料と見てよい。

以上のように蓬左文庫本『続日本紀』は、初代藩主義直が家康から譲渡されて以来、幕末に至るまで藩の文庫に伝来してきたものであることが、上述の各種目録の記載を辿ることによって証される。一八七二年に駿河御譲本を含む名古屋藩の蔵書の処分が行われた(24)。この時の処分は、前掲（V）『御文庫御書籍目録（寛政目録）』の各書目の上に捺された「払」印によってかなり広範囲に及んだことがうかがわれるが、駿河御譲本『続日本紀』は処分を免れ、今も蓬左文庫に所蔵されていることは、前掲の『名古屋市蓬左文庫国書分類目録』に著録されているとおりである。

三　蓬左文庫本の伝来 ―家康以前―

蓬左文庫本『続日本紀』を徳川義直に譲渡した家康は、この書をどこからどのようにして入手したのか。これに

ついてもすでに鎌田元一氏(25)によって解明されており、それに加えるものはほとんどない。ここでは鎌田氏の研究成果によりつつ概略を述べる。

徳川家康が一〇巻分を欠いた巻子本の『続日本紀』を所持しており、その闕巻を慶長一九年（一六一四）に補写させたこと（『駿府記』慶長一九年六月二日条）、この補写計画は遅くとも、吉田梵舜に写本進上を命じた慶長一七年（一六一二）一二月頃から始まっていたこと（『本光国師日記』慶長一七年一二月二八日条）は先に述べた。まさにその慶長一七年春に家康は『続日本紀』の一写本を入手した。『駿府記』慶長一七年三月一〇日条には、

　伊豆山般若院快運、献続日本紀、令道春読之、

と見え、また『高野春秋編年輯録』の同日条にも、

　走湯山般若院快運、献上続日本紀於駿城、頼慶持本、

と記されている。『高野春秋編年輯録』によれば、この『続日本紀』を所持していた頼慶（一五六二～一六一〇）は高野山の学侶方の中心人物であった。慶長一四年（一六〇九）一二月一八日には「勧学之台命」を蒙って駿河より高野山にもどったが、頼慶の「一指揮」のもとに本山より諸山に至る「学・無学之住持」を全て入れ替え（慶長一五年（一六一〇）一二月条）、あるいは「今般勧学之上意、頼慶不会談門首・碩学等、任自己振権威、故不能如之何云云」（同年四月二日条）と評されるなど、高野山の経営に関して独断専行し、周辺と軋轢を生じたようである。このため家康の不興を買い（同年五月四日条）、駿府を退去し般若院に蟄居を命じられ（同年五月五日条）、その年の一〇月に同院で入寂した（同年一〇月一三日条）。

頼慶がどのような経緯、目的で『続日本紀』の写本を入手し所持していたかは判然とせず、またこれがどのような形状の写本であったかも正確には分からないが、その死のおよそ一年半後にこの『続日本紀』は家康の手にわた

り、さらにその九ヶ月あまり後に家康の『続日本紀』写本探訪と闕巻補写の計画が始まる。このような流れから推測すれば、頼慶所持の『続日本紀』が巻一～一〇を欠いた金沢文庫旧蔵本であった蓋然性はかなり高いといってよいであろう。

以上によって、徳川家康が入手した金沢文庫旧蔵の『続日本紀』が、後に闕巻を補写され、家康の死後、第九子の名古屋藩初代藩主徳川義直に譲渡され名古屋城内に一貫して保管され、幕末の蔵書処分の危機を乗り越えて名古屋市蓬左文庫に収蔵されるまでの経過を一つの流れとして理解することが可能となった。

四　蓬左文庫本伝来の意義

これまで述べてきたような経過を辿って蓬左文庫本『続日本紀』は現在に至っているが、その意義はどのように評価すべきであろうか。

まず蓬左文庫本『続日本紀』の中核である金沢文庫旧蔵本をかつて保管していた金沢文庫の蔵書の意義について見ておく必要がある。(26)金沢文庫は北条実時（一二二四～一二七六）が創建したものである。そこに納められた蔵書は和・漢、内典・外典を問わず、かつて所蔵されていたものも含めて二、三の例を挙げれば、『春秋経伝集解』『古文孝経』などの儒教経典、帝王学の書である『群書治要』、日本の『律』『令義解』『令集解』『類聚三代格』などの法制書、『続日本紀』『百練抄』などの歴史書、蔵人の儀式作法の書である『侍中群要』、また『源氏物語』『本朝文粋』のような文学、詩文など、多岐にわたる。そこには、鎌倉幕府首脳として政務を運営するうえで不可欠の知識と実務に関する情報が大量に集積されており、金沢北条氏の〝知識の体系〟として機能したといってよいであろう。

金沢文庫旧蔵本『続日本紀』もまたそのような知識体系の一部を形成していたということができよう。

このような現実の政治運営のための知識を集積した点では、徳川家康もまた同様であった。新たな幕府政治の開始に当たってその運営の実際に資するために、家康は多様な和漢の文献を広範囲にわたって求めた。その間の状況の一端は近藤守重の「右文故事巻之七」(27)によってうかがい知ることができる。金沢文庫旧蔵本『続日本紀』の闕巻を補写させた慶長一九年、『駿府記』は四月五日および一三日に次のような記事を掲げている。

五日、群書治要・貞観政要・続日本紀・延喜式、自御前出五山衆、可令抜公家・武家可為法度之所之旨、被仰出、金地院崇伝・道春承之、

一三日、今日群書治要・続日本紀・延喜式等之抜書、上于御前、金地院・道春於御前読進之、

「可令抜公家・武家可為法度之所」(五日条)とあり、家康は公武の法度制定のために『群書治要』以下の諸書より関係箇所を抜粋させ、それが進上された一三日に金地院崇伝と林道春(羅山)にこれを読ませた。これを契機にして活発な家康の集書活動が開始された。同じく『駿府記』の同月二〇日条に、

大御所重仰曰、公家中之法式為糺定、諸公家之記録、皆書写可有之旨、被仰、

と見える家康の「仰せ」は、「諸公家之記録、皆書写可有之」とあるように、大規模な集書を本格化する「宣言」にも等しいものではなかったか。

この時の集書は約一年後に終了した。これを「慶長御写本」と呼び、福井保氏によればその数は三二部、五三七冊に上る(28)。この集書に当たっては、公家社会が永年培ってきた知識体系と知的ネットワークにも接近し、多くの成果を得ていたと見られる。我が国の古典籍はその多くが禁裏・公家社会を中心に伝えられ、この社会に形成されたネットワークを通じて善本の貸借・書写とその流布が実現されてきており、家康といえどもこれへの接近なくして

は大規模な集書、とりわけ公家法度制定のための関係史料の蒐集は不可能であったといってもよい。[29]家康が「諸公家之記録、皆書写可有之」と命じることができたのも、そのような背景を正確に見抜いていたからであろう。

このように、家康の集書は幕府による統治を支えるテクニックの源泉として位置付けられていたということができる。『続日本紀』がその一翼を担っていたことは、『駿府記』の右の記事から明らかであろう。

おわりに

蓬左文庫本『続日本紀』は家康の死後、名古屋藩主徳川義直の手許に置かれることとなったが、ここでさらに一つ、大きな役割を果たした。そのことについては注（2）の二つの拙稿に触れているので、ここでは結論のみを示すこととする。

義直は好学の藩主であり、自らも少なからぬ著作を残しているが、[30]その一つに『類聚日本紀』全一四七巻（本文一七〇巻、系図四巻）がある。[31]序文は正保三年（一六四六）の年紀を持つ。内容は六国史であり、近松茂矩の『昔咄』[32]が評したように「六国史の校正本の様成る物」であるが、部分的に分注を施している。また『日本後紀』は闕巻の多い勅撰本ではなく、いわゆる後撰本である。

この『類聚日本紀』の『続日本紀』の部分を編纂するに際して、蓬左文庫本『続日本紀』が利用された形跡がある。すなわち蓬左文庫本には、その親本の破損箇所を空白として書写したところが少なくないが、その空白に、義直の学友ともいうべき角倉素庵（一五七一～一六三二）の筆跡による書き込みが少なからず認められる。素庵が書き込んだ蓬左文庫本は転写され、さらに元和八年（一六二二）に素庵が、当時はまだ存在していた三条西本とこの転写本との対校を行った。これを「元和校本」と称する。この元和校本が、現在、蓬左文庫に架蔵されている一三冊本の『続日本紀』であり、角倉平次が義直に献上したことから「角倉本」とも呼ぶ。角倉本にはおびただしい書き込みがあり、なかには素庵の筆跡も認められる。[33] 蓬左文庫本を転写した角倉本に加えられた書き込みと『類聚日本紀』の『続日本紀』を比較すると、両者には一定の親近性が認められるようであり、義直による『類聚日本紀』編纂のある段階で蓬左文庫本が重要な役割を果たしたことが推定できる。

義直は『類聚日本紀』の序の冒頭近くに、書物の効用について次のように述べている（原文は漢文。注（30）所引『類聚日本紀解説』に収める和文訳による）。

（前略）書ハ先王ノ徽猷ヲ貽シ、往聖ノ微言ヲ伝フ、以テ治乱ヲ鑑ム可ク、以テ興廃ヲ観ル可ク、以テ人ヲ治ム可ク、以テ己ヲ修ム可シ、

この記述は、書物を通じて先王・往聖の優れた言動を知り、為政者としての在るべき姿を学ぶべきことを述べたものとほぼ理解できよう。このような書物がしばしば焼失・湮滅した歴史に鑑み、「今ニシテ装飾セズンバ則チ、将来又益々壊爛セントス」と『類聚日本紀』編纂の意図を述べ「庶クハ其レ天下後世ト《トモ》之ヲ公ニセンコトヲ」と締めくくっている。六国史の効用を述べ、それを後世に伝えることが義直の目的であった。ここでは、公武の法度の制定を焦眉の課題としていた家康が書物に求めたような、現実の、具体的な統治技術の獲得という差し迫った緊迫感は相対的に希薄であり、義直における六国史の意義は、むしろ日本の古典としてのそれであったといえるかもしれない。その要因は家康と義直の立場の相違、すなわち幕府の創立者と第二世代である名古屋藩主の相違、あるいは両者の間に横たわる時間の問題であるかもしれないし、全く別の観点が必要であるかもしれないが、それを判断する能力は現在の筆者にはない。大方のご教示をお願いしたい。

かくして蓬左文庫本『続日本紀』は、徳川家康の手許で果たした役割りとは異なった形で、義直とその一流のもとで日本の古典としての役割りを保持し続けたのである。

注

（1）昭和五七年度科学研究費補助金（総合研究A）研究成果報告書『続日本紀を中心とする8世紀史料の編年的集成とその総合的研究』（研究代表者笹山晴生、一九八三年）所収「『続日本紀』の書誌」（石上英一・吉岡眞之執筆）。
（2）拙稿「角倉本『続日本紀』の諸問題」（『古代文献の基礎的研究』吉川弘文館、一九九四年、初出一九八七年）、同「蓬左文庫本『続日本紀』の諸問題」（『同上』初出一九九三年）。
（3）北川和秀「続日本紀諸本の系統について」（『続日本紀研究』一八八、一九七六年）。
（4）鎌田元一「評制施行の歴史的前提―いわゆる大化前代の「コホリ」について―」（『律令公民制の研究』塙書房、二〇〇一年、初出一九八〇年）。
（5）ただし徳川家康による、補写の準備と推定される『続日本紀』写本入手の最初の試みは慶長一七年（一六一二）と考えられるのであり、この時点を取れば、『名古屋市蓬左文庫国書分類目録』が記述する「慶長一七年補写」説は必ずしも誤りとはいえない。
（6）三条西本は、次に述べるように、卜部家相伝の写本を書写したものであるので、この系統を卜部本系統とも呼ぶが、ここでは三条西本系統に統一する。
（7）天理図書館編『天理図書館稀書目録』和漢書之部三（天理図書館、一九六〇年）一三七頁に著録。函号 二一〇・二一―イ三。
（8）この間の詳しい経緯については、前掲注（3）北川論文を参照。
（9）現存する七冊編成の写本は、祖本である三条西本が七冊本であったため、その形態を受け継いでいるのである。なお、三条西本の親本である卜部家相伝本（焼失）は二〇冊編成であった。これらの事実は、鎌田元一「卜部家本及び永正本『続日本紀』についての二・三の考察」（『律令国家史の研究』塙書房、二〇〇八年、初出一九七七年）が解明した。

（10）国立公文書館内閣文庫編『改訂　内閣文庫国書分類目録』上（同文庫、一九七四年）三九八頁に著録。「〔慶長一九〕写」とある。函号　特八四―二。同目録では『続日本紀綱要』二冊とあわせて二二冊とする。徳川家康は慶長一九年四月に、五山の僧らに『続日本紀』『延喜式』その他の「抜書」を作成させており（『駿府記』慶長一九年四月四日・一三日条）、前掲注（4）鎌田論文によれば、今日各所に伝わる『続日本紀綱要』二冊はこの時の「抜書」であるという。

（11）長澤孝三ほか「内閣文庫蔵書の諸源流とその特徴」（国立公文書館編『内閣文庫百年史　増補版』汲古書院、一九八六年）、福井保『紅葉山文庫―江戸幕府の参考図書館―』（郷学舎、一九八〇年）。

（12）「金沢本写」の墨書は巻一～一〇を通じて一筆であるが、いずれの巻の本文の筆跡と異なっている。五山の僧が補写した時点ではこの文字は存在しなかったものと推定され、巻一一以降に「金沢文庫」印が捺されていることから、後世、何者かが事実を誤認して書き加えたものであろうか。

（13）『駿府記』慶長一九年六月二日条。また前掲注（5）参照。

（14）『尾張徳川家蔵書目録』は原則として影印本（ゆまに書房、一九九九年）を使用し、必要に応じて原本を参照した。なお以下に本書を引く場合は『尾張目録』と略称し、影印本の頁数により著録箇所を示す。

（15）『尾張目録』一所収『御書籍目録（寛永目録）』解題。

（16）『尾張目録』一所収『御書籍目録（慶安四年尾張目録）』解題。

（17）山本祐子「尾張藩「御文庫」について（一）」（『名古屋市博物館研究紀要』八、一九八五年）、同「尾張徳川家の文庫と蔵書目録」（『尾張目録』一所収）。

（18）『金城温古録』三〈名古屋叢書　続編一五〉（名古屋市教育委員会、一九六七年）。

（19）『尾張目録』三、三一三頁に以下のように見える（／は原本の改行箇所）。

右御目録四冊、寛保三亥年、赤林新助相改／置候御目録ニ随ひ、猶又冊数、表題幷唐本・／朝鮮板・和板・植字板・写本等吟味仕、委敷／相調へ、部分致シ、当時御有合之御書籍計／書載セ、新規ニ御目録仕立申候、

但駿河御譲り御書籍ハ、冊数全部ニ不構同様ニ／積置、籤取ニ而御三家様江相渡候付、全部不揃由、新助相改候／御目録ニ相見申候付、右之通ニ而相調置申候、

安永九年子二月　松平太郎右衛門

奉之

(20)『尾張目録』四所収『御文庫御蔵書目録（天明二年目録）』解題。なおこの『尾張目録』四、四〇一頁に以下のように見える（／は原本の改行箇所）。

御文庫御蔵書経・史・子・集、幷本朝書籍、因／旧御目録訂書名・巻数、新作御蔵書書目／五巻以献納云、

天明二年寅十一月　河村七郎秀穎

(21)『尾張目録』七所収『尾藩御文庫御書目（文化十三年目録・田安家旧蔵）』解題。

(22)『尾張目録』九所収『御文庫御書物便覧（御書物便覧・図書之部）』解題。

(23)『尾張目録』一〇所収『官庫襍記』解題。

(24)名古屋市蓬左文庫編『名古屋市蓬左文庫国書分類目録』（名古屋市教育委員会、一九七六年）「後記」を参照。なお（Ⅴ）『御文庫御書籍目録（寛政目録）』第一冊の一丁裏（『尾張目録』五、一八頁）の貼紙に、以下のように見える（全文朱書。／は原本の改行箇所）。

此六巻ハ明治之初年、御書物御払以前之／目録ナルヲ以テ、御払之分ニ捺印シ、現在御書／物之縁故ヲ識得シ、以後御書物保存ノ一／助ト成ントス

御文庫御書物便覧ト云一書在リ、和書／ノミニ係リタレトモ、頗詳悉ヲ得タレハ、此目録／ニ書加置、

明治壬午夏日

この目録により「明治之初年」の書籍処分の事実を知ることができ、また処分した書目に「払」印を捺してそれを識別できるようにした貴重な目録であることが知られる。

(25)前掲注（4）鎌田論文。

(26)金沢文庫およびその蔵書に関しては関靖『金沢文庫の研究』（藝林舍、一九七六年、初版一九五一年）のほか、

(27)　永井晋『金沢北条氏の研究』（八木書店、二〇〇六年）、また同『金沢貞顕』〈人物叢書二三五〉（吉川弘文館、二〇〇三年）などがある。
(28)　『近藤正斎全集』二（国書刊行会、一九〇六年）所収。
(29)　前掲注（27）書所収「右文故事巻之七」、前掲注（11）福井書。
(30)　禁裏・公家社会における知的ネットワークと知識体系の形成の意義については、いずれも東京大学史料編纂所教授（当時）・田島公氏を研究代表者とする科学研究費による左記の研究とその成果が重要である。
①平成一〇～一二年度・基盤研究（A）（2）「東山御文庫を中心とした禁裏本および禁裏文庫の総合的研究」
②平成一四～一七年度・基盤研究（A）（1）「禁裏・宮家・公家文庫収蔵古典籍のデジタル化による目録学的研究」
③平成一九～二三年度・学術創成研究費「目録学の構築と古典学の再生─天皇家・公家文庫の実態復原と伝統的知識体系の解明─」
これらの研究の代表的な成果を次に掲げる。
（ⅰ）田島公編『禁裏・公家文庫研究』一（思文閣出版、二〇〇三年）。
（ⅱ）田島公編『禁裏・公家文庫研究』二（思文閣出版、二〇〇六年）。
（ⅲ）田島公編『禁裏・公家文庫研究』三（思文閣出版、二〇〇九年）。
（ⅳ）田島公編『禁裏・公家文庫研究』四（思文閣出版、二〇一二年）。
(31)　田辺裕「徳川義直の撰述書目（上）（下）」（『芸林』一八─一・二、一九六七年）に詳しい。また『類聚日本紀解説』（コロタイプ複製本〈尾張徳川黎明会、一九三九年〉があり、『類聚日本紀解説』一冊を付す）も参照。
(32)　前掲注（30）『類聚日本紀』。
(33)　『雑纂編』一〈名古屋叢書二四〉（名古屋市教育委員会、一九六三年）。
(34)　前掲注（24）書六六頁に、
続日本紀（中略）　江戸初期写　角倉平次献本

と著録されている。　　　　　　　　　四〇巻　一三冊　一〇五・四六

追記（初出時）

三〇年以上も前のことになるが、井上光貞氏（東京大学名誉教授、故人）・笹山晴生氏（東京大学名誉教授、故人）を中心とする「続日本紀注解編纂会」が結成され、科学研究費補助金を受けて『続日本紀』の総合テキストの編纂を計画した。岩波書店の新日本古典文学大系『続日本紀』全五冊はその成果である。本文の底本は蓬左文庫所蔵四〇巻本と定め、当初は石上英一氏（東京大学名誉教授）と筆者が本文校訂に従事し、後に加藤友康（東京大学名誉教授）・山口英男（東京大学名誉教授）・北啓太（元宮内庁京都事務所所長）の諸氏がこれに加わった。石上氏と筆者が最初に蓬左文庫本の調査にうかがったのは、前記の科研の報告書によれば、一九八二年三月となっているが、実際にはそれより早く、一九七〇年代後半から調査を行っていたように記憶する。こうしてたびたび調査をお願いし、最後の記録は一九八三年三月である。その間、文庫当局には格別のご配慮をいただき、とりわけ織茂三郎氏（故人）、桐原千文氏、山本祐子氏には多くのご教示にあずかった。この後も、『続日本紀　蓬左文庫本』全五冊（八木書店、一九九一～一九九三年）を刊行するための写真撮影に石上氏とともに幾度も文庫に参上し、ご高配をいただいた。

今回、図らずも丸山裕美子氏より本稿（初出報告書）執筆のお誘いをいただき、当時のことがなつかしく思い出されて、逡巡しつつもお受けしたが、結果は何ほどのものも書けずに終わった。研究代表者の遠山一郎氏、本書の編集に当たられた高橋亨氏・久富木原玲氏・中根千絵氏、および丸山氏にお詫び申し上げる。

補注

（1）　初出以降、蓬左文庫本の伝来に触れる論文として、丸山裕美子「徳川家康による古典籍の蒐集―「富士見亭文庫」成立以前―」（『愛知県立大学日本文化学部論集』一三、二〇二一年）、吉田一彦「蓬左文庫の六国史―徳川義直の学問の志向性―」（『蓬左』一〇四、二〇二三年）が出た。

（文責：渡辺　滋）

第二章　高松宮家伝来禁裏本『続日本紀』の筆跡

はじめに

典籍の写本の研究においては、奥書はもとより、写本の形態、すなわち巻子本か冊子本か、冊子本の場合は一冊の紙数、また一紙の行数、一行の文字数などが重要な手がかりを与える場合がある。東山御文庫所蔵『続日本紀』(1)(補注1)および高松宮家伝来禁裏本（以下、高松宮本と略称する）所収『続日本紀』(2)(補注2)の巻八には大規模な錯簡があるが、これは親本の連続する二紙が前後綴じ違えられていたことに起因していることが鎌田元一氏(3)により明らかにされており、動かない事実である。この場合、永正本系統の七冊本（たとえば天理大学附属天理図書館所蔵兼右本(4)、宮内庁書陵部所蔵谷森本(5)）の一紙の行数、一行の字詰めの共通性が決め手となっており、ここから高松宮本『続日本紀』の親本が永正本系統の七冊本であったこと、その巻八には綴じ違いがあったことが明らかになった。これは写本の形態を手がかりとした研究が重要な知見をもたらす典型的なケースである。

写本研究にはこれ以外にもさまざまなアプローチがありうるであろうが、その一つに写本の筆跡の問題がある。筆者はかつて田中本『令集解』(6)の写本系統上の位置について試案を提示した際、山田清安および穂井田忠友の筆跡を手がかりとして論を進めた。[7] また角倉本『続日本紀』[8]の写本系統の検討、および角倉本と蓬左文庫本『続日本紀』[9]の関係の検討に当たっても、角倉素庵の筆跡を手がかりとした。[10] 筆跡の同定については、いかに主観を排除するかという困難が常に付きまとい、その判断には大きな危険をともなう。筆者が試みた右の二例に関しては、穂井田忠友・角倉素庵ともに対比すべき筆跡をほかに求めることによって比較的容易に主観を排除しえたと考えている。しかし、ある特定の文字群のなかで筆跡をグルーピングしようとする場合には、主観が判断を誤らせる危険性は右の二例に比べて格段に大きいものがある。この危険を認識したうえで、本稿ではあえて、高松宮本『続日本紀』の親本について鎌田氏が明らかにした事実を別の観点から、すなわち筆跡の同定を通じて追跡を試みたいと思う。

もっとも、東山御文庫本および高松宮本に共通する筆跡が認められることは、すでに小倉真紀子氏[11]が指摘されており、ここで取り上げようとする高松宮本『続日本紀』も含めて、東山御文庫本・高松宮本の六国史全体の筆跡について整理されている。そこでは高松宮本『続日本紀』についても結論は示されているのであり、[12] 以下の記述は小倉氏の結論を確認するにすぎないことをあらかじめ断っておく。

一　グループ筆跡の検討

繰り返すが、東山御文庫本および高松宮本『続日本紀』巻八には記事の前後する箇所があるが、これは東山御文庫本および高松宮本自体の錯簡ではなく、それらの親本に生じていた錯簡を継承したものであり、記事の入れ違いは永正本系統の七冊本の連続する二紙が前後して綴じられていたことに起因している。これによって両書の親本は永正本系統の七冊本であったことが鎌田氏によって解明された。永正本系統の七冊本の巻次編成は、たとえば天理

大学附属天理図書館所蔵兼右本および宮内庁書陵部所蔵谷森本『続日本紀』によれば、

第一冊　巻　一～巻　六
第二冊　巻　七～巻一二
第三冊　巻一三～巻一八
第四冊　巻一九～巻二四
第五冊　巻二五～巻三〇
第六冊　巻三一～巻三六
第七冊　巻三七～巻四〇

となっている。また両書では各冊の紙数、一紙の行数、各行ごとの文字数も基本的には一致しており、鎌田氏の結論にしたがえば、東山御文庫本および高松宮本の親本もこれと同じ編成・形態を取っていたと考えてよい。それではこの事実を高松宮本の筆跡から追認することができるのであろうか。高松宮本『続日本紀』は四〇冊から成る冊子本であり、ほかの多くの写本と同様にこれも複数の手によって書写されている。ただし一冊の途中で筆跡が変わることはないと考えられる。このことを前提とし、かつ高松宮本の親本が七冊本であった事実を踏まえて、まず高松宮本四〇冊を七冊本の編成にしたがってⅠ～Ⅶのグループに区分し、それぞれのグループの筆跡の検討を試みることにしたい。筆跡の同定に当たっては、共通する文字（群）を比較することが有効であるので、各巻の冒頭の二行、すなわち首題および撰者の位階・官職・姓名・「奉勅撰」の部分をサンプルとすることとし、まず始めに高松宮本各巻の当該部分の写真を掲げ、行論の便宜上、それぞれに〔1〕～〔40〕の番号を付す。

Ⅱ　Ⅰ

〔1〕〔2〕〔3〕〔4〕〔5〕〔6〕〔7〕〔8〕〔9〕

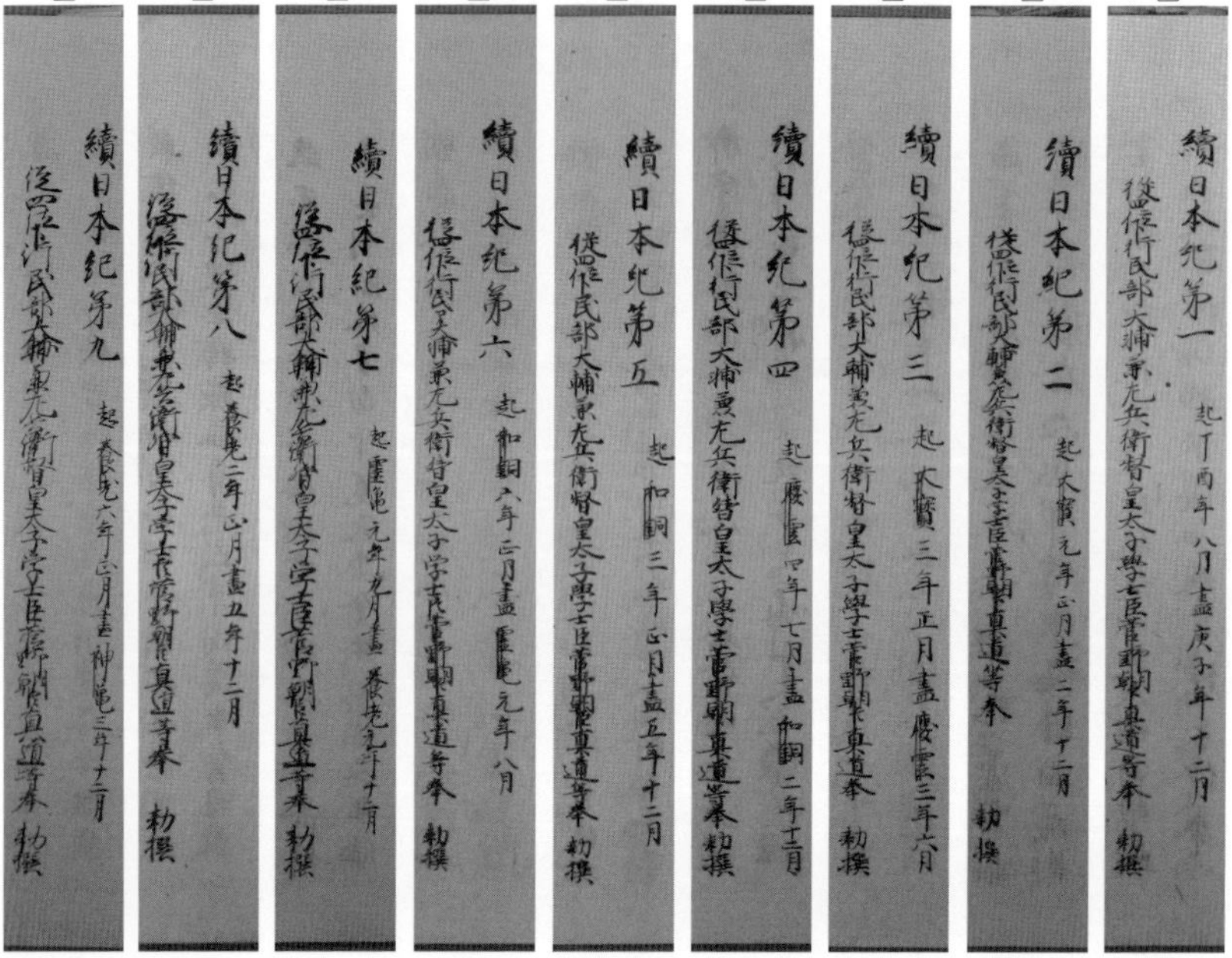

1　巻一～巻六

ここではまず首題部分の「第」に注目する。「竹」冠の字形に着目すると、〔1〕〔2〕〔6〕と〔3〕〔4〕がそれぞれ共通点を持つ小グループを形成すると見られるが、〔5〕は孤立している。しかし冠を除いた部分に着目すれば、その字形には〔1〕～〔6〕を通じて明瞭な共通性が認められる。

次に「續」と「紀」の「糸」扁に着目すると、〔1〕〔3〕〔4〕〔5〕〔6〕の「紀」の「糸」扁の字形が近似し、かつそれは〔2〕〔4〕の「續」の「糸」扁にも近い。これに対して〔2〕の「紀」の「糸」扁はそれらとは区別される。しかし〔2〕の「紀」の「糸」扁は〔3〕の「續」の「糸」扁に近い特徴を示している。

「糸」扁に関しては一見すると錯綜しているかに見えるが、これを整理すれば、〔1〕〔3〕

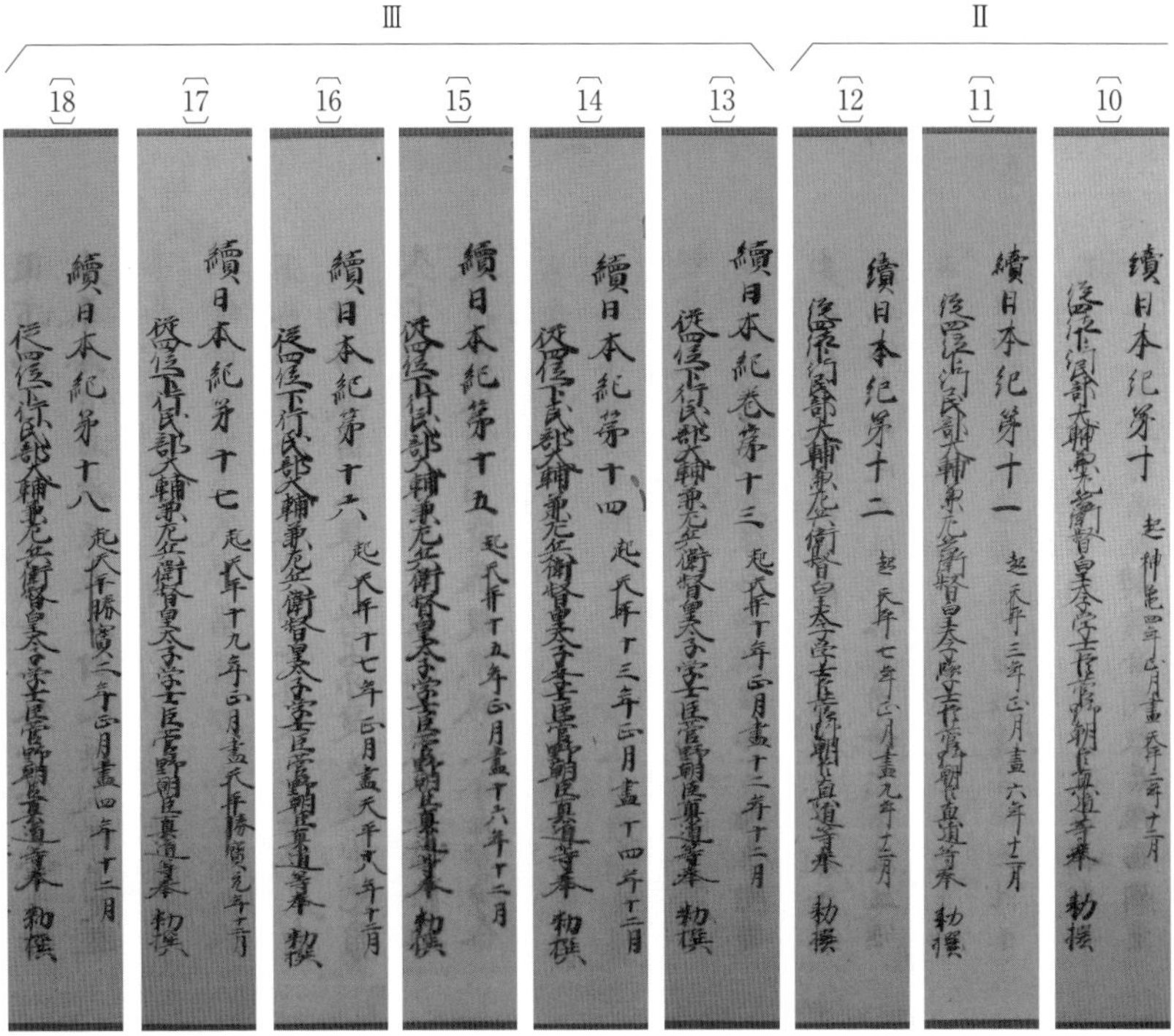

〔4〕〔5〕〔6〕の「紀」の「糸」扁の字形の特徴が〔2〕〔4〕の「續」の「糸」扁にも備わっており、したがって〔1〕~〔6〕を通じて共通の特徴を示す「糸」扁が含まれていることになる。このことは右に述べた〔1〕~〔6〕を通じての「第」の共通性と整合している。

2　巻七~巻一二

ここではまず「続日本紀」の「日」に着目する。〔7〕~〔12〕は「月」に近い字形であり、ほかの諸巻と比較して顕著な特徴を示している。ただし〔8〕はやや微妙であるかもしれない。しかし〔8〕の「紀」の糸扁は〔10〕〔11〕に近く、とりわけ撰者の位階・官職の「行」は〔7〕~〔12〕を通じて同じ字形を示していると判断され、しかもそれは前後の〔6〕〔13〕とは明らかに異なる。これらの諸点からすれば、〔7〕~〔12〕は同筆と判断され、一つのグルー

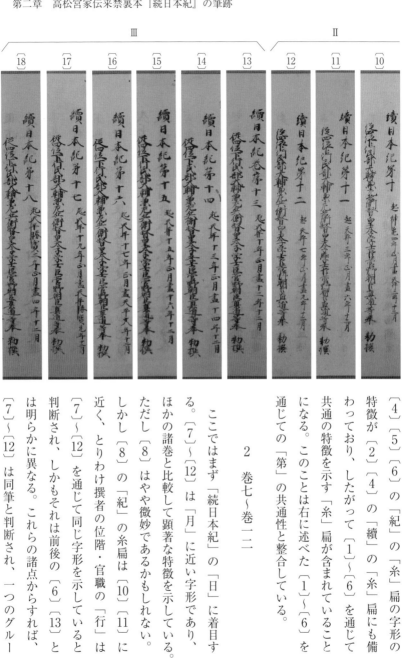

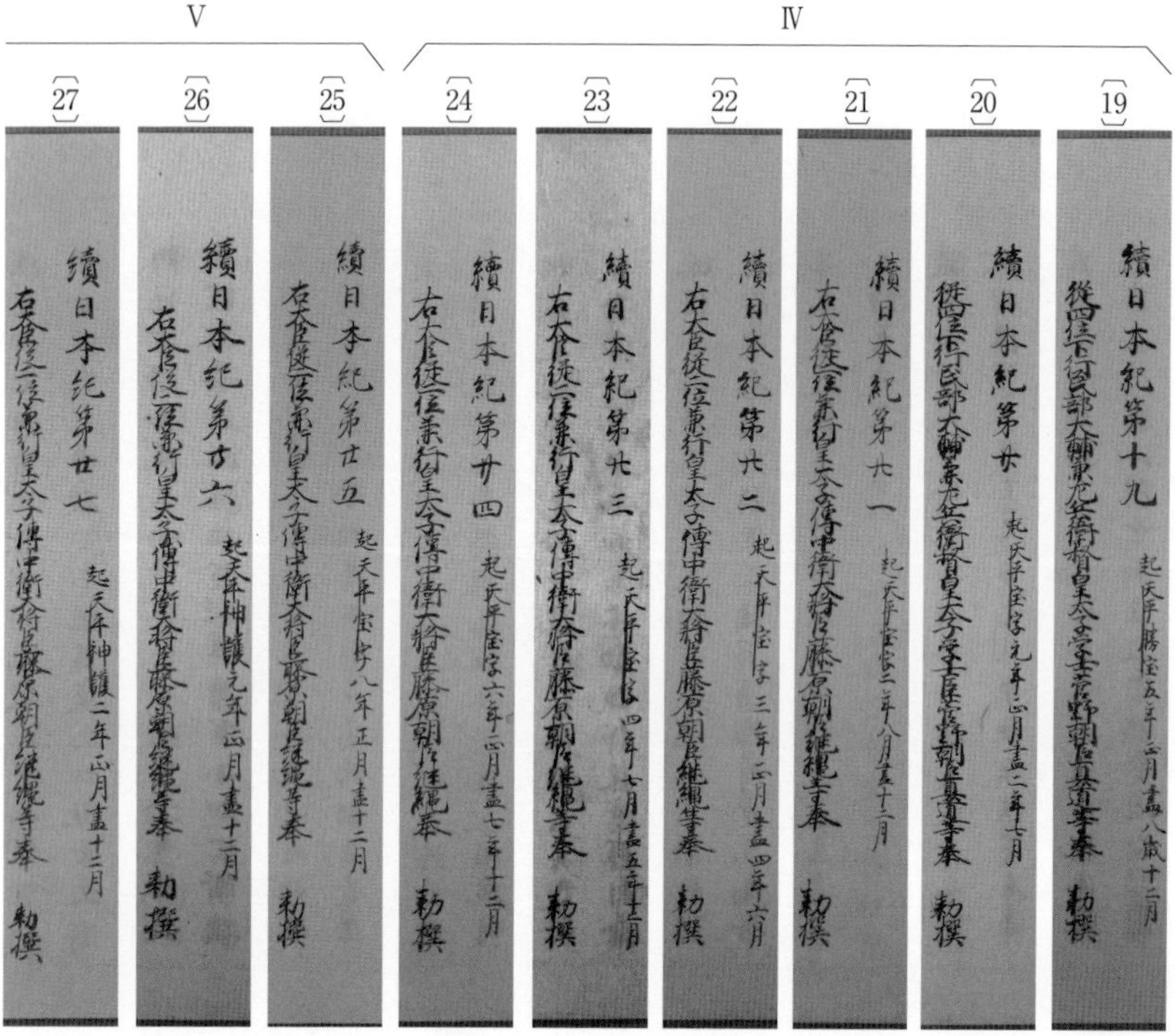

プを形成していると見られる。

3　巻一三〜巻一八

まず「續」に着目すると、〔13〕〜〔18〕の「糸」扁が共通の特徴を示していると見られるであろう。ここでは「紀」の「糸」扁もまた共通しており、その特徴は「續」の糸扁の特徴とも一致する。そしてこれらの特徴は前後の〔12〕〔19〕とは明瞭に異なる。したがって〔13〕〜〔18〕が同筆の一つのグループを形成するであろう。

4　巻一九〜巻二四

このグループについては判断が難しい点があるが、強いて挙げれば「第」の字形に〔19〕〜〔24〕を通じた共通性が認められるであろう。

また「續」の「糸」扁に着目すると、〔19〕〔21〕〔24〕と〔20〕〔22〕〔23〕の二つの小グ

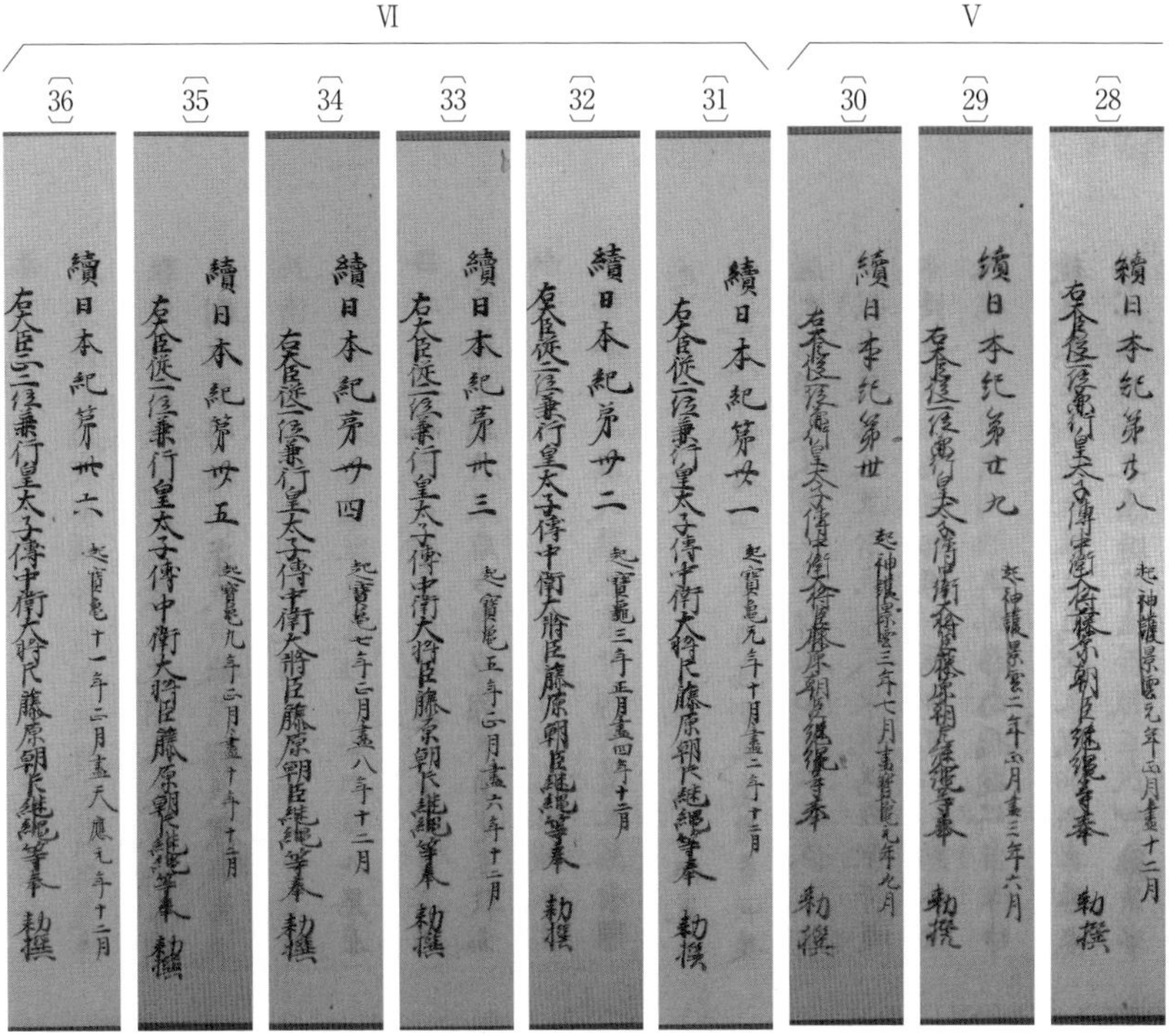

ループに区分されるであろう。一方「紀」の「糸」扁について見れば、〔19〕〔23〕と〔20〕〔21〕〔22〕〔24〕がそれぞれ共通の特徴を持った二つの小グループをなすであろう。これらを総合すれば、〔19〕～〔24〕を通じて共通の特徴を備えた「糸」扁が含まれており、右に述べた「第」とともに、この点からも〔19〕～〔24〕が一つのグループをなしていると判断される。

5　巻二五～巻三〇

このグループについても判断が難しい。撰者の位階の「位」の最終画の止め方に〔25〕～〔30〕を通じて共通の特徴が認められるようであるが、断定は難しい。

また〔25〕〔26〕〔27〕〔28〕〔30〕の「第」には共通性が指摘できるが、〔29〕は微妙である。ただし「竹」冠に着目すれば、〔29〕のそれは〔25〕〔26〕〔28〕〔30〕と共通の特徴を共有して

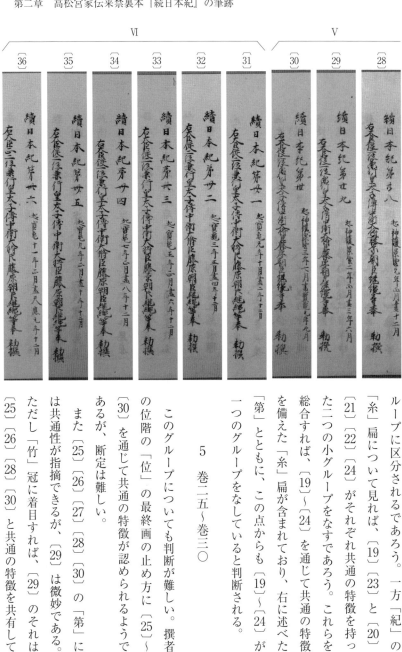

Ⅶ

〔40〕 〔39〕 〔38〕 〔37〕

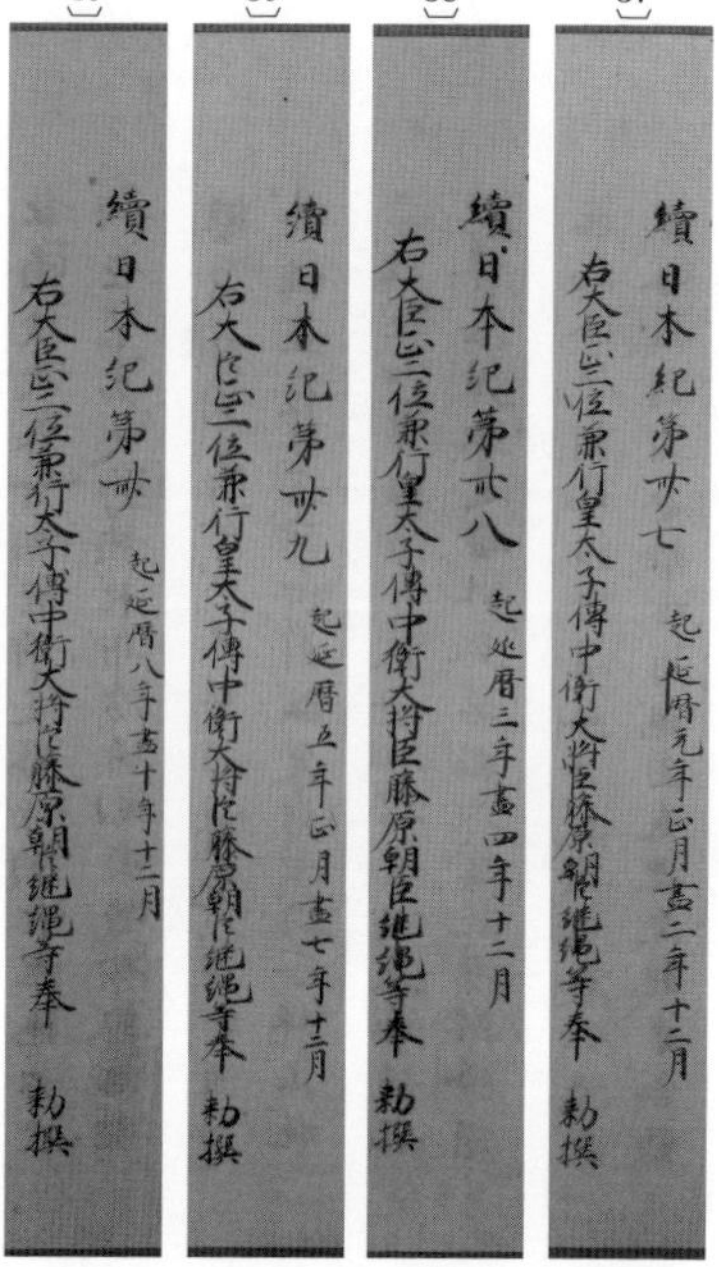

いる。〔29〕はこのほかに「續」の「糸」扁が〔27〕と、「紀」の「糸」扁が〔26〕〔27〕〔30〕と、それぞれ共通点を有していると見られる。したがってこれらの諸要素を総合すれば、〔25〕〜〔30〕も一つのグループと見なすことが可能であろう。

6 巻三一〜巻三六

〔31〕〜〔36〕は「續」の「糸」扁がほぼ共通の字形を示している。また「紀」の「糸」扁も同様である。さらに「第」に着目すると、「第」の冠は「竹」（〔31〕〔35〕〔36〕）、「ソ」（〔32〕）、「廾」（〔33〕〔34〕）と一定しないが、冠を除いた部分の字形には明瞭な共通性が認められ、それらは前後の巻とは明らかに異なる特徴を示している。また官職部分の「行」、「中衛」の「衛」なども〔31〕〜〔36〕を通じて共通の特徴を示していると見てよいであろう。したがって〔31〕〜〔36〕も一つのグループと認められよう。

7 巻三七〜巻四〇

〔36〕～〔40〕はまず「第」の字形に共通性が認められるほか、「行」でもほぼ共通の特徴が認められる。また「續」の「糸」扁が〔37〕〔38〕〔40〕に共通しているが、この共通性は〔37〕の「紀」の「糸」扁も共有している。さらに〔39〕の「紀」の「糸」扁は〔38〕〔40〕のそれと共通する特徴を示していると見られる。これらを総合すれば、〔36〕～〔40〕は一つのグループととらえることが可能であろう。

二　グループ相互の筆跡の関係

以上、Ⅰ～Ⅶの筆跡を検討したが、結果は筆跡においてもⅠ～Ⅶのグルーピングが可能と判断される。この結論が妥当であれば、高松宮本の親本は七冊本であったことになり、また高松宮本巻八の錯簡の原因となった綴じ違いはその親本に存在していたものであることも推定でき、前述の鎌田元一氏の所見とも合致する。

それでは各グループ相互の筆跡の関係はどのように見ることができるであろうか。まず「續」「紀」の「糸」扁に着目すると、Ⅲ（〔13〕～〔18〕）がⅥ（〔31〕～〔36〕）に近い字形を示しているように見える。しかし「糸」の「小」の形状に注目すれば、Ⅲ（〔13〕～〔18〕）ではほぼ垂直であるのに対して、Ⅵ（〔31〕～〔36〕）は左への傾斜が強く、この特徴はⅥ（〔31〕～〔36〕）の「紀」の「糸」に顕著に現れている。したがってⅢ（〔13〕～〔18〕）とⅥ（〔31〕～〔36〕）とは別筆と見なされる。

またⅣ（〔19〕～〔24〕）とⅤ（〔25〕～〔30〕）についても、〔20〕〔22〕〔23〕の「續」の「糸」扁が〔25〕〔30〕のそれに共通すると見られなくもない。しかし「廿」の字形に着目すれば、〔21〕〔22〕〔23〕が「卄」とするのに対して〔25〕〔27〕〔29〕では「廿」とするほか、ほかの「廿」の字形についても両グループに共通性は認められない。したがってⅣ（〔19〕～〔24〕）とⅤ（〔25〕～〔30〕）も別筆と判断される。

一方、「第」に着目すると、Ⅰ（〔1〕～〔6〕）とⅦ（〔36〕～〔40〕）の「第」に強い親近性が認められるであろう。この両グループでは、〔2〕の「紀」の「糸」扁、〔3〕の「續」の「糸」扁と、〔37〕の「續」「紀」の「糸」扁、〔38〕〔40〕の「續」の「糸」扁でも共通の特徴を示している。したがってⅠ（〔1〕～〔6〕）とⅦ（〔36〕～〔40〕）は同筆と判断される。

このほかにはグループ間での共通性は認めがたい。

以上のことから、全体を通じて高松宮本には六種類の筆跡が認められること、換言すれば、高松宮本は六人によって分担書写され、そのうちの一人はⅠ（〔1〕～〔6〕）とⅦ（〔36〕～〔40〕）の二冊を担当したことが推定される。

おわりに

行論中に「共通性が認められる」「親近性がある」など、主観に左右されやすい不安定な表現を多用したことが物語っているように、本稿で行った筆跡の同定作業には危険をともなう判断が満ちている。このことは、判断を下すに当たって恣意性を排除する方法が本稿では極めて未熟、ないしは欠如していることを意味している。高松宮本『続日本紀』の場合についていえば、書写に従事したと推定される六人の公家が特定できれば、筆者が前稿で試みたように、それぞれの筆跡をほかの史料（たとえば自筆日記など）と対比できる可能性が生まれ、判断にともなう危険性を回避もしくは緩和する道を開くことができる。しかし現時点ではそこまで調査が及んでいないため、本稿で試みたような取り扱い方をせざるをえず、鎌田元一氏が明らかにされた事実が前提になければ、はたして同じ結論を導くことができたかどうか、疑問なしとしない。

しかし一方で、写本研究において筆跡の問題が重要な位置を占めていることも明らかであり、筆跡研究の方法の深化が求められる。本稿が筆跡研究のための捨て石になりうるのであれば、目的の一端は果たしえたというべきであろう。

注

（1）宮内庁侍従職所管。四〇巻。勅封 七一―一、七二―二。

（2）国立歴史民俗博物館所蔵「高松宮家伝来禁裏本」所収。四〇冊。函号 H六〇〇―九九五。『続日本紀』一～五〈国立歴史民俗博物館蔵貴重典籍叢書 歴史篇七～一一〉（臨川書店、一九九九～二〇〇〇年）に影印（解説加藤友康）。

（3）鎌田元一「永正本『続日本紀』の本文復原に関する予備的考察」（『律令国家史の研究』塙書房、二〇〇八年、初出一九七八年）。

（4）天理図書館編『天理図書館稀書目録』和漢書之部三〈天理図書館叢書二五〉（天理図書館、一九六〇年）。函号二一〇・二―イ三。

（5）宮内庁書陵部編『和漢図書分類目録』下（宮内庁書陵部、一九五三年）。函号 谷―三四一。

（6）国立歴史民俗博物館所蔵「田中穣氏旧蔵典籍古文書」。三五冊。函号 H七四三―二三一。国立歴史民俗博物館編『田中穣氏旧蔵典籍古文書目録』古文書・記録類編（国立歴史民俗博物館、二〇〇〇年）。『令集解』一～六〈国立歴史民俗博物館蔵貴重典籍叢書 歴史篇一～六〉（臨川書店、一九九八～一九九九年）に影印（解説石上英一）。

（7）吉岡眞之「田中本『令集解』覚書」（『古代文献の基礎的研究』吉川弘文館、一九九四年）。

（8）名古屋市蓬左文庫所蔵。一三冊。函号 一〇五―四六。名古屋市蓬左文庫編『名古屋市蓬左文庫国書分類目録』（名古屋市蓬左文庫、一九七六年）に著録。

（9）名古屋市蓬左文庫所蔵。四〇巻。函号 一六八―一。前掲注（8）書に著録。

（10）吉岡眞之「角倉本『続日本紀』の諸問題」（前掲注（7）書所収、初出一九八七年）。

（11）　小倉真紀子「東山御文庫本『続日本後紀』と高松宮本六国史―書写・伝来の背景について―」（二〇〇二〜二〇〇五年度科学研究費補助金（基盤研究（A））研究成果報告書『禁裏・宮家・公家文庫収蔵古典籍のデジタル化による目録学的研究』〈研究代表者・田島公、二〇〇六年〉）。

（12）　前掲注（11）小倉論文一九頁に「（高松宮本『続日本紀』の）本文が同筆である巻が三条西家本系統の7冊本の巻編成に対応して分布している点から、親本が三条西家本系統の7冊本であり、7人の傭筆が1人1冊ずつの書写を担当したことが推察されるのである」と指摘されている。

追記（初出時）

本稿は人間文化研究機構連携研究『中世近世の禁裏の蔵書と古典学の研究―高松宮家伝来禁裏本を中心として―研究調査報告二（平成一九年度）』（同研究プロジェクト、二〇〇八年）に収めたものであるが、元は国立歴史民俗博物館で開いた共同研究の席上での口頭報告である。席上、筆跡の正確な比較にはより画数の多い文字を用いるべきだとの指摘を小倉真紀子氏からいただいた。しかし私はむしろ画数が少ない文字こそ筆跡の特徴を摑みやすいと考え、意識的に文字の偏傍のみを取り上げて検討した。この私の意図は席上で明確にすべきであったが、それを怠り、議論できないままに終わってしまった。

補注

（1）　初出以降、小倉真紀子「近世禁裏における六国史の書写とその伝来」（田島公編『禁裏・公家文庫研究』三、思文閣出版、二〇〇九年）が出た。

（2）　繊維（楮）を、かなり強い流し漉き技法で漉いた紙。漉簾の規格は、簀目は一七本／三㎝（おそらく萱簀）で、糸目は三・七㎝。現状の紙厚は五〇〜七〇㎛くらい。標準的な打紙加工を施しており、墨の乗りは比較的よい。紙の繊維間に白色の填料が見えるので、デンプン質の物体を混入させている可能性が高い。近世前期における同種の事業で利用される紙として、標準的な紙質である。

（文責：渡辺　滋）

第三章　東山御文庫本『続日本紀』の周辺

はじめに

『続日本紀』の写本研究は北川和秀氏・鎌田元一氏によって本格的に開始され[1]、その後も両氏の研究に触発されて成果を生んできている。周知のように『続日本紀』の写本系統は、卜部家相伝本を祖本とし、その転写本である三条西実隆・公条書写本から派生した三条西本（永正本）系統と、金沢文庫旧蔵本を含む名古屋市蓬左文庫所蔵四〇巻本を祖本とする蓬左文庫本の系統に大別される。多大な時間と労力を投入してそれぞれの系統に属する諸写本の相互関係の基本を明確にされた北川・鎌田両氏の研究により、多くの古代史家がその恩恵に浴しているが、細部についてはなお検討すべき課題も残った。

本稿では、三条西本の系統の奥書を持つ近世初期書写と考えられる東山御文庫本の周辺の問題について若干の考察を加えたい。東山御文庫本と、それに近い位置を占めると考えられる高松宮本（国立歴史民俗博物館所蔵）[補注1]が三条西本系統の写本であることはその奥書により明らかである。しかしそれらの写本系統上の位置については必ずしも解明しつくされたわけではなく、三条西本とこの両本の間に介在する写本があるのかないのか、もしあるとすれば

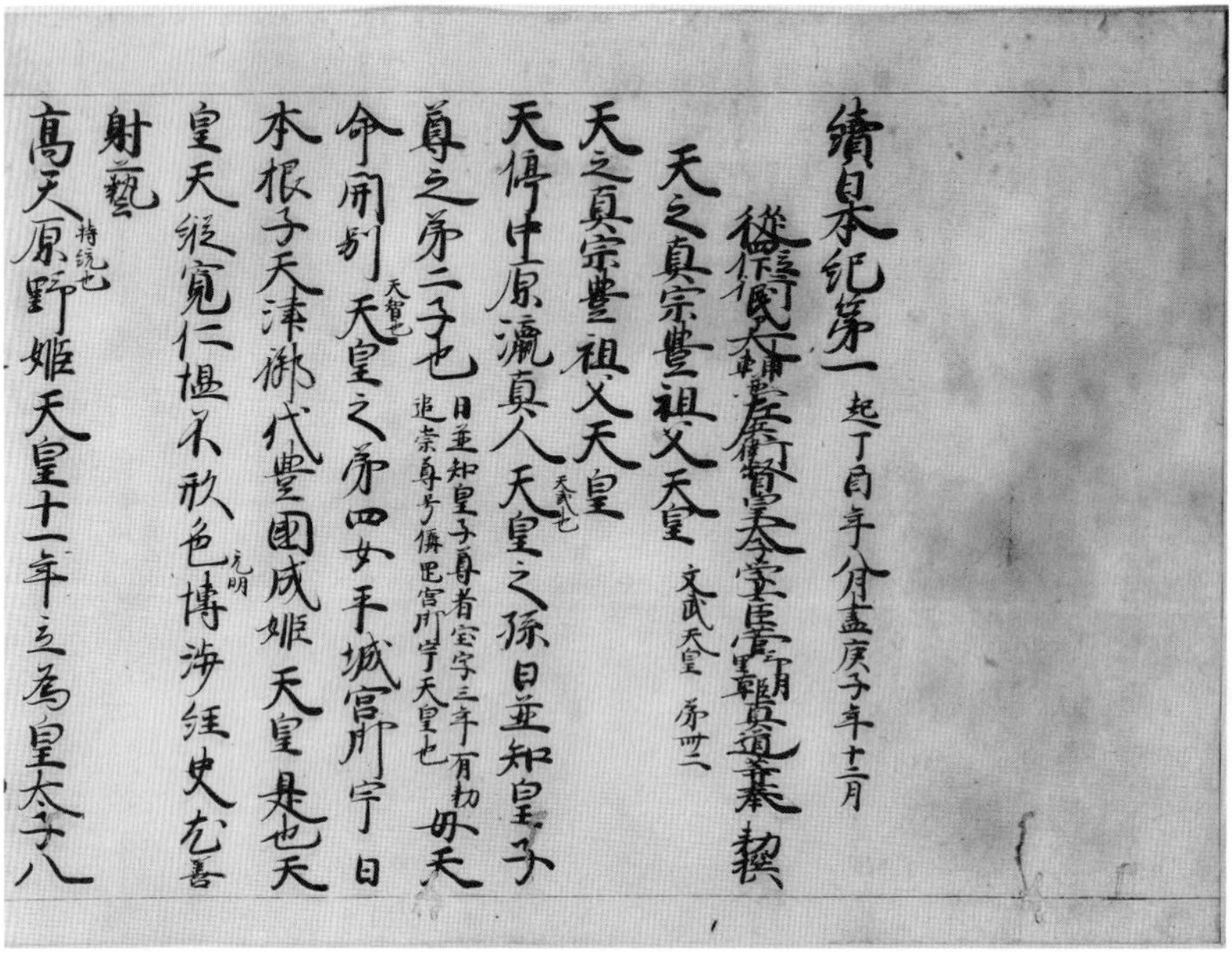

図１　東山御文庫本『続日本紀』巻１巻首

それは何か、という問題についてはなお検討が必要であり、三条西本系統の写本群のなかでの両写本の位置は不安定な部分が残っている。現在の筆者にはここでその全てを解明することはできないが、わずかでもこの課題に接近するために、東山御文庫本に付属している史料に検討を加え、あわせて若干の周辺の問題にも触れておきたい。

一　付箋の内容

東山御文庫本は四〇巻より成る巻子本であるが、現在それには短冊状の付箋が付属している。これらはもと同書のしかるべき位置に貼り付けるなどしていた可能性もあるが、(2)現在は本体とは別に一括して保管されている。この付箋の存在については鎌田氏がすでに指摘されているが、(3)全容については触れられていない。現存するものは次に示す七点であり、そのうちの六点は巻四から巻八までのものであるが、残る一点はいずれの巻のものか確定できていない。七点の付箋はおよそ縦二七・五〜二八・〇㎝、幅三・〇㎝の短冊状（4）で、いずれも朱で書かれ、全て同筆と考えてよいと思われる。本来は全巻についてこのような付箋が作成されていた可能性もあるが、これらのほかには現存しない。またこの付箋がどのような事情から作成されたかという点についても明確でないが、東山御文庫本を書写した後、校正を行った段階で発見したさまざまな誤脱を指摘したものである可能性があろう。（5）各付箋の上端中央部には小さな破損が認められるが、北啓太氏のご教示によれば、これは紙縒を通して綴ってあった付箋用紙を引きちぎった際に生じたものと推定される。

以下、まずその記載内容について検討を加えたい。

A「高天原田 原本作由可改」

これは巻四、和銅元年（七〇八）正月乙巳条の宣命の一部分と考えられる。（6）東山御文庫本では「高天原田」となっているが、「田」は「原本」によって「由」に改めるべきことを指摘したものである。因みに三条西本系統の重要な写本である吉田兼右本（天理大学附属天理図書館所蔵）・谷森本（宮内庁書陵部所蔵）・高松宮本ではいずれも「由」となっている。

B「原本 為兵部卿之下有従四位上竹田王為刑部卿之十一字 刻本同」

これは巻四、和銅元年三月丙午条の任官記事である。「原本」「刻本」との対校によって、東山御文庫本に「従四位上竹田王為刑部卿」の一一字が脱落していることを指摘したものである。三条西本系統の兼右本・谷森本・高松宮本にはこの一一字は存在する。

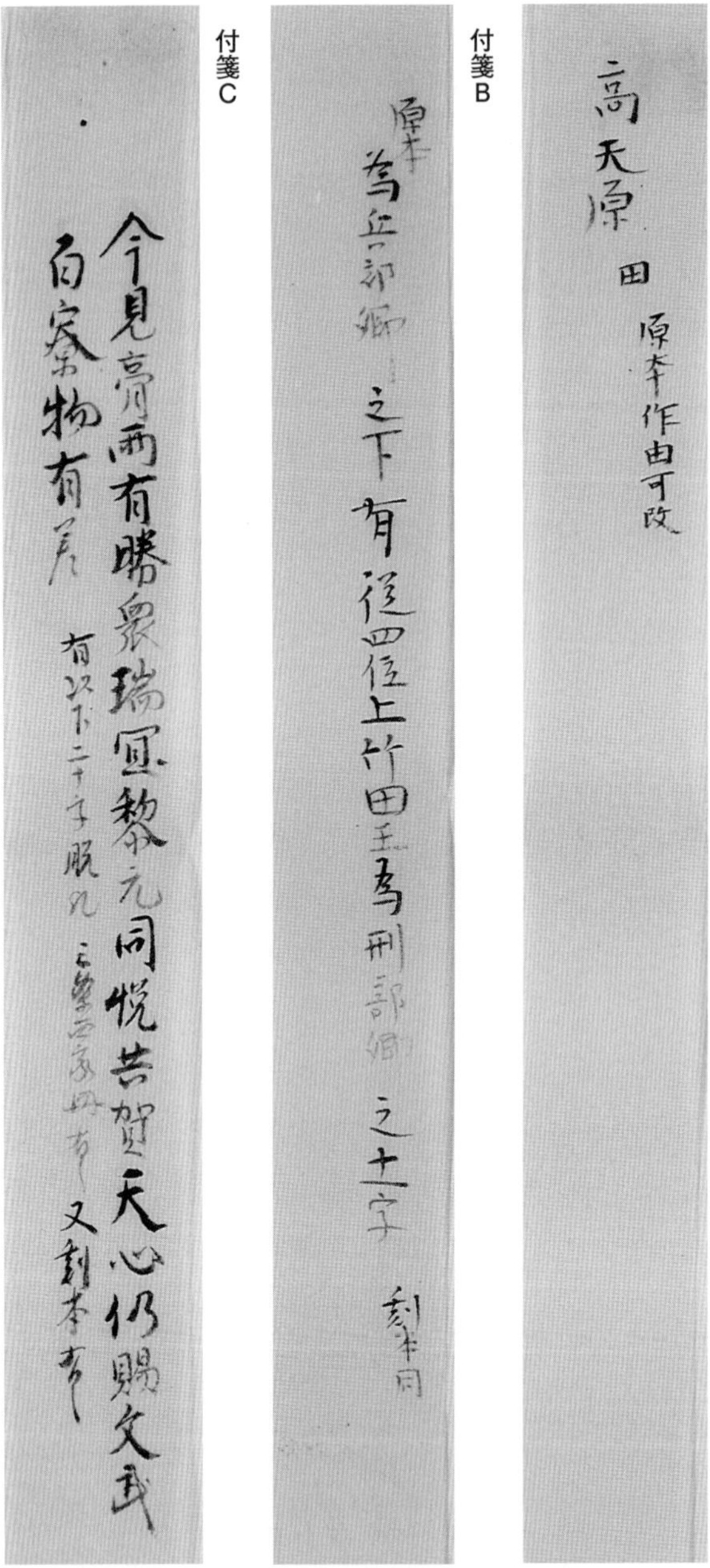

図2　東山御文庫本『続日本紀』付箋

付箋D

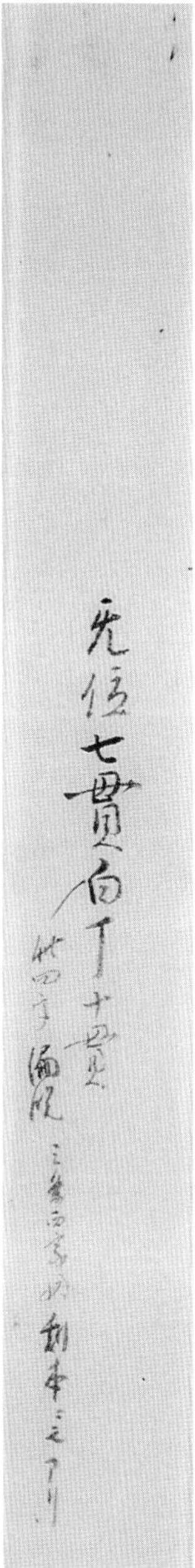

付箋E

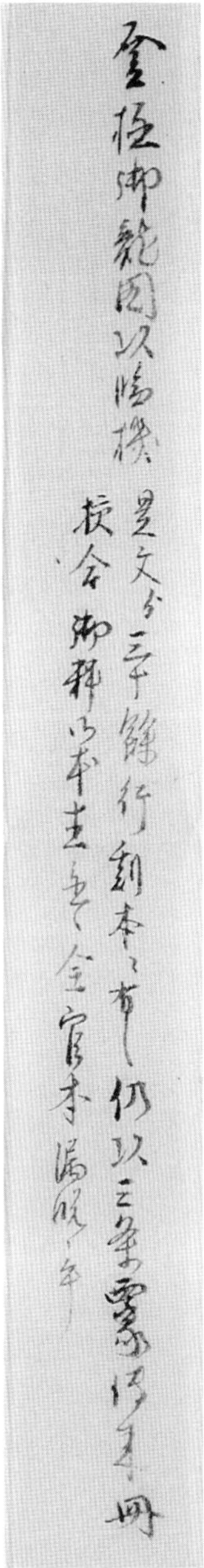

付箋F

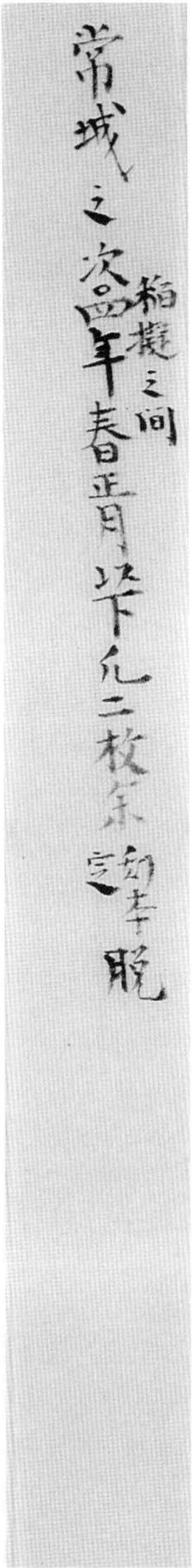

付箋G

C「　今見膏雨有勝衆瑞宜黎元同悦共賀天心仍賜文武
　百寮物有差有以下二十字脱歟　三条西家冊有之　又刻本有之」

これは巻五、和銅四年（七一一）六月乙未条の脱文を指摘したものであり、「三条西家冊」と「刻本」によって対校している。付箋のいうとおり、東山御文庫本では「有……物」の二〇字がない。ただし兼右本・谷森本・高松宮本にはこの二〇字は存在する。

D「　无位七貫白丁十貫
　此四字漏脱三条西家冊　刻本ニ之アリ」

これは巻五、和銅四年一二月庚申条のいわゆる「蓄銭叙位令」にかかわる記事である。東山御文庫本には「白丁十貫」の四字が見えない。付箋は、「三条西家冊」「刻本」との対校によりこの脱落を指摘したものである。ただし同系統の兼右本・谷森本・高松宮本にはこの四字は存在する。

E「登極御龍図以臨機是文ゟ三十餘行刻本ニ有之　仍以三条西家伝来冊校合　御料御本直置之　全官本漏脱之乎」

F「
　常城之次○四年春正月以下凡二枚余刻本定脱」
　稲擬之間

この二点の付箋は、「三条西家伝来冊」「刻本」との対比によって、東山御文庫本巻八、養老三年（七一九）一〇月辛丑条から同四年（七二〇）正月己巳条にかけての部分に錯簡があることを指摘したものであり、EとFは同じ錯簡を別の視点から述べたものである。この錯簡についても鎌田氏が着目され[7]、東山御文庫本・高松宮本の位置付けの手懸かりとされたものである。東山御文庫本の錯簡の状態を模式的に示すと次のようになる。

（前略、養老三年一〇月辛丑詔）

而登極御龍図以臨機（約六字分空白）…

【四年春正月甲寅朔大宰府献白鳩…（中略）…

納足不得延引穀有逋懸又除租税外

公】《者猶資輔佐之才乃致太平必由翼賛…（中略）…

伏身自是始矣戊戌停備後国安那郡

茨城葦田郡常城》（約二字分空白）稲擬充国用

（下略）

すなわち東山御文庫本では、養老三年一〇月辛丑詔の「登極御龍図以臨機」の次に約六字分の空白を置いて改行し、次行の行頭から「四年春正月甲寅朔」以下、三月己巳条の「又除租税外公」までの文章（【　】内の文章）があり、次いで先の辛丑詔の続きの「者猶資輔佐之才」以下（《　》内の文章）がくる。すなわち養老三年一〇月辛丑詔の途中に同四年正月~三月の文章が割り込んでいることになる。これをいい替えれば、Fのいうように、養老三年一二月末尾の条（戊戌条「停備後国安那郡茨城葦田郡常城」）の次の空白部分に入るべき【　】内の記事が脱落しているということになる。このような錯簡は兼右本・谷森本には存在しないが、高松宮本では東山御文庫本と同じ錯簡が認められる。

G「　四年春三月中加直之事　七卅」

これは本文に「七」「卅」を書き加えて誤りを訂正するよう指示したものと推定されるが、どの記事に当たるか詳かにしえていない。「四年春三月」の記事中に「七」と「卅」が同時に現われるのは養老四年（巻八）と天平宝字四年（巻二三）のみであるが、東山御文庫本はそのいずれにもこの二字の脱落や誤記の形跡は認められない。ほかの付箋が全て巻八までのものであることからすれば、これも養老四年三月の可能性が高いようにも思われるが、未解決である。この付箋にのみ対校本の記載がないことの意味も含めて、今後の検討を俟ちたい。

二　付箋に見える諸本

付箋の内容は以上である。ところでこれらの付箋には『続日本紀』の諸本についての記載が見えている。次に付箋に見える諸本について検討を加える。

1　「刻本」（付箋B・C・D・E・F）

一般に「刻本」とは刊本と同義と考えてよい。近世の『続日本紀』の刊本としては明暦三年（一六五七）の印本が唯一のものであり、付箋の「刻本」もそれを指すと推定される。

付箋Bの場合、明暦印本には確かに「従四位上竹田王為刑部卿」の一一字は存在している。また付箋C・Dの場合も東山御文庫本に脱落している文字は、いずれも明暦印本に翻刻されており、さらにE・Fの錯簡も印本には認められず、ここにいう「刻本」が明暦印本を指すと見て矛盾はない。

2　「原本」（付箋A・B）

次に「原本」であるが、これは難解であり、いくつかの可能性を考える必要がある。第一は「原本」が文字通り『続日本紀』の原撰本を指す可能性であるが、東山御文庫本が書写されたと考えられる近世初期の前後に『続日本紀』の原撰本が存在していた徴証は認められない。もし原撰本が伝存していれば、全ての誤脱は原撰本との対校により解決するはずであり、ほかの諸本を参照する必要性はほとんど認めがたい。したがってこの「原本」とは、当時知られていた写本のなかでも証本となるべき重要な写本を指していると考える方がむしろ自然である。そのような写本としてはまず三条西本が念頭に浮かぶが、その際に付箋C・D・Eに「三条西家（伝来）冊」[8]が見えることが注目される。当時三条西家に伝来していた冊子本の『続日本紀』写本といえば実隆・公条書写本を指すと考えるのが穏当であろう。近世初頭にこの写本が存在していた徴証も認められるので[9]、付箋のいう「三条西家（伝来）冊」が永正一二年（一五一五）に三条西実隆・公条によって書写された三条西本そのものであることはほぼ確実である。東山御文庫本には三条西本の奥書が転写されているので、三条西本が東山御文庫本の「原本」と認識されていたと考えても不都合ではない。したがってここにいう「原本」が、東山御文庫本もその系統に属するところの三条西本系諸本の原本、すなわち三条西実隆・公条書写本を指している可能性を第一に考えることができよう。しかしこのように考えた場合、付箋A・Bでは「原本」と表現されているのに対し、付箋C・D・Eでは「三条西家

〔伝来〕冊」と具体的に記しており、両者がともに三条西本を指しているとすれば、表記に不統一があるという難点がある。

このように、右の二つの想定にはそれぞれ難点がある。よってこれらの可能性を排除するとすれば、第三の可能性として、「原本」という抽象的な表現によって特定の写本を指示できるケース、すなわち東山御文庫本の親本を指している場合を考えることができる。もっとも表記の不統一はしばしば起こりうることであるから、第二の可能性も全くないわけではないが、与えられた付箋の限りでこれ以上の限定を加えることは最早不可能であり、ここでは「原本」は東山御文庫本の親本を指すとの、最も難点の少ない立場に立って議論を進めることとする。

3　「三条西家〔伝来〕冊」（付箋C・D・E）

これについては2で述べたように、三条西実隆・公条書写の三条西本そのものであることはほぼ確実と考える。

4　「官本」（付箋E）

『続日本紀』〈新訂増補国史大系三〉の校訂に用いられている諸本のなかに「官本」があるが、同書の凡例によれば、この「官本」は直接的には国史大系六国史本が引く「楓山文庫永正本」を指している。この「楓山文庫永正本」は、鎌田氏によれば、一八七三年の「皇城」の火災の際に焼失した写本と推定される[10]。しかしこの付箋の「官本」の意味はそれとは直接結び付かず、付箋Eに「全官本漏脱之乎」とあるように、ここでいう「官本」が特定の一写本を指しているとは考えがたい。委細はさらに検討しなければならないが、たとえば官務家小槻氏が管轄した「官庫」や禁裏文庫のような〝公的〟な機関の所蔵にかかる複数の写本を指す一般的な名称と考えるべきであろう[11]。

5　「御料御本」（付箋E）

「御料御本」とは、その名称からいえば、天皇の所持する写本を意味していよう。問題はこれと東山御文庫本との関係である。これについても不明の点が多いが、次節において付箋の意義について述べる際に触れることとする。

三　付箋の意義

次に、これらの付箋からうかがわれる若干の問題について述べる。

一で述べたように、付箋Gを除けば、付箋の指摘する内容は東山御文庫本に生じている誤脱とよく対応している。したがってこれらの付箋は何らかの形で東山御文庫本に付属していたものと推定され、その内容は東山御文庫本の脱文や錯簡の存在を指摘したものと概括することができ、東山御文庫本を書写した後、他本と対校した際に見出した誤脱を訂正するために作成されたものと考えることができよう。対校に当たっては「原本」（東山御文庫本の親本）、「三条西家（伝来）冊」（三条西本）、「刻本」（明暦三年印本）、「御料御本」（天皇所持本）が参照されていたことが確認でき、また付箋の内容によれば、付箋が施された箇所の東山御文庫本の本文は、「御料御本」を除くほかの諸本の本文と異なっていたと考えられる。

次に、巻八の錯簡に関して付箋Eに「仍以三条西家伝来冊校合、御料御本直置之」とあることに注意したい。これは「御料御本」の錯簡を三条西本によって訂正したことを述べていると理解されるが、これによって「御料御本」はそれ自身に錯簡が生じていたか、もしくは錯簡本を書写したものかのいずれかであったことが知られる。この「御料御本」の性格を考えるためには、当時の宮廷周辺における『続日本紀』の書写状況について検討することが必要であるが、その手懸かりは付箋Eにある。

付箋Eに「全官本漏脱之乎」とあるように、廷臣等の周辺に存在した〝公的〟な性格を持つ諸写本はいずれも錯簡を有するものであったらしいことがうかがわれる。巻八に錯簡が生じている写本として現在知られているものが東山御文庫本・高松宮本、および東山御文庫本を直接転写した一〇冊本（宮内庁書陵部所蔵「御所本」）のみであることも勘案すれば、付箋Eのこの記述は、宮廷周辺の一定の範囲において、ある共通の錯簡本から複数の写本が作成されていたことを示唆している。

さらに、ほかの付箋が全て東山御文庫本自体の誤脱を指摘するにとどまっているのに対して、付箋Eにのみ「御料御本」の錯簡を三条西本によって「直し置」いた旨をわざわざ書き留めている事実は、この錯簡が規模の大きいものであったことにもよるのであろうが、「御料御本」が宮廷周辺の錯簡本にとって特別の意義を有していたこととともかかわるのではなかろうか。右に述べた宮廷周辺における写本作成の状況を前提としてあえて推測を重ねれば、天皇所持の「御料御本」とは、当時宮廷周辺に存在していた錯簡を有する写本群の祖本であったがために、東山御文庫本の錯簡の指摘と同時に、その祖本である「御料御本」をも「直し置」いた旨をとくに書き記したのではあるまいか。

最後に、付箋E・Fにおける錯簡の指摘に関して述べる。

これについてはすでに鎌田氏が検討されており、この付箋によってそれ以上のことを付け加えられるわけではないが、一通り触れておくことにする。付箋Eに「是文〻三十餘行」云々、また付箋Fには「凡二枚余（注略）脱」と見えるように、東山御文庫本の錯簡の部分（前掲模式図の【　】内の部分）は三九行余り、紙数でいえば二紙と三行分ほどである。鎌田氏が指摘されたとおり、これは袋綴じの兼右本・谷森本の表裏一紙分に相当しており、したがって東山御文庫本の祖本は、兼右本・谷森本と同じく、おそらく七冊から成る三条西本系統の冊子本であり、しかも養老三年一〇月から同四年三月にかけての部分に綴じ誤りのある写本であった(12)。

ところでこの錯簡は東山御文庫本だけでなく高松宮本にも生じている。したがってこのことから、高松宮本の祖本もまた東山御文庫本と両じく三条西本系統の七冊本で、養老三年一〇月から同四年三月にかけての部分に綴じ誤りのある写本であったと考えられ、鎌田氏の考察のように、両写本の祖本は同一の七冊本であることは確実であり(13)、両写本が近い位置にあることは明らかである。

さらに付言すれば、付箋Eが巻八の錯簡について「仍以三条西家伝来冊校合、御料御本直置之」と述べているのは、「御料御本」の錯簡を「三条西家伝来冊」と校合して改めたと理解すべきであるから、三条西本にはこの錯簡が生じていなかったことになり、したがって東山・高松宮両写本共通の祖本に当たる七冊の錯簡本は三条西本そのものではない(14)。

なお、付箋C・Dが指摘した東山御文庫本に見られる脱字が高松宮本には生じていないことは、これらの脱字が高松宮本の親本でも生じていなかったことを物語っている。しかし東山御文庫本の脱字については親本のそれを継承している可能性もあり、そうであれば、東山御文庫本と高松宮本の親本は異なる写本であったことになる。これについては東山御文庫本と高松宮本およびほかの同系統の写本との対校を通じて、より正確に見通す必要があるが、現在その作業は進行中であり、現時点では可能性の指摘にとどめざるをえない。

以上、多くの推測を重ねて述べたことを基礎に、東山御文庫本・高松宮本と三条西本との位置関係を試みに図示すれば次のようになろう(15)（—は転写、…は転写もしくは再転写）。

三条西本……七冊錯簡本（「御料御本」（推定））……「原本」（推定）―東山御文庫本
……○――――高松宮本

四　近世初期宮廷の写本作成

東山御文庫本の祖本である可能性を想定した「御料御本」は、先にも述べたように、その名称からいえば天皇の所持する写本であったと考えられるが、近世における天皇所持の書籍としては、まずいわゆる「東山御文庫」現蔵の典籍が思い浮かぶであろう。「東山御文庫」[16]の沿革・名称についてはすでにいくつかの論考があるので、ここでは深く立ち入ることはしないが、文庫の基礎は、度重なる火災により禁中の書籍が焼失する危険を経験した後西・霊元両天皇が書籍の写本を作成せしめたのに始まるといわれる。またその名称については、もと近衛家の邸宅にあった「東山倉」と呼ばれた倉を近衛忠熙が明治天皇に献上したことによるとされ、明治以降の命名にかかる。

東山文庫本『続日本紀』と称される四〇巻より成る巻子本は、その書写年代を明記した史料は存在しないが、近世初期の写本と考えられており、この年代観からすれば、右に述べた後西・霊元両天皇とほぼ同時代と考えることができる。現時点では東山御文庫本が後西・霊元両天皇の写本作成の一環として書写されたものであるかどうかは不明である。各巻ごとの筆跡の主を特定できれば、ある程度まで書写の時期を推定することも不可能ではないが、これは今後の課題である。以下においては、この問題解明の参考に資するために、近世初期の宮廷における写本作成の様相の一端について述べておく。

後西天皇が霊元天皇に譲位（寛文三年〔一六六三〕正月二六日譲位）して程ない時期に当たる寛文六年（一六六六）

二月二六日の葉室頼業の日記『葉室頼業記』(17)に次のような記事が見られる。

従新院(後西)、園殿(基福)・頼業(葉室)召候て、則参候へハ、御対面ニ而仰ニハ、昨日法皇(後水尾)へ御幸成候へハ、何ニても御写置候物候ハ、禁中へ被進写させ候様ニ仰也、其れハ新院御用ニも無之候間、則可被進也、又院中之御記先年従法皇御借被成候、それハ院中ノ御記候間、不進候、

次いで三月二一日条に、

四人法皇へ召、芝山(宣豊)・長谷(忠康)・梅小路(定矩)殿等御使ニ而、新院、法皇へ被仰上候ハ、禁中之御記録不残写被置候、炎上ニ北御文庫ニ而残候間、禁中へ可被進候、日限ハ廿四日日柄能候間、四人共廿四日新院へ可参由也、可相渡候由也、自其法皇へ又持参可仕候仰也、

とあり、後西上皇が書写しておいた「禁中之御記録」を二四日に「禁中」すなわち霊元天皇のもとに納めることとなった。「炎上ニ北御文庫ニ而残候」とは、後西天皇在位中の万治四年（一六六一）正月に発生した火炎を免れたものの意と解してよいであろう(18)。二四日条には、次のようにある。

新院へ四人参申候、先日被仰候御記録、今日日限能候間、被進候由、御対面ニ而仰也、御記箱七十合也、則目録ニ而箱請取申候也、従其法皇へ箱持せ参也、長櫃八ツニて持参也、法皇ニて四人箱五十目録合也、廿箱残候也、芝山殿・池尻殿(共孝)・長谷殿・梅小路殿御肝煎也、（中略）目録ニ合申候箱五十、禁中へ持せ参也、新院仰ニハ、禁中之御記不残写被置候、其外諸家所持仕候御記御借被成候て写被置候、（中略）

今日被進候御記箱之目録

一、続日本紀　一箱　一、続日本後紀　同

一、三代実録　同　一、国史部類　同

一、令集解　同
一、類聚国史　同
一、西宮北山等類　同
一、雑々記　二箱
一、臨時　同
一、叙位記　同
一、大間　一丨
一、諸社祭　同
一、御譲位記　同
一、天皇御元服記　一箱
一、行幸記　同
一、改元　二丨
一、女院号記　一丨
一、御遊　同
一、大饗　同
一、懺法講記　同
一、左経記　一丨
一、山槐記　一丨
一、三代格　同
一、朝野群載　同
一、年中行事類　同
一、恒例　一箱
一、節会記　同
一、除目　二丨
一、魚魯　同
一、御神楽　同
一、御即位記　二丨
一、親王御元服記　同
一、御幸記　同
一、辛酉甲子　一丨
一、政始記　一丨
一、宣下　同
一、御八講記　同
一、野府記　同
一、中右記　一丨
一、愚昧記　一丨

一、勧修寺家記　一｜　　一、平戸記　一｜十九冊
一、園太暦　卅三冊一｜　　一、薩戒記　一｜
一、甘露寺家記　一｜　　一、日次雑々記　四箱
一、御ゆとの丶上ノ日記二｜　　一、系図　一｜
一、諸家伝　一｜　　一、官職便覧　一｜五十五冊
一、旧記　一｜　　一、雑々　一｜
一、雑々神祇　一｜　　一、雑々神社　一｜
一、雑々釈教　一｜　　一、雑々諸寺　一｜
一、雑々無目録　五箱
已上七十合也錠目録有　法皇ノ御封也

今日主上（霊元）へ目録懸御目、箱五十合御文庫へ入也、無目録五箱新院御封也、

続いて二五日条に、

今日昨日之残箱廿、目六ニ合申候也、四人法皇へ参見合候也、新院之御封持参仕返上候也、御使田向、則御文庫へ入也、

と見える。

長い引用になったが、これにより後西天皇の在位中に、その周辺において、禁中の書籍はもとより諸家の蔵書も借り受けて、かなり大規模な写本の作成が行われたことが知られるが、本稿の課題との関連では、二四日条の「目録」の冒頭に「続日本紀　一箱」と見えることが注目される。二一日条の「新院（後西上皇）」の言に「禁中之御

記録不残写被置候」と見えていることから、この「続日本紀　一箱」もかつて後西天皇が「禁中」にあった『続日本紀』を書写せしめておいたものと推定される。すなわち、「禁中」の『続日本紀』とこれを書写した写本の少なくとも二種類の『続日本紀』が後西天皇の周辺に存在したことが確認できる。

一方これより先、この日記の三月四日条に、

　自今日続日本記（ママ）七冊備筆写申候也、則七人也、

とあり、七冊本の『続日本紀』を七人が分担して書写している。この時七人が書写した『続日本紀』には後に校合が加えられた。三月二八日条には、

　五条（為庸）宰相・伏原（宣幸）少納言殿召、続日本紀二冊ツ、校合ニ渡候也、五条殿へ一巻ヨリ也、東坊城殿（知長）所労故御理也、

とあり、三名の儒者に校合させる予定であったが、東坊城知長が所労のため辞退したことが知られる。ただし後には知長も校合に加わっており、六月晦日条に、

　東坊城殿続日本記（ママ）校合相済也、

と見えている。

『葉室頼業記』の『続日本紀』関係記事はほぼ以上であるが、これを整理すれば、

（一）後西上皇のもとには「続日本紀　一箱」が存在しており、ほかの書籍とともに霊元天皇の「御文庫」に納められた。これは「禁中」に所蔵されていた『続日本紀』をかつて書写し、万治四年の大火を潜り抜けて伝わったものと考えられる。

（二）同じ頃、七冊本の『続日本紀』を七名が分担して書写し、さらに儒者がこれを校合した。

ということになろう。このうち（二）の七冊本が三条西本系統の写本であることは、その冊数から判断してほぼ確

実であろうが、これに関しては第一に、この七冊本がどのような来歴を持つものか、とくに後西上皇の「続日本紀　一箱」および「禁中」所蔵本との関連はどうか、第二に、書写の分担はどのように行われたのか、第三に、これを書写した写本がどのような形態であったのかが問題である。

第一点については、結論的にいえばこの七冊本は、幕府の『本朝通鑑』編纂の材料として将軍徳川家綱に贈る写本を作成するために摂政鷹司房輔が進上した書籍の一部であったと考えられる[19]。したがって（二）の『続日本紀』は（一）とは無関係である。第二の書写の分担については、確証はないものの、一人が一冊を書写したと考えるのが穏当であろう。第三の写本の形態に関しては、先の日記三月二八日条に、校合のため「続日本紀二冊ツ、」を五条宰相・伏原少納言に渡したとあり、また「五条殿へ一巻ヨリ也」ともある点が注意される。この「一巻ヨリ也」とは「巻一より」の意味に解するのが最も自然であり、書写した写本を「二冊ツ、」、すなわち第一・二冊を五条宰相に、第三・四冊を伏原少納言にそれぞれ渡したというのであろう。このように理解し、あわせて第二点の書写の分担の仕方を加味すれば、この時書写された写本もまた七冊から成る冊子本であったと推定される[20]。

以上を整理すれば、この時に作成された写本は、将軍徳川家綱に贈るための写本作成の一環として、摂政鷹司房輔が所持していた三条西本系統に属する七冊本を書写したもので、親本と同じく七冊本であった可能性が強く、この新写本は儒者により校合が加えられた、ということになる。しかし鷹司家の『続日本紀』およびそれをこの時に書写した写本の所在は不明である[21]。

なお、本稿の課題からいえば、『葉室頼業記』から知られる「続日本紀　一箱」およびその親本の「禁中」本と、東山御文庫本や付箋A・Bの「原本」および付箋Eの「御料御本」「官本」との関連などの点こそ主として追究しなければならないはずであった。ことに「禁中」本と付箋Eの「御料御本」が同一の写本ではないかとの想定は容易に生まれるが、現時点ではそれを証明するための手懸かりを得ることができず、これらはいずれも今後の検討課題とせざるをえない(22)。

おわりに

東山御文庫本『続日本紀』に付属する付箋から想定しうるいくつかの可能性について検討し、あわせて近世初期の宮廷周辺における『続日本紀』写本のあり方についても述べてきた。東山御文庫本は必ずしも善本とはいいがたいが、三条西本復原のためには重要な意義を有している。したがってこれに近い位置にある高松宮本とともに、その写本系統上の位置付けをより明確にすることは『続日本紀』の写本研究にとって一定の意味を持つ。付箋の記載をもとに多くの推測を重ね、また未解決の課題も数多く残しつつ、あえてここで両写本の位置付けについて一つの試案を示したのも、東山御文庫本のそのような意義のゆえである。これといった結論もなく、ただ調査の冗長な現状報告に終始したことをお詫びする。

注

（1）　北川和秀「続日本紀諸本の系統について」（『続日本紀研究』一八八、一九七六年）、同「続日本紀諸本の系統」（『学習院大学文学部研究年報』三〇、一九八四年）など。鎌田元一ａ「卜部家本及び永正本『続日本紀』についての二・三の考察」（『律令国家史の研究』塙書房、二〇〇八年、初出一九七七年）、同ｂ「永正本『続日本紀』の本文復原に関する予備的考察」（前掲書、初出一九七八年）など。

（2）　ただし、東山御文庫本と付箋の調査に直接当たられた北啓太氏の所見によれば、本文の該当箇所には、料紙がももけていたり、染みなどの痕跡が認められる場合もあるが、必ずしも明瞭でないといわれる。なおこの付箋については、このほかにも北氏および高田義人氏より多くのご教示を得た。両氏に深く感謝する。

（3）前掲注（1）鎌田a論文。

（4）北啓太・高田義人両氏の計測によれば、各付箋の寸法は次のとおりである。

付箋A　二七・五cm×三・〇cm
付箋B　二七・五cm×三・〇cm
付箋C　二七・九cm×三・〇cm
付箋D　二八・〇cm×三・〇cm
付箋E　二七・五cm×三・〇cm
付箋F　二七・六cm×三・〇cm
付箋G　二八・〇cm×三・〇cm

（5）写本を作成した後に校正を加えることは、後述の『葉室頼業記』からも知られるように、書写作業の一環として広く行われる功程である。

（6）「高天原由」は巻四、和銅元年（七〇八）正月乙巳詔と巻一〇、天平元年（七二九）八月癸亥詔の二箇所に見えるが、後者の東山御文庫本は正しく「高天原由」となっているので、付箋Aは前者に関するものと考えてよい。

（7）前掲注（1）鎌田b論文。

（8）付箋のこの記載により、三条西本の形態が冊子本であったことが知られる。前掲注（1）鎌田a論文を参照。

（9）近世初頭、元和年間に実隆・公条自筆の三条西本が存在していたことは、蓬左文庫所蔵角倉本『続日本紀』巻一の末尾に残された「西山期遠子」（角倉素庵）の次の奥書によって確認できる。

考本云永正十二年閏二月三日書之
元和八壬戌年仲夏廿日以実隆公自筆木〔本〕考了同日加句読
西山期遠子

また鎌田元一氏は尊経閣文庫所蔵『書札類稿』所収「三条西蔵書再興始末記」にもとづいて、元禄年間に三条西本が存在していたことを明らかにされている（前掲注（1）鎌田b論文）。

（10）前掲注（1）鎌田a論文。

（11）万治四年（一六六一）正月一五日に関白二条光平の邸宅から出火し、大火となったが、この時の『忠利宿禰記』に、「官庫相残、満足、大慶、珍重々々」（一五日条）、「禁中御文庫、古筆入申御蔵焼申」（一六日条）と見え、近世初期における「官庫」「禁中御文庫」の存在が知られる。この火災に関連して、大東急記念文庫所蔵『禁裡御蔵書目録』（『書目集』一〈大東急記念文庫善本叢刊一一〉汲古書院、一九七七年）の九三ウに「右官本万治四年正月十五日禁中炎上之時焼亡云々」と見え、禁中の文庫の書籍を「官本」と総称している。また『中院通村日記』寛永三年（一六二六）一一月二六日条に「従今日参禁中、御文庫官本等目録等改之」と見えるが、これもまた禁中の「御文庫」に納められている書籍を「官本」と称している例と考えられよう。

（12）前掲注（1）鎌田b論文。

（13）前掲注（1）鎌田b論文。

（14）北川和秀氏は、東山・高松宮両写本の傍書と奥書のあり方から、三条西本と東山・高松宮両本の間に一本が介在することをすでに指摘されている（前掲注（1）北川論文）。

（15）ただし「御料御本」と「原本」の関連は明らかでなく、ここでは一応別本と見なしているが、両写本の位置関係については問題が残っている。

（16）辻善之助「京都御所東山御文庫について—特に後水尾天皇の御信仰に関する宸翰について—」（『日本宗教講座』一三、東方書院、一九三四年）、黒板勝美「東山御文庫及びその歴代宸翰について」（『虚心文集』六、吉川弘文館、一九四〇年、初出一九三一年）、工藤壮平「東山御文庫の整理」（黒板博士記念会編『古文化の保存と研究—黒板博士の業績を中心として—』吉川弘文館、一九五三年）、平林盛得「後西天皇収書の周辺」（岩倉規夫・大久保利謙編『近代文書学への展開』柏書房、一九八二年）。

（17）宮内庁書陵部所蔵自筆本。函号　葉・一〇〇四。この日記に関しては本田慧子・田島公両氏にご教示を受けた。

両氏に深く感謝する。

(18) この時の火災と被害の状況については『忠利宿禰記』万治四年正月一五日・一六日条、『隔蓂記』万治四年正月一五日条に詳しい。なお、『忠利宿禰記』の一六日条に「御記録一通リ新儀ニ被仰付候分、相残申由也」とあり、後西天皇が書写せしめた新写本が焼失を免れたことがうかがわれる。

(19) 『葉室頼業記』寛文五年(一六六五)一二月一〇日条に以下のような記事が見える。

一、従摂政殿(鷹司房輔)被上候記録目六

一、文徳実録五冊　一、三代実録二十冊
一、愚管抄六冊　一、扶桑略記八冊
一、類聚国史一｜　一、経国集六｜
一、続日本紀七｜　一、続日本后紀四｜
一、日本紀十五｜　一、本朝月令第二
一、諸道勘文十五神事十五 八幡宮五
一、類聚国史十八｜

ここに挙げられた書籍のその後については、まず『同記』寛文六年二月二八日条に、

摂政殿(鷹司房輔)より参候日記、御文庫へ入也、千種殿(有能)・頼業校合之日記、今日不残出来也、

とあり、続けて各書籍の校合の分担を細かく記録した「校合之覚」を挙げているが、その書目は「続日本後記四冊」「三代実録廿冊」「類聚国史十八冊」「愚管抄六冊」「経国集六冊」「扶桑略記八冊」「文徳実録五冊」「諸道勘文第十五神事十五 八幡宮五一冊」「本朝月令巻第二」「類聚国史第百八十五　一冊」となっている。さらに『同記』三月九日条に、

今日内々御記録江戸へ被進候也、擔子・目録、備後守へ相渡候也、(中略)今日服部備後守ニ渡候御記覚、続日本后紀四冊、文徳実録五冊、三代実録廿冊、類聚国史十九冊、諸道勘文一冊、本朝月令一冊、経国集六冊、愚管抄六冊、扶桑略記八冊、梧擔子ニ入、しんちうの錠也、外家もミ也、右之外題中院大納言殿(通茂)、目六愛宕中将殿(通福)、中鷹被書也、

とあって、これらの書籍が丁重に梧擔子に収納され江戸に送られたことがうかがわれるが、ここに見える書目と冊数が二月二八日条の「校合之覚」と一致している。『同記』三月二三日条には、

両伝奏より状給也、大樹（徳川家綱）御機嫌能十八日に天気能登城仕候由也、又被進候御記御満足思召候由、老中被申聞也、

（下略）

とあるから、右の書籍が将軍徳川家綱の手に渡ったことが確認される。

以上によって『葉室頼業記』寛文五年一二月一〇日条の鷹司房輔進上の書籍のほとんどが書写校合されて江戸に送られたことがうかがわれるのであるが、房輔進上の書目と江戸に送られた書籍の書目を比較すると、前者に見える『日本書紀』一五冊と『続日本紀』七冊が後者には含まれていない。『日本書紀』については寛文六年三月二〇日に「日本紀神代ヨリ七冊」を書写に出したこと、五月二五日に校合を萩原員従に命じたこと、吉田家に訓点を施させ、一一月九日にそれが出来したこと、などが『葉室頼業記』に見え、『続日本紀』については、本文に示した、寛文六年三月四日に書写に出したものがそれに相当すると考えられる。この二本については『葉室頼業記』寛文七年（一六六七）閏二月一九日条に、

飛鳥井（雅章）大納言殿へ文書入申候由、擔子・目録遣候也、使勢多（治勝）豊前、文書覚、

日本紀十五冊　吉田点也、

続日本紀七冊

文鳳抄六冊第一第三第四第五第六第八

外題日野（弘資）大納言殿

目録柳原（資廉）弁殿

梧擔子入、金物シンチウノクサラカシネジ錠也、ソトイエ有之、

と見え、先に江戸に送った書籍と同様に梧擔子に納め、当時武家伝奏であった飛鳥井雅章のもとに送ったことが知られる。『厳有院殿御実紀』巻三四（『徳川実紀』四〈新訂増補国史大系四一〉）によれば、飛鳥井雅章はこの年、同役の武家伝奏正親町実豊とともに年頭の勅使として江戸に下向し、三月七日・一三日に将軍家綱と面会してい

るが、三月一三日条に「主上より書籍進らせ給ひし謝詞をつたへ給ふ」とあり、これが右の書籍に当たるものと推定される。因みに、これに見える「文鳳抄六冊」は、『葉室頼業記』寛文六年四月二二日条に「摂政文鳳抄五冊、扶桑略記六冊御持参也」とあるものに相当するとすれば、やはり鷹司房輔の所持本であったことになるが、冊数が一致しない点に問題が残る。

なお、これらの書籍が幕府の『本朝通鑑』編纂のためであることは、『基熙公記』寛文五年一〇月一三日・一四日条の摂政鷹司房輔と近衛基熙との次のような遣り取りからうかがうことができる。

十三日、広庭（祐宣）中務従摂政（鷹司房輔）給、従関東本朝通鑑之用間、書籍可旨（マヽ）目録来、此内所持於有之、従関東可借用旨也云々、
則目録一冊持参、則披見、十四日以使なりとも有無之段可令返事旨、令返答了、則写留了、
十四日、以進藤修理亮長房、摂政へ申入云、先日之書籍之事、一部モ所持無之由令申了、（中略）書籍之目録記之、

二通之書物有之、
日本書紀神武天皇より持統天皇まで四十一代
続日本紀文武天皇より桓武の始まで九代
○日本后紀桓武の中比より淳和まで四代
続日本后紀仁明一代
文徳実録文徳一代
三代実録清和陽成光孝三代
右、神武より光孝まで五〇《十八》代の内、日本后紀不足故、四代の記録不詳候、先年彼是の書物ニ而少ツヽ、考合、
（林）道春作立申候へとも、全備ハ不仕候、
○新国史宇多延喜朱雀三代を記候、続三代実録とも申也、
此書物、名はかり承候、此内宇多一代をハ彼是にて少ツヽ、考、道春作立候へとも、全備不仕候、
（下略）

（20）前掲注（19）に述べたように、この時に書写された写本は江戸に送られたと推定されるが、江戸に送った書籍を書き出した『葉室頼業記』寛文七年閏二月一九日条には「続日本紀七冊」とあり、この時に書写された写本が七冊本であったことをうかがわせる。

（21）この時に書写された写本が、明治六年五月五日に焼失した「紅葉山文庫」所蔵の七冊本（福井保「明治六年秘閣焼失書目」〈『内閣文庫書誌の研究』〈日本書誌学大系一二〉青裳堂書店、一九八〇年、初出一九七六年〉）。前掲注（1）鎌田a論文）に当たる可能性も考えられるが、確証はない。

（22）このような問題点については、さらに広く別の角度からのアプローチを試みることが必要である。田島公氏のご教示によれば、大東急記念文庫所蔵『禁裡御蔵書目録』（前掲注（11）書）、東山御文庫所蔵『禁裡御蔵書目録』（勅封一七四―二―二五）、および『葉室頼業記』に著録されている書目と東山御文庫現蔵の書籍を対比することにより、万治の火災をはさむ前後の禁中の書籍の伝来について新たな視野が開ける可能性があるという。東山御文庫本『続日本紀』についてもこのような視点からの検討が必要である。

補注

（1）初出以降、加藤友康「続日本紀　高松宮本」（国立歴史民俗博物館蔵史料編集会編『続日本紀　五』〈国立歴史民俗博物館蔵貴重典籍叢書　歴史篇一一〉臨川書店、二〇〇〇年）が出た。

（文責：渡辺　滋）

第四章　類聚国史

一　概　要

『類聚国史』（以下、「本書」と略す場合がある）は『日本三代実録』の編纂者の一人でもあった菅原道真の手に成るものとされている。正確な成立時期は明らかでないが、後に述べるように、『北野天神御伝』『菅家御伝記』『菅家文草』などの記述を整理すれば、道真が寛平年間（八八九～八九八）に宇多天皇の勅により撰修に従事していたことは今日ではほぼ動かないであろう。ただしこれが完成・奏上されたことを明記する史料は、独自の所伝を持つ『菅家御伝記』のほかには伝わらず、全巻を道真が撰修したかどうかについても異説がある。

本書は、『西宮記』[1]（巻一〇、殿上人事）が「凡奉公之輩、可二設備一文書」の一つとして「類聚国史二百巻」をあげ、『貫首秘抄』[2]が蔵人必携の書の一つとして『律令』『類聚三代格』『延喜式』などとともに本書を挙げていることにもうかがわれるように、政務の執行のための実用的な書物として尊重された。本来は二〇〇巻から成っていたと考えられるが[3]、現在は本文六一巻[4]と若干の逸文を残すにすぎない。しかし本書は六国史の記事をそのままに載録しているという性質を持っているため六国史本文と同じレベルの史料価値を有し、欠佚部分の多い『日本後紀』の復原には『日本紀略』とともに本書が不可欠の史料となっている。また本文に問題が多い『続日本後紀』の補訂、本文の節略が少なくない『日本三代実録』の復原にも有効な史料であることはいうまでもなく、さらには『日本書紀』『続日本紀』『日本文徳天皇実録』の本文校訂に際しても資する点が多い。

二　書名と本書の性質

『類聚国史』という書名は、本書が「国史」すなわち六国史の記事を「神祇部」「帝王部」などの部門ごとに分類・配列（「類聚」）したものであることに由来する。しかし本書の成立時期に不明確な点があり、奏上文も伝わっていないことから、この書名の成立についても問題が残っている。『菅家御伝記』(5)に依拠すれば、『類聚国史』は寛平四年（八九二）五月一〇日に奏上され、その時には書名も定まっていたことになるが、この記事の多くが孤立した所伝であり、また後に述べるように『日本三代実録』の完成時期との間に矛盾もあるため、ただちにしたがうことはできない。坂本太郎氏(6)は道真が本書の撰修に従事していた当時にこの書名が成立していたかどうかは不明とし、真壁俊信氏(7)は『北野天神御伝』(8)に見える「分疏国史」を当初の書名と見ており、見解が分かれている。

本書の編纂については中国の類書の影響が指摘されている。(9)我が国で編纂された類書の比較的早いものとしては、天長八年（八三一）に淳和天皇の勅を奉じて滋野貞主らが「古今の文書を撰集し、類を以って相い従《あわ》せ」（『日本文徳天皇実録』仁寿二年（八五二）二月乙巳条）て編纂した『秘府略』(10)（一〇〇〇巻。現存二巻）が代表的なものである。これは類書が一般にそうであるように、先行する『華林遍略』（梁・天監一五年（五一六）成立。七〇〇巻・六二〇巻・六〇〇巻の諸説あり）、『修文殿御覧』（北斉・武平三年（五七二）成立。三六〇巻）、『藝文類聚』（唐・武徳七年（六二一四〕成立。一〇〇巻）、『翰苑』（唐・顕慶五年〔六六〇〕成立。三〇巻）、『初学記』（唐・開元年中〔七一三〜七四一〕成立。三〇巻）など多様な中国の類書を参照し吸収して成立した、百科事典的な性質を持つものである。[11]六国史という所与の枠組みのなかでその記事を類聚した本書が『秘府略』と内容・性格において異なる点があることも否定しがたいが、事物・事象の事例検索の便宜のために編纂された書物という点では共通の性質を認めることができ、この点では日記を事項ごとに分類した部類記の作成目的と通じるものがあるともいえよう。[12]このような「類聚」の語を書名に含む書物は『倭名類聚抄』『類聚三代格』『類聚符宣抄』『類聚名義抄』をはじめ、今は失われた『類聚検非違使官符宣旨』『格後類聚抄』『類聚諸道勘文』などが平安時代に編纂され、[13]また文学の分野でも『類聚歌合』『類聚句題抄』『類聚古集』など和歌の類聚も盛んに行われた。

「類聚」という行為は、九世紀末以降顕著になる律令国家体制の動揺への対応の一つの形であり、危機に直面した文人貴族の意識を反映した営為として理解される。[14]三善清行の「意見封事十二箇条」に見られるような、体制的危機の現実に対して、これを改革して律令国家体制を再構築するための具体的方策を提示するというのが一つの対応であるとすれば、『類聚国史』の編纂は「律令国家が公的に蓄積してきた知識を整理し、再編成することによって、既成の秩序を確認し、それを支える価値体系の流動化を停止させ、凍結させようとする」[15]行為という意味において、危機的状況へのもう一つの対応であった。『倭名類聚抄』はひとまず措いて、[16]右に挙げた各種の「類聚」という営為の成果は、平安時代後期にあっても既存の価値観の枠内で現実に対応しようとする思考様式がなお貴族社会を根強く支配していたことを物語っている。

三　撰者と本書の成立

先に述べたように本書の成立の時期については確実な史料が乏しく、また編者である菅原道真の経歴ともかかわって、未解決の問題が少なくない。本書の撰者と撰修時期に関する主な史料としては①『菅家文草』(17)巻五および『本朝文粋』(18)巻九に収める、道真自身の手に成る詩序、②『北野天神御伝』(19)（承平・天慶〔九三一～九四七〕頃成立）、③『菅家御伝記』(20)（菅原陳経編。嘉承元年〔一一〇六〕一二月成立）がある。なお撰者に関しては、これらより時代が下るが、このほかにも『拾芥抄』(21)上、第二八日本紀以下目録部に「類聚国史二百巻天神御抄、自㆓日本紀㆒至㆓実録㆒部類也」、『本朝書籍目録』(22)に「類聚国史菅家御撰」、『桃花蘂葉』(23)本朝本書事に「類聚国史者、菅家令㆑撰㆑之給也」などと見える。

1　撰者

ところで『日本三代実録』の奏上は延喜元年（九〇一）八月二日(24)である。一方、『菅家御伝記』によれば「同（寛平）四歳五月十日、類聚国史奏上、先㆑是道真奉㆑勅修撰、至㆑是功成、史二百巻、目二巻、帝王系図三巻」とし、本書の具体的な奏上の年月日を挙げている。『菅家御伝記』が伝えるように寛平四年に本書が奏上されたとすれば、それには『日本三代実録』の記事は含まれていなかったと考えるのが自然である。道真は『日本三代実録』撰修の中心人物の一人であったが、その編纂に最後まで従事することなく(25)、奏上直前の延喜元年正月二五日に大宰帥に左遷されて二年後に大宰府で薨じているから(26)、流謫地において『日本三代実録』を参看しえたか、またそれを類聚する余裕があったかどうかも疑問が残る。また本書の完成・奏上を示す史料は『菅家御伝記』独自の所伝を除いては伝わっておらず、しかもこの史料には奏上の日付だけでなく、「目二巻、帝王系図三巻」を備えていたという、ほかに所伝のない孤立した記事を含んでおり、記事の信憑性については多くの検討すべき課題がある。古くから『類聚国史』二〇〇巻の撰者を道真と見なすことを疑う説が行われてきたのも、それなりの理由があるといわなければならない。以下、本書の撰者についての学説史を整理しておく。

〔1〕河村秀根『撰類聚国史考』(27)

①『類聚三代格』所収の神亀五年（七二八）九月六日勅に、図書寮所蔵の「内外典籍」等を奏聞せずに「親王以下及庶人」に貸し出すことを禁じており、道真が流謫地において『日本三代実録』を披見し抄出して『類聚国史』を編纂することは可能かどうか疑問である。

②仮りにそれが可能であったとしても、『日本文徳天皇実録』一〇巻でさえ完成までに八年を要しているから、薨去までの二年ほどで大部の本書を完成させえたかどうかも疑問である。

③『日本三代実録』の編者の一人でもあった道真がその草稿を所持しており、それを用いたと仮定しても、本書に引く『日本三代実録』が、後に完成したそれの奏上本の記事と全く書体を同じくしていることはありうるであろうか。

④したがって、道真が本書撰修の命を受けたことは明らかであるが、その功を終えることはなかったのではないか。

⑤ただし後人が『日本三代実録』を追補したとの説があるが、もしそうであれば体裁に破綻が生じるはずであり、この説にも問題がある。

⑥『倭名類聚抄』(承平年間〔九三一～九三八〕成立)に本書を引いているところを見ると、延喜・天暦の頃に(菅原氏の―初稿本)博士が編纂したもので、道真の手に成るものではないのではないか。
⑦「菅丞相」が勅を奉じて撰修したという事実から、後人が「菅丞相」を道真に仮託したのであろう。ただし『倭名類聚抄』にも引用されているので、後世の「偽書妄撰」の類とは異なる。

〔2〕伊勢貞丈『安斎随筆』(28)巻之八
①『類聚国史』(巻一四七)に『日本三代実録』の序文が含まれているのは、後人の加筆したものであろう。
②そのほかにも後人の加筆と思われるものは多い。

〔3〕仙石政和『類聚国史』文化一二年(一八一五)版本「凡例」(29)
①本書に『日本三代実録』の記事を補ったのは道真ではない。
②「菅三品」(菅原文時)が追補したとの説は徴証に欠けるが、事実に近い。

〔4〕林衡『類聚国史校異』文化一三年(一八一六)跋文(30)
①本書の『日本三代実録』の記事は後人が追補したものである。

〔5〕伴信友「類聚国史」(31)(『比古婆衣』六の巻)
①『菅家御伝記』の寛平四年奏上説にしたがえば、『類聚国史』に『日本三代実録』の記事が含まれているのは理に反する。よって『日本三代実録』の記事を含む現行の『類聚国史』は、後に他人が書き加えたものか。
②もしくは後人が六国史によって改めて撰修したものであろう。
③いずれにせよ現行本は道真が撰修したそのままのものではない。

〔6〕佐藤誠実「類聚国史考」(32)

①『菅家御伝記』の寛平四年奏上説によれば、それは『日本三代実録』の奏上以前のことであるから、菅原道真が撰修した『類聚国史』は『日本文徳天皇実録』までとすべきか。
②『本朝月令』などの諸書に「国史」として引く記事が『類聚国史』であるとすれば、そのなかには『日本三代実録』の記事が多く引かれているから、『類聚国史』に『日本三代実録』の文を補ったのは道真の時代からさほど時を経ていない時期であろう。
③体裁・目録の定まったものに追補することはさほど困難ではなく、短時日に完成できると思われるから、あるいは大宰府でも編集を続行し、完成させたのであろうか。
〔7〕和田英松「類聚国史」(33)
①河村秀根・伴信友が述べたように、本書の『日本三代実録』の文が後人の追補したものであることは明らかである。
②『日本三代実録』に次ぐ『新国史』の編纂の折などに、その撰者が編纂したと考えることも可能である。
〔8〕坂本太郎「類聚国史について」(34)
①もし後人が『日本三代実録』の文を増補したとすれば、そのことをうかがわせる形跡が見られるはずであるが、それはうかがえない。よって本書は道真の撰修である。
②道真が本書を撰修した経緯は以下のように考える。寛平年間（八八九〜八九八）に宇多天皇の命により本書の撰修に着手したが、ほほ同じ時期に宇多天皇は『日本三代実録』の撰修をも命じ、道真はこれにも参画した。彼はやがて撰せられるべき『日本三代実録』をも本書に編入しようと考え、『日本三代実録』の編集中に逐次その記事を編入していたのではないか。しかし両書の奏上が近付いた時、道真は左遷され、『日本三代実録』

はほかの撰者によって完成・奏上されたが、本書はその機会を逸したのではないか。
③『菅家御伝記』が伝える寛平四年五月一〇日奏上の記事は『日本三代実録』撰修の勅が下された寛平四年五月一日と混同したものではないか。
④『北野天神御伝』の「分疏国史百巻」は「二百巻」の「二」を脱落させたものと見るべきであろう。仮りに『日本三代実録』を増補して一〇〇巻から現行の二〇〇巻になったとした場合、『日本三代実録』の記事だけでほかの五国史に匹敵する分量になったというのは考えがたいからである。
〔9〕喜田新六「類聚国史の編纂について[35]」
①寛平年中に菅原道真が宇多天皇の勅を奉じて国史を類聚したことは疑問の余地がない。
②（『日本三代実録』の記事の編入については〔8〕坂本太郎説を踏襲。）
〔10〕山田孝雄「菅公の見識[36]」
①菅原道真が宇多天皇の勅を奉じて国史を類来したことは疑問の余地がない。
②『日本三代実録』は後人が増補した。
③『西宮記』に「類聚国史二百巻」とあるので、『日本三代実録』の増補は『西宮記』が編纂された円融朝以前である。
〔11〕井上薫「日本三代実録[37]」
①藤原時平が発議した『日本三代実録』の撰修に道真を参加させ、道真が撰修中の『類聚国史』に『日本三代実録』の記事を加えさせたのではないか。
②『類聚国史』に『日本三代実録』の記事が含まれているのは、道真の配流以前に『日本三代実録』が完成して

いたからであり、それが道真配流の後に奏上されたのは、時平が撰修の功を大蔵善行とともに独占しようとしたためである。

〔12〕真壁俊信「『類聚国史』と菅原道真」[38]

①『菅家文草』にいう「分類旧史」の「旧史」とは、寛平五年（八九三）に新たに始められた『日本三代実録』に対する「旧史」、すなわち『日本文徳天皇実録』以前の五国史の意味である。したがって本書の『日本三代実録』の文は後人の追補したものである。

②『日本三代実録』の記事は菅原文時が追補したと見るべきである。

③もしくは後人が『日本三代実録』の記事も加えて全体を編集し直し、その名を伏せて道真の編纂と称したとも考えられる。

〔13〕三橋広延「天暦三年『神祇官勘文』所引国史記事に見る『類聚国史』の原形」[39]

①天暦三年（九四九）成立の『神祇官勘文』に引かれた六国史の記事のうち、『日本三代実録』だけは『類聚国史』からでなく本史からの引用と考えられる。それは天暦三年時点ではまだ『類聚国史』に『日本三代実録』の記事が含まれていなかったためである。

〔14〕柄浩司「『日本三代実録』の編纂過程と『類聚国史』の完成」[40]

①『日本三代実録』の本文の表現には「偏り」が認められる。写本の伝来経路や書写の過程で生じたものを除けば、それらは『日本三代実録』の編纂段階の差異、編纂者の個性を反映していると見られるが、巻四八〜五〇に現れる特徴は、道真が左遷され、三統理平が遷任した後の中心人物であった大蔵善行の個性の反映と見られ、この三巻は善行が完成させたと考えられる。

②したがって少なくとも巻四八～五〇の記事を道真自身が『類聚国史』に編入したとは考えられず、それは後人の増補したものである。

③道真が左遷された時点で全二〇〇巻の枠組みと各巻の細目はできていて、道真が巻四七までの『日本三代実録』の記事をある程度まで類聚していた可能性は否定できない。

以上が本書の撰者についての従来の主要な学説である。(41)これを整理すると、

（a）『日本三代実録』の記事も含む全二〇〇巻を道真の撰修と見る「道真撰修説」

〔6〕佐藤誠実③・〔8〕坂本太郎・〔9〕喜田新六・〔11〕井上薫

（b）『日本三代実録』の記事は後人の追補（部分的追補も含む）と見る「後人追補説」

〔2〕伊勢貞丈・〔3〕仙石政和・〔4〕林衡・〔5〕伴信友①・〔6〕佐藤誠実①②・〔7〕和田英松・〔10〕山田孝雄・〔12〕真壁俊信①②・〔13〕三橋広延・〔14〕柄浩司

（c）後人が撰者を道真に仮託したと見る「仮託説」

〔1〕河村秀根・〔12〕真壁俊信③

（d）後人が撰修したと見る「後人撰修説」

〔5〕伴信友②

に分類することができる。このなかでは〔1〕河村秀根が具体的な問題についてさまざまな可能性を検討しており、また〔6〕佐藤誠実氏の論述も具体性を持っているが、撰者の問題をめぐる従来の論争はおおむね『菅家文草』『北野天神御伝』『菅家御伝記』の記述と『日本三代実録』の完成・奏上の時期に関する史料を中心に置いて、相互の矛盾をいかに整合的に解釈するかを競うものであり、その結果として右のような多様な見解が提示されているこ

とは、この枠内での史料解釈の限界を示すものともいえよう。

こうした状況を打開しようとしたのが〔8〕坂本太郎氏であった。坂本説の画期的な点は『類聚国史』の内的な徴証から撰者を解明するという方法を採用したことにある。すなわち、後人が増補した場合に生じるであろう破綻が本書には認められないこと、『日本三代実録』の記事の掲載形式が本書全体の体例と一致していること、などを根拠として、「三代実録の部分が後世の増補に成ったとする説を認めることができない」と結論し、これは〔9〕喜田新六氏にも継承された。この説は〔1〕河村秀根の⑤の視点を具体化したと見ることができ、河村説の先駆性が改めて評価される。

なお近年では〔12〕真壁俊信氏が『北野天神御伝』の「分疏国史百巻」に新たな解釈を施し、「分疏国史」は『北野天神御伝』が成立した承平・天慶頃の原『類聚国史』の書名、「百巻」もその当時の巻数であり、その時点では本書は未完成の草稿であったと理解し、菅原文時による追補と見る「後人追補説」、もしくは後人が道真の草稿に『日本三代実録』を加えて編集し直し、道真の撰修としたと見る「仮託説」の両説を併記、再提出している。その際、坂本氏が重視した内的徴証については「創造的な書物を著者自身が執筆する時には、（体裁・形式の一貫性を重視するのは―引用者注）穏当な見解であるが、『類聚国史』のような性格の書物にもあてはまる考え方であろうか」との批判的見解を示している。また〔14〕柄浩司氏が『日本三代実録』の編纂過程の検討を通じて「部分的後人追補説」を提起しているのが新たな方法として注目される。

2　成　立

本書の成立時期については前項に引いた『菅家御伝記』に「同（寛平）四歳五月十日、類聚国史奏上、先レ是道真奉レ勅修撰、至レ是功成」とある。しかしこれはほかには見られない独自の所伝であり、しかもこの奏上の日付は『日本三代実録』の撰修を命じた『日本紀略』寛平四年五月一日条の記事[42]と混同したのではないかとの疑いも坂本太郎氏[43]によって指摘されており、にわかには信じがたい点が少なくない。なによりも寛平四年の時点ではまだ『日本三代実録』が完成していないという事実は『菅家御伝記』の信憑性を疑わせるに足るものがある。奏上の時期を明示した史料はこれ以外にはなく、それに信を置きがたいとすれば、本書の完成については前項で述べた撰者の問題との関連でおおよその時期を推定するほかない。すなわち（a）「道真撰修説」、（b）「後人追補説」、（c）「仮託説」、（d）「後人撰修説」のいずれに立つかによって見解が異なってくる。（a）説に立てば必然的に道真が薨じた延喜三年（九〇三）二月二五日以前となる。これに対して（b）説の場合はさまざまな見解があるが、道真の時代からさほど時を経ていない時期と見る点で共通しており、また（c）説・（d）説の場合も（b）説とほぼ同様である。

一方、撰修開始の時期についてはある程度の時期の限定が可能である。すなわち『菅家文草』巻五および『本朝文粋』巻九に収める「早春、観レ賜二宴宮人一、同賦二催粧一、応レ製」と題する道真の詩の序には「聖主命二小臣一、分二類旧史一之次」云々とある。この「分二類旧史一」が『類聚国史』の編纂を指すことはほぼ確実である。またこの詩が賦された「宴」は『日本紀略』寛平五年正月一一日条の「密宴、賦二宮人催粧之詩一」に相当することも間違いあるまい。したがって道真自身の手に成ったこの史料の信憑性は極めて高いといえよう。また道真の最古の伝記『北野天神御伝』には「寛平中、奉レ勅修二分疏国史百巻一、伝二于世一焉」と見える。「百巻」という巻数には疑問があるものの、撰修の時期については『菅家文草』とも矛盾はない。したがって寛平五年の頃に道真が宇多天皇の命により本書の撰修を行ったことは確実と考えられる。なおこれに関して井上薫氏は「日本三代実録序」に見える撰者の官職への任官時期を検討した結果、『日本三代実録』撰修の勅命が出されたのは寛平五年四月以降、寛平六年

（八九四）八月以前であり、『日本紀略』寛平四年五月一日条の『日本三代実録』撰修の勅は本書の撰修を命じた記事を誤って掲載したものと推定した。(44) これを踏まえて井上氏は、『類聚国史』の撰修の勅が下されたのは寛平四年五月一日（『日本紀略』の『日本三代実録』撰修下命の日付）、もしくは寛平四年五月一〇日（『菅家御伝記』の本書奏上の日付）とする説を提唱している。

四　体　裁

本書は各巻ごとに部門とその下位に位置する項目から成っている。たとえば巻四の場合、その巻首は、

類聚国史巻第四
　神祇部四
　　伊勢斎宮　離宮附出
　　伊勢神郡

となっている。すなわち巻四の部門は「神祇部四」で、そのなかには「伊勢斎宮」「伊勢神郡」の二つの項目が含まれている（以下、「部門（名）」「項目（名）」の語はこの用法にしたがう）。項目によっては、「伊勢斎宮」の下に「離宮附出」とあるように、その項目に関連の深い事項が「附出」として付載される場合がある。このように本書は各巻ごとに部門・項目（附出）によって構成され、各項目ごとに六国史の関連記事を編年的に配列している。(45) ただし記事の内容によっては、一つの記事が別の部門・項目にも関連している場合がある。このような場合は一方の記事の末尾に「事具二皇后部一」「事具二渤海部一」のように注記し、ほかの部門ないしは項目により詳しい記事を載せて

ある旨を示している。

各項目のもとに分類された記事の体例には本書独自の原則を定め用いている。坂本太郎氏(46)の考察によれば、それは次のようなものである。

①天皇の称号

（イ）各天皇の最初の記事にのみ、その冒頭に天皇の称号を掲出し、それ以下の記事にはこれを省略するのが例である。

（ロ）またその称号は漢風諡号もしくはそれに準ずる追号を用いている。本史では一般には和風諡号を用いるか、もしくは「太上天皇」「後太上天皇」と称しており、漢風諡号を用いているのは仁明・文徳・光孝の三天皇のみである。

②改元の年の年号

改元の年の年号は、本史では新年号を用いてその一年全体を表記するが、本書では改元の日の前後で旧年号と新年号を使い分けている。ただし多少の例外はある。

③天皇一代の扱い方

本史では天皇崩御の後も、喪葬・仏事などの関連記事をその天皇紀に載せる場合があるが、本書では一代の天皇紀は崩御をもって終え、それ以後の関連記事は新天皇のもとに掲載する。

なお喜田新六氏(47)は改元当日の記事に新旧いずれの年号を用いているかを調査した結果、一二条が旧年号を用いていることを指摘し、これを「不統一の結果」とした。また所功氏(48)も坂本氏が②で「多少の例外はある」とした事例を具体的に示すとともに、喜田氏と同様の調査を行い、原則は新年号で表記されるが、一部に旧年号を用いるという不統一が認められることを指摘している。したがって坂本氏の②に「改元当日の記事は新年号を用いて掲載するのが原則であるが、若干の不統一がある」という一項を加えることができよう。

五　構　成

注（1）（3）に引いた『西宮記』『菅家御伝記』『二中歴』『本朝書籍目録』『荒暦』などの記述により本書が最終的に二〇〇巻より成っていたことは明らかであるが、現存する巻は六一巻に過ぎないため全体の構成については不明な点が少なくない。そのためこれまでにもしばしば部門・項目の復原が試みられている。

1　欠佚巻復原の方法

本書の構成の復原、すなわち欠佚巻の巻次・部門・項目の復原を試みる場合に取るべき方法として坂本太郎氏[49]は（一）現存する巻そのものの考察、（二）本書の本文に加えられた注記の検討、（三）本書の逸文からの推定、の三点を挙げている。（一）は本書の各巻頭に記されている巻次・部門名・項目名を手がかりとするもので、巻三一を例に取れば、この巻の部門は「帝王部十一」、項目として「天皇行幸下」「太上天皇行幸」が挙げられている。ここから欠佚している巻二九・三〇が「帝王部九・十」であることを推定するものである。ただしこれには「帝王部九・十」の項目名まで正確に復原することはできないという限界がある。（二）は記事の末尾に「事具二征討部一」（巻三六・帝王部一六・山陵、景行天皇四〇年条）、あるいは「事具二勧学田部一」（巻一〇七・職官部一一・大学寮、桓武天皇延暦一三年（七九四）一一月丙子条）のようにほかの部門ないし項目に詳細な記事があることを示す注記がある場合があり、これによって欠佚部門名を復原するものである。[50] ただし前者の場合は「征討部」の巻次が不明であり、またそこに属する項目名も不明である。後者の場合、「勧学田部」は項目に相当すると思われ、またそれが「田地部」の項目であることも推定できる。しかし現行本（新訂増補国史大系本。以下同じ）には巻一五九・田地部上が伝存しているが、「田地部」が上・下二巻であったか、上・中・下三巻に分かれていたかは不明であり、「勧学田部」が巻一六〇・一六一のいずれに属する項目かも確定できない。したがってこの方法にも一定の限界がある。（三）について坂本氏は、醍醐寺三宝院所蔵『祈雨日記』の巻首の「推古天皇三六年から光孝天皇仁和元年に至る祈雨の記事が『類聚国史』巻一七〇・災異部四・旱にある」という記載[51]によって、この『祈雨日記』に引かれた六国史の記事が『類聚国史』巻一七〇に存在したことが知られる事実を挙げ、これを理想的な事例としている。坂本氏はまた「応永二年に唐招提寺で開板せられた古記の集録[52]」に「類聚国史伝巻第百八十八云、仏道部十五」として『続日本紀』天平宝字七年（七六三）五月戊申条の鑑真物化の記事が引かれていることを紹介している。この場合は前後の巻が現存しており、巻一八七が「仏道部十四」で「入道」以下「放逐僧」まで八項目を含み、巻一八九が「仏道部十六」で項目は「僧卒下」であるので、巻一八八の項目が「僧卒上」であることは明瞭である。しかしこのように逸文から部門名・項目名が全て確定できるケースは必ずしも多くはなく、この方法もまた万全ではない。なお喜田新六氏[53]は、現行の『類聚国史』に収める記事を本史から消去し、残った本史の記事を吟味して本書の欠佚巻の内容を推定するという方法を提示している。喜田氏はこの方法に坂本氏の（二）を併用して部門・項目の復原を試みているが、とくに項目の正確な復原には限界がある。現時点では、（一）（二）が坂本・喜田両氏の考証にほぼ尽きるとすれば、（三）の逸文の収集による復原が重要な意味を持っているといえよう。

2　逸文の収集と欠佚巻の復原

右に述べた巻一七〇・一八八の例は逸文が本書の欠佚巻の復原に発揮する威力をよく示しているが、逸文の収集は前述の坂本太郎氏のほか、田中卓(54)・丸山二郎(55)・平岡定海(56)・二宮正彦(57)・飯田瑞穂(58)・清水潔(59)・三橋広延(60)・佐伯有清(61)の各氏らが手がけている。これによって巻一九・二一・四四・五二・五八・六一・一七四・一七八・一八八・一八九の各巻の逸文が確認されており、その状況については三橋広延氏(62)により整理がなされている。

まず飯田瑞穂氏が見出し紹介した『類聚国史』の抄出紙片が注目される。尊経閣文庫に伝来した「古書残簡　十四枚」がそれで、実際は二二枚の紙片である。そのうちの一九枚は三条西公条の筆跡で、このなかに『日本三代実録』の記事を補うために『類聚国史』を抄出したと思われるものが一二枚含まれており、それらは付箋として『日本三代実録』に貼り込まれていたものという。これによって現行の『類聚国史』に省略された記事、あるいは現行本の誤脱を訂正できる記事などが得られた。飯田氏の紹介を整理すると以下のようになる（(1)〜(12)は飯田氏が示した紙数、①・②などは各紙片に記された記事の数、〔　〕内は当該記事の現行『類聚国史』における所属、およびそこでの記事の状態を示す。アルファベットは各紙片に写った別の紙片の『類聚国史』の文字もしくは『日本三代実録』の写本の文字が確認されるもの）。

(1) ①貞観一四年（八七二）八月二日庚子条〔巻六一・人部・薨卒□—省略記事あり〕

(2) ①貞観一七年（八七五）二月一七日辛未条〔巻六一・人部・薨卒□—省略記事あり〕

(3) ①貞観一七年六月六日丁巳条〔巻六一・人部・薨卒□—省略記事あり〕

(4) ①貞観一九年（八七七）正月三日乙亥条〔巻一〇一・職官部六・叙位六—記事あり〕

（5）①元慶元年（八七七）一一月二一日戊午条〔巻一〇一・職官部六・叙位六―記事あり〕
（6）①元慶三年（八七九）正月七日丁酉条〔巻一〇一・職官部六・叙位六―記事あり〕
（7）①元慶五年（八八一）二月八日丙戌条〔巻一五九・田地上・官田―記事あり〕
a『日本三代実録』元慶四年（八八〇）二月一七日辛丑条(63)
b元慶三年一一月二五日庚辰条〔巻一〇一・職官部六・叙位六―記事あり〕
c元慶三年一一月二六日辛巳条〔巻一〇一・職官部六・叙位六―記事あり〕
（8）①元慶五年一一月二五日己巳条〔巻一五九・田地上・官田―記事あり〕(64)
（9）①元慶七年（八八三）正月七日甲戌条〔巻一〇一・職官部六・叙位六―記事あり〕
a『日本三代実録』元慶五年一一月二三日丁卯条
b『日本三代実録』元慶五年一一月二九日癸酉条
②元慶七年正月九日丙子条〔巻一〇一・職官部六・叙位六―記事あり〕
a『日本三代実録』元慶七年正月一四日辛巳条
（10）①元慶八年（八八四）一一月二五日壬午条〔巻一〇一・職官部六・叙位六―記事あり〕
（11）①貞観一〇年（八六八）二月二五日己丑条〔巻三六・帝王部一六・山陵―記事あり〕
②貞観一〇年閏一二月二八日丁巳条〔巻七七・音楽部・奏楽―記事あり〕
③貞観一〇年二月二一日乙酉・三月八日壬寅・三月九日癸卯・七月一一日壬寅・七月二七日戊午・九月一七日丁未・九月二一日辛亥・一二月一七日丙午条〔巻一六・神祇部一六・神位四―記事あり〕
④貞観一〇年八月一七日戊寅条〔巻一七三・災異部七・火―記事あり〕

⑤貞観一〇年三月三日丁酉条〔巻一七八・仏道部五・春秋御燈―年月日のみ〕
⑥貞観一〇年四月三日丁卯条〔巻一八九・仏道部一六・僧卒下―省略記事あり〕
⑦貞観一〇年六月三日乙丑条〔巻八四・政理部六・借貸―記事あり〕
⑧貞観一〇年六月二六日戊子条〔巻一九・神祇部一九・祝―年月日のみ〕
(12)①貞観一三年（八七一）四月二〇日丙申・二一日丁酉・二二日戊戌条〔巻五・神祇部五・賀茂大神―記事あり〕

各記事の内容とその意義については飯田氏の研究に譲るが、（1）（2）（3）（5）(11)⑤⑥⑧によって本書の未知の逸文を大量に得ることができ、また現行本の若干の脱文を補うことができる。ただし欠佚巻やその部門・項目の復原にかかわるような新たな情報は存在しない。

次に、逸文が欠佚巻の空白を埋め、あるいは部門・項目の復原に資する場合について述べる。

①巻二一

この巻は現行本では欠佚している。二宮正彦氏は『宇佐託宣集』御因位部および異国降伏事上(65)にそれぞれ「類聚国史第廿一云」として『日本書紀』応神即位前紀・同元年正月丁亥条・同四一年二月戊申条を引いていることを指摘し、巻二一の一部を復原した。現行本では巻二五が「帝王部五」であるから、巻二一の部門は「帝王部一」であることは明白であるが、この記事が属する部門内の項目名は明らかではない。推測をたくましくすれば、巻二五・帝王部五の項目の最初が「太上天皇」であって、「太上天皇二」とはしていないから、「太上天皇」の項目はこの巻だけであり、したがって「帝王部」の一から四までは天皇に関する項目、おそらく「帝王一～四」（後述。一五一頁参照）で構成されていたと考えることができる。なお『宇佐託宣集』はこのほかに『類聚国史』を七条引用しているが、そのうち六条が巻五(66)、一条が巻八七(67)で、いずれも現行本に見える既知の記事である。

②巻四四

この巻も現行本では欠佚している。この巻の逸文は清水潔氏によって紹介された。清水氏は『外記宣旨第十』(68)親王年給巡給別巡給事に見える「親王年給官」に引き続いて引用されている「清和天皇貞観七年正月廿五日丁未」以下が『日本三代実録』の記事であることを指摘したうえで、「親王年給官」の傍注の「見二国々第四十四一」を「見二国史第四十四一」の誤写と見なして、この記事が『類聚国史』巻四四の逸文であるとし、さらに「親王年給官」が『類聚国史』巻四四の項目名であることも明らかにした。問題は巻四四の部門名である。現行本は巻三六が「帝王部一六」（山陵・太上天皇山陵）であり、坂本太郎氏(69)の推定にしたがって「帝王部」がここで終わっていると見れば、巻四〇が「後宮部」であるから、巻三七～三九の欠佚巻は「皇后部」であった可能性がある。とすれば巻四〇・後宮部の次には皇太子に関する部門である「東（春）宮部」、皇親に関する部門である「皇親部」が配置されていたことが推定される。また坂本氏は巻四五～六九を「人部」と推定しており、これに依拠すれば巻四一～四四が「東（春）宮部」「皇親部」であったことになる。ただ「東（春）宮部」「皇親部」が各巻にどのように配分されていたかは明確でないが、巻四四のこの逸文が皇親の最初に掲載されるであろう親王に関する項目に属するので、「皇親部」は巻四四の一巻のみであり、巻四一～四三が「東（春）宮部」であったと推定される。以上が清水氏の考察の概要である。

③巻五二

この巻も現行本では欠佚しているが、三橋広延氏[70]が指摘したように『太子伝玉林抄』[71]巻一に「類聚国史第五十二巻云」として『日本三代実録』貞観三年八月一九日庚申条に見える大伴狭手彦の伝を引いている。ここからはこの巻の部門名・項目名はいずれも不明であるが、前述の坂本太郎氏の推定にしたがえば、巻五二は「人部」である。

④巻五八

この巻も現行本では欠佚しているが、三橋広延氏[72]が指摘したように『太子伝玉林抄』巻一に「類聚国史第五十八巻云」として『日本書紀』欽明一三年[73]（五五二）四月の箭田珠勝大兄皇子薨去の記事を引いている。現行本では巻五四・六一がいずれも「人部」であるから、巻五八も「人部」である。また巻六一は納言・参議の薨去記事を収録しているので、それ以前に位置する巻五八は、逸文の内容から判断すれば皇子（女）の薨去記事を収録した巻であったと推定することが可能であろう。

⑤巻一七四

この巻も現行本では欠佚しているが、これの逸文については坂本太郎氏が二条を指摘した。第一は『聖徳太子平氏伝雑勘文』[74]上三・小墾田宮事に引く『日本書紀』欽明一三年一〇月の記事で、その末尾に「国史百七十四巻全同二日本紀一」とあることにより、これを『類聚国史』の逸文とした。現行本は巻一七七が「仏道部四」であるから、巻一七四は「仏道部一」に当たり、この逸文はこの巻に収められていたが、項目の名称までは明らかでない。

第二の逸文は『上宮太子拾遺記』[75]巻二・仏法破滅事に引く『日本書紀』敏達一四年（五八五）八月己亥の記事である。「国史百七十四曰」として引用されており、第一の逸文と同じく巻一七四・仏道部一の逸文であるが、これが属していた項目は第一の逸文と同様に不明である。

⑥巻一八八

この巻も現行本では欠佚しているが、この巻の逸文は坂本太郎・田中卓・丸山二郎・平岡定海の各氏が紹介した。坂本氏が指摘した「応永二年に唐招提寺で開板せられた古記の集録」に「類聚国史伝巻第百八十八云、仏道部十五」として『続日本紀』天平宝字七年五月戊申条の鑑真物化の記事を引いていることについては先に述べたが、[76]田中卓氏もこれと同じ逸文の存在を『唐招提寺縁起抜書略集』[77]によって指摘している。田中氏が出典とした『略集』と坂本氏のいう「古記の集録」は同じ史料である可能性が強く、丸山二郎氏が足立康氏から提供を受けて逸文の出典とした「応永二年開版の一巻の巻物」[78]も同じもの、もしくはその一部であると思われる。いずれにせよ坂本・田中・丸山の各氏によって巻一八八・仏道部一五・僧卒上の一部が復原されたことになる。

なお田中卓氏は『弥勒如来感応抄』第五に「類聚国史第百八十八云」として弘仁五年（八一四）三月戊申条（安澄卒去の記事）が引用されていることを紹介しているが、これは『日本後紀』の逸文でもある。この逸文は後に平岡定海氏が『弥勒如来感応抄草』第三によって紹介した記事と内容が一致する。[79]巻一八八・仏道部一五・僧卒上の逸文と見てよいであろう。

以上が逸文によって本書の欠佚巻もしくは部門・項目の一部が復原できる例である。なおこのほかに坂本太郎氏が『小野宮年中行事』[80]二月四日祈年祭事に「類聚国史第七十四云」として『日本後紀』の逸文でもある弘仁一一年（八二〇）二月丁丑の釈奠停止の記事を引いていることを指摘したが、現存する巻七四・歳時部五は一年一回の行事の記事を集めているので、春秋二回行われる釈奠に関するこの逸文の所属は、今は欠佚した「巻七十六歳時部七あたりの細目か」と推定している。

また同じく坂本氏は『江談抄』[81]第六・長句事に「類聚国史五十四」として『日本書紀』雄略即位前紀（坂合黒彦皇子・眉輪王の誅殺）・推古三四年（六二六）五月戊子条（蘇我馬子の薨去）が引用されていることを示したうえで、現行本の巻五四・人部は「美女」から「多産」まで女性に関する項目によって構成されているから、これらの逸文が巻五四にあったとは考えられず、大臣薨去の記事を集めたほかの「人部」の巻に属するものかとしている。坂本氏の指摘のようにこの逸文が巻五四に属する記事とは考えがたいが、これに関して『江談抄』の異本が「類聚国史五十九」としていることが注目される。[82]現行本では巻六一・人部の項目は「薨卒□」であり、仁寿二年二月から貞観一七年（八七五）二月までの納言および参議の薨卒記事を収録している。この逸文が坂本氏の推定のように大臣薨去の記事を集めた巻に収録されていたとすれば、それは巻六一より前に配置されていたと見るのが穏当であり、現在は欠佚している巻五五〜六〇のうちでも巻六一に近接する巻を想定することが可能であろう。このように考えた場合、この逸文を巻五九のものとした『江談抄』の異本が意味を持ってくる。先に述べたように、『太子伝玉林抄』巻一に引く逸文によれば巻五八は皇子（女）の薨去記事を収録した巻である可能性があるが、大臣薨去の巻はそれより後、かつ巻六一より前と考えるべきであるから、『江談抄』の異本はこの推定とも矛盾しない。以上の推定を前提とすれば、大臣薨去の記事は巻五九ということになろう。ただしそれが巻六〇にも及んでいたかどうかは明らかでない。

以上、逸文を手がかりとした部門の復原研究を概観したが、坂本氏が示した方法の（二）、すなわち記事の末尾に施された部門名・項目名の注記によって、欠佚した部門・項目を知ることも可能である。それらを列記すれば以下のとおりである（括弧内は現行本の注記箇所。複数の場合は初出箇所のみを示す）。

賽部（巻三・神祇部三・伊勢太神、元慶七年〔八八三〕七月一三日丁丑条）
即位部（巻四・神祇部四・伊勢斎宮、貞観一九年〔八七七〕二月二三日乙丑条）
郡司部（巻一九・神祇部一九・国造、延暦一七年〔七九八〕三月丙申条）
禅位部（巻二五・帝王部五・太上天皇、弘仁一四年〔八二三〕四月庚子条）
置部（巻三二・帝王部一二・天皇遊猟、雄略二年一〇月丙子条）
地名部（巻三二・帝王部一二・天皇遊猟、雄略四年八月庚戌条）
五節部（巻三二・帝王部一二・天皇遊宴、天平一五年〔七四三〕五月癸卯条）
征討部（巻三六・帝王部一六・山陵、景行四〇年一〇月癸丑条）
荷前部（巻三六・帝王部一六・山陵、天安二年〔八五八〕一二月九日丙申条）
誕皇子部（巻四〇・後宮部・妃、景行四年二月甲子条）
任那部（巻五四・人部・美女、雄略七年条）
京都部（巻七八・賞宴部下・賞賜、天平宝字五年〔七六一〕正月癸巳条）
国郡部（巻八三・政理部五・正税、延暦一七〔七九八〕年正月甲辰条）
年号部（巻八三・政理部五・免租税、天平元年〔七二九〕八月癸亥条）
修善攘災部（巻八三・政理部五・免租税、弘仁九年〔八一八〕九月辛卯条）
国司部（巻八四・政理部六・借貸、天平八年〔七三六〕五月丙申条）
時服部（巻八四・政理部六・公廨、大同三年〔八〇八〕九月己亥条）
諸道学業部（巻八四・政理部六・受業師料、天平宝字元年〔七五七〕一一月癸未条）

免官部（巻八四・政理部六・隠截官物、延暦一四年（七九五）閏七月丁未条）
皇后部（巻九九・職宮部四・叙位四、弘仁六年（八一五）七月壬午条）
勧学田部（巻一〇七・職官部一二・大学寮、延暦一三年（七九四）一一月丙子条）
諸国四度使部（巻一〇七・職官部一二・民部省、元慶七年（八八三）一一月二日乙丑条）
賜田地部（巻一〇七・職官部一二・左右京職、貞観八年（八六六）五月二一日甲子条）
要劇田部（巻一五九・田地部上・官田、元慶五年（八八一）一一月二五日条）
亀部（巻一六五・祥瑞部上・露、嘉祥三年（八五〇）八月丙寅条）
白鹿部（巻一六五・祥瑞部上・雀、神護景雲四年（七七〇）五月壬申条）
仏法部（巻一七七・仏道部四・無遮会、貞観三年（八六一）三月一四日戊子条）

これらの多くは項目名を指していると推定されるが、部門名も項目名も区別せずに「部」と称しており、それを識別するのが困難な場合が少なくなく、またそれぞれが属する巻次も不明である。

以上の諸研究をもとに部門の復原案を本章末（一八八～一八九頁）に表示する（『類聚国史』欠佚部門復原表）。

最後に、現行の『類聚国史』には年月を掲げるのみで記事を省略している場合が少なくないが[83]、他方では現行本に省略された記事を掲載している写本もある[84]。飯田瑞穂氏[85]が紹介した『類聚国史』抄出紙片が現行本の省略記事を補う逸文を多く含んでいる事実は、抄出を行った三条西公条が記事の省略されていない本書の写本を披見していたことを示しており、少なくともその部分の省略が後時的な所為であることはほぼ明らかであるが、この問題は本書全体を通して検討すべき今後の課題である。

また本書の写本には偽撰のものがあり[86]、逸文とされるもののなかにも偽文の疑いがあるものが存在しており[87]、そ

の真偽についての議論があることにも注意する必要がある。(88)

3　項目の復原

部門の下位の項目の復原は坂本氏の示した方法の（一）と（二）によって一定の成果を上げることができるが、右に述べたように（二）による復原は推定をまじえざるをえず、限界がある。一方の（一）による復原も事情はほぼ同様である。（一）の方法による項目名の復原案を以下に示す。

①巻一二

現存する巻一一・神祇部一一の項目は「祈禱上」、巻一四・神祇部一四の項目は「神位二」であるから、巻一三は「神祇部一三・神位一」であることは確実である。したがって巻一二は「神祇部一二・祈禱下」である。

②巻一七

現存の巻一六・神祇部一六の項目は「神位四」であり、しかもその内容は「起二貞観八年三月一尽二同一八年八月一」と注記してある。したがって少なくとも巻一七にはこれに続く「神位」の記事が含まれていたことはほぼ確実であり、巻一七の項目は「神位五　起二貞観一八年九月一尽二□一」と復原することができるであろう。

問題は巻一八である。巻一六に含まれている貞観八年三月から同一八年（八七六）八月までの記事は『日本三代実録』の巻一二の中間から巻二九の中間までに相当する約一七巻分であり、それ以後、『同』巻五〇の仁和三年（八八七）八月までの二〇巻分ほどの記事が全て巻一七に収められていたか、巻一八にまで及んでいたかは判断しがたい。

③巻二一～二四

現存の巻二五・帝王部五の最初の項目は「太上天皇」であるから、これ以前に天皇に関する項目が存在していたことは確実であり、しかもそれは「帝王部」の冒頭に置かれていたと考えるのが自然であろう。巻二五の「太上天皇」は項目の序次を記さないから、「太上天皇」の項目は巻二五のみであることも確実であり、したがって天皇に関する項目は巻二一から巻二四に及ぶものであったと考えられる。二宮正彦氏が『宇佐託宣集』から巻二一の逸文を検出したことは前に述べたが、この逸文は応神天皇の即位前紀・即位（応神元年正月丁亥条）・崩御（同四一年二月戊申条）という記事の構成を取っており、天皇の一生を概括する内容と理解できる。これは帝王部五・太上天皇の各太上天皇の記事の基本構成が譲位・おもな事跡・崩御・葬送から成っていることとよく対応すると見てよい。したがって「帝王部一」のこの逸文は天皇に関する項目にふさわしい構成を持っていると思われる。

問題は項目の名称である。巻二五・帝王部五・太上天皇の「孝謙皇帝」に引く天平宝字六年（七六二）六月庚戌条および同八年一〇月壬申条の末尾には「事具㆓帝王部㆒」との注記がある。前に述べたように、本書のこうした注記は部門名も項目名も区別せずに「部」と称しているが、この場合の注記が部門名としての「帝王部」を指しているとすれば、この注記は全く意味をなさないであろう。これら二条は孝謙上皇と淳仁天皇との間での権限の分掌、および淳仁天皇の廃位に関する記事であり、淳仁天皇にも密接にかかわる内容であるから、天皇に関する項目にもこれらの記事が掲載されていたことはほぼ確実である。このように考えれば、注記の「帝王部」は部門の名称ではなく、項目名と考えるべきであろう。以上の考察にしたがって復原すれば巻二一は「帝王部一・帝王一」となり、以下、巻二四の「帝王部四・帝王四」までに天皇に関する記事を収めていたと考えられる。

④巻二六・二七

この両巻が「帝王部六・七」であったことは前後の巻の部門名から明白であるが、項目については不明である。ただし巻二八が「天皇聴朝」の項目に始まり「天皇元服」「天皇読書」「天皇算賀」と続くから、それ以前に即位・譲位に関する項目が存在した可能性が高い。前に示したように（一四八頁）、巻四・神祇部四・伊勢斎宮に引く貞観一九年（八七七）二月二三日乙丑条の末尾に「即位部」が、また巻二五・帝王部五・太上天皇に引く弘仁一四年四月庚子条の末尾に「禅位部」の名称が見えており、これらが巻二六あるいは巻二七に含まれていた項目であったと推定することもできよう。

⑤巻四四

巻四四が「皇親部」ともいうべき巻であり、「親王年給官」の項目が含まれていたことについては、前に述べたように清水潔氏が『外記宣旨第十』にもとづいて明らかにしている。

⑥巻五八

前に述べたように、この巻は『太子伝玉林抄』に引く『日本書紀』欽明一三年四月の箭田珠勝大兄皇子薨去の記事が逸文として検出されている。巻五四と巻六一が「人部」であるから、巻五八も「人部」である。また巻六一は納言・参議の薨去記事を収録しているので、それ以前に位置する巻五八は、逸文の内容から判断すれば、皇子

（女）の薨去記事を収録した巻であったと推定することが可能であろう。また皇子（女）の薨去は「薨卒」の冒頭に位置すると推定することが許されるならば巻五八は「薨卒一」であったことになるが、正確な項目名は不明とせざるをえない。今は「薨卒□」としておく。

⑦巻五九

現存の巻五四・六一の部門がいずれも「人部」であるから、この巻も「人部」である。この巻については前述のように、坂本太郎氏の見解と異本『江談抄』によって大臣薨去の記事を集めた巻と推定される。その項目名は「薨卒□」である。

⑧巻六〇

現存の巻五四・六一の部門がいずれも「人部」であるから、この巻も「人部」である。また巻六一の項目が「薨卒□」で、納言・参議の薨卒記事の仁寿二年二月から貞観一七年六月までを収めているから、巻六〇は同じく納言・参議の薨卒に関する仁寿二年正月以前の記事を収めていたと考えられる。よってこの巻の項目は「薨卒□」であるが、記事の範囲は確定しえない。

⑨巻六二～六五

これらの巻の部門・項目が「人部・薨卒□」であることは、現存する前後の巻の部門・項目の名称から明らかである。

巻六二については、巻六一が納言・参議の薨卒記事の仁寿二年二月から貞観一七年六月までを収めているので、この巻は納言・参議の薨卒に関する貞観一七年七月以降の記事を収めていたと考えてよい。ただしそれが『日本三代実録』の最後までを含んでいたのか、巻六三にも記事が及んでいたのかは明らかでなく、この巻の収録の範囲は確定できない。

巻六五については、巻六六が四位の卒去に関する弘仁一二年（八二一）三月から嘉祥三年三月までの記事を収めているので、巻六五には少なくとも弘仁一二年二月以前の記事を収めていたことは確実であるが、それが巻六三・六四にまで及ぶのかどうか、記事の範囲は確定できない。

⑩巻六七～六九

巻六七については、巻六六が「薨卒□」の項目のもとに四位の卒去に関する嘉祥三年三月までの記事を収めているので、この巻が嘉祥三年四月以降の記事を収めていたことは明らかであり、項目名も「薨卒□」と考えてよいであろう。記事の範囲は確定できないが、嘉祥三年四月以降とは『日本文徳天皇実録』のほぼ全巻と『日本三代実録』の全巻を含むことになり、これが巻六七だけに収まるかどうかは判断しがたい。巻六八にわたっていた可能性も考慮する必要がある。

四位の卒去記事が巻六七・六八にわたっていたと仮定すれば、巻六九（もしくは巻六八・六九）には五位の卒去記事が収録されていたことが推定できるであろう。項目名については、巻六六が四位についても「薨卒□」としているので、五位の場合も「薨卒□」であった可能性は強い。

⑪**巻九〇**
現存の巻八九・刑法部三の項目が「罪人中」であるから、この巻は「刑法部四・罪人下」である。

⑫**巻九六〜九八**
現存の巻九九が「職官部四・叙位四」であるから、巻九六〜九八は「職官部一〜三」で、項目は「叙位一〜三」である。

⑬**巻一〇〇**
現存する前後の巻によって、巻一〇〇の部門・項目は「職官部五・叙位五」である。また巻九九が天安二年三月まで、巻一〇一が貞観一九年正月以降の記事を収めているので、この巻は天安二年四月から貞観一八年一二月までの記事を収めていたことになる。

⑭**巻一〇二**
巻一〇一が「職官部六・叙位六」で、仁和三年正月までを収めているので、この巻は「職官部七・叙位七」に当たり、仁和三年二月以降、『日本三代実録』の最後の仁和三年八月までを収録していたことは確実であろう。

⑮**巻一〇三〜一〇六**
現存の巻一〇七の部門は「職官部一二」で「中務省」以下、「家令」に至る諸官司を項目としている。巻一〇二

の項目が「叙位七」のみであったとすれば、巻一〇三～一〇六の「職官部八～一一」は「神祇官」「太政官」に関する記事によって構成されていたと考えられる。ただしそれらが各巻にどのように配分されていたかは不明であり、項目名の正確な復原はできない。

⑯巻一四六

現存の巻一四七の部門が「文部下」であるから、この巻も「文部」であるが、それが「中」であったか「上」であったかは不明である。前掲の本文注記に見える「諸道学業部」は欠佚した「文部」の項目であったと推定されるが、所属の巻は確定できない。

⑰巻一六〇

現存の巻一五九の部門は「田地部上」であるから、巻一六〇も「田地部」であることは確実であるが、それが「中」であったか「下」であったかは不明である。前掲の本文注記には「勧学田部」「賜田地部」「要劇田部」が見えており、これらは欠佚した「田地部」の項目であった可能性が高いであろう。

⑱巻一六六

現存の巻一六五の部門は「祥瑞部上」であるから、巻一六六も「祥瑞部」であることは確実である。また巻一七〇は「災異部四」であるから巻一六七は「災異部一」である。したがって巻一六六は「祥瑞部下」であったことが判明する。前掲の本文注記には「亀部」「白鹿部」が見えるが、これらはこの巻の項目であった可能性が高いであろう。

⑲巻一九一・一九二

現存の巻一九三の部門は「殊俗部□」で項目は「高麗」「渤海上」、巻一九四の項目は「渤海下」、また巻一九九も「殊俗部□」であり、「耽羅」「呉国」「崑崙」「靺鞨」「粛慎」「帰来人」「流来人」の項目を挙げている。したがってこのほかに少なくとも百済・新羅・任那に関する項目が存在したことが推定される。任那については前掲（一四八頁）の本文注記に「任那部」が見えており、これが「殊俗部」の項目名であることはほぼ確実であるから、これによってさらに「百済」「新羅」の項目の存在をも想定することが可能であろう。これらが欠佚した「殊俗部」のどの巻に所属していたかは確定できないが、巻一九三「殊俗部□・高麗、渤海上」より前に配置されていた可能性が高いのではあるまいか。この推定にしたがえば、この三項目は巻一九二のものとなるが、記事はおそらく一巻に収まる量ではなく、巻一九一・一九二の二巻にわたっていたのではなかろうか。

以上が項目名の復原に関する推定である。

なお佐伯有清氏[89]は『灌頂阿闍梨宣旨官牒　上』[90]に「類聚国史第七帙第七巻　薨卒七」として天長一〇年（八三三）一〇月壬寅条の円澄の卒伝が引用されていることを指摘した。現行本では「薨卒」の序次が不明であるから、ここに「薨卒七」と序次を明記していることは貴重である。しかしそれが属する巻序については、「第七帙第七巻」とあるのみで明記されていない。佐伯氏は一帙に一〇巻を納めていたとの想定のもとに、ひとまず「薨卒七」は巻六七に当たると推定したが、一方で前述した『江談抄』の異本に依拠して大臣薨去の記事を収載していたであろう巻五九を「薨卒一」と見なすと「薨卒七」は巻六五になるという矛盾に逢着する。その結果、「「第七帙第七巻」の「薨卒七」とは、帙次にしたがって便宜的に付した薨卒の巻数とするより他に考えようがない」とし、「おそらく（中略）巻第六十七、人部の薨卒の巻には、円澄たち伝燈大法師位の僧位以上の僧侶の卒去記事が記載されていたものと思われる」と述べている。

以上のほかにも、前掲の本文注記には多くの部門名・項目名が見えるが、いずれも正確な所属の巻は明確にしがたい。坂本太郎氏によれば、「賽部」は「神祇部」の、「荷前部」は「帝王部」の、「誕皇子部」は「後宮部」の、「諸国四度使部」「時服部」は「政理部」の、「免官部」「国司部」「郡司部」は「職官部」の、「修善攘災部」「仏法部」は「仏道部」の項目と推定している。(補注1)

六　諸本と伝来

『類聚国史』の写本は数多く伝わっているが、ここでは主な古写本を中心に概説を加え、あわせて写本の伝来状況についても概観する。

1　諸　本

①東北大学附属図書館所蔵狩野文庫本(91)（一巻、函号 阿八―二。図1・2）

東北大学附属図書館狩野文庫に平安時代末ないし鎌倉時代初期の書写と推定される巻二五・帝王部五が伝存している。包紙には「類聚国史巻第廿五壬生官務旧蔵」と墨書されており、壬生官務家に伝来したものとされている。この

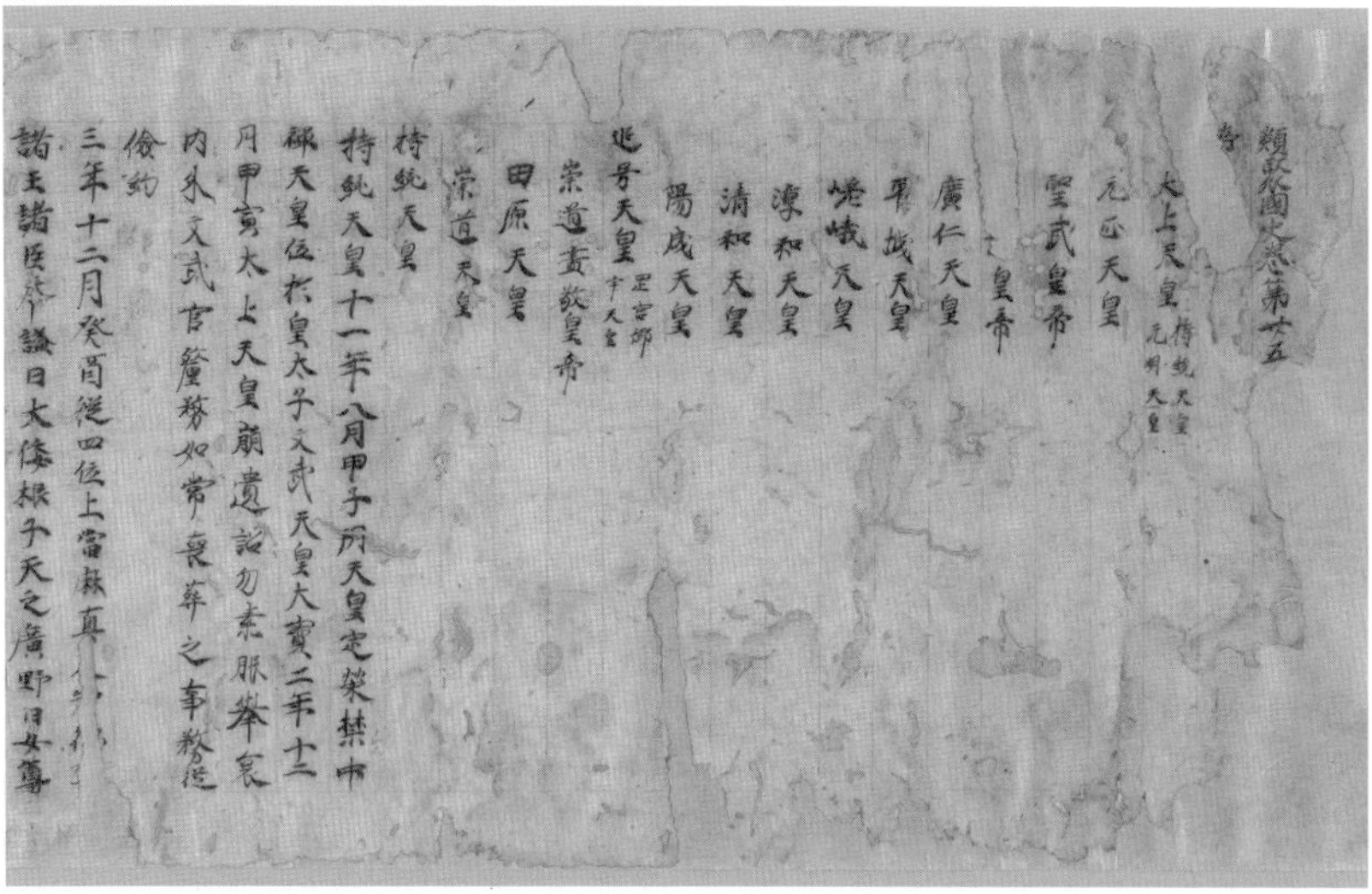

類聚國史巻第廿五
帝
太上天皇　持統天皇　元明天皇
元正天皇
聖武皇帝
廣仁天皇
平城天皇
嵯峨天皇
淳和天皇
清和天皇
陽成天皇
追号天皇　岡宮御宇天皇
崇道盡敬皇帝
田原天皇
崇道天皇
持統天皇
持統天皇十一年八月甲子朔天皇定策禁中
禪天皇位於皇太子文武天皇大寶二年十二
月甲寅太上天皇崩遺詔勿素服挙哀
内外文武官釐務如常喪葬之事務從
倹約
三年十二月癸酉從四位上當麻真人
諸王諸臣奉誄曰大倭根子天之廣野日女尊

図1　巻首

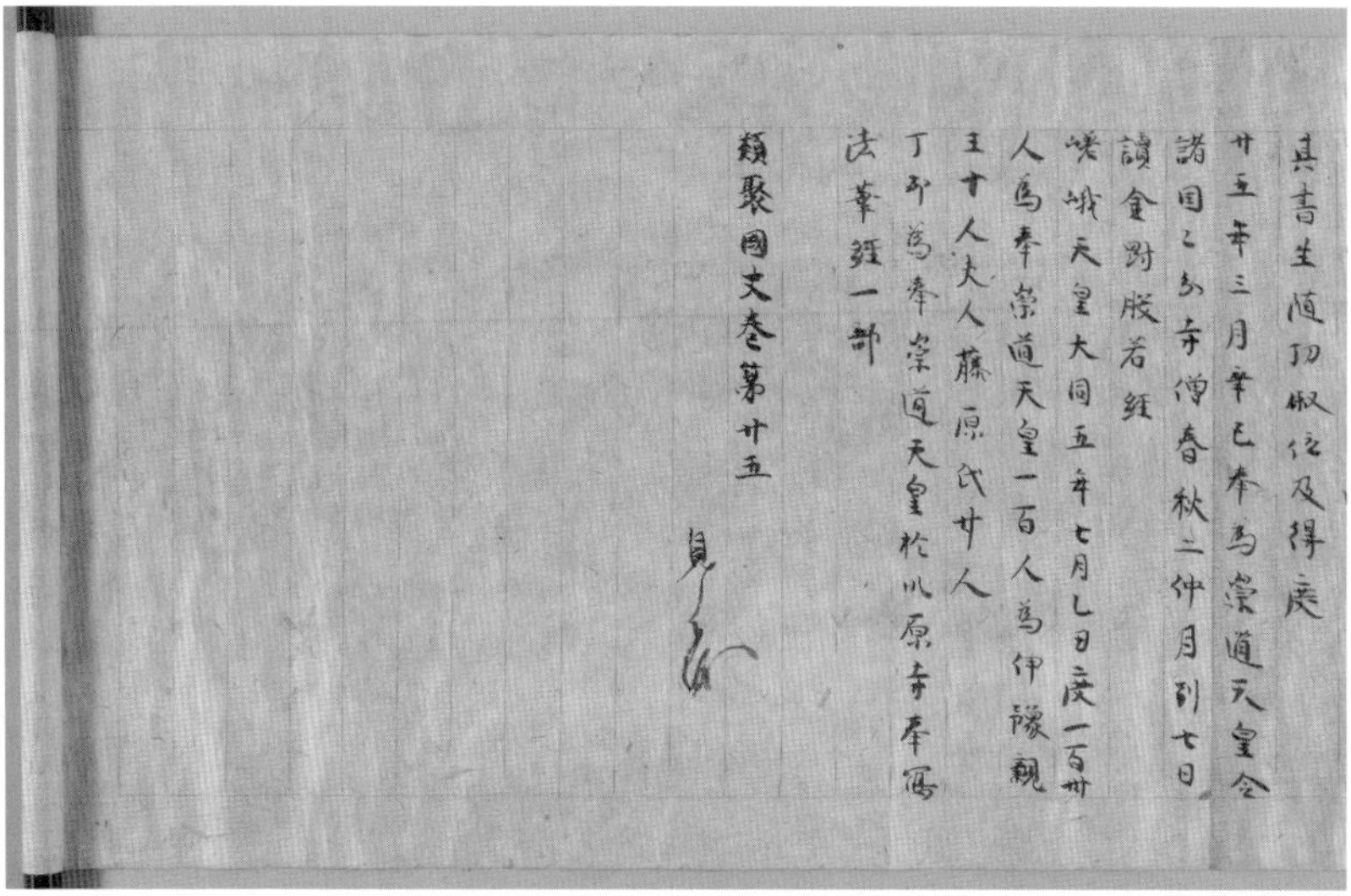

真書生随功叙位及得度
廿五年三月辛巳奉為崇道天皇令
諸国々分寺僧春秋二仲月別七日
讀金剛般若経
嵯峨天皇大同五年七月己巳度一百卅
人為奉崇道天皇一百人為伊豫親
王十人夫人藤原氏廿人
丁卯為奉崇道天皇於川原寺奉寫
法華經一部
類聚國史巻第廿五

図2　巻尾

『類聚国史』巻 25 帝王部第 5
（東北大学附属図書館所蔵狩野文庫本）

巻二五を忠実に影写した写本が尊経閣文庫所蔵の模写本(92)に含まれている。その外題には、

類聚国史第二十五新写卅三葉以官務本写之　一巻

とあって、壬生官務家本を書写したものであることが明記されている。狩野文庫本は一九五二年に国宝の指定を受けており、また一九五四年に補修を加えた旨の朱の箱書（箱蓋裏）がある。

写本の形態は巻子本で、巻首の一部に破損がある。平城天皇の項の大同五年（八一〇）九月丁未条に「人心騒動」、嵯峨天皇の項の天長一〇年四月戊寅条に「鶏観」、同天皇の項の承和元年（八三四）四月辛丑条に「幸雙岡山庄」の首書がそれぞれあり、また巻末には首書と同筆の「見了（花押）」の一見奥書がある。この奥書は前述の尊経閣文庫所蔵模写本の巻二五にも影写されており、また模写本の巻一四にも同筆のものが正確に影写されているが、花押の主については現時点では明らかでない。

②尊経閣文庫所蔵巻子本（四巻、函号 二―六書）

平安時代末ないし鎌倉時代初期の書写と見られる巻子本で、巻一六五・一七一・一七七・一七九の四巻を伝える。いずれも一九五三年に国宝に指定されている。前述の尊経閣文庫所蔵模写本にもこれら四巻の写しが含まれているが、その巻一七一・一七七の包紙にはいずれも「以二官務本一写之」と記され、この二巻の親本が壬生官務家本であることを示している。これに対して巻一六五・一七九については出所に関する記録がない。ただし巻一七九に関しては巻一七七と同筆であるので、巻一七九が巻一七一・一七七とともに壬生官務家旧蔵本である可能性は高い。この四巻は一九三二～一九三四年に『尊経閣叢刊』として複製刊行されている。(補注2)

③尊経閣文庫所蔵明応鈔本（一五冊、函号 二―七書）

巻三・四・五・九・三二・三六・五四・七一・七三・七五・七七・七八・八〇・一四七・一五九を一巻づつ一冊に書写した一五冊の冊子本である。各冊とも外題に「類聚國史明應鈔本　壹（〜十五）」（題簽）とあるが、表紙・外題ともに近代のものと考えられる。第七（巻五四）・八（巻七一）・一〇（巻七五）・一一（巻七七）・一二（巻七八）・一三（巻八〇）の各冊の末尾には、壬生官務家累代相伝の『類聚国史』を借用し書写した「中山春蘭外史」(補注3)の求めに応じて小槻（壬生）雅久が記した明応九年（一五〇〇）五月二四日の識語があり、(93)したがって少なくともこの六巻は「中山春蘭外史」の所持本で、その祖本は壬生官務家本である。

④尊経閣文庫所蔵大永校本（四冊、函号 二―七書）

元・亨・利・貞の四冊から成る冊子本である。明応鈔本と同じ表紙に同じ筆跡で「類聚国史　大永校本　元（〜貞）」（題簽）と外題する。各冊の内容は以下のとおりである。

〔元〕

巻三・四・五・八・九・一〇・一六・一九・二五・二八・三一・三二・三三・三四・三五・三六・四〇

〔亨〕

巻五四・六一・六六・七一・七二・七三・七四・七五・七七・七八・七九・八〇・八三・八四・八六・八七・八八・八九

〔利〕

巻九九

〔貞〕

巻一〇一・一〇七・一五九・一六五・一七一・一七三・一七七・一七八・一八二・一八五・一八六・一八七・一八九・一九〇・一九三・一九九

この四冊のうち、〔利〕冊にはほかの三冊と異なる以下のような特徴が見受けられる。（1）ほかの三冊がそれぞれ複数の巻で編成されているのに対して、〔利〕冊は巻九九のみで編成されていること、（2）ほかの三冊が三条西公条（一四八七～一五六三）の筆跡であるのに対して、〔利〕冊はそれと筆跡を異にすること、（3）次に述べるようにほかの三冊が抄略本であるのに対して、〔利〕冊は記事の全文を書写していること、（4）〔利〕冊の末尾に「大永七丁亥七月五日一交了」の校合奥書があるが、ほかの三冊には見られないこと。これらの諸特徴は、〔利〕冊が三条西公条書写の三冊より遅れて書写され、大永七年（一五二七）に校合が加えられた後、公条書写の三冊本に加えられた可能性を示唆するようである。

なお、すでに飯田瑞穂氏[94]が指摘しているように、〔元〕〔亨〕〔貞〕の三冊はいずれも抄略本であり、『日本後紀』『続日本後紀』の記事は全文を書写するが、ほかの四国史は日付のみか、記事の一部を書写するにとどめるという独特の抄略方法を取っている点に本書の特色がある。飯田氏によれば、このような抄出を行ったのは抄出者（三条西公条）が『日本後紀』『続日本後紀』を所持していなかったか、もしくは所持本が不完全な写本であったためではないかと推定している。

⑤石清水八幡宮所蔵本（二巻）

巻一・五の二巻が石清水八幡宮に伝存している。いずれも一九六三年に国の重要文化財の指定を受けている。巻一の巻末に「加六《（嘉禄）》三年五月十九日以㆓法家本㆒当㆓一校㆒了」の奥書があり、嘉禄三年（一二二七）以前に成立した写本である。この二巻もまた忠実な影写本が尊経閣文庫所蔵模写本に含まれている。それぞれの巻末に前田綱紀の次のような奥書があり、この二巻が石清水八幡宮別当田中家に伝来していたものであることを示している。

〔巻一〕

右類聚国史第一巻摹写㆓八幡田中法印家蔵之旧本㆒乃加㆓再校㆒了、

貞享初元仲秋日

権中将菅原綱紀

〔巻五〕

右類聚国史第五巻摹写㆓八幡田中法印家蔵之旧本㆒乃加㆓三校㆒了、

貞享初元仲秋日

権中将菅原綱紀

以上が現存する古写本の概要である。

なお前に述べた尊経閣文庫所蔵の模写本について若干付記しておく。この模写本は巻一・五・一四・二五・一六五・一七一・一七七・一七九・一九四および巻次未詳の断簡一紙から成るものである。このうち巻一・五は石清水八幡宮本を、巻二五は狩野文庫本を、巻一六五〜一七九の四巻は尊経閣文庫巻子本を、それぞれ前田綱紀が忠実に影写せしめたものである。とすれば残る巻一四・一九四および巻次未詳断簡についても、綱紀の当時には存在していた古写本を影写したものである可能性が想定されるであろう。

前述のように、模写本巻一四の巻末に狩野文庫本巻二五と同じ筆跡の「見了（花押影）」という一見奥書が影写されている事実は、巻一四と二五がかつて僚巻であったことを示している。また巻一四の模写本は親本の虫損の様態を正確に影写し、文字の様態もまた古風をとどめており、その親本は狩野文庫本に匹敵する古写本であった可能性が高いといえよう。なおこの巻に関して国立公文書館（旧内閣文庫）所蔵『類聚国史』（函号　特一〇二甲―一、五三冊）の巻一四巻末（図3）に、

　見了、（花押影）
　右類聚国史巻第十四西三条中納言所レ献、今以二文徳実録一校正焉、

という識語があり、さらに同じく国立公文書館所蔵『類聚国史』（函号　特五一―一、五七冊）の巻一四巻末（図4）にも、

　　右類聚国史巻第十四、以二西三条中納言所レ献之本一繕写者、
　　　元文元年丙辰十一月

の識語がある。これを信じれば、「見了（花押）」の一見奥書を持つ巻一四は三条西家の所蔵本であったことになる。[95]

巻一九四に関しても、国立公文書館所蔵本（函号　特一〇二甲―一。図5）に、

　右類聚国史巻第百九十四西三条中納言所レ献、今以二続日本後紀・三代実録一校正焉、

の奥書があり、また国立公文書館所蔵本（函号　特五一―一）の巻末（図6）にも、

　右類聚国史巻第百九十四、以二西三条中納言所レ献之本一繕写者、
　　元文元年丙辰十一月

とある。これらによれば、巻一九四も巻一四と同様に三条西家本であったことになる。[96]模写本の巻一九四も親本の破損・虫損の様態を忠実に模写し、文字も古態を伝えており、この親本もまた古写本であったと推定される。

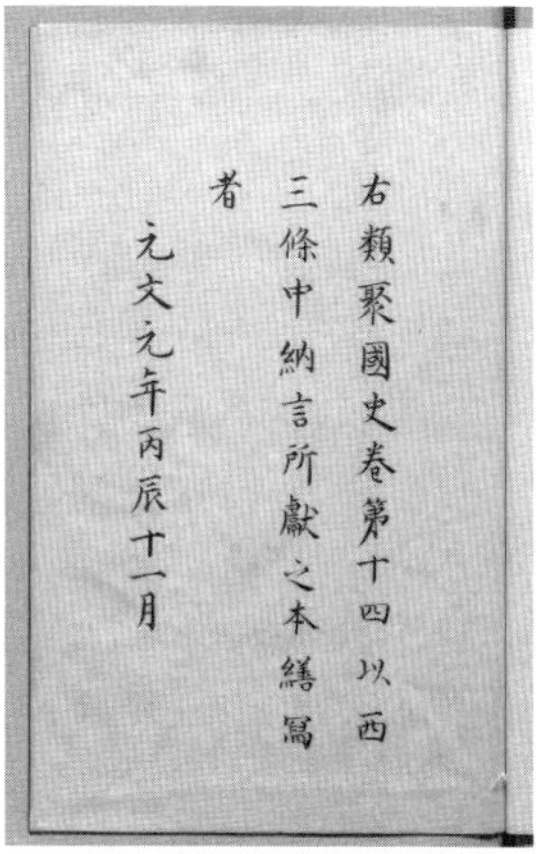
右類聚國史巻第十四以西
三條中納言所獻之本繕寫
者
元文元年丙辰十一月

図4　函号 特51-1

正三位比咩神本位従五位下今授従四位下又同
神殊授封廿七戸
類聚國史巻第十四

右類聚國史巻第十四西三條
中納言所獻今以文德實錄
校正焉

図3　函号 特102甲-1

国立公文書館所蔵（旧内閣文庫本）『類聚国史』巻14巻末 識語

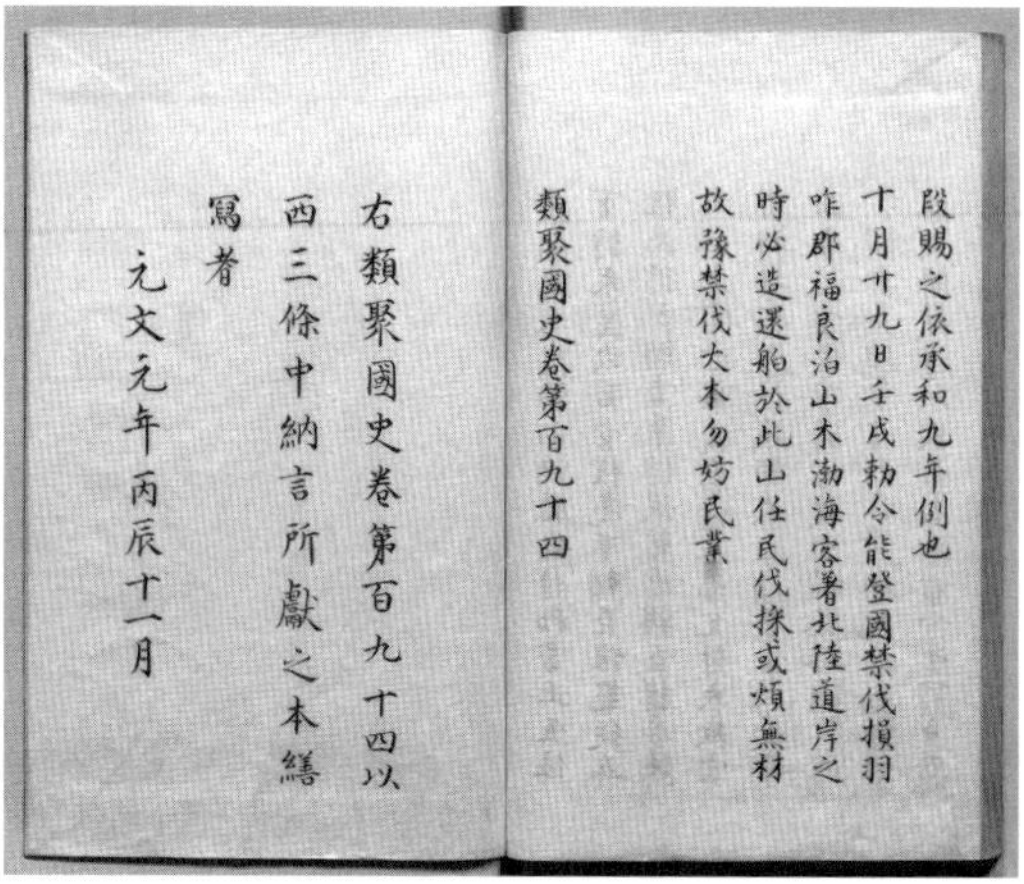
段賜之依承和九年例也
十月廿九日壬戌勅令能登國禁伐損羽
咋郡福良泊山木渤海客着北陸道岸之
時必造還船於此山任民伐採或煩無材
故豫禁伐大木勿妨民業
類聚國史巻第百九十四

右類聚國史巻第百九十四以
西三條中納言所獻之本繕
寫者
元文元年丙辰十一月

図6　函号 特51-1

右類聚國史巻第百九十四西三
條中納言所獻今以續日本後紀
三代實錄校正焉

図5　函号 特102甲-1

国立公文書館所蔵（旧内閣文庫本）『類聚国史』巻194巻末 奥書

なお模写本の巻次未詳断簡については手掛かりに乏しいが、巻一四・一九四と同様に親本の破損・虫損の様態を忠実に模写しており、また文字もよく古態を伝えている。これもまた古写本を影写したものと推定される。(初出時補注1)

2　伝　来

次に『類聚国史』の写本の伝来状況について概略を述べる。

①『通憲入道蔵書目録』(97)(補注4)

まず藤原通憲（一一〇六～一一五九）が編纂したといわれる『通憲入道蔵書目録』には、

一合第四十三櫃
　類聚国史一帙十巻　　二帙十巻
　三帙四巻　　四帙十巻
一合第四十四櫃
　類聚国史五帙十巻　　六帙十巻
　七帙十巻　　八帙十巻
一合第四十五櫃
　類聚国史十帙十巻　　十一帙十巻
　十二帙十巻
　（中略）
一合第四十七櫃

類聚国史十七帙十巻　　十八帙九巻

十九帙六巻

（下略）

とあり、四合の櫃に納められた合計一四帙・一二九巻の写本が記載されている。この『目録』が通憲の著作であるとすれば、平安時代末期における伝存状況の一端がこれによってうかがわれ、一〇巻を一帙として二〇帙にまとめられていたらしいことが推定される。

②『玉葉』(98) 安元二年（一一七六）九月一日条

『通憲入道蔵書目録』にやや遅れて、『玉葉』安元二年九月一日条に、

申刻、隆職宿禰参来、又宗雅来、今日前大僧正被レ送二消息一云、類聚国史先日借三与第一帙一了皆可レ借、可二書写一云々、明日可二献借一之由、報了、

また同月三日条には、

及レ晩定能朝臣来、借三送類聚国史十九帙於二前大僧正許一、於二第一帙一者、先日借了、為二書写一所レ被レ借也、

と見え、藤原兼実のもとには二〇帙の『類聚国史』が存在していたことが判明する。巻数についてはこの記事からは不明であるが、二〇〇巻が揃っていた可能性は否定しがたいであろう。

③石清水八幡宮所蔵『類聚国史』巻一紙背

前項で述べた石清水八幡宮所蔵『類聚国史』巻一の紙背に、ある時期における『類聚国史』の伝存状況を示す記録が残されており、『類聚国史』を書写した際の覚書と見られる。その内容を整理して次に示す。

一帙　一〇巻　　二帙　一〇巻　　四帙　一〇巻

五　帖	八巻	六　帖	一〇巻	七　帖	一〇巻
八　帖	一〇巻	九　帖	一一巻	一一帖	一〇巻
一二帖	九巻	一三帖	八巻	一四帖	一一巻
一五帖	一一巻	一六帖	四巻	一七帖	一〇巻
一八帖	一〇巻	一九帖	九巻	二〇帖	七巻
二二帖	六巻	二三帖	一〇巻	二四帖	八巻

ここには合計二一帖・一九二巻という数値が記録されているが、この場合は一〇巻以上を納めた帖もあり、必ずしも『通憲入道蔵書目録』の場合のように均一に一帖一〇巻とは限らない。この写本自体は前述のように嘉禄三年五月一九日の校合奥書がある鎌倉時代前期頃の写本であり、したがってこの記録が示す伝存状況の上限は嘉禄三年となるが、紙背の記録が加えられた時期は今は明らかにできず、今後の検討課題である。

④『荒暦』[99]応永三年（一三九六）六月五日条・『兼敦朝臣記』[100]応永九年（一四〇二）四月記紙背

次に関白一条経嗣（一三五八～一四一八）の日記『荒暦』の応永三年六月五日条に、

宣俊来、類聚国史一部二百巻此内十巻缺、五合、今日可レ預ニ給兼煕卿一間、其事為レ令ニ奉行一、所ニ招引一也、缺巻等注ニ一紙一予自筆、向ニ彼宿所一了、件書一部、後堀河院御文書也、此内二十六巻通俊卿本也、旁雖レ為ニ秘本一、彼卿父子忠孝異レ他之間、暫所ニ預給一也者、累代秘本、能々可ニ預置一之由、仰遣了、

と見え、これによって（一）応永三年当時、一条経嗣が一九〇巻を五合に納めた『類聚国史』を所蔵していたこと、（二）その一部はかつて後堀河院の所蔵していたものであり、そのうちの二六巻は平安時代後期の歌人として著名な藤原通俊の所持本であったこと、（三）この『類聚国史』を吉田兼煕・兼敦父子に預けたこと、（四）その際、経

嗣は欠佚した巻を自ら書き上げて添えたこと、などが知られる。

この一条家の『類聚国史』はその後、これを預かった吉田兼熙の子の兼敦の日記『兼敦朝臣記』応永九年四月記の紙背に現われる。『兼敦朝臣記』応永九年四月記は応永三年・同五年（一三九八）の具注暦を翻して記されており、そのうちの応永三年暦の巻末に『類聚国史』に関する次のような記載が残されている。

類聚国史欠巻
十帖 第九十六　　十一帖 百六
百九十一　百九十二　百九十四　百九十五
廿帖之八巻
百九十七　百九十八　百九十九　二百

これが一条家の『類聚国史』の欠佚巻に関する記録である可能性が高いと考えられることについては別に考察を加えた[101]のでここでは省略するが、この記録によって一条経嗣の所持していた『類聚国史』の巻次と欠佚巻の内容が明確になる。またそれが『通憲入道蔵書目録』の場合と同様に一帙に一〇巻を納めたものであったこともほぼ確かであろう。

ところで前述のように、古来、壬生官務家には平安時代末期ないしは鎌倉時代初期の写本が伝わっており、その一部が東北大学や尊経閣文庫に現存している。次にこの壬生官務家における伝来の状況について述べておく。

前述のように尊経閣文庫所蔵明応鈔本一五冊のうち、第七（巻五四）・八（巻七二）・一〇（巻七五）・一一（巻七七）・一二（巻七八）・一三（巻八〇）の各冊の末尾には、「中山春蘭外史」が小槻（壬生）雅久から同家累代相伝の『類聚国史』を借用して書写した際に、雅久が「中山春蘭外史」の求めに応じて記した明応九年五月二四日の識語がある。[102]明応鈔本は巻三・四・五・九・三二・三六・五四・七一・七三・七五・七七・七八・八〇・一四七・一五九の一五巻を書写したものであるが、そのうちの少なくとも上記の奥書を持つ六巻が明応九年の時点で壬生官務家に伝存していたことは確実であり、また残る九巻についても壬生官務家本の写本である可能性は否定しがたいであろう。

　壬生官務家伝来本についてはさらにその後『義演准后日記』(103) 慶長九年（一六〇四）二月一九日条に関連記事が見える。

⑤『義演准后日記』慶長九年二月一九日条

　一昨日類集国史官務所ヨリ召寄了、凡二百巻モ在之歟、廿二巻取寄了、内一・二巻書写之、

ここには「凡二百巻モ在之歟」とあるが、この文言は当時壬生官務家に全巻揃っていたことを示すものでは必ずしもなく、この記事からは少なくとも二二巻が伝存していたことが判明するのみである。

　また壬生官務家の歴代の日記にも関連記事が散見しており、近世初期の壬生家における伝存状況の一端がうかがわれる。

⑥『孝亮宿禰記』(104) 元和九年（一六二三）六月二一日条

自㆓禁裏㆒内々仰有之、類聚国史廿二巻令㆓借献㆒

⑦『孝亮宿禰記』寛永五年（一六二八）六月二七日条

官庫御記令卅五巻、類聚国史廿二巻、朝野群載十九巻、二条殿有㆓恩借㆒云々、

⑧『孝亮宿禰記』寛永八年（一六三一）八月二九日条

院御所御在位之時、当家類聚国史以㆓中院大納言道村卿㆒令㆓借献㆒之、今日以㆓中院大納言㆒被㆓返下㆒者也、此内五巻中院所望之間、借進之、

⑨『孝亮宿禰記』寛永九年（一六三二）正月九日条

類聚国史五巻借二進六条羽林一、

⑩『忠利宿禰記』(105) 寛永一二年（一六三五）一一月九日条

類聚国史五巻借二進今出川大納言一

これらの記事からは「廿二巻」あるいは「五巻」という数字が知られるのみで、これが当時の壬生官務家に伝存していた『類聚国史』の全てであるかどうかは判然としない。ただし⑧によれば「院御所御在位之時」、すなわち後水尾天皇が譲位する寛永六年（一六二九）以前に壬生官務家伝来の『類聚国史』を天皇に貸し出したとあることが注意される。これはおそらく⑥の記事が対応しており、元和九年に貸し出したのであろうが、これらに関連すると思われる記録が大東急記念文庫所蔵『禁裡御蔵書目録』(106)の「御櫓子御箱目録」に伝わっている。

類聚国史官務本也、　同一〔箱〕

この『禁裡御蔵書目録』は、奥書によれば「右官本、万治四年正月十五日禁中炎上之時、焼亡云々」とあり、万治四年（一六六一）の内裏炎上の際に焼失した書籍類の目録とされている。そこに壬生官務家の『類聚国史』一箱が著録されている事実は、これが壬生官務家本を書写した写本でないとすれば、元和九年に壬生官務家相伝本が天皇の手許に渡っており、それが焼失したことになる。しかしながら⑧によれば、寛永八年八月二九日、壬生官務家本『類聚国史』は中院通村の手を経て後水尾上皇より返却されたともあり、⑧と『禁裡御蔵書目録』との関係についてはなお検討の余地がある。

これらの日記により、近世初頭の壬生官務家に少なくとも二二巻の『類聚国史』が伝存していたことは明らかである。

公家社会における『類聚国史』の伝来状況についての筆者の調査は現在のところほぼ以上につきる。管見に入った限りでの以上の史料によれば、一四世紀末頃まではほぼ完全に近い『類聚国史』の写本が一条家に伝存していたことが知られる。しかしその後に続く内乱の時期を経てその多くが失われることとなったと推察され、明応鈔本・大永校本によれば、一六世紀前半段階では五三巻が確認されるに過ぎず、また壬生官務家本においても、一七世紀初頭には二二巻の存在が知られるにとどまる。

一方、徳川幕府を始めとする近世武家社会においても『類聚国史』の写本の収集が行われている。その詳細については近藤正斎の「右文故事」「好書故事」[107]および『幕府書物方日記』[108]に譲るが、幕府の書物奉行が編集した『元治増補　御書籍目録来歴志』[109]（国書部　帝紀類）によって幕府による『類聚国史』写本の収集状況[補注5]の一端を知ることができる。

類聚国史

　五十三冊、内十九冊ハ

後陽成天皇ヨリ

東照大君（徳川家康）へ賜ハル所ナリ、三十四冊ハ享保中

有徳大君（徳川吉宗）　旨アリテ縉紳家及ヒ寺社ノ旧蔵ヲ召シ補写令メラル、所ナリ、第一至第三ハ御庫ノ別本ヲ以テ補写シ、第九・第七十三・第七十七・第八十・第百四十七・第百六十五・第百七十一ハ林大学頭ノ蔵本ヲ以テ補写シ、第八・第十・第十九・第二十五・第二十八・第三十三至第三十五・第七十九・第八十三・第八十四・第八十六・第八十八・第八十九・第九十九・第百七十八・第百七十九・第百八十二・第百八十六・第百八十七・第百九十・第百九十三・第百九十九ノ二十冊ハ北野ノ祠官ヨリ献ス、第十四・第九十四ハ三条

家ヨリ献ス、其跋ニ云フ、今以文徳・三代実録校正ス、トアリ、第六十六・第六十七ハ加茂ノ祠官ヨリ献ス、第百八十九ハ松平安芸守某献セリ、遂ニ褒輯シテ六十一巻ヲ得タリ、

又

二十二冊ハ慶長写本ノ一種ナリ、御本日記ニ

院御所ヨリ出ト云、巻四後ニ建長元年広俊ノ原跋、巻百五十九ノ大治元年儀兼ノ原跋アリ、

写本の巻次や冊数に一部疑問な点もあるが、ここに述べられているのは（一）徳川家康の収集にかかる「後陽成天皇ヨリ東照大君ヘ賜ハル所」の一九冊および「慶長写本」二二冊と、（二）徳川吉宗が諸家の蔵書などを召して書写・収集した三四冊である。このうち家康収集の一九冊と吉宗収集の三四冊から成る五三冊本は国立公文書館に伝わっており(110)、その内訳は巻一、二、三、四・五（合綴）、八、九、一〇、一一、一四、一六、一九、二五、二八、三一・三二（合綴）、三三・三四（合綴）、三五、三六、四〇、五四、六六・六七（合綴）、七一・七二（合綴）、七三、七四・七五（合綴）、七七、七八、七九、八〇、八三、八四、八六、八七、八八・八九（合綴）、九九、一〇一、一〇七、一四七、一五九、一六五、一七一、一七三、一七七、一七八、一七九、一八〇、一八二、一八五、一八六、一八七、一八九、一九〇、一九三、一九四、一九九である。「慶長写本」二二冊もまた国立公文書館に現存し(111)、その内訳は巻四、五、一一、一六、三一、三二、三六、四〇、五四、七一、七二、七四、七五、七八、八七、一〇一、一〇七、一四七、一五九、一七三、一七七、一八〇である。ただしこれらの各巻はいずれも五三冊本と重複するものである。

『元治増補　御書籍目録来歴志』はこれら家康・吉宗の収集によって六一巻を得たとするが、五三冊本の巻数は六〇巻であり、これに巻一五が加われば、後の文化一二年（一八一五）刊行の仙石政和校本および現行の国史大系本

〈増補された巻一七〇を除く〉の内容と一致することになる。現行本の原形は吉宗の収集によってほぼ形成されたといってよいであろう。

3　刊本・索引

最後に刊本・索引について概略を述べておく。

①仙石政和校本『類聚国史』〈須原屋茂兵衛ほか、一八一五年（文化一二）〉

八種の『類聚国史』写本、六国史の写本および版本、『日本逸史』『日本紀略』『類聚三代格』『政事要略』などを用いて校訂している。本文二七冊のほかに『類聚国史考異』上・中・下を付載する。

②『類聚国史』〈国史大系〉〈経済雑誌社、一九一六年〉

仙石政和校本を底本とし、尊経閣文庫本・石清水八幡宮本など五種の写本および『日本逸史』『日本紀略』『類聚三代格』『政事要略』『扶桑略記』『公卿補任』により校訂している。また醍醐寺三宝院所蔵『祈雨日記』により巻一七〇の記事を抄出し増補した。

③『類聚国史』〈日本経済大典二〉〈史誌出版社、一九二八年〉

政理部〈巻七九・八〇・八三・八四・八六〉および田地部〈巻一五九〉のみの抄出本である。底本には『類聚国史』〈国史大系〉を用いている。

④『類聚国史』前篇・後篇〈新訂増補国史大系五・六〉〈吉川弘文館、一九三三年〉

仙石政和校本を底本とし、尊経閣文庫本・狩野文庫本・石清水八幡宮本など一三種の写本および『日本逸史』『日本紀略』『類聚三代格』『政事要略』『扶桑略記』『公卿補任』により校訂し、また『類聚国史』〈国史大系〉と同様に醍醐寺三宝院所蔵『祈雨日記』により巻一七〇の記事を抄出し増補している。
⑤上村悦子編『類聚国史索引』（笠間書院、一九八二年）
『類聚国史』前篇・後篇〈新訂増補国史大系五・六〉を底本とし、「人名索引」「人名字音索引」「官職名索引」「件名索引」「地名索引」「社寺陵墓名索引」「歌句索引」「歌句字音索引」「詩題索引」「踏歌各句索引」から成る。

注

（1）『西宮記』二〈新訂増補故実叢書七〉（明治図書出版、一九五三年）。前田育徳会尊経閣文庫所蔵『西宮記（巻子本）』（平安時代末~鎌倉時代写、一八巻）の影印本（前田育徳会尊経閣文庫編『西宮記』三〈尊経閣善本影印集成三〉八木書店、一九九四年）により、巻一〇（甲）の記事を左に引用する。

凡奉公之輩、可二設備一文書、

（中略）

一、諸雑事

類聚国史二百巻始レ従二日本記一至二于仁和一之雑事、無レ有二遺漏一、

（2）群書類従 公事部、巻一〇四。国立歴史民俗博物館所蔵「広橋家旧蔵記録文書典籍類」所収『貫首秘抄』（函号H六三—九〇〇、鎌倉時代写、一巻）により左に引用する。

予案、為二職事一之者必可レ持之文、

律令、延喜式、同儀式、類聚三代格、柱下類林、類聚諸道勘文、勘判集法家、類聚国史、仁和以後外記日記、

如レ此之書、広言レ之者不レ可二記尽一、只挙二端之要一也、万之一示也、

（3）「二百巻」とする比較的古い史料としては注（1）に挙げた『西宮記』のほか、以下のようなものがある。

①『菅家御伝記』（神道大系編纂会編『北野』〈神道大系 神社編一一〉一九七八年）

（寛平）同四歳五月十日、類聚国史奏上、先レ是道真奉レ勅修撰、至レ是功成、史二百巻、目二巻、帝王系図三巻、

②『二中歴』倭書歴〈前田育徳会尊経閣文庫編『二中歴』三〈尊経閣善本影印集成一六〉八木書店、一九九八年〉

国史

日本書紀三十巻　続記後記各四十〔只六十イ〕

続日本国後記廿　文徳実録六十巻

三代実録五十巻　類聚国史二百巻

③『本朝書籍目録』帝紀〈群書類従　雑部、巻四九五〉

類聚国史　　二百巻菅家御撰、

④『荒暦』応永三年六月五日条（『大日本史料』七―二、応永三年年末雑載。国立歴史民俗博物館所蔵「広橋家旧蔵記録文書典籍類」所収『経嗣公記』〔函号　H六三―六八一、広橋守光写、一巻〕）

宣俊来、類聚国史一部二百巻此内十巻缺、五合、今日可レ預二給兼熙卿一間、其事為レ令二奉行一、所二招引一也、（以下略）

（4）一般に現存巻数は六二巻とされるが、そのうちの巻一七〇は『類聚国史』〈国史大系〉（一九一六年）および『類聚国史』後篇〈新訂増補国史大系六〉（一九三三年）の編者が醍醐寺三宝院所蔵の『祈雨日記』から該当する記文を抄出して補い一巻とした、いわば逸文であって、『類聚国史』の写本として伝来したものではない。したがって本稿では六一巻現存とみなす。三宝院本『祈雨日記』の巻首には「□□□〔起自推カ〕古天皇卅六年終于光孝天皇仁和元年代□〔々カ〕祈雨皆有類聚国史。第巻百七十□〔災カ〕異部四旱祈雨附之」（東京大学史料編纂所所蔵影写本〔函号　三〇一四―八〕による。なお『祈雨日記』〈続群書類従　釈家部、巻七二五〉および『類聚国史』後篇〈新訂増補国史大系六〉巻一七〇頭注を参照）とあり、これが復原の根拠となっている。

（5）前掲注（3）①書。

（6）坂本太郎a「類聚国史について」（『六国史』〈坂本太郎著作集三〉吉川弘文館、一九八九年、初出一九三七年）。同b「類聚国史」（『六国史』〈坂本太郎著作集三〉前掲書、初出一九三六年）。なお坂本c『菅原道真』（『聖徳太子と菅原道真』〈坂本太郎著作集九〉吉川弘文館、一九八九年、初出一九六二年）も参照。

（7）真壁俊信「『類聚国史』と菅原道真」（『天神信仰史の研究』続群書類従完成会、一九九四年）。

（8）『北野天神御伝』は前田育徳会尊経閣文庫所蔵『菅家伝』〈尊経閣叢刊六三〉前田育徳会尊経閣文庫、一九四四年）がこれに当たる。本稿では尊経閣叢刊本による。尊経閣文庫本は元禄二年（一六八九）に前田綱紀が書写せしめたもので、荏柄天神社所蔵『北野天神御伝并御託宣等』（鎌倉時代写）の『北野天神御伝』の部分を比較的忠実に書写したものである。「菅家伝解説」（尊経閣叢刊付録）および真壁俊信「荏柄天神社本『菅家伝』の出現」（前掲注（7）書、初出一九七二年）を参照。

（9）前掲注（6）坂本a論文。喜田新六「類聚国史の編纂について」（史学会編『本邦史学史論叢』上、富山房、一九三九年）。

（10）お茶の水図書館成簣堂文庫に巻八六四（百穀部中）、前田育徳会尊経閣文庫に巻八六八（布帛部三）の古写本が伝わる。『秘府略』については飯田瑞穂「『秘府略』に関する考察」（『古代史籍の研究』中〈飯田瑞穂著作集三〉吉川弘文館、二〇〇〇年、初出一九七五年）、橋本義彦「『秘府略』―尊経閣文庫本と成簣堂文庫本―」（『日本古代の儀礼と典籍』青史出版、一九九九年、初出一九九七年）を参照。

（11）前掲注（10）飯田論文。

（12）源経頼の日記『左経記』の凶事関係の記事を部類した『類聚雑例』が想起される。

（13）『類聚検非違使官符宣旨』『格後類聚抄』『類聚諸道勘文』は『通憲入道蔵書目録』〈群書類従　雑部、巻九五〉に見え、また『類聚諸道勘文』は『貫首秘抄』（前掲注（2））にも見える。

（14）大隅和雄「古代末期における価値観の変動」（『中世仏教の思想と社会』名著刊行会、二〇〇五年、初出一九六八年）。なお萩谷朴「平安朝第六期における類聚集成運動―歴史物語に見るその懐古的動機―」（『二松学舎大学論集（昭和四十一年度）』一九六七年）、高橋亨「歳時と類聚―平安朝かな文芸の詩学にむけて―」（『源氏物語の詩学―かな物語の生成と心的遠近法―』〈名古屋大学出版会、二〇〇七年、初出一九九九年）、竹ヶ原康弘「『類聚三代格』の「類聚意識」」（『史流』三九、二〇〇〇年）も参照。

（15）前掲注（14）大隅論文。

(16) 大隅和雄氏（前掲注（14）論文）は、「『類聚国史』が歴史をふりかえっての知識を類聚した百科事書であったのに対して、いわば空間的に和名の世界に知識を拡大し、貴族にとってものの数に入らなかった世界についての知識を類聚した」点に『倭名類聚抄』の特徴があり、「『類聚国史』の部立てに比較して『和名抄』のそれが、官僚的貴族の価値観から脱化したところで、人間の生活とそれをとりまく事象を、より巾広くとらえようとする眼を持っている」と指摘し、両者の性格を対照的にとらえる。
(17) 『菅家文草　菅家後集』〈日本古典文学大系七二〉（岩波書店、一九六六年）。
(18) 『本朝文粋　本朝続文粋』〈新訂増補国史大系二九下〉（吉川弘文館、一九六五年）。
(19) 前田育徳会尊経閣文庫所蔵『菅家伝』（前掲注（8））による。
(20) 『北野』〈神道大系　神社編一一〉（前掲注（3））。
(21) 『禁秘抄考証　拾芥抄』〈新訂増補故実叢書二二〉（明治図書出版、一九五二年）。
(22) 群書類従　雑部、巻四九五。
(23) 群書類従　雑部、巻四七一。
(24) 『日本紀略』延喜元年八月二日条に「左大臣等上二三代実録一」とある。また「日本三代実録序」の日付も延喜元年八月二日である。
(25) 「日本三代実録序」に「右大臣道真朝臣坐レ事左降、歘向二西府一、洎二斯文之成立一、値二彼臣之謫行一、（中略）不レ遂二其業一」とある。
(26) 『日本紀略』延喜元年正月二五日条に「諸陣警固、帝御二南殿一、以二右大臣従二位菅原朝臣一任二大宰権帥一」、また『同』延喜三年二月二五日丙申条に「従二位大宰権帥菅原朝臣薨二於西府一」とある。
(27) 『書紀集解』（臨川書店、一九六九年）附録『河村氏家学拾説』所収本による。『撰類聚国史考』は延享二年（一七四五）成立の初稿本と、延享三年（一七四六）成立の訂正本が伝わっている。本稿では一部を除き訂正本によった。なお『書紀集解』（一）首巻解題（阿部秋生執筆）および阿部秋生『河村秀根』（三省堂、一九四二年）を参照。
(28) 成立年次は不明。貞丈の没年（天明三年〔一七八三〕）以前。『安斎随筆』一〈新訂増補故実叢書八〉（明治図書出版、一九五三年）による。

（29）『類聚国史』前篇〈新訂増補国史大系五〉（吉川弘文館、一九六五年）所収本による。

（30）『類聚国史』後篇〈新訂増補国史大系六〉（吉川弘文館、一九六五年）所収本による。

（31）弘化二年（一八四五）成立。『増訂　比古婆衣』上〈古典文庫六九〉（林陸朗編集・校訂、現代思潮社、一九八二年）による。

（32）佐藤誠実「類聚国史考」（瀧川政次郎編『佐藤誠実博士律令格式論集』汲古書院、一九九一年、初出一九〇〇年）。

（33）和田英松「類聚国史」（『本朝書籍目録考証』明治書院、一九三六年、初出一九一五年）。

（34）前掲注（6）坂本a論文。

（35）前掲注（9）喜田論文。

（36）山田孝雄「菅公の見識」（手塚亮斉編『菅公頌徳録』官幣中社北野神社御祭神御生誕一千一百年御鎮座一千年記念大祭奉賛会、一九四四年）。

（37）井上薫「日本三代実録」（坂本太郎・黒板昌夫編『国史大系書目解題』上、吉川弘文館、一九七一年）。

（38）前掲注（7）真壁論文。

（39）三橋広延「天暦三年『神祇官勘文』所引国史記事に見る『類聚国史』の原形―『三代実録』の記事分類と菅原道真―」（『国史学』一五九、一九九六年）。

（40）柄浩司「『日本三代実録』の編纂過程と『類聚国史』の完成」（『中央大学文学部紀要』史学科四五、二〇〇〇年）。

（41）なお『二中歴』倭書歴（前掲注（3）②）には、

　　国史

　（中略）

類聚国史仁明天皇、文武以後、徳歟、仁和以前、平城以後、

平城以前、太政大臣藤原良房奉レ勅、

とあり、「平城以前」すなわち『日本後紀』巻一七以前は藤原良房が撰修したという所伝を載せている。しかしこれにはほかに徴証がなく、また『類聚国史』の分注に混乱があるようで、これが何らかの影響を及ぼしているとすれば、にわかには信じがたい。これについて和田英松（前掲注（33）論文）は、「註の文誤脱錯簡あるにや、意義明ならず。仁明天皇の四字は、平城以前の誤ならんか」としたうえで、「これによれば、その平城天皇以前は、藤原良房勅を奉じて撰び、平城天皇以後は、別人の撰びたるものなるが如し。（中略）この事は、他に見えざれど、二中歴は、院政時代のものなれば、この説もまた根拠なきものにはあらざるべし」と述べ、一定の史料価値を認めている。

(42) 『日本紀略』寛平四年五月一日条に「勅㆓大納言源能有・参議藤原時平・大外記大蔵善行等㆒云々、始造㆓国史㆒」とある。

(43) 前掲注（6）坂本a・b論文。

(44) 前掲注（37）井上論文。なお坂本太郎氏（「日本三代実録」〈『六国史』〈坂本太郎著作集三〉吉川弘文館、一九八九年、初出一九七〇年〉）は井上氏と同じ手続きによって『日本三代実録』撰修の勅命が出されたのは寛平五年四月以降、寛平六年八月以前としたうえで、これは『日本紀略』の『日本三代実録』撰修を命じた寛平四年五月一日の勅とは矛盾するが、『日本紀略』の宇多天皇以後には年月の誤りが多いので、『日本紀略』の「寛平四年五月一日」は「寛平五年五月一日」の誤りと見なし、井上氏とは異なった解釈を示している。

(45) ただし巻一・神祇部一・神代上と巻二・神祇部二・神代下については『日本書紀』の巻一・神代上と巻二・神代下をそのまま収録しており、特殊な巻である。

(46) 前掲注（6）坂本a論文。

(47) 前掲注（9）喜田論文。

(48) 所功「『類聚国史』の年号表記」（『（皇学館大学史料編纂所報）史料』六七、一九八三年）。

(49) 前掲注（6）坂本a論文。

(50) この方法については早く佐藤誠実氏（前掲注（32））が採用している。

（51）前掲注（4）参照。
（52）この「古記の集録」とは「唐招提寺縁起抜書略集」（仏書刊行会編『寺誌叢書』二〈大日本仏教全書一一八〉名著普及会、一九八〇年）を指すものであろう。この史料については丸山二郎「類聚国史の缺佚巻」（『日本の古典籍と古代史』吉川弘文館、一九八四年、初出一九五六年）を参照。
（53）前掲注（9）喜田論文。
（54）田中卓「安澄の卒伝―日本後紀の逸文―」（『古典籍と史料』〈田中卓著作集一〇〉国書刊行会、一九九三年、初出一九五五年）。
（55）前掲注（52）丸山論文。
（56）平岡定海「類聚国史の逸文について」（『日本弥勒浄土思想展開史の研究』大蔵出版、一九七七年、初出一九五八年）。
（57）二宮正彦「類聚国史の逸文」（『日本上古史研究』七―一一、一九六三年）。
（58）飯田瑞穂「尊経閣文庫蔵『類聚国史』抄出紙片について―『三代実録』逸文の紹介―」（『古代史籍の研究』下〈飯田瑞穂著作集四〉吉川弘文館、二〇〇一年、初出一九七〇年）。
（59）清水潔「類聚国史の篇目について」（『皇学館大学史料編纂所報』史料一三、一九七九年）。
（60）三橋広延「『類聚国史』逸文一覧・覚書」（『国書逸文研究』六、一九八一年）。
（61）佐伯有清「類聚国史と慈覚大師伝の残簡」（『成城大学文芸学部創立四十周年記念論文集』同学部、一九九四年）。
（62）前掲注（60）三橋論文。
（63）飯田瑞穂氏によれば、この記事は三条西公条の『類聚国史』抄出紙片とは別のもので、『日本三代実録』の写本の文字が写ったものとされる。以下、『日本三代実録』の記事はいずれもこれに同じ。前掲注（58）飯田論文参照。
（64）ただし『日本三代実録』〈新訂増補国史大系四〉では記事の一部を『類聚国史』明応鈔本（尊経閣文庫所蔵、明応九年写）などによって補っている。
（65）古代学協会編『史料拾遺』一・二（臨川書店、一九六六・一九六七年）。

(66) この六条のうちの一条は巻次を示さずに天長六年五月丁酉条を引用し、また別の一条は「同廿一云《〔類聚国史〕》」として天長一〇年一〇月戊申条を引いている（ともに小倉山社部下）が、いずれも巻五・神祇部五・八幡大神に見える記事である。

(67) これは「類聚国史第九云」として神護景雲三年（七六九）九月己丑条を引くものである（大尾社部上）が、巻八七・刑法部一・配流に見えており、「第九」は誤りである。

(68) 本稿では国立公文書館所蔵内閣文庫本（函号 古四〇―二三七、一冊）を参照した。内閣文庫本は外記押小路家旧蔵の近世の写本であり、これの祖本は布施美術館所蔵の鎌倉時代書写本と考えられるが、未見。

(69) 前掲注（6）坂本a論文。

(70) 前掲注（60）三橋論文。

(71) 法隆寺編『法隆寺蔵尊英本　太子伝玉林抄』（吉川弘文館、一九七八年）。

(72) 前掲注（60）三橋論文。

(73) 『太子伝玉林抄』は「三年」とするが、「十三年」の誤り。

(74) 仏書刊行会編『聖徳太子伝叢書』〈大日本仏教全書一一二〉（名著普及会、一九七九年）。

(75) 前掲注（74）参照。

(76) 前掲注（52）参照。

(77) 仏書刊行会編『寺誌叢書』二〈大日本仏教全書一一八〉（前掲注（52））。

(78) 前掲注（52）丸山論文参照。

(79) 前掲注（54）田中論文が『続日本紀研究』誌に掲載された際は、この逸文の出典を「弥勒如来感応抄第五」としていたが、著作集への収録に当たって「弥勒如来感応抄草第三」に訂正した。したがって平岡氏は田中氏と同じ史料から同じ記事を引いていたことになる。

(80) 群書類従　公事部、巻八四。

(81) 群書類従　雑部、巻四八六。

（82）江談抄研究会『類聚本系江談抄注解』（武蔵野書院、一九八三年）、川口久雄・奈良正一『江談證注』（勉誠堂、一九八四年）、甲田利雄『校本江談抄とその研究』中（続群書類従完成会、一九八九年）、『江談抄　中外抄　富家語』〈新日本古典文学大系三二〉（岩波書店、一九九七年）を参照。

（83）現行本における記事の抄略はおそらく後次的な所為によるものが多く含まれるであろう。その一例として、飯田瑞穂「六国史と尊経閣文庫」（『日本古代史叢説』〈飯田瑞穂著作集五〉吉川弘文館、二〇〇一年、初出一九七〇年）が指摘した、尊経閣文庫所蔵『類聚国史』大永校本（四冊、函号二―七書）の記事抄略は三条西公条が完本の『類聚国史』を披見しながら行ったという事実が想起されよう。

（84）現行本に省略された記事を掲載している一例として猪熊信男所蔵『類聚国史』（東京大学史料編纂所所蔵謄写本〔一冊、函号二〇四〇・二―一二〕による）の巻一九（猪熊本では外題・内題・首題ともに「巻十五」とするが、内容は巻一九）を示しておく。この謄写本はやや複雑な編成を示しているが、内容は巻一九のほか、巻二五・三四の一部を含んでいる。

猪熊本巻一九は巻の途中の「神宮司」の項目から始まり、巻末におよんでいるので、この範囲内で猪熊本に記事が掲載されていて現行本には省略されている箇所を、現行本によって列記すると以下のようになる。

神宮司

孝謙皇帝天平勝宝五年二月甲午

広仁天皇宝亀七年九月庚午

清和天皇貞観十二年八月十六日丙申

十五年五月廿五日戊子

陽成天皇元慶五年八月廿六日壬寅

内人

聖武皇帝天平二年秋七月癸

孝謙皇帝天平勝宝五年正月丁未

廃帝天平宝字四年三月甲戌
文徳天皇天安元年九月壬寅
清和天皇貞観六年十二月甲寅朔十日癸亥
　物忌
孝謙皇帝天平勝宝五年正月丁未
廃帝天平宝字四年三月甲戌
清和天皇貞観十二年六月廿七日戊申
陽成天皇元慶三年閏十月十九日乙巳
　神賤
高野天皇天平神護三年四月庚子
広仁天皇室亀四年六月丙午
十一年十二月壬子
　宮主
文武天皇大宝四年二月癸亥
元正天皇養老三年六月丙子
聖武皇帝天平九年八月甲寅
文徳天皇天安二年七月丙子
　御巫
聖武皇帝天平九年八月甲寅

以上のうち「物忌」の項の「陽成天皇元慶三年閏十月十九日乙巳」と「神賤」の項の「十一《(宝亀)》年十二月壬子」の二条は猪熊本には脱落しているが、このほかは全て猪熊本では記事を掲載している。しかし一覧すれば明らかなように、猪熊本が記事を載せている部分はいずれも『続日本紀』『日本文徳天皇実録』『日本三代実録』に含まれる記事であるから、猪熊本もしくはその祖本が正史によって記事を補った可能性を考慮しなければならないであろう。

なお巻末の識語によれば、猪熊本は二七冊から成る写本で、一九二四年六月に東京大学史料編纂所が採訪したものであるが、謄写本の識語に「之ヲ国史大系本ニ対比スルニ、第十五トアルハ第十九ノ誤ニシテ、ソノ本文、大系本ニハ殆ドコレナシ、マタ第二十五ハ大系本ノ二十五ニ相当スレドモ、孝謙天皇天平勝宝八年ノ条マデノ本文ハ大系本ニハ殆ドコレナシ」とあるによれば、現行本（国史大系本）との異同が多い巻を選択して謄写したものと推定される。

(85) 前掲注（58）飯田論文。

(86) たとえば『国書総目録』八（岩波書店、一九七八年）の「類聚国史」の項に「巻四五・五二・九二・一三七は偽書」との指摘があり、また伴信友に宛てた年月日未詳の某氏書状（大鹿久義編著『伴信友来翰集』錦正社、一九八九年、三一二～三一三頁）に「此程、百錬抄・類聚国史闕冊、京師ニ出候由、致二承知一候処、能承候へハ偽造之様ニ又承り候」と見えるのはその一例である。

(87) 三橋広延「〔一条紹介〕類聚国史」（『国書逸文研究』一五、一九八五年）、同「〔一条紹介〕類聚国史（その二）」（『国書逸文研究』一七、一九八六年）。

(88) 亀田隆之「成立期の蔵人」（『日本古代制度史論』吉川弘文館、一九八〇年、初出一九七〇年）を参照。

(89) 前掲注（61）佐伯論文。

(90) 久曾神昇編『不空三蔵表制集　他二種』（汲古書院、一九九三年）。

(91) 狩野文庫本については、東北大学附属図書館編・東北大学狩野文庫マイクロ化編集委員会監修のマイクロフィルム（丸善）がある。リール番号はCBA—016。

(92) 尊経閣文庫所蔵『類聚国史』（九冊、函号 二—六書）。

(93) この識語は新訂増補国史大系本では巻五四を除く各巻の末尾に翻刻されている。巻五四の識語を左に示す。

中山春蘭外史借二雅久累代家伝之本一、命二門下書生一令レ写焉、仍見レ求二題巻尾一、応二其請一、以為二将来之証一云、

明応九年五月廿四日

左大史小槻（花押）

(94)　前掲注（83）飯田論文。

(95)　『幕府書物方日記』四〈大日本近世史料〉享保七年（一七二二）四月二八日条に、

無表紙
類聚国史巻第十四　二冊紙包
巻第百九十四

右ハ、三条西中納言ゟ上ル写、

と見え、同じく享保八年四月一五日条にも、

(類聚国史)
同　十四　百九十四　弐冊白紙表紙 かりとち 紙包
三条西中納言ゟ上り候内、

とあることはその一つの証左である。

(96)　前掲注（95）に同じ。

(97)　群書類従　雑部、巻四九五。

(98)　『九条家本　玉葉』四〈図書寮叢刊〉（明治書院、一九九七年）。

(99)　前掲注（3）④。

(100)　天理大学附属天理図書館所蔵『吉田家日次記』（四八巻、函号　二一〇・五―イ四九）所収自筆本。

(101)　吉岡眞之「中世史料に現われた『類聚国史』」（『古代文献の基礎的研究』吉川弘文館、一九九四年、初出一九九〇年）。

(102)　前掲注（93）参照。

(103)　『義演准后日記』三〈史料纂集〉（続群書類従完成会、一九八五年）。

(104)　宮内庁書陵部所蔵『孝亮宿禰記』（函号　F九―一三〇）。

(105)　宮内庁書陵部所蔵『忠利宿禰記』（函号　F九―一三一）。

(106)　『書目集』一〈大東急記念文庫善本叢刊一一　近世篇一一〉（汲古書院、一九七七年）。

(107)『近藤正斎全集』二・三（国書刊行会、一九〇六年）。
(108)大日本近世史料。とくに『幕府書物方日記』四（享保七～八年）には徳川吉宗の収書にかかわると思われる記事が収録されている。なお吉宗の収書に関しては山本武夫「徳川幕府の修史・編纂事業四―記録・古文書の捜索―」（『国史大系　月報　付異本　公卿補任』吉川弘文館、二〇〇一年、初出一九六五年）も参照。
(109)小川武彦・金井康編『徳川幕府蔵書目』一〈書誌書目シリーズ一六〉（ゆまに書房、一九八五年）。原本は国立公文書館所蔵『元治増補　御書籍目録』四三、函号　二一九―一九三）の第四〇冊に収録。
(110)『改訂内閣文庫図書分類目録』上（国立公文書館内閣文庫、一九七四年）に著録。「〔来歴志著録本〕」「〔慶長〕写（享保補写）」とある。
(111)『改訂内閣文庫国書分類目録』上（国立公文書館内閣文庫、一九七四年）に著録。「〔来歴志著録本〕」「〔慶長〕写」とある。

補注（初出時）

（1）尊経閣文庫所蔵「三条西蔵書再興始末記」一（『書札類稿』〔三一冊、函号　六―五外〕七）に収める（元禄一六年）六月二一日付の「今般返進御書物之覚」に、

類聚国史第十四　一巻墨付六張
同　　第百九十四　一巻墨付卅六張
同　　一葉

との記事がある。これを模写本の包紙の記載と比較すると、「類聚国史第十四新写六葉」（巻一四）、「類聚国史一百九十四三十六張」（巻一九四）、「類聚国史巻第不知一葉」（巻次未詳断簡）と、完全に対応している。この「覚」が前田家から三条西家に返却した書籍を書き上げたものであることは明白であるから、巻一四・一九四および巻次未詳断簡はいずれも三条西家の旧蔵本と判断してよい。

『類聚国史』欠佚部門復原表

巻一 神祇一	巻一一 神祇一一	巻二一 **帝王一**	巻三一 帝王一一	巻四一 **東宮一**	巻五一 **人七**	巻六一 **人一七**	巻七一 歳時二	巻八一 **政理三**	巻九一	巻一〇一 職官六	巻一一一	巻一二一
巻二 神祇二	巻一二 **神祇一二**	巻二二 **帝王二**	巻三二 帝王一二	巻四二 **東宮二**	巻五二 **人八**	巻六二 **人一八**	巻七二 歳時三	巻八二 **政理四**	巻九二	巻一〇二 **職官七**	巻一一二	巻一二二
巻三 神祇三	巻一三 **神祇一三**	巻二三 **帝王三**	巻三三 帝王一三	巻四三 **東宮三**	巻五三 **人九**	巻六三 **人一九**	巻七三 歳時四	巻八三 政理五	巻九三	巻一〇三 **職官八**	巻一一三	巻一二三
巻四 神祇四	巻一四 神祇一四	巻二四 **帝王四**	巻三四 帝王一四	巻四四 **皇親**	巻五四 **人一〇**	巻六四 **人二〇**	巻七四 歳時五	巻八四 政理六	巻九四	巻一〇四 **職官九**	巻一一四	巻一二四
巻五 神祇五	巻一五 神祇一五	巻二五 帝王五	巻三五 帝王一五	巻四五 **人一**	巻五五 **人一一**	巻六五 **人二一**	巻七五 歳時六	巻八五 **政理七**	巻九五	巻一〇五 **職官一〇**	巻一一五	巻一二五
巻六 **神祇六**	巻一六 神祇一六	巻二六 **帝王六**	巻三六 帝王一六	巻四六 **人二**	巻五六 **人一二**	巻六六 **人二二**	巻七六 **歳時七**	巻八六 政理八	巻九六 **職官一**	巻一〇六 **職官一一**	巻一一六	巻一二六
巻七 **神祇七**	巻一七 **神祇一七**	巻二七 **帝王七**	巻三七 **皇后一**	巻四七 **人三**	巻五七 **人一三**	巻六七 **人二三**	巻七七 音楽賞宴上	巻八七 刑法一	巻九七 **職官二**	巻一〇七 職官一二	巻一一七	巻一二七
巻八 神祇八	巻一八 **神祇一八**	巻二八 帝王八	巻三八 **皇后二**	巻四八 **人四**	巻五八 **人一四**	巻六八 **人二四**	巻七八 賞宴下奉献	巻八八 刑法二	巻九八 **職官三**	巻一〇八	巻一一八	巻一二八
巻九 神祇九	巻一九 神祇一九	巻二九 **帝王九**	巻三九 **皇后三**	巻四九 **人五**	巻五九 **人一五**	巻六九 **人二五**	巻七九 政理一	巻八九 刑法三	巻九九 職官四	巻一〇九	巻一一九	巻一二九
巻一〇 神祇一〇	巻二〇 **神祇二〇**	巻三〇 **帝王一〇**	巻四〇 後宮	巻五〇 **人六**	巻六〇 **人一六**	巻七〇 **歳時一**	巻八〇 政理二	巻九〇 **刑法四**	巻一〇〇 **職官五**	巻一一〇	巻一二〇	巻一三〇

巻一三一	巻一三二	巻一三三	巻一三四	巻一三五	巻一三六	巻一三七	巻一三八	巻一三九	巻一四〇
巻一四一	巻一四二	巻一四三	巻一四四	巻一四五	巻一四六 **文部□**	巻一四七 文部下	巻一四八	巻一四九	巻一五〇
巻一五一	巻一五二	巻一五三	巻一五四	巻一五五	巻一五六	巻一五七	巻一五八	巻一五九 田地上	巻一六〇 **田地□**
巻一六一	巻一六二	巻一六三	巻一六四	巻一六五 祥瑞上	巻一六六 **祥瑞下**	巻一六七 **災異一**	巻一六八 **災異二**	巻一六九 **災異三**	巻一七〇 災異四
巻一七一 災異五	巻一七二 **災異六**	巻一七三 災異七	巻一七四 **仏道一**	巻一七五 **仏道二**	巻一七六 **仏道三**	巻一七七 仏道四	巻一七八 仏道五	巻一七九 仏道六	巻一八〇 仏道七
巻一八一 **仏道八**	巻一八二 仏道九	巻一八三 **仏道一〇**	巻一八四 **仏道一一**	巻一八五 仏道一二	巻一八六 仏道一三	巻一八七 仏道一四	巻一八八 **仏道一五**	巻一八九 仏道一六	巻一九〇 風俗
巻一九一	巻一九二	巻一九三 殊俗□	巻一九四 殊俗□	巻一九五 **殊俗□**	巻一九六 **殊俗□**	巻一九七 **殊俗□**	巻一九八 **殊俗□**	巻一九九 殊俗□	巻二〇〇 **殊俗□**

〔備考〕

（1）**太字**は推定による部門名およびその序次。空覧は部門名未詳。その他は現存する部門。部門名の□は序次未詳。

（2）巻六・七、一二・一三、一七・一八は前後の巻の部門名とその序次による推定。

（3）巻二〇は巻一九および巻二五の部門名とその序次による推定。

（4）巻二一～二四は巻二五の部門名とその序次による推定。

（5）巻二六・二七、二九・三〇は前後の巻の部門名とその序次による推定。

（6）巻三七～三九、四一～四四は清水潔氏（前掲注（59））による推定。なお坂本太郎氏（前掲注（6）a論文）は巻三七～三九を「後宮部」とする。

（7）巻四五～五三、五五～六〇、六二～六五、六七～六九は坂本太郎氏（前掲論文）による推定。巻四五～六九の序次は坂本説を前提とした推定。

（8）巻七〇は巻七一の部門名とその序次による推定。
（9）巻七六は坂本太郎氏（前掲論文）・山田孝雄氏（前掲注（36））による推定。
（10）巻八一・八二、八五は前後の巻の部門名とその序次による推定。
（11）巻九〇は、巻八九・刑法部三の項目が「罪人中」であることによる推定。
（12）山田孝雄氏（前掲注（36））は巻九一～九五を「刑法部四～九」と推定する。
（13）巻九六～九八は巻九九の部門名とその序次による推定。
（14）巻一〇〇、一〇二～一〇六は前後の巻の部門名とその序次による推定。
（15）巻一四六は巻一四七の部門名による推定。
（16）巻一六〇は巻一五九の部門名による推定。山田孝雄氏（前掲注（36））は巻一六〇・一六一を「田地部中」「田地部下」と推定する。
（17）巻一六六は巻一六五および巻一七〇の部門名とその序次による推定。
（18）巻一六七～一六九は巻一七〇の部門名とその序次による推定。
（19）巻一七二は前後の巻の部門名4とその序次による推定。
（20）巻一七四～一七六は巻一七七の部門名とその序次による推定。
（21）巻一八一、一八三・一八四、一八八は前後の巻の部門名とその序次による推定。
（22）山田孝雄氏（前掲注（36））は巻一九一・一九二を「殊俗部」と推定する。
（23）巻一九五～一九八は前後の巻の部門名による推定。
（24）巻二〇〇は坂本太郎氏（前掲論文）による推定。山田孝雄氏（前掲注（36））は「殊俗部」「雑部」「補遺」いずれかの可能性を指摘する。

補注（渡辺）

（1）初出以後、『類聚国史』の欠失部分の構成復原案に関して、相田満「勢多本類聚国史目録のこと」（『国文学研究資料館紀要』三六、二〇一〇年）が勢多章甫（一八三〇～一八九四）による研究成果を紹介している。同人に関しては、相曽貴志「勢多章甫と勢多家関係図書」（『書陵部紀要』六九、二〇一八年）を参照。

（2）初出以後、『類聚国史』一～三〈尊経閣善本影印集成三二～三四〉（八木書店、二〇〇一～二〇〇二年）として、②尊経閣文庫所蔵巻子本、③尊経閣文庫所蔵明応本、④尊経閣文庫所蔵大永校本が二色刷で影印出版された。

（3）明応本識語に見える「中山春蘭外史」は、「文亀二年（一五〇二）春日社法楽詩歌」（続群書類従、巻四二二）の奥書・識語によれば、同書のなかで「中山春蘭外史」・「春蘭上人」・「寿崇書記」などと呼称される春蘭寿崇（道号「春蘭」・法諱「寿崇」・別号「中山」か）のことと判明する。万里集九『梅花無尽蔵』も、彼のことを「春岳崇々《ママ》主盟」（巻一―173）・「春岳崇記室」（巻一―191）・「艮背主盟春岳」（巻一―234）・「雲門主盟春岳和尚」（巻二―46）・「雲門主盟」（巻二―59）・「雲門老禅」（巻二―129）・「雲門主盟春岳」（巻二―182）・「雲門主盟」（巻三―116）・「雲門春岳和尚」（巻三―122）・「雲門」（巻三―139）・「春岳崇公記室」（巻三―151）・「春岳外記」（巻四―27）など、多様な表現で呼称している（番号は市木武雄『梅花無尽蔵注釈』続群書類従完成会、一九九三～一九九五年による）。なお「中山」については、同時期に道号の一部とする臨済宗の僧侶が散見される。ただし中山清誾（臨済宗大鑑派・建仁寺）・中山中嵩（臨済宗夢窓派・臨川寺）・中山法頴（臨済宗仏光派・建長寺）など法統や所属寺院に特定の傾向は見られず、詳細は不明である。

彼の履歴については玉村竹二「春蘭寿崇」（『五山禅僧伝記集成』講談社、一九八三年）・横山住雄「臨済宗五山派・美濃正法寺の興亡史」（『花園大学国際禅学研究所論叢』五、二〇一〇年）にくわしいが、それによると臨済宗法灯派の僧で、法諱は寿崇、道号は春岳（のち春蘭）。享徳四年（一四五五）生まれで、正法寺（美濃国厚見郡）で出家し、のち建仁寺の書記（記室・外記・外史とも）となる。帰郷ののち、正法寺に雲門庵を、伊自良（美濃国山県郡）に楊岐庵を構えるが、永正九年（一五一二）以降の履歴は不明とされる。

雲門庵は、大徳寺（一休宗純の創立）・南禅寺（太清宗渭の創立）などの塔頭としても見えるが、とくにこれらと直接の関係はないようである。楊岐庵については、雪舟等楊が新築祝いで現地へ赴いた際に描いた「山寺図」の模本（東京国立博物館所蔵）が現存する（高見沢明雄「雪舟筆山寺図について」〔『Ｍｕｓｅｕｍ』三六五、一九八一年〕・白水正「雪舟筆「山寺図」と伊自良の景観について」（『仏教芸術』二六三、二〇〇二年）。ちなみに両庵とも、いわゆる禅宗の五家七宗から採った呼称で、雲門は南宗青原派、楊岐は南宗南岳派の一流に当たる。

春蘭寿崇は土岐成頼・政房の執権を務めた斎藤妙純（利国）の実弟で（『蔭涼軒日録』長享元年〔一四八七〕一二月二五日条・長享二年正月二九日条）、そうした出自もあって、彼の文化活動を美濃斉藤氏による文化活動の一環とする見解が一般的である。くわしくは、玉村竹二「中世前期の美濃に於ける禅宗の発展」（『日本禅宗史論集』下之二、思文閣出版、一九八一年）・今泉淑夫「江南院龍霄」（『東語西話　室町文化寸描』吉川弘文館、一九九四年）などを参照。

なお末柄豊編「室町時代公家日記禅僧人名索引稿」（高橋慎一郎ほか編『日本中世の「大学」における社会連携と教育普及活動に関する研究』東京大学史料編纂所、二〇一一年）の「寿崇《春蘭》」項に、室町時代後期の古記録に見える春蘭寿崇の関連記事はおおよそ整理されており、それによれば都の貴族・僧侶の日記に春蘭寿崇の活動が見える時期は一五世紀末〜一六世紀初頭に限られる。

これらの記事からは、春蘭寿崇が三条西実隆（一四五五〜一五三七）も注目するレベルの充実した蔵書を所持していた実態が浮かび上がる。たとえば『実隆公記』には、寿崇の所蔵する『金葉和歌集』（『実隆公記』文亀二年五月一日条）・「雲門庵抄物」（同　永正四年〔一五〇七〕一二月九日条）・『十九史』（同　永正八年〔一五一一〕一一月二九日条）などの書写に関する記事が見える。

ここで問題となっている『類聚国史』についても、以下のような関連記事が見える。

『実隆公記』文亀二年五月七日条

雲門庵携二一壺一来。類聚国史本等持来之。頭右中弁在座、数刻清話。

『実隆公記』永正三年（一五〇六）閏一一月一七日条

類聚国史百冊七、立レ筆。

前者は、明応本『類聚国史』（一五冊）の一部に見える小槻雅久が記した明応九年（一五〇〇）五月二四日の識語との時期的近接に注目すれば、春蘭寿崇が三条西家に明応本そのものを持参した際の記事とも推測される（ただし、この際に現物を譲渡したとは断定できない）。なお雅久については、堀川貴司「公家の学問と五山」（『中世文学』六一、二〇一六年）・同「壬生雅久の文事―「公家の学問と五山」補遺―」（前田雅之編『画期としての室町―政事・宗教・古典学―』勉誠出版、二〇一八年）などを参照。

　また後者は、これに触発されて実隆が同書の書写を進めた際の記事と推測される（つまり明応本のうちの、巻一四七の成立と関連する記事）。以上の経緯を踏まえると、明応識語を持つ巻五四・七一・七五・七七・七八・八〇の計六巻と、それ以外の巻三・四・五・九・三二・三六・七三・一四七・一五九の計九巻は、それぞれ異なる段階で成立した可能性も想定されることになる。

　春蘭寿崇は実隆と同い年ながら、先に述べたように一六世紀初頭には世を去った可能性が高い。彼の蔵書の充実ぶりを知悉していた実隆が、寿崇の蔵書の吸収を目指したことは十分に考えられ、結果として明応本『類聚国史』は春蘭寿崇→三条西実隆→前田家という所有権の移転をへて現在に到っている可能性が想定されよう。

　なお官務家と春蘭寿崇の関係については、この時期、生活困窮などから美濃国に下向している官務家の構成員が少なくないことが注目される。たとえば「某年十月六日　壬生于恒書状案」（『壬生家文書』五―一三〇三）には「自二去七年一至二同十二年一、令レ居二住于濃州辺一…」という記載があり、壬生于恒（明応本に識語を付した雅久の息子）は永正七年（一五一〇）～一二年にかけて「濃州」（美濃国）に居住していた可能性があり、父親の雅久も以前から美濃国と関係を持っていた可能性が推定される。このほか、大宮長興・伊治なども同時期に美濃国へ下向していたようで、官務家と同国（つまり土岐家・斉藤家）との接点は少なくない。

（4）　田島公「典籍の伝来と文庫―古代・中世の天皇家ゆかりの文庫・宝蔵を中心に―」（『蔵書目録からみた天皇家文庫史―天皇家ゆかりの文庫・宝蔵の目録学的研究―』塙書房、二〇二四年、初出二〇〇四年）は、この目録の大部分は「官庫」すなわち天皇家ゆかりの宝蔵または朝廷文庫の蔵書目録とする。

（5）　初出以降、この問題をめぐっては、廣瀬憲雄「尾張藩と江戸幕府の『類聚国史』蒐集―国立公文書館内閣文庫・名古屋市蓬左文庫所蔵『類聚国史』写本の成立―」（『愛大史学　日本史学・世界史学・地理学』三二、二〇二三年）で検討されている。

（文責：渡辺　滋）

第五章　尊経閣文庫本『類聚国史』

はじめに

菅原道真の編になる『類聚国史』は六国史の記事を部類した史書で、もと本史二〇〇巻・目録二巻・帝王系図三巻から成っていたといわれる（『菅家御伝記』）。しかし中世の戦乱のなかでその多くが失われ、現在は六一巻の写本[1]とわずかな逸文を伝えるにすぎない。近世に入り、徳川家康・吉宗が『類聚国史』の写本の探索に努め、さらに文化一二年（一八一五）に仙石政和が諸書を用いて校訂を加え、本文二七冊、考異三冊から成る校本を刊行した。今日流布している刊本はこの仙石校本を基礎にしているが、古代史研究の進歩とともに厳密な校訂が求められるようになり、『類聚国史』についても再検討が必要な時期に至りつつある。その際、古写本の持つ意義が重要であることはいうまでもないが、『類聚国史』の古写本を高い識見にもとづいて書写・収集したのが第五代金沢藩主前田綱紀（一六四三～一七二四）であった。綱紀は貞享～宝永（一六八四～一七一一）頃を中心に『類聚国史』の収集に努めており、縉紳諸家の間にその写本を求め、逐一それを検討していたことは、綱紀の集書の記録類をまとめた『桑華書志』『書札類稿』や現存する写本そのものからうかがうことができる。現在、前田育徳会尊経閣文庫に収蔵されている『類聚国史』の古写本・影写本類はいずれも綱紀の収集にかかるものであり、そのなかには現在知られている古写本はもとより、今は失われた古写本の姿をとどめる重要な写本が含まれている。古代史研究の現状に鑑みれば、綱紀の収集した古写本・影写本類が重要な位置を占めていることは明らかであり、これが広く『類聚国史』一～三（尊経閣善本影印集成三二～三四（八木書店、二〇〇一～二〇〇二年、以下〈影印集成〉と略称）の影印本として提供されることは大きな意義を持つものである。

〈影印集成三二～三四〉には尊経閣文庫に所蔵される『類聚国史』の古写本三種（古本四巻、明応本一五冊、大永本四冊）、『類聚国史』の記事を抄出した紙片一二紙、および古写本の模写本（九巻と巻次未詳断簡一紙）のうち古本四巻の模写本を除く五巻（巻一・五・一四・二五・一九四）と巻次未詳断簡一紙を収録している。以下、それぞれについて書誌的情報を中心に述べることとする。

一　古本（四巻）

各巻ともに奥書はなく、正確な書写年代は明らかでないが、いずれも平安時代末ないし鎌倉時代初期の書写と見られる巻子本で、巻一六五・一七一・一七七・一七九の四巻が伝えられている。この四巻はそれぞれ包紙に包んで桐箱に納められている。（補注1）箱は縦三九・八㎝、横二四・三㎝、高一三・二㎝で、二箇所の鉄製の止め金で蓋を止めている。箱蓋の中央には「類聚国史」と墨書された貼紙が、左上部には「御直封」の朱書がある貼紙がそれぞれ貼付されており、このほか蓋の右端の上・下部に各一箇所、左端上部に一箇所、貼紙を剝がし取った痕跡がある。箱の身には次のような四種類の貼紙がある。

第一紙（縦三・七cm、横二・七cm）
「國史（貫）
第六號」（「(貫)」は朱印）
第二紙（縦五・四cm、横七・五cm）
「類聚
国史
三
十四巻
附一葉」（「三」と「附一葉」は同筆で、ほかとは別筆）
第三紙（縦五・三cm、横四・二cm）
「類聚国史ノ中
四巻
巻一六五、
巻一七一、
巻一七七、
巻一七九、」
第四紙（縦三・一cm、横二・九cm）
「國寶」（朱印）

また箱蓋を覆う蓋紙には綱紀の手により「古本類聚国史」と墨書されている（〈影印集成三二〉参考図版⑨参照）。なおこの四巻は一九三二〜一九三四年に『尊経閣叢刊』として解説を付して複製刊行され、また一九五三年には国宝の指定を受けている。(2) 次に各巻について述べる。

1　巻一六五

包紙には前田綱紀による

古本
類聚國史百六十五　一巻

の墨書があり、本巻が綱紀によって収集されたことはほぼ確かであろうが、入手の時期、入手経路についての明徴はない。後に触れる模写本の巻一六五の表紙に綱紀の筆跡で、

貞享甲子元年也十月廿日出来、元本ハ古筆殊勝之本ニ而
墨跡也、筆跡金澤本ニ無勝劣もの也、證本無疑、
尤校合之上、不審之字手自令指南、遂終再校了

「再校
宮川七兵衛
書写初校
和角兵助」
（「　」内は別筆）

と記され、貞享元年（一六八四）にこの巻を書写させていることより、この年以降に収集したものであろう。

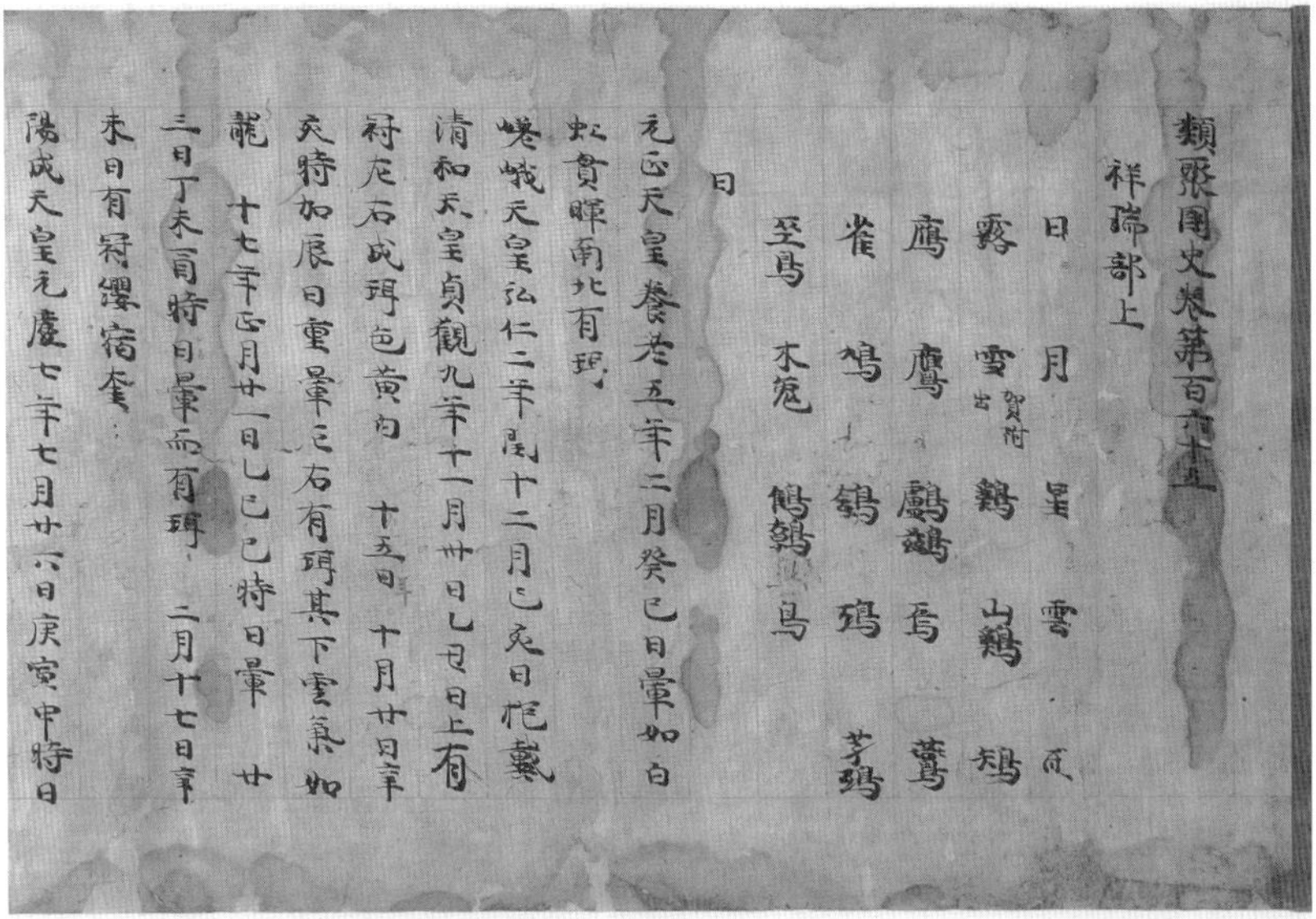

図１　尊経閣文庫本『類聚国史』古本 巻165　祥瑞部上 巻首

本巻には褐色の表紙に打ち付け書で「□」巻第百六十五」と外題が加えられている。表紙の上・下部は破損が生じており、とくに上部の発装に近い部分の傷みが大きい。破損箇所には褐色の紙を当てた後、同系色の紙で全体を裏打ちしている。外題の上部は破損のため文字が判読できないが、「類聚國史」とあったことは巻一七一・一七七の例からも疑いない。本巻の装訂については『尊経閣叢刊』の解説「古本類聚國史解説」[3]に「明治の末頃全部裏打を施し、裱紙の見返しを加へ、打紐塗軸を附し、悉く現在の装潢に改めた」とされており、現状もこれとほぼ一致しているが、補修に関しては「全部裏打」ではない。第一～五紙は虫損を埋めた後に裏打ちされているが、第六紙以下は虫損を埋めるのみである。本文の料紙は上記「解説」によれば麻紙とされているが、楮紙打紙もしくは斐紙混り楮紙かと思われる。[補注2]三三紙から成り、各紙墨界を有する。別表（二〇六頁）に示すように一紙は紙高二九・〇cm前後、紙幅五一・四cm前後で、二三行を標準とし、各行の字詰めは一八字前後である。

本文には、墨筆の抹消符・転倒符・重書・擦消し重書、朱の抹消符・校異注（抹消符による文字の訂正、追筆、挿入符による文字の挿入など）が加えられており、書写後数次にわたって加筆が行われたことは明らかである。校異の文字は一筆と考えられる。また各項目名（「日」「月」など）の上には朱圏点が、各条の天皇名の上には朱丸がそれぞれ施されている。その多くは肉眼による観察で辛うじて確認できるほどまでに朱が薄れており、それらについては〈影印集成〉本文図版の上部欄外に「「光」ノ上」のように注記して朱の存在が示されている。以下、古本の各巻はいずれもこれにならっている。

2　巻一七一

新旧の包紙があるが、旧包紙には綱紀による

古本
類聚國史百七十一　宝永二 官務　一巻

の墨書があり、宝永二年（一七〇五）に綱紀が入手したもので、もとは壬生官務家の蔵書であったことを示している。本巻については後に触れる模写本の巻一七一の表紙に綱紀の筆跡で、

類聚国史百七十一　以官務 本写之　一巻

とあること、同じく模写本第一紙の端裏下端に、

申正月十一日口五枚書写　初校取替　再校相済　熊内弥右衛門
同　十三日次五枚書写　初校取替　再校相済　近藤伝兵衛
同　日　次五枚書写　初校取替　再校相済　半藤元右衛門

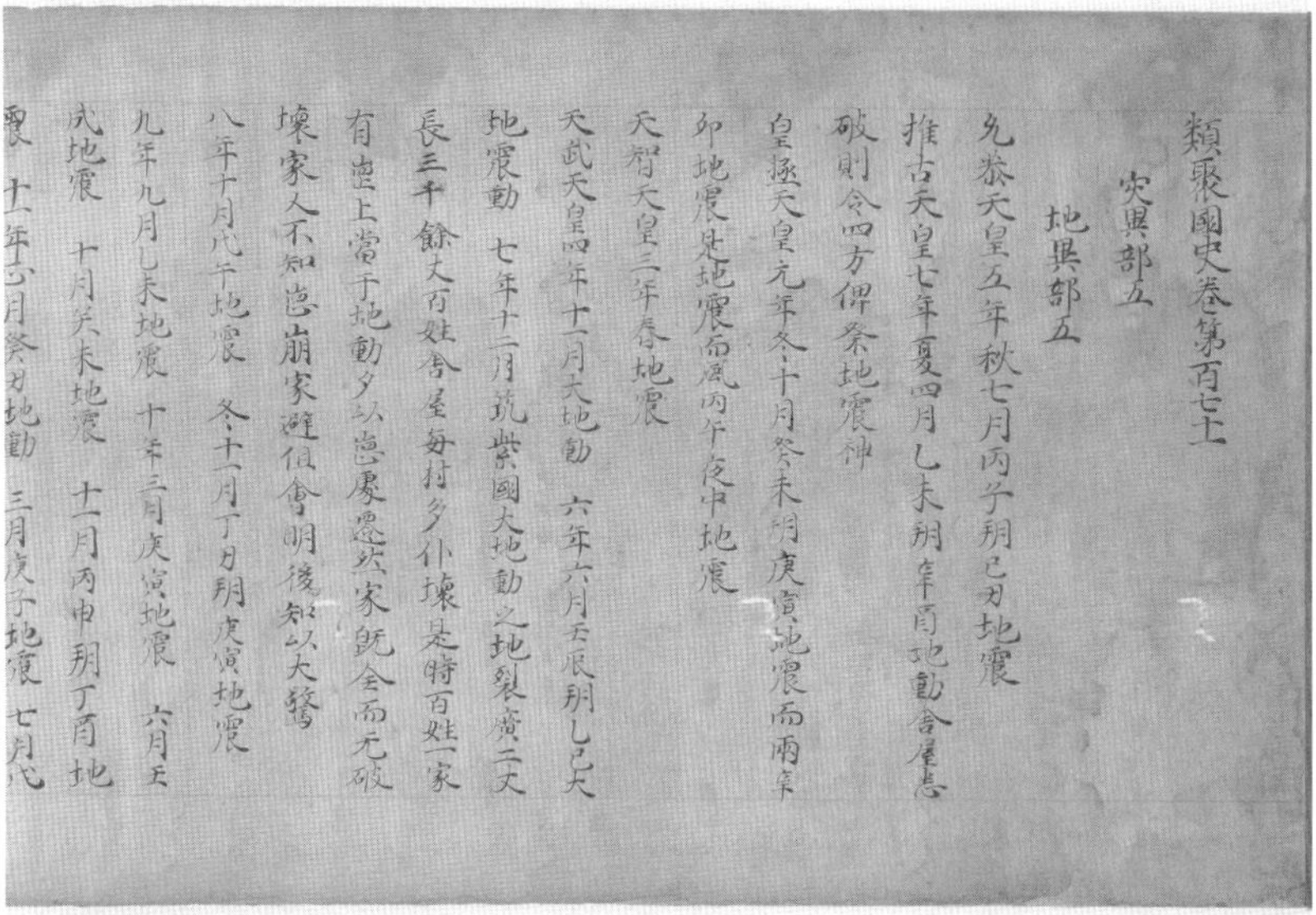

類聚國史巻第百七十一
災異部五
地震
允恭天皇五年秋七月丙子朔己丑地震
推古天皇七年夏四月乙未朔辛酉地動舎屋悉
破則令四方俾祭地震神
皇極天皇元年冬十月癸未朔庚寅地震而雨辛
卯地震是夜地震而風丙午夜中地震
天智天皇三年春地震
天武天皇四年十一月大地動　六年六月壬辰朔乙巳大
地震動　七年十二月筑紫國大地動之地裂廣二丈
長三千餘丈百姓舎屋毎村多仆壊是時百姓一家
有岡上當于地動夕以岡崩處遷然家既全而无破
壊家人不知岡崩家避但會明後知以大驚
八年十月戊午地震　冬十一月丁丑朔庚寅地震
九年九月乙未地震　十年三月庚寅地震　六月壬
戌地震　十月癸未地震　十一月丙申朔丁酉地
震　十一年正月癸丑地動　三月庚子地震　七月戊

図2　尊経閣文庫本『類聚国史』古本 巻171 災異部5 巻首

同　十四日終五枚書写 初校取替 再校相済　古
市弥八郎

と墨書した貼紙があり、「申」は宝永元年（一七〇四）と見るのが妥当と考えられることから、綱紀は本巻を入手する前年にこれを書写させていたことが知られる。

本巻は巻一六五と同じく褐色の表紙を用い、打ち付け書で「類聚國史巻第百七十一」と外題が加えられている。本巻も表紙の上・下端が破損しており、巻一六五と同じ手当がなされているが、これらの補修後に生じた虫損もあり、それは包紙から本体の巻末まで貫通している。現在の装訂も巻一六五とほぼ同じであるが、本紙の裏打ちは行わず、虫損を埋めるのみである。料紙の種類については『尊経閣叢刊』の解説「古本類聚國史巻第百七十一略説」(4)に触れるところはないが、楮紙打紙もしくは斐紙混り楮紙かと思われる(補注3)。本文は一九紙から成り、各紙墨界を有する。一紙は紙高二八・八cm前後、紙幅五一・一cm前後で、二二行を標準とし、各行の字詰めは二〇字前後である。本文の筆跡は巻一六五とは異なる。

本文には、墨筆の重書・擦消し重書・校異注（抹消符による文字の訂正、挿入符による文字の挿入など）、朱の抹消符が加えられている。文字の挿入に際して多くは朱の挿入符を用いているが、第四紙までを中心に墨の挿入符を用いている場合もある。しかし挿入文字の筆跡はいずれの場合でも一筆と考えられる。

3　巻一七七

包紙には綱紀による

古本
類聚國史百七十七 宝永二官務 一巻

の墨書があり、巻一七一と同じく宝永二年に綱紀が入手したもので、もとは壬生官務家の蔵書であったことを示す。

また模写本の巻一七七の表紙に綱紀の筆跡で、

類聚国史百七十七 以官務本寫之 一巻

とあり、さらに模写本第一紙の端裏下端に、

申正月十五日口五枚書写　初校取替　再校相済　有沢弥三郎
同　日　次五枚書写　初校取替　再校相済　原田甚内
同　日　次五枚書写　初校取替　再校相済　水野権七郎
同　日　終六枚書写　初校取替　再校相済　古市作之丞

と墨書した貼紙があり、巻一七一と同じく綱紀は宝永元年に本巻も書写させていたことが判明する。

本巻は前二巻と同じく褐色の表紙を用い、打ち付け書で「類聚國史巻第百七十七」と外題が加えられている。本巻も表紙の上・下端に破損があり、巻一六五・一七一と同じ手当がなされている。また巻一七一と同様、本巻の表紙にも補修後の虫損が認められる。現在の装訂も前二巻と同じであるが、巻一七一と同様に本紙の裏打ちは行わず、虫損を埋めるのみである。料紙の種類については『尊経閣叢刊』の解説「古鈔本類聚國史巻第百七十七略説」(5)に触れられていないが、楮紙打紙もしくは斐紙混り楮紙かと思われる。(補注4)本文は一九紙から成り、各紙墨界を有する。一紙の紙高は二八・八cm前後であるが、紙幅は①五五cm前後、②五三cm前後、③五〇cm前後、④四八cm前後の四種類に分類できるようであり、それぞれの行詰めは①は二四行、②は二三行、③は二二行、④は二一行である。各行の字詰めは二〇字前後である。本文の筆跡は前二巻のいずれとも異なる。なお本巻には、紙背の全ての紙継目下部に方形隅丸黒印(約一・九cm四方。〈影印集成三二〉参考図版④参照)各一顆が押されているが、印文は不明である。

本文には、擦消し、墨筆の重書・擦消し重書・校異注(抹消符による文字の訂正、挿入符による文字の挿入など)・転倒符、朱の抹消符・合点などが加えられている。文字の挿入には多く墨の挿入符を用いているが、朱の挿入符を墨挿入符の上に重ねている例が多い。校異の文字の筆跡は全て一筆と考えられる。また本文第四紙四行目行末(〈影印集成三二〉八五頁)と第七紙二一行目行頭(同九〇頁)に縹色の付箋が付されている。前者は行中の「演」を朱で抹消していることと関連し、後者は行中の「茲十」が「孳」の誤りと考えられることと関連するものと推定される。

4　巻一七九

包紙には、

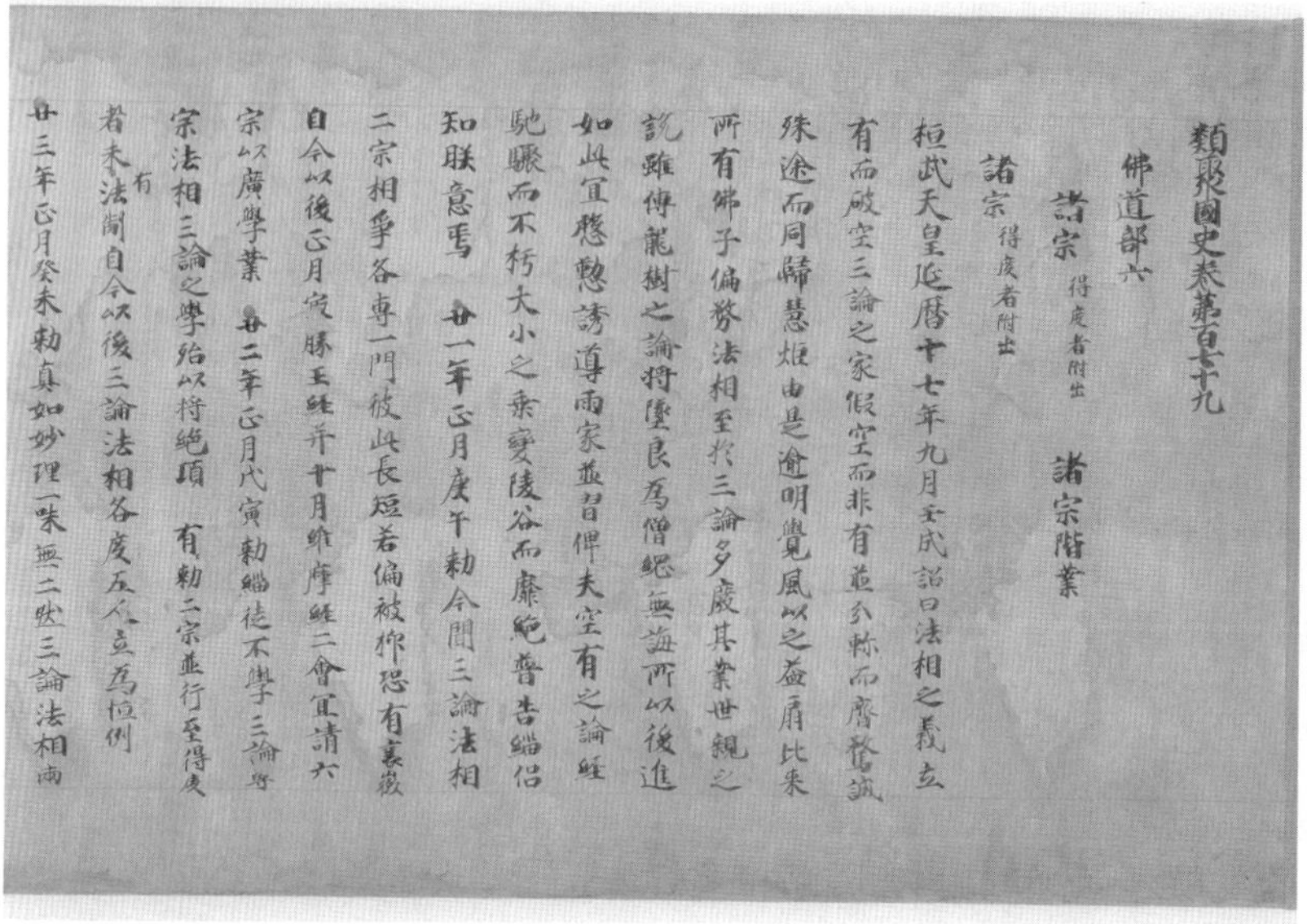
類聚國史巻第百七十九
佛道部六
諸宗 得度者附出　諸宗階業
諸宗 得度者附出
桓武天皇延暦十七年九月壬戌詔曰法相之義立
有而破空三論之家假空而非有並分轡而齊鶩誠
殊途而同歸慧炬由是逾明覺風以之益扇比来
所有佛子偏務法相至於三論多廢其業世親之
説雖傳龍樹之論將墜良爲僧綱無誨所以後進
如此宜慇懃誘導兩家並習俾夫空有之論經
馳驟而不朽大小之乘變陵谷而靡絶普告緇侶
知朕意焉　廿一年正月庚午勅今聞三論法相
二宗相争各專一門彼此長短若偏被抑恐有衰微
自今以後正月最勝王經并十月維摩經二會宜請六
宗以廣學業　廿二年正月戊寅勅緇徒不學三論專
宗法相三論之學殆以將絶頃有勅二宗並行至得度
者未有法制自今以後三論法相各度五人立爲恒例
廿三年正月癸未勅眞如妙理一味無二然三論法相兩

図3　尊経閣文庫本『類聚国史』古本 巻179 仏道部6 巻首

古書
類聚國史第百七十九　十五葉　舊本　奥在白紙半枚　一巻

の墨書があり（「古書」のみ綱紀筆か）、さらにその左に綱紀の筆により「元禄八年三月廿八日感得之　平沢了眠代付金十両」と添え書きされている。これにより綱紀が本巻を入手したのが元禄八年（一六九五）で、代金が一〇両であったことが知られる。なお模写本巻一七九の表紙見返しには、

丑七月十日書写　四十枚書写　久田清衛門
取替再校相済　奥八枚書写　近藤四郎右衛門

と墨書された貼紙（天地反対に貼り込む）があり、綱紀は「丑」年に本巻を書写させている。この「丑」については、綱紀が本巻を入手した元禄八年以前でその直近であれば貞享二年乙丑（一六八五）となるが、確証はない。ただし前述のように綱紀が巻一六五を貞享元年に書写させていることは確実であり、本巻の書写が貞享二年である蓋然性はあろう。

本巻は前三巻と同じく褐色の表紙を用い、打ち付け

書で「□□□百七十九」と外題が加えられている。本巻も表紙の上・下部に破損があり、巻一六五と同様、とくに上部の傷みが大きい。これも前三巻と同じ手当がなされている。外題の上部は破損しているが、他巻の例から「類聚國史巻第」とあったと推定してよかろう。現在の装訂も前三巻と同じであるが、巻一七一・一七七と同様に本紙の裏打ちは行わず、虫損を埋めるのみである。料紙の種類については『尊経閣叢刊』の解説「古鈔本類聚國史巻第百七十九略説」(6)にも触れるところがないが、楮紙打紙もしくは斐紙混り楮紙かと思われる。(補注5)本文は一六紙から成り、各紙墨界を有する。一紙の紙高は二八・八cm前後、紙幅はほぼ五四・八cm前後である。行詰めは一紙二四行、一行の字詰めは二〇字前後である。本文の筆跡は巻一七七と同筆である。前述のように巻一七七が壬生官務家の蔵書であったことはその包紙の綱紀の注記から確実と見られるので、これと同筆の本巻も壬生家旧蔵本の僚巻である可能性は否定しがたいであろうが、綱紀の入手経路については明徴がない。

本文には墨筆の重書・擦消し重書・校異注（傍書、挿入符による文字の挿入など）・転倒符、朱の抹消符・挿入符が加えられている。挿入符は朱墨両様があるが、朱の挿入符を用いることが多く、その場合は墨挿入符の上に朱を重ねている例が多い。校異の文字の筆跡は全て一筆と考えられる。

以上、四巻の古本の現状について述べてきたが、最後に本文に施された校異について触れておく。すでに述べたように各巻にはいずれも多くの校異注や原文字の訂正、および各種の符号などが施されている。このうち本文の改竄に関するものを整理すると、

（イ）原文字の一部を擦り消した場合
（ロ）原文字の全体あるいは原文字の一部を擦り消して訂正の文字を重書きした場合
（ハ）原文字に訂正の文字を重書きした場合

『類聚国史』古本　法量表

＊紙高・界高・界線・界幅は料紙のおおむね右端で、紙幅・糊代は下端で測定し、破損がある場合はその近辺で計測した。単位は㎝。
＊紙幅は現状の糊代を除いた長さを示した。
＊「天界」は料紙の上端からの位置、「地界」は料紙の下端からの位置をそれぞれ示す。

巻 165

	紙高	紙幅	糊代（右端）	天界	地界	界高	界幅	備　考
表　紙	28.9	23.0						
第 1 紙	28.8	48.9	0.3	3.1	3.6	22.1	2.3	
第 2 紙	28.8	51.3	0.3	3.0	3.7	22.1	2.3	
第 3 紙	28.8	51.3	0.3	3.0	3.7	22.1	2.3	
第 4 紙	28.9	51.4	0.2	3.1	3.7	22.1	2.3	
第 5 紙	28.9	51.4	0.3	3.1	3.7	22.1	2.3	
第 6 紙	28.9	51.5	0.3	3.1	3.7	22.1	2.3	
第 7 紙	29.0	51.4	0.3	3.3	3.6	22.1	2.3	
第 8 紙	28.9	51.4	0.3	3.2	3.6	22.1	2.3	
第 9 紙	29.0	51.4	0.3	3.0	3.8	22.2	2.3	
第 10 紙	29.0	51.4	0.3	3.2	3.7	22.1	2.3	
第 11 紙	29.0	51.5	0.2	3.2	3.7	22.1	2.2	
第 12 紙	28.9	51.4	0.3	3.1	3.7	22.1	2.2	
第 13 紙	29.0	51.5	0.3	3.0	3.8	22.2	2.3	
第 14 紙	29.0	51.6	0.3	3.2	3.7	22.1	2.3	
第 15 紙	29.0	51.5	0.3	3.2	3.6	22.2	2.3	
第 16 紙	29.0	51.6	0.3	3.0	3.8	22.2	2.3	
第 17 紙	29.0	51.5	0.3	3.2	3.7	22.1	2.3	
第 18 紙	29.0	51.6	0.3	3.2	3.7	22.1	2.3	
第 19 紙	29.0	51.4	0.3	3.1	3.8	22.1	2.3	
第 20 紙	29.0	51.4	0.3	3.2	3.6	22.2	2.3	
第 21 紙	29.0	51.2	0.3	3.2	3.7	22.2	2.3	
第 22 紙	29.0	52.5	0.3	3.3	3.6	22.1	2.3	
第 23 紙	29.0	51.5	0.2	3.4	3.6	22.0	2.2	
第 24 紙	29.0	51.6	0.3	3.2	3.7	22.1	2.3	
第 25 紙	29.1	51.3	0.3	3.3	3.7	22.1	2.2	
第 26 紙	29.1	48.7	0.2	3.3	3.6	22.2	2.4	
第 27 紙	29.1	50.9	0.2	2.9	4.0	22.2	2.3	
第 28 紙	29.1	51.1	0.3	3.1	3.8	22.2	2.2	
第 29 紙	29.1	51.1	0.2	3.1	3.8	22.2	2.3	
第 30 紙	29.1	50.9	0.2	3.0	3.9	22.2	2.3	
第 31 紙	29.1	50.7	0.3	3.0	3.9	22.2	2.3	
第 32 紙	29.1	50.7	0.2	3.1	3.9	22.1	2.3	
第 33 紙	29.0	27.6	0.2	2.9	3.9	22.2	2.3	
軸								長 29.6、径 1.5。

巻 171

	紙高	紙幅	糊代（右端）	天界	地界	界高	界幅	備　考
表　紙	28.6	23.4						
第 1 紙	28.5	48.6	0.4	3.1	3.4	22.0	2.2	
第 2 紙	28.6	50.9	0.3	3.0	3.5	22.0	2.3	
第 3 紙	28.5	51.0	0.4	2.9	3.6	22.0	2.3	
第 4 紙	28.7	51.3	0.4	3.0	3.6	22.1	2.3	
第 5 紙	28.7	51.1	0.3	3.3	3.3	22.1	2.3	
第 6 紙	28.7	51.1	0.3	3.3	3.3	22.1	2.4	
第 7 紙	28.7	51.1	0.4	2.9	3.8	22.0	2.4	
第 8 紙	28.8	51.1	0.3	3.2	3.5	22.1	2.4	
第 9 紙	28.8	51.2	0.4	3.6	3.1	22.1	2.3	
第 10 紙	28.8	51.1	0.3	3.7	3.0	22.1	2.4	
第 11 紙	28.8	51.2	0.3	3.5	3.2	22.1	2.3	
第 12 紙	28.8	51.2	0.3	3.5	3.2	22.1	2.3	
第 13 紙	28.8	51.6	0.3	3.2	3.5	22.1	2.3	
第 14 紙	28.8	51.3	0.4	3.2	3.6	22.0	2.3	
第 15 紙	28.8	51.1	0.3	3.0	3.7	22.1	2.3	
第 16 紙	28.8	51.1	0.3	3.1	3.5	22.2	2.4	
第 17 紙	28.9	51.1	0.3	3.3	3.5	22.1	2.3	
第 18 紙	28.8	51.1	0.4	3.0	3.7	22.1	2.4	
第 19 紙	28.8	48.7	0.3	3.1	3.6	22.1	2.2	
軸付紙	28.7	10.0	0.4					無界。
軸								長 29.6、径 1.5。

巻 177

	紙高	紙幅	糊代（右端）	天界	地界	界高	界幅	備　考
表　紙	28.4	23.8						
第 1 紙	28.5	52.4	0.4	3.0	3.4	22.1	2.3	
第 2 紙	28.6	55.2	0.3	3.1	3.4	22.1	2.3	
第 3 紙	28.7	55.2	0.3	3.0	3.6	22.1	2.3	
第 4 紙	28.7	55.1	0.2	3.2	3.4	22.1	2.3	
第 5 紙	28.8	55.2	0.2	3.1	3.5	22.2	2.3	
第 6 紙	28.8	55.3	0.3	3.0	3.6	22.2	2.3	
第 7 紙	28.8	55.0	0.3	3.1	3.4	22.3	2.3	
第 8 紙	28.8	52.9	0.3	3.1	3.5	22.2	2.3	
第 9 紙	28.7	50.7	0.4	2.8	3.9	22.0	2.3	
第 10 紙	28.8	53.2	0.2	3.1	3.7	22.0	2.3	
第 11 紙	28.9	53.4	0.3	3.3	3.6	22.0	2.3	
第 12 紙	28.9	53.0	0.3	3.0	3.9	22.0	2.3	
第 13 紙	28.9	53.8	0.3	3.1	3.8	22.0	2.3	
第 14 紙	28.9	53.5	0.2	3.3	3.5	22.1	2.3	
第 15 紙	28.9	51.3	0.3	3.3	3.5	22.1	2.3	
第 16 紙	28.9	47.9	0.3	3.3	3.6	22.0	2.3	
第 17 紙	28.9	48.7	0.3	3.0	3.9	22.0	2.3	
第 18 紙	28.9	52.8	0.2	2.5	4.2	22.2	2.3	
第 19 紙	28.9	50.1	0.3	2.5	4.2	22.2	2.3	
軸								長 29.6、径 1.5。

巻179

	紙高	紙幅	糊代（右端）	天界	地界	界高	界幅	備　考
表　紙	28.7	22.4						
第1紙	28.7	51.7	0.5	3.2	3.5	22.0	2.3	
第2紙	28.7	54.6	0.3	3.0	3.6	22.1	2.3	
第3紙	28.8	54.7	0.3	3.0	3.6	22.2	2.3	
第4紙	28.7	54.5	0.3	2.9	3.6	22.2	2.3	
第5紙	28.8	54.8	0.3	2.9	3.7	22.2	2.2	
第6紙	28.8	54.7	0.3	2.9	3.7	22.2	2.2	
第7紙	28.8	54.7	0.3	2.9	3.8	22.1	2.2	
第8紙	28.9	54.7	0.2	2.9	3.8	22.2	2.4	
第9紙	28.9	54.8	0.3	2.9	3.7	22.3	2.4	
第10紙	28.9	54.8	0.3	2.9	3.8	22.2	2.3	
第11紙	28.9	54.8	0.3	2.9	3.7	22.3	2.3	
第12紙	28.9	54.8	0.3	3.0	3.7	22.2	2.3	
第13紙	28.9	54.8	0.3	3.0	3.7	22.2	2.3	
第14紙	28.9	55.0	0.3	3.0	3.7	22.2	2.3	
第15紙	28.9	54.7	0.3	2.9	3.8	22.2	2.4	
第16紙	28.9	11.7	0.3	3.0	4.0	21.9	2.3	
軸								長29.6、径1.5。

（ニ）原文字に訂正の文字を重書きした後、それを抹消符（朱墨両様あり）で抹消し、行の右にあらためて訂正の
　文字（朱墨両様あり）を傍書した場合
（ホ）抹消符（朱墨両様あり）を付して原文字を抹消した場合
（ヘ）抹消符（朱墨両様あり）を付して原文字を抹消し、訂正の文字（朱墨両様あり）を傍書した場合
（ト）抹消符を付さず、訂正の文字を傍書した場合
（チ）挿入符（朱墨両様あり）を付して文字（朱墨両様あり）を補った場合
（リ）挿入符を付さず、字間の位置に文字（朱墨両様あり）を傍書した場合
（ヌ）転倒符を付して文字の位置を変更した場合

などに分類することができる。判断に苦しむ場合も少なくないが、これらの後次的に付加された文字は四巻を通じて一筆である可能性が高いように思われる。そうであればこれら同筆の校異はこの四巻が一所に集められた後、すなわち綱紀が入手して以後に施されたことになるであろう。ただし一つの文字に朱と墨の抹消符が加えられている場合も見られ、また書写時もしくは書写後の校正の際に加えられた改竄が含まれている可能性も考慮すれば、一時期に一斉に校異が施されたと考えることは妥当ではない。

二　明応本（一五冊）

巻三・四・五・九・三二・三六・五四・七一・七三・七五・七七・七八・八〇・一四七・一五九を一巻づつ一冊に書写した一五冊の袋綴冊子本で、料紙は楮紙と思われる。（補注6）全冊に裏打ち補修が施されているが、元の状態はおお

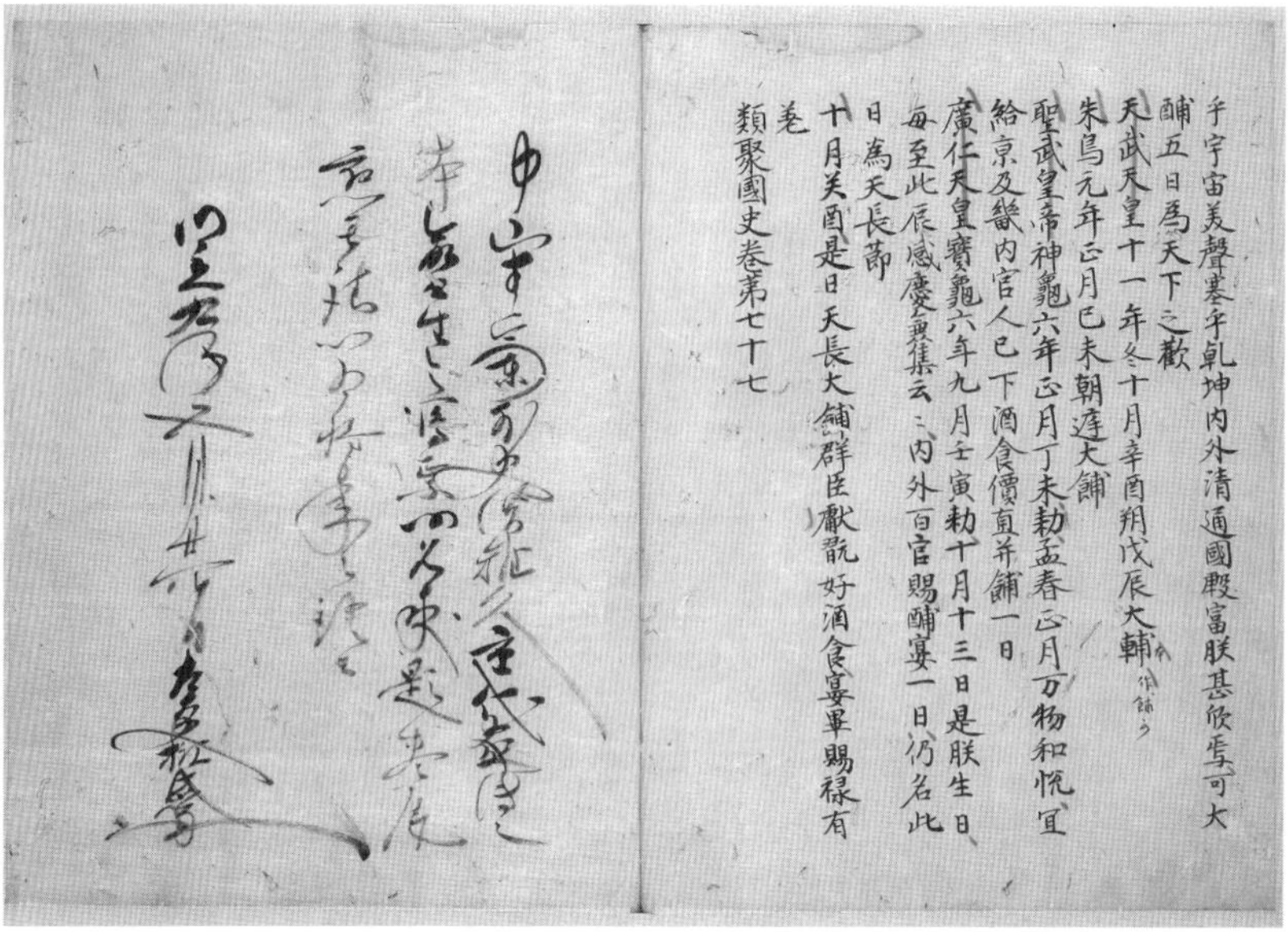
于宇宙美聲塞于乾坤内外清通國殷富朕甚欣焉可大
酺五日爲天下之歡
天武天皇十一年冬十月辛酉朔戊辰大輔
朱鳥元年正月己未朝庭大餔
聖武皇帝神龜六年正月丁未勅孟春正月万物和悦宜
給京及畿内官人已下酒食價直并餔一日
廣仁天皇寶龜六年九月壬寅勅十月十三日是朕生日
毎至此辰感慶兼集云〻内外百官賜酺宴一日仍名此
日爲天長節
十月癸酉是日天長大餔群臣獻翫好酒食宴畢賜祿有
差
類聚國史巻第七十七

図４　尊経閣文庫本『類聚国史』明応本　第11 巻77 賞宴部上 識語

むね良好である。ただ第一四冊のみは上端に大きな湿損を受けた痕跡があり、鼇頭の書入れの失われた文字が少なくない。各冊とも表紙はほぼ縦二八・三cm、横二二・一cmであるが、本紙の現状は縦・横ともにこれより若干短く、縦二八・一cm、横二一・九cmである。半葉一二行、一行の字詰めは二三字前後である。各冊いずれも表紙に「類聚國史　明應鈔本　壹（〜十五）」と墨書された題簽（縦一六・六cm、横三・一cm）が貼付されているが、表紙・外題題簽ともに近代のものと推定される。第七（巻五四）・八（巻七一）・一〇（巻七五）・一一（巻七七）・一二（巻七八）・一三（巻八〇）の各冊の末尾には、壬生官務家累代相伝の『類聚国史』を書写した「中山春蘭外史」の求めに応じて小槻（壬生）雅久が記した明応九年（一五〇〇）五月二四日の識語があり、題簽の「明應鈔本」の名称はこれに由来している。したがって少なくともこの奥書を持つ六巻についてはかつて「中山春蘭外史」の所持本であり、その祖本は壬生官務家本であったことが知られる。なお「中山春蘭外史（補注7）」については当時の外記のうちにその人物を求めるべきであろうが、現時点では特定できていない。

また第一一冊と第一三冊の冊末には直径一・七㎝の墨丸印が押されているが、印文は判読できていない（〈影印集成三三〉二六九・三二八頁参照）。これらの印は、付箋状の紙片を料紙の上下端に貼付した後、付箋と料紙の両方に懸けて押された割り印のような役割のものと見られるが、付箋の先端が破損しているため、付箋の意味は不明である。これらとともに第一三冊末尾には、ほぼ中央に同じ黒印を押した付箋が、料紙の中央部分に横に貼付されており、付箋の左側には料紙に写った黒印の半分が認められる。この付箋も両端が破損しているようであり、文字もなく、使途は不明である。

なお第一四冊には、巻頭遊紙と本文第一紙の間に本文とは別筆の一紙があり、また巻末遊紙の前にも本文と別筆で「祈年祭」に関する延暦一七年（七九八）九月癸丑および弘仁八年（八一七）二月丙申の記事を抜書きした一紙がある。前者は聖徳太子のいわゆる「片岡山遊行説話」の史料で、一つは『日本書紀』推古二一年（六一三）一二月庚午・辛未両条の記事である。ほかの一つは次のようなものである。

　聖徳太子片岡山邊道人の家におはしけるに、飢たる人
みちのほとりにふせり、太子ののりたまへる馬とゝまりて
ゆかす、ふちをあけてうちたまへとしりへしりそき
てとゝまる、太子すなはち馬よりおりて、うへたる人の
もとにあゆみすすみ給て、むらさきのうへの御そを
ぬきてうへ人のうへにおほひたまふ、歌を読ての給はく、
しなてるやかた岡山に、いゐにうへてふせる旅人あはれ、おや

なしになれ〳〵けめや、さす竹のきねはやなき、いひ
にうへてこやせるたひ人あはれ〳〵、といふ哥なり、
うへ人かしらをもたけて御返しをたてまつる、
いかるかや、とみのを川のたえはこそ、わかおほ君のみなをわすれめ

というものである。これに類する説話は仏教説話集の『三宝絵詞』や『上宮聖徳太子伝補闕記』『聖徳太子伝暦』『上宮太子伝』『上宮太子御伝』などの聖徳太子の伝記類に見えるが、いずれも本紙の文章・文字とは若干の出入りがある。これに対して『拾遺和歌集』巻二〇・哀傷に引くものの文章はおおむねこれと一致している。

巻末の一紙は『類聚国史』巻一〇、神祇部一〇の冒頭の記事二条であり、親本ないし祖本の欠損部分を空白にして忠実に書写したと見られる。この記事は次に述べる大永本巻一〇でも同じように欠損部分を空白にして書写しているが、文字には若干の相違があり、本紙二行目の「僻」、四行目の「須」、五行目の「望准」、六行目の「祝」「不論」を大永本では判読していない。また行の字詰めにもわずかな相違があり、依拠した写本の相違を示しているのかもしれない。本紙の筆跡はおそらく三条西公条のものと思われるが、そうであれば本書は三条西家と何らかの関係を有していた可能性がある(7)。

以上の二紙はそれぞれの虫損の形状が前後の料紙と一致しない部分がある。また前述のように第一四冊はその上端部に湿損を受けているが、この二紙にも本文と同様の湿損の痕跡がある。したがってこの二紙は本文を書写した後、湿損を受ける以前のある時点、それもおそらく公条の時代もしくはそれ以降に本紙の前後に付加されたものと思われる。第一四冊はほかの冊とは異なる環境に置かれていた時期があったと考えられる。

本書には「類聚國史拾五冊入御文匣上押紙／但内壹枚／松雲院様　御親筆」と上書きした包紙に包まれた若干の

書付けが付属している〈影印集成三三〉参考図版①〜③参照）。それらのうちには巻七七・七八の旧表紙に貼付されていたと思われる題簽（同参考図版②・③）および、本書を納めていた旧収納箱の貼紙（同参考図版①）がある。この貼紙の「類聚國史十五冊」の文字は綱紀の筆跡と考えられる。書付けのなかには「御自身之外何者ニ而茂いろい中間敷候」（同参考図版①）と記された札が見え、綱紀が本書を重視していたことがうかがわれる。

本文は複数の筆跡が含まれると見てよいと思われるが、正確な弁別は後日を期したい。

また第一一・一四冊にはほかの冊と比較してとくに朱の傍線、鼇頭の注記、行間の書入れが多く、これらの書入れも含めたこの二冊の性格についてはさらに検討が必要である。

本書には一字ないし数字の空白の箇所が数多く見られる。それには闕字や年月日の区切りを明示するためのものもあるが、それらを除いたケースはおそらく本書の親本ないし祖本の欠損箇所をそのまま空けて書写したことを示すものであろう。そのなかには空白個所に墨点を打っている場合もある。また本書も全体にわたって朱墨の書入れがある。そのうち本文の改竄にかかわるものを整理するとほぼ次のようになる。

（イ）原文字を墨で塗抹した場合
（ロ）原文字の一部を擦り消した場合
（ハ）原文字の一部を擦り消して訂正の文字（墨書）を重書きした場合
（ニ）原文字の全体あるいは原文字の一部を洗い消した場合
（ホ）原文字の全体あるいは原文字の一部を洗い消して訂正の文字を重書きもしくは傍書した場合
（ヘ）原文字に訂正の文字（墨）を重書きした場合
（ト）抹消符（朱墨両様あり）を付して原文字を抹消した場合

（チ）抹消符（朱墨両様あり）を付して原文字を抹消し、訂正の文字（朱墨両様あり）を傍書した場合
（リ）抹消符を付さず、訂正の文字（朱墨両様あり）を傍書した場合
（ヌ）挿入符（朱墨両様あり）を付して文字（朱墨両様あり）を補った場合
（ル）挿入符を付さず、字間の位置に文字（朱墨両様あり）を傍書した場合
（ヲ）転倒符を付して文字の位置を変更した場合

このうち（ホ）の洗い消し後の訂正文字は本文と同筆であり、洗い消しによる訂正の行為（（ニ）（ホ））は書写時もしくは書写後の校正時に加えられたものと考えられるが、それ以外の改竄の諸段階については区別が困難な場合が多い。

なお前述のように本書の第一一・一四冊には鼇頭および行間に多くの書入れがあり、校異に関するものでは「本紀作令」（〈影印集成二三〉二六三頁左、三行目）、「紀十二」「紀廿二」（同二三六頁左、七・九行目）、「奉勅旧本如此」（同二三七頁右、八行目）、「接或本」（同三四一頁右、七行目）など、正史や「旧本」「或本」と対校したことを示す書入れが見えることが注意される。

三　大永本（四冊）

元・亨・利・貞の四冊から成る袋綴冊子本である。各冊の表紙はほぼ縦二八・三cm、横二二・一cmで、本紙は縦・横ともにこれよりわずかに短く、縦二八・一cm、横二一・七cmである。半葉一三行、一行の字詰めは二五〜三〇字前後である。料紙は楮紙と思われる。（補注8）全冊に裏打ち補修が施されており、また各冊ともに上端部に湿損を受けた痕跡

がある。表紙・題簽（縦一六・六㎝、横三・一㎝）は明応本と同じものを用いており、題簽には明応本と同じ筆跡で「類聚国史 大永校本 元（〜貞）」と外題する。〔利〕冊の末尾に「大永七丁亥七月五日一交了」の校合奥書があり、これが外題の「大永校本」の名称の根拠となっている。

各冊ともに新表紙の次に旧表紙を残しており、それぞれ以下のような打ち付け書の旧外題がある。これらは前田綱紀の手によるものと考えられる。

○〔元〕冊

類聚國史 自、至四十 此内不足

○〔亨〕冊

類聚國史 自五十四至八十九 此内有不足

○〔利〕冊

類聚國史第九十九

○〔貞〕冊

類聚國史 自百一至百九十九 此内有不足

なお〔元〕冊の旧表紙見返しには次のような書き込みがある。

韓文第九、李員外寄紙筆詩□、建中初、日本使者興能獻方物、興能善書、其紙似繭□〔而カ〕澤、人莫識、

これは唐の韓愈の文集『韓文』に収める詩「李員外寄紙筆」に施された注釈の一節であるが、本書との関連は明らかでない。この書き込みの筆跡は本文の大部分の筆跡と共通するもののようであり、後に述べるように三条西公条のものと思われる。

本書各冊の内容構成は以下のようになっている。

○〔元〕冊

巻三・四・五・八・九・一〇・一六・一九・二五・二八・三一・三二・三三・三四・三五・三六・四〇

○〔亨〕冊

巻五四・六一・六六・七一・七二・七三・七四・七五・七七・七八・七九・八〇・八三・八四・八六・八七・八八・八九

○〔利〕冊

巻九九

○〔貞〕冊

巻一〇一・一〇七・一五九・一六五・一七一・一七三・一七七・一七八・一八二・一八五・一八六・一八七・一八九・一九〇・一九三・一九九

この四冊のうち、〔利〕冊には以下のような特徴が見受けられる。

（1）ほかの三冊がそれぞれ複数の巻で編成されているのに対して、〔利〕冊は巻九九のみで編成されていること。

（2）〔利〕冊の筆跡は一筆で、ほかの三冊には見えない筆跡であること。

（3）次に述べるようにほかの三冊が抄略本であるのに対して、〔利〕冊は記事の全文を書写していること。

（4）前述のように〔利〕冊の末尾には大永七年（一五二七）の校合奥書があるが、ほかの三冊には見られないこと。

これらの諸特徴は、〔利〕冊がほかの三冊とは書写の時期・目的を異にしていることを物語っており、さらにいえばほかの三冊より遅れて書写され、大永七年に校合が加えられた後、三冊本に加えられたように思われる。現在の元・亨・利・貞の冊次は、近代に新しく表紙を付した際に巻次にしたがって排列されたものであろう。

なおすでに飯田瑞穂氏が指摘しているように、〔元〕〔亨〕〔貞〕の三冊はいずれも『日本後紀』『続日本後紀』の記事は全文を書写するが、他の四国史は日付のみ、もしくは記事の一部を書写するにとどめるのを原則とするという独特の抄出方法を取る抄略本である。(8) 飯田氏は、このような抄出を行ったのは抄出者が『日本後紀』『続日本後紀』を所持していなかったか、もしくは所持本が不完全な写本であったためではないかと推定している。さらに飯田氏は〔利〕冊を除くほかの三冊を書写したのは三条西公条であること、また公条は完本の『類聚国史』を参照しうる立場にあり、それを利用してこの抄略本を作成したのも公条自身であることを指摘している。本書の書写者に関しては一部（たとえば巻一〇・一九・八三・八四・八六・一七一・一八二・一八五・一八九・一九九など）に別筆かと思われるものもあって判断が難しい点がある。しかし本書の大半の文字の筆跡は、三条西家旧蔵本であることが確実視されている『西宮記』大永本（尊経閣文庫所蔵）にも多く見られるものであり、本書もまた三条西家旧蔵本であることは動かないであろう。(9) 実隆と公条の筆跡が似ているという別の難問もあるが、ここではひとまず飯田氏にしたがって書写者を公条と見ておきたい。

本書には「類聚國史四冊入御文匣上押紙」と上書きした包紙に包まれた旧収納箱の押紙と書付けが付属している（〈影印集成三四〉三四九頁参考図版参照）。押紙には綱紀の筆跡で「類聚國史抄　四冊」、書付けには「類聚國史古本四冊／右御自身之外何者ニよらす／一圓手をさし申間敷候若／見損麁相ニ而明候共越度ニ／可被仰付候」とあり、綱紀が本書を重視していたことがうかがわれる。

次に大永本の本文について述べる。本文には朱墨の書入れや文字の改竄、鼇頭注記が加えられている。その多くは墨筆のもので、朱は少なく、それも天皇名・年月日に施された合点、強調のための傍点・傍線が大半を占める。また本文中に一字ないし数字の空白を設けている箇所が少なくない。年月日の区切りとして置かれた空白を除くと、そこには文字数に見合った墨点が打たれており、一部には墨点の上に本文と同筆で文字が追記されている場合もある。これらの空白は親本ないし祖本の欠損を忠実に表現したものと思われる。本文の改竄にかかわる書入れを整理するとほぼ次のようになる。

（イ）原文字（書きさしも含む）を塗抹（朱墨両様あり）。
（ロ）原文字を塗抹（墨）し、訂正文字（墨）を傍書。
（ハ）棒線・斜線（朱墨両様あり）による原文字の抹消。
（ニ）棒線・斜線（墨）により原文字を抹消し、訂正文字（墨）を傍書。
（ホ）原文字を洗い消し、同筆で訂正文字を重書（墨）。
（ヘ）原文字に抹消符を付さず訂正文字（朱墨両様あり）を傍書。
（ト）抹消符（朱墨両様あり）により原文字を抹消。
（チ）抹消符（朱墨両様あり）により原文字を抹消し、訂正文字（朱墨両様あり）を傍書。
（リ）挿入符（朱墨両様あり）による文字（朱墨両様あり）の挿入。
（ヌ）挿入符を付さず文字（朱墨両様あり）を傍書。
（ル）訂正文字（朱墨両様あり）を重書。
（ヲ）訂正文字（墨）を重書した後、あらためて訂正文字（墨）を傍書。
（ワ）転倒符を付して文字・条文の位置を変更。

（カ）親本ないし祖本の破損を示す空白に打たれた墨点の上に文字を重書。

本文書写時および書写後の校正段階での加筆・訂正のほかに数次にわたる改竄の手が加わっていると見られる。そのなかには公条の加筆も散見されるが、そのほかの弁別は困難な場合が多い。なお校異注記のなかには「本如此」「本」「イ」など、親本の状態や異本との対校を示すものもある。

四　『類聚国史』抄出紙片（一二紙）

かつて飯田瑞穂氏が紹介し検討を加えた史料であり、あらためて付け加えることはほとんどない。(10)したがって飯田氏の所説に添って述べていく。

本史料一二紙は『類聚国史』から『日本三代実録』の記事を抜粋したものと考えてよく、そのことは第八紙末尾に「事具要劇田部」という『類聚国史』の注記が見えることなどから明らかである。

この一二紙はかつて（1）承和二年（八三五）八月二〇日太政官符写（一紙）、（2）古記録抜書（二紙）、（3）儀式書抜書（四紙）、（4）その他（二紙）とともに、近代のものと思われる三ツ折りの渋引きの包紙に包んで一括して保管されていたが、現在は全て裏打ちを施して一紙づつ台紙に貼り付け、帙に納められている。第一六・一八紙の裏打ち紙の右端に、

明治二十九年七月手入　十三枚有之（第一六紙）

明治二十九年手入　十六枚之内有之分（第一八紙）

という朱書があり、裏打ちは一八九六年に行われたものと思われるが、台紙に貼り付けて整理されたのは飯田氏が

『類聚国史』抄出紙片　法量表（単位はcm）

	紙高（右端）	紙高（左端）	紙幅（上端）	紙幅（下端）	備　考
包　紙	33.7	33.6	48.1	47.8	展開時
第1紙	27.5	27.6	5.6	5.3	
第2紙	27.2	27.3	12.7	13	
第3紙	27.3	27.2	7.6	7.9	
第4紙	26.9	27.2	12.7	12.8	
第5紙	27.0	26.8	15.9	15.5	
第6紙	26.6	26.8	14.0	13.8	
第7紙	25.8	26.0	17.5	17.9	
第8紙	26.2	26.2	9.1	9.3	
第9紙	26.7	26.6	13.8	13.1	
第10紙	26.8	26.4	15.3	15.5	
第11紙	26.9	26.6	38.1	37.6	
第12紙	26.7	27.0	14.7	14.9	

これを見出した一九六八年以後のことである。包紙には「古書残簡十四枚」と上書きされており、また「十包ノ内」と墨書された小紙片が貼付されている。現在伝わるのは合計一二紙（ただし第一八紙は二紙を並べて一枚の紙で裏打ちしているので、厳密には全一三紙となるが、混乱を避けるため、現状の紙数により数えることとする）であり、上書きの「十四枚」とは一致しない。また同種の包みがほかに九点存在したことが包紙の貼紙より知られるが、その所在は明らかではない。

『類聚国史』の抄出紙片は現在は一二紙であるが、第七紙には現存しない別の紙片の文字が写っているので、かつてこのほかにも紙片が存在していたことは確実である。また第七・八・九紙にはこれとは別の文字の写りが認められるが、これらは『日本三代実録』の写本の文字が写ったものと考えられる。なお第四・五・六・九・一〇紙には右端上部には☒・△・○・□という記号が付されているが、これは各紙片があるべき位置を示す目印と考えられ、この抄出紙片が付箋として用いられていたことが推定できるであろう。これらの紙片の天辺には糊の痕跡かと思われるような変色が残るようにも見えるが、裏打ちして台紙に貼り付けられているため確認はできない。

現存一二紙の内容は以下のとおりである。なお〔　〕内は当該記事の現行本『類聚国史』における所属、およびそこでの記事の状態を示す。またアルファベットはそれぞれの紙片に写った別の紙片の『類聚国史』抄出文字、もしくは『日本三代実録』の写本の文字の確認できるものである。

第一紙　貞観一四年（八七二）八月二日庚子条〔巻六一・人部・薨卒□―省略記事あり〕
第二紙　貞観一七年（八七五）二月一七日辛未条〔巻六一・人部・薨卒□―省略記事あり〕
第三紙　貞観一七年六月六日丁巳条〔巻六一・人部・薨卒□―省略記事あり〕
第四紙　貞観一九年（八七七）正月三日乙亥条〔巻一〇一・職官部六・叙位六―記事あり〕
第五紙　元慶元年（八七七）一一月二一日戊午条〔巻一〇一・職官部六・叙位六―記事あり〕
第六紙　元慶三年（八七九）正月七日丁酉条〔巻一〇一・職官部六・叙位六―記事あり〕
第七紙　元慶五年（八八一）二月八日丙戌条〔巻一五九・田地上・官田―記事あり〕
　a『日本三代実録』元慶四年（八八〇）二月一七日辛丑条
　b元慶三年一一月二五日庚辰条〔巻一〇一・職官部六・叙位六―記事あり〕
　c元慶三年一一月二六日辛巳条〔巻一〇一・職官部六・叙位六―記事あり〕
第八紙　元慶五年一一月二五日己巳条〔巻一五九・田地上・官田―記事あり〕
　a『日本三代実録』元慶五年一一月二三日丁卯条
　b『日本三代実録』元慶五年一一月二九日癸酉条
第九紙　①元慶七年（八八三）正月七日甲戌条〔巻一〇一・職官部六・叙位六―記事あり〕
　②元慶七年正月九日丙子条〔巻一〇一・職官部六・叙位六―記事あり〕

第一〇紙　a『日本三代実録』元慶七年正月一四日辛巳条

　　　　　元慶八年〔八八四〕一一月二五日壬午条〔巻一〇一・職官部六・叙位六―記事あり〕

第一一紙　①貞観一〇年〔八六八〕二月二五日己丑条〔巻三六・帝王部一六・山陵―記事あり〕

　　　　　②貞観一〇年閏一二月二八日丁巳条〔巻七七・音楽部・奏楽―記事あり〕

　　　　　③貞観一〇年二月二一日乙酉・三月八日壬寅・三月九日癸卯・七月一一日壬寅・七月二七日戊午・九月一七日丁未・九月二一日辛亥・一一月一七日丙午条〔巻一六・神祇部一六・神位四―記事あり〕

　　　　　④貞観一〇年八月一七日戊寅条〔巻一七三・災異部七・火―記事あり〕

　　　　　⑤貞観一〇年三月三日丁酉条〔巻一七八・仏道部五・春秋御燈―年月日のみ〕

　　　　　⑥貞観一〇年四月三日丁卯条〔巻一八九・仏道部一六・僧卒下―省略記事あり〕

　　　　　⑦貞観一〇年六月三日乙丑条〔巻八四・政理部六・借貸―記事あり〕

　　　　　⑧貞観一〇年六月二六日戊子条〔巻一九・神祇部一九・祝―年月日のみ〕

第一二紙　貞観一三年〔八七一〕四月二〇日丙申・二一日丁酉・二二日戊戌条〔巻五・神祇部五・賀茂大神―記事あり〕

ここには『類聚国史』および『日本三代実録』の現行本に見えない記事を含んでおり、なかでも第一・二・三・五紙および第一一紙⑤・⑥・⑧によって『類聚国史』『日本三代実録』の未知の逸文を大量に得ることができるとともに、現行本『類聚国史』の脱文を補い、誤りを訂正することができる点で貴重な価値を有している。

この一二紙の文字は、同封されていた古記録抜書・儀式書抜書とともに一筆で、『類聚国史』大永本の大半の筆跡と一致しており、全て三条西公条の筆跡と考えられる。飯田氏が指摘したように『類聚国史』大永本は、『日本後紀』『続日本後紀』の記事は『類聚国史』から全文書写するが、[11] ほかの四国史は年月日もしくは記事の一部を書写するにとどめており、このような抄出方法を取ったのは抄出者（公条）が『日本後紀』『続日本後紀』を所持していなかったか、もしくは所持本が不完全な写本であったためと考えられる。この視点はこの抄出紙片にも適用することができる。すなわちこの抄出紙片に抜き書きされた記事は、第一一紙②を例外として、[12] いずれも現行本『日本三代実録』の祖本の記事が欠けているか記事が不完全な箇所に当たっており、したがってこの抄出にはそれらの不備を補う意図があると考えられる。『類聚国史』大永本は『日本後紀』『続日本後紀』を、抄出紙片は『日本三代実録』をそれぞれ対象として正史の不備不足を補うものであり、いずれの抄出も三条西家における正史書写計画の一環として位置付けることができるであろう。

次に各紙に加えられた文字の改竄などについて述べる。朱は、他紙から写ったものを除けば区切り点が一箇所（第一一紙四行目）あるのみである。そのほかは墨筆によるもので、全て公条の筆であり、抄出時に加えられたものである。それを整理すると以下のとおりである。

（イ）原文字に重書して訂正（第二紙一〇行目「同」・第三紙三行目「年」・第五紙九行目「厚」・第六紙一行目「无」「王」）

（ロ）墨筆で原文字を塗抹（第五紙三行目「一」・同九行目「従五」・第六紙一一行目「清夏」・第七紙一〇行目「易」・同一四行目「亠」・第一〇紙六行目「大」・第一一紙四行目「年」・同八行目「上」・同一〇行目「下」・同一三行目「俗」の書きさし・同一七行目「經」）

（ハ）墨筆で原文字を塗抹し、訂正文字を傍書（第一紙二行目「下」の書きさし）

（ニ）原文字に訂正文字を重書した後、墨筆で塗抹し、訂正文字を傍書（第一一紙二五行目「六」）

（ホ）原文字に加筆して訂正（第三紙一行目「三」）
（ヘ）挿入符により文字を挿入（第一〇紙一二行目「權」）
このほかに空白の箇所に墨点を施したケース（第四紙九行目・第六紙一一行目・第九紙六行目）があるが、これは『類聚国史』明応本・大永本にも見られたもので、親本ないし祖本の欠損を示すものであろう。

五　模写本（五巻、一紙）

模写本は巻一・五・一四・二五・一六五・一七一・一七七・一七九・一九四および巻次未詳の断簡一紙から成り、前述の古本四巻とともに桐箱に収納されている。このうち巻一六五・一七一・一七七・一七九の四巻は古本を模写したものである。最初に模写本全体について述べ、ついで収録した諸巻について述べる。

全巻とも巻子本で、いずれの巻も未装訂のまま包紙に包まれている。料紙は全巻とも薄手の楮紙と思われる。本紙は紙高三四・八cm前後、紙幅四七・三～五〇・一cmであるが、巻二五・一七一・一七七の紙高は三一・〇cm前後でやや短い。軸は巻一四・一六五・一七九を除いて用いていない。巻一四・一七九は竹の軸をともなっているが本紙には装着せず、料紙を巻き込むのみである。巻一六五は巻紙を軸としているが、これも装着せず巻き込むのみである。表紙は、巻一・五・一六五・一七九のみ巻首に本紙と同じ料紙一紙を加えて仮表紙とし、次のような外題が打ち付け書きされ、また内容・書写などにかかわる貼紙、巻次を示すと思われる数字が朱で加えられている。

○巻一

廿四枚「御躰□事」
類聚國史巻第一 神祇部一　　清書本
〔注1〕「御躰□事」は貼紙。
〔注2〕表紙左下に「奥書令浄書續巻尾」の墨書のある貼紙あり。
〔注3〕表紙左下に「三」の朱書あり。

○巻五
類聚國史巻第五 神祇部五
〔注1〕表紙右端に「文明十八年七月廿日裏打了　法印□〔奏カ〕清」の墨書のある貼紙あり。
〔注2〕表紙左下に「四」の朱書あり。

○巻一六五
類聚国史巻第百六十五
〔注1〕外題の右に前田綱紀による書写の識語（一九八頁所引）あり。

○巻一七九
［　　　］□百七十九
〔注1〕表紙見返し右下端に書写校合の識語（二〇四頁所引）あり。

各巻の包紙にはそれぞれの内容が墨書されており、また書写にかかわる注記や貼紙が付加されている。以下にそれを掲げる。

○巻一

類聚國史巻第一　神祇部一　　奥書令浄書續巻尾
〔貼紙1〕「首尾留ナシ」(13)
〔貼紙2〕「二十四葉継立　二十八行
行数一定書之」

○巻五
類聚國史巻第五　神祇部五　　奥書令浄書續巻尾
〔貼紙〕「首尾留ナシ」

○巻一四
類聚國史第十四　新寫六葉
別写冊子為之全書之一旹壬寅七月十八日也　　一巻
〔貼紙1〕「首尾留ナシ」
〔貼紙2〕「六葉継立
二十五行詰」

○巻二五
類聚國史第二十五　新寫卅三葉
以官務本寫之　　一巻　（「以官務本寫之」は別筆）
〔貼紙〕「三十三枚継立
二十五行詰一定書之」

○巻一六五
和角兵助書写并初校

類聚國史百六十五　　一巻
○巻一七一
類聚國史百七十一 二十枚 以官務本寫之　一巻（「二十枚」は別筆）
○巻一七七
類聚國史百七十七 二十一枚 以官務本寫之　一巻（「二十一枚」は別筆）
○巻一七九
類聚國史第百七十九 写本　一巻
○巻一九四
類聚國史 一百九十四巻　三十六張　一巻
○巻次未詳断簡
類聚國史 巻第不知一葉　一張
〔貼紙〕「首尾留ナシ」

次に〈影印集成三三〜三四〉に収録した各巻について逐次述べる。

1　巻　一

本巻の包紙および表紙の態様についてはすでに述べた。本文料紙は紙高三四・九cm前後、紙幅四九・〇cm前後である。

本巻の末尾には以下の二つの奥書がある。

○奥書1

加六三年五月十九日以法〔清カ〕家本

書写一校了

○奥書2

右類聚國史第一巻摹寫八幡

田中法印家蔵之舊本乃加

再校了

貞享初元仲秋日

権中将菅原綱紀

これにより、本巻の親本が石清水八幡宮別当田中家に伝来し、現在も同宮に所蔵される嘉禄三年（一二二七）書写の古写本であること、これを前田綱紀が貞享元年に書写し再校を加えたことが知られる。本文は虫損の形状を忠実に模写し、文字の挿入なども親本の状態を保持しており、書写に正確を期していることが察せられる。また親本の第五紙紙背の裏書も書写している〈影印集成三二〉本文一四一頁および参考図版⑤）。裏書は「自是奥文明十八年七月廿一日裏打之」というものであるが、これを本文料紙と同じ寸法、同質の紙を用いて親本と同じ位置に書写し、第五紙の裏全面に貼り付けるという方法を取っている。また第二二・二三紙には次に掲げるように、書写に関する付箋が加えられている〈影印集成三二〉本文一五八頁および参考図版⑦・⑧）。それぞれ二枚の付箋を重ねて貼り付けており、その内容はおそらく綱紀の指示にしたがって書写したことを報告し、あわせて書写の方針について指示を仰いだものと解される。

○第二二紙付箋

①此所相調候ニ不及候由被　仰出之通指除申候

②此付紙之所文字見へ申分似セ置可申候哉

○第二三紙付箋

①此所文字難見候間写置ニ不及候由被　仰出之通指除申候

②此付紙之所名判御座候裏ニて御座候故指除置申候如何可仕候哉

なおこのほかにも本紙の上端に付箋が立てられている箇所が散見する。第一紙・第三紙（二箇所）・第四紙（二箇所）・第九紙がそれである。第一紙の付箋は直下の行に文字の挿入があることと関連すると推定される。また第三紙・第四紙の場合はそれぞれ直下の行にかなり大きな虫損の形状を模写した箇所があるので、これと関連するかと思われる。第九紙の場合は必ずしも明瞭ではないが、当該行中の「本雷」が「大雷」の誤りと考えられることと関連するかと推察される。

2　巻　五

本巻の包紙および表紙の態様についてもすでに述べた。本文料紙は紙高三四・九cm前後、紙幅四七・五cm前後である。

巻末に以下の奥書がある。

右類聚國史第五巻摹寫八幡田中
法印家蔵之舊本乃加三校了
貞享初元仲秋日
権中将菅原綱紀

これにより、本巻も巻一と同じく親本が石清水八幡宮別当田中家に伝来し、現在も同宮に伝わる古写本であることと、これを前田綱紀が貞享元年に書写し三校を加えたことが知られる。本文は虫損の形状を忠実に模写し、校異注記も親本の状態を再現しており、巻一と同様に忠実に書写していることが察せられる。また親本の第一六紙紙背の裏書を書写している（〈影印集成三二〉一七七頁および参考図版⑥）。裏書は「泉郎ハアマト讀也」とあり、これは本文の貞観一八年（八七六）正月二五日条に見える「志賀嶋泉郎」の「泉郎」の読みを、「泉郎」の文字の裏側に書き示したものである。[14] これも巻一の場合と同じく本文料紙と同じ寸法、同質の紙を用いて親本と同じ位置に裏書を書写し、第一六紙の裏全面に貼り付けるという方法を取っている。

3　巻一四

本巻の包紙の態様についてもすでに述べた。本文料紙は紙高三四・九cm前後、紙幅四八・七cm前後である。親本の巻首が破損しており、その状態を正確に表現している。欠損は内題（「類聚国史巻第十四」）・部門名（「神祇部十四」）・項目名（「神位」）それぞれ一行、本文八行ほどであろう。第一紙の冒頭に界線（界高二二・四cm、界幅一・九cm）を書写しており、これも親本の様態を示したものであろう。前二巻と同様、本文は虫損の形状を忠実に模写し、校異注記も親本の状態を再現していると思われ、忠実な写本であることが察せられる。

本巻には「見了（花押影）」という一見奥書が見える。花押影は花押を親本から小紙片に写し取って貼り付けている。この奥書の主は不明であるが、これと同じ奥書・花押が東北大学附属図書館所蔵狩野文庫本の巻二五（一巻、函号　阿八―二）にあり、次に述べる模写本の巻二五にも書写されている。また本巻には鼇頭に注記が加えられているが、その筆跡は狩野文庫本の鼇頭注記と一致すると見てよい。さらに狩野文庫本の包紙には「類聚國史巻第廿五 壬生官務旧蔵」の墨書があり、模写本巻二五の包紙にも「類聚國史第二十五 新写卅三葉以官務本写之 一巻」の墨書がある。これらの墨書を信じれば狩野文庫本は壬生官務家旧蔵本ということになり、したがってそれと同じ奥書・花押、同筆の鼇頭注記を持つ本巻の親本もまた壬生家本の僚巻の可能性が高いということになる。

次に本巻の伝来について検討する。これについては国立公文書館（旧内閣文庫）所蔵『類聚国史』（函号　特一〇二甲―一、五三冊）の巻一四巻末（一六五頁図3）に、

見了（花押影）
右類聚國史巻第十四西三條
中納言所獻、今以文徳實録
校正焉、

という識語があり、国立公文書館所蔵『類聚国史』（函号　特五一―一、五七冊）の巻一四巻末（一六五頁図4）にも、

右類聚國史巻第十四、以西
三条中納言所獻之本繕寫
者、
元文元年丙辰十一月

の識語がある。これによれば本巻の親本は三条西家の所蔵本であったことになる。これに対応する記録が尊経閣文庫所蔵『書札類稿』第七冊に収める「三条西蔵書再興始末記一」に見える。すなわち前田綱紀が三条西家より借用していた書物を返還した際の元禄一六年（一七〇三）六月二一日付の「今般返進御書物之覚」に以下のように記されている。

　類聚國史第十四　　一巻　墨付六張
同　第百九十四　一巻　墨付卅六張
同　　　　　　　　一葉

ここに見える『類聚国史』巻一四は墨付が六張とあり、本巻と一致している。またほかの二点も、その張数が一致することから、後に述べる模写本巻一九四および巻次未詳断簡に相当すると考えることができる。すなわち本巻は綱紀が三条西家から借用した写本によって書写させたものと見られ、先の内閣文庫本の奥書が信ずべきものであることが判明する。かつて壬生家に所蔵されていたと思われる巻一四はその後三条西家の有に帰し、これを書写した写本が本巻ということになる。同じく「三条西蔵書再興始末記一」に収める元禄一六年四月二八日かと推定される「覚」には、巻一四・一九四は「世間流布不仕巻ニ候」とあり、この二巻が珍重すべきものであったことを物語っている。

4　巻二五

本巻の包紙および表紙の態様についてもすでに述べた。本文料紙は紙高三一・〇cm前後、紙幅横四八・〇cm前後である。本紙には界線（界高二二・一cm、界幅一・九cm）を書写しており、親本の様態を示したものである。前三巻と同様、本文は狩野文庫本の湿損・虫損の形状を忠実に模写し、校異注記・鼇頭注記も親本の状態を再現しており、忠実な写本である。

先に述べたように本巻の親本は東北大学附属図書館所蔵狩野文庫本であることは明らかである。巻一四と同じく「見了（花押影）」の一見奥書があり、花押影は花押を小紙片に写し取ったものを貼り付けている。先に引いた本巻および狩野文庫本の包紙の記載によれば、狩野文庫本は壬生官務家旧蔵本と見られる。

5　巻一九四

本巻の包紙の態様についてもすでに述べた。本文料紙は紙高三五・〇㎝前後、紙幅四九・〇㎝前後である。巻一九四の現行本は巻首が欠失しており、記事は弘仁元年（八一〇）一二月庚午条から始まるが、本巻も同様である。また巻一四と同じく本巻も第一紙の冒頭に界線（界高二三・四㎝、界幅二・一㎝）を書写しており、親本の様態を示している。前四巻と同様、本文は破損・虫損の形状を忠実に模写し、校異注記も親本の状態を再現していると思われ、忠実な写本であることが察せられる。

本巻には奥書がないが、巻一四と同じく国立公文書館所蔵本『類聚国史』（函号 特一〇二甲—一。一六五頁図5）に、

右類聚國史巻第百九十四、西三
條中納言所獻、今以續日本後紀・
三代實録校正焉、

の奥書があり、また国立公文書館所蔵本の別本（函号 特五一—一。一六五頁図6）の巻末にも、

右類聚國史巻第百九十四、以

西三条中納言所獻之本繕
寫者、
元文元年丙辰十一月

とある。これらによれば、巻一九四も巻一四と同様に三条西家に所蔵されていた。先に引用した「三条西蔵書再興始末記一」所収の「今般返進御書物之覚」の記録とあわせ考えれば、本巻もまた三条西家所蔵本によって前田綱紀が書写させたと見てよいであろう。

なお、先に引いた「三条西蔵書再興始末記一」所収の「覚」にあるように巻一九四はあまり流布していなかったと考えられ、また巻首の欠失状況が現行本と一致することからすれば、現行本の祖本はおそらく本巻の親本、すなわち三条西家本と推定されるであろう。

6　巻次未詳断簡

本巻の包紙の態様についてもすでに述べた。本文料紙は紙高三四・九cm、紙幅四七・九cmであり、これに六行を書写する。親本は破損が著しいと見え、補修を加えた形跡が認められるが、その際に墨痕のある紙片を正しい位置に置いていなかったことがうかがわれる。文中に紀朝臣松永の若狭守任官、源朝臣寛の加賀守任官のことなどが見えるので、『続日本後紀』承和六年（八三九）正月甲子条の記事の一部であるが、『類聚国史』のなかでのこの記事の位置は不明である。

本巻の親本も前掲「三条西蔵書再興始末記一」所収「今般返進御書物之覚」に見える「同一葉（類聚国史）」がそれに当たると推定され、三条西家の所蔵にかかるものであり、巻一四・一九四とともに元禄末年～宝永初年の頃に綱紀が書写せしめたものであろう。

おわりに ―『類聚国史』と壬生家・三条西家―

冒頭に述べたように『類聚国史』は中世の戦乱によってその多くが散逸したが、少なくとも一四～一五世紀の交、応永年間（一三九四～一四二八）頃までは完本に近い巻数が伝わっていたことが一条経嗣の日記『荒暦』応永三年（一三九六）六月五日条から確認される。『荒暦』には次のように見える。

宣俊来、類聚国史一部二百巻此内十巻缺五合、今日可預給兼熙卿間、其事為令奉行、所招引也、缺巻等注一紙、予自筆向彼宿所了、件書一部、後堀河院御文書也、此内二十六巻通俊卿本也、旁雖為秘本、彼卿父子忠孝異他之間、暫所預給也者、累代秘本、能々可預置之由、仰遣了、

これによって応永三年当時、一条経嗣が一九〇巻を五合に納めた『類聚国史』を所蔵していたことが知られる。(15)しかしこの後はこのような完本に近い分量の写本の存在を示す明徴は管見には入らない。

やや下って一五～一六世紀の明応年間（一四九二～一五〇一）に壬生官務家に『類聚国史』の写本が伝わっていたことを示す史料が現れる。尊経閣文庫所蔵明応本一五冊がそれである。前に述べたように、このうちの六冊（巻五四・七一・七五・七七・七八・八〇）の末尾には小槻（壬生）雅久の明応九年五月二四日の識語があり、これによって当時壬生家には少なくともこの六巻の『類聚国史』の写本が伝わっていたことが知られる。壬生家の伝来本はその後『義演准后日記』慶長九年（一六〇四）二月一九日条に、

一昨日類集國史官務所ヨリ召寄了、凡二百巻モ在之歟、廿二巻取寄了、内一・二巻書寫之、

と見え、近世初頭には少なくとも二二巻が壬生家に伝存していたことが判明する。さらに壬生孝亮の日記『孝亮宿禰記』元和九年（一六二三）六月二一日条に、

自禁裏内々仰有之、類聚國史廿二巻令借献、

とある。同じく『孝亮宿禰記』寛永五年（一六二八）六月二七日条にも、

官庫御記 令卅五巻 類聚國史廿二巻 朝野群載十九巻 二條殿有恩借云々、

とあって、ここでも二二巻の伝存が確認できる。しかし『孝亮宿禰記』寛永九年（一六三二）正月九日条には、

類聚國史五巻借進六條羽林、

とある。また壬生忠利の日記『忠利宿禰記』寛永一二年（一六三五）一一月九日条にも、

類聚國史五巻借進今出川大納言、

とあり、この頃には「五巻」という数字が現れる。もっともこれが当時の壬生家に伝存していた『類聚国史』の全てであるかどうかは判然としないが、上記の日記から、近世初頭の壬生家には少なくとも二二巻の『類聚国史』が伝存していたことが明らかである。現在、壬生家の蔵書の多くは宮内庁書陵部・京都大学文学部などに入っているが、これらの日記に現れる『類聚国史』に該当する写本は伝わっていないようであり、わずかに東北大学の狩野文庫本（巻二五）と前田綱紀が収集した尊経閣文庫の古本（巻一七一・一七七・一七九）、また尊経閣文庫模写本中に残る巻一四がその一部と考えられるにすぎない。

壬生家とともに『類聚国史』の古写本を所持していたのが三条西家である。周知のように三条西実隆・公条父子は永正一〇～一一年（一五一三～一五一四）に『日本書紀』を、同一一～一四年に『続日本紀』を、同一二年に『日本文徳天皇実録』を、同一二・一六年・大永二～四年（一五二二～一五二四）に『日本三代実録』を、それぞれト

部家相伝本によって書写し、さらに大永四年および天文元〜二年（一五三二〜一五三三）に『日本後紀』を、天文二〜四年には『続日本後紀』を書写している。(16)『類聚国史』大永本がこれらと並行して三条西家において書写されたと考えられることは注目される。すなわち、三条西家では永正一〇年〜大永四年に『日本書紀』『続日本紀』『日本文徳天皇実録』『日本三代実録』および『日本後紀』の一部の書写を終え、しばらく間を置いて天文元年から『日本後紀』『続日本後紀』の書写を再開している。『日本後紀』『続日本後紀』の記事のみを全文書写する方針の大永本がほぼその中断の間に成立しているとすれば、大永本の書写がきたるべき『日本後紀』『続日本後紀』の書写と関連していると見ることも強ち不当とはいえまい。飯田瑞穂氏が推定したように、大永本の書写時点で三条西家が『日本後紀』『続日本後紀』を所蔵していなかった可能性は高い。(17)三条西家の『類聚国史』は、同家における二〇年余りに及ぶ六国史の書写事業のなかで、それを補完するものとして利用するために書写されたものといえよう。

前述のように三条西家では、近世前期には大永本のほかに少なくとも巻一四・一九四の『類聚国史』古写本と断簡一紙を所蔵しており、このほか明応本も前述のように三条西家に入っていた可能性が高い（注（3）参照）。また飯田氏によれば、公条が作成した『類聚国史』抄出紙片のうち第一〜三紙（巻一六一）・第一一紙⑤（巻一七八）・同⑥（巻一八九）・同⑧（巻一九）に相当する現行本『類聚国史』はいずれも抄略本であって、この紙片によってはじめて知られる記事を含んでおり、したがって抄出紙片を作成するに当たって公条は完本の『類聚国史』を参照した可能性があるという。(18)しかし三条西家の周辺に痕跡を残すこれら『類聚国史』や六国史の写本は、壬生家の『類聚国史』ともども、すでにその多くが堙滅しており、前田綱紀が書写・収集に努めたことにより辛うじて散逸を免れた尊経閣文庫の諸写本は、それゆえに古代史籍の文献学研究に不可欠の史料的基礎を提供しているのである。

注

（1）一般に現存巻数は六二巻とされるが、巻一七〇は『類聚国史』〈国史大系〉（経済雑誌社、一九一六年）の編者が醍醐寺三宝院所蔵『祈雨日記』から該当記文を抄出して補い一巻とし、『類聚国史』前篇・後篇〈新訂増補国史大系五・六〉（吉川弘文館、一九三三年）もこれを踏襲したものである。いわば逸文であって、『類聚国史』の写本として伝来したものではないので、写本の現存するものは六一巻と見なす。

（2）国宝指定書は次のとおりである。

書第一七三号

国宝指定書

類聚國史巻第百六十五、第百七十一　第百七十七　第百七十九　四巻

第百六十五　縦九寸六分　全長五十五尺〇五分

第百七十一　縦九寸五分　全長三十二尺一寸七分

第百七十七　縦九寸五分　全長三十三尺四寸

第百七十九　縦九寸五分　全長二十七尺六寸七分

紙本墨書　巻子本　墨罫あり

平安末期書寫

右を国宝に指定する

昭和二十八年十一月十四日

文化財保護委員会印（印文「文化財／保護／委員會」）

（3）育徳財団「古本類聚國史解説」（育徳財団、一九三二年）。

（4）育徳財団「古本類聚國史巻第百七十一略説」（育徳財団、一九三三年）。

（5）育徳財団「古鈔本類聚國史巻第百七十七略説」（育徳財団、一九三四年）。
（6）育徳財団「古鈔本類聚國史巻第百七十九略説」（育徳財団、一九三四年）。
（7）『松雲公採集遺編類纂　書籍』（金沢市立図書館加越能文庫所蔵写本〔函号一六〇―一八〕による）第九四冊所収「前田家松雲公書籍捜索書　上」に次のような覚書がある。

三條西殿書物之覚

一類聚國史　十九冊
自第四
至第四十　一冊　此内有不足
自第五十四
至第八十九　一冊　此内有不足
第九十九　一冊
自第百一至
第百九十九　一冊　此内有不足
右四冊者以之外虫損有難寫殊ニ
細字ニ而有之候
第四　一冊
第五　一冊
第三　口少不足　一冊
第九　一冊
第卅二　一冊
第卅六　一冊
第五十四　一冊
第七十一　一冊
第七十三　一冊

第七十五　　一冊
第七十七　　一冊
第七十八　　一冊
第八十　　一冊
第百卅七《（ママ）》　　一冊
第百五十九　　一冊
右十五冊も虫損有之但始之四冊程
無之本柄別本ニ而有之
奥書
中山春蘭外史借雅久累代家傳
之本命門下書生令寫焉仍見求題
巻尾應其請以為將来之證云
明應九年五月廿一日
左大史　判

冒頭に「三條西殿書物之覚」とあるように、ここに掲載されている『類聚国史』は前田綱紀の時代に三条西家に所蔵されていたものである。そのうちの最初の四冊は、内訳から考えて後に述べる大永本に相当すると見てよいであろう。続く「第四」以下「第百五十九」までのグループ一五冊は、冊数・内訳が明応本とほぼ一致しており（「第百卅七」は「第百冊七」の誤写であろう）、また明応本の奥書も引用されているので、明応本を掲げたものと見られる。したがって遅くとも綱紀の時代には明応本が三条西家に所蔵されていたことは確実であろう。

（8）　飯田瑞穂「六国史と尊経閣文庫」（『日本古代史叢説』〈飯田瑞穂著作集五〉吉川弘文館、二〇〇一年、初出一九七〇年）。
（9）　前掲注（8）飯田論文。

（10）　飯田瑞穂「尊経閣文庫蔵『類聚国史』抄出紙片について――『三代実録』逸文の紹介――」（『古代史籍の研究』下〈飯田瑞穂著作集四〉吉川弘文館、二〇〇一年、初出一九七〇年）。
（11）　前掲注（8）飯田論文。
（12）　これを例外とする理由について飯田瑞穂氏（前掲注（10）論文）は第一一紙②の「源信の薨伝だけは、より詳しい記事が現伝三代実録に存する。しかし、紙片に「十二月廿八日」とあることからみて、紙片の筆者はそれが閏十二月廿八日の記事であることに気付かず、これも本史に見えぬものと判断して写した蓋然性が大であらう」と述べている。
（13）「首尾留」とは、一紙ごとに第一行と最終行の行頭の数文字を書き出したもので、模写本巻二五・一七一・一七七・一九四の各巻に添えられている。巻一九四では「毎葉口奥之認」と称している。これは「右、以後裏打被仰付候節、紛敷無御座候様、一葉〳〵首尾留仕置申候」（巻二五「首尾留」）とあるように、料紙の順序を誤らないための措置である。
（14）　この裏書に関する以下のような書付けが模写本巻五に添えられている。

類聚國史第五之巻裏書之覚
十六葉五行六行之間之裏
志賀ｃ嶋泉郎男十人
「泉郎ハアマト讀也」（裏書透け）
寳龜十一年大貳
右元本裏書文字当り所之扣裏打被
仰付候節此覚書ニ而引合申候へ者相違無之
被成候以上
子
八月廿一日　　瀬尾又八

とあり、親本の裏書の位置を正確に示したものである。

和角兵助

（15）吉岡眞之「中世史料に現われた『類聚国史』」（『古代文献の基礎的研究』吉川弘文館、一九九四年、初出一九九〇年）。
（16）坂本太郎「六国史の伝来と三条西実隆父子」（『六国史』〈坂本太郎著作集三〉吉川弘文館、一九八九年、初出一九七〇年）。
（17）前掲注（8）飯田論文。
（18）前掲注（10）飯田論文。

参考文献

『類聚国史』前・後篇〈新訂増補国史大系五・六〉（吉川弘文館、一九三三年）
近藤磐雄編『加賀松雲公』中（前田家、一九〇九年）
藤岡作太郎編『松雲公小伝』（前田家、一九〇九年）
吉岡眞之「類聚国史」（皆川完一・山本信吉編『国史大系書目解題』下、吉川弘文館、二〇〇一年。本書第一部第四章に収録）。

補注

（1）包紙は、繊維（楮）が縦・横に強い方向性を示しており、流し漉きの技法で漉かれた紙と判断できる。そのためもあって、漉きムラは目立たない。繊維間に白色混入物（デンプン質の填料）が目立つのは、近世紙の特徴といってよい。漉簾の簀目は二四／三cm、糸目は三cm前後である。紙厚は一二〇μm前後の厚紙で、打紙加工はなされておらず、表面は毛羽立ちが目立つ。そのため墨の乗りはよくなく、全体にかすれが生じている。
（2）繊維（楮）の方向性は明確ではなく、流し漉き技法で漉かれた紙とは考えにくい。全体に、やや漉きムラが目立つ。透過光による観察では、切れていない未蒸解・未叩解繊維が散見される（他巻も含め、全般に『類聚国史』の巻子本では、これらの処理が雑な印象を受ける）。一方、顕微鏡による観察では、繊維間の不純物はほとんど見えない。紙厚は、平均して一一〇〜一三五㎛の範囲で変動する。漉簾の規格は、簀目が一五〜一六本／三㎝（肉眼で見える）で、糸目は視認できない。

表面加工は、強い打紙に加えて、濃いニカワが塗布されており、作業の際に生じた紙焼けらしき弱い変色が紙の全面で生じている。以上の丁寧な表面加工の結果、墨の乗りは極めてよい。墨継ぎが視認しづらいほど濃い墨で筆記しているからか、墨のにじみも裏面への染み出しも発生していない。

（3）繊維（楮）の方向性は明確ではなく、流し漉き技法で漉かれた紙とは考えにくい。紙厚は紙によって異なるが、平均して九〇〜一〇〇㎛の範囲に収まる。紙によっては、漉きムラが目立つ。漉簾の規格については視認できない紙も少なくないが、複数の箇所で簀目が一九本前後／三㎝、糸目が三・三㎝強と確認でき、おぼろげに見えるほかの箇所でもこの近似値に収まる。透過光による観察では、かなり長い切れていない未蒸解繊維が散見される。また顕微鏡による観察では、繊維間にデンプン質らしき白色混合物が見える。以上の特徴からすると、ほかの巻とは異なる紙を使って書写している可能性が指摘できる。

なお本巻のうちでも第四紙は、紙厚一〇〇〜一一〇㎛とやや厚めなうえ、漉簾の規格が簀目一五〜一六本／三㎝（見えにくい）、糸目三・六㎝と、他紙と異なっている。透過光による観察で未叩解繊維が多数見えるなど、諸々の点で前後の紙と異なる特徴を有しており、前後とは別の紙である可能性が高い。

本巻の紙には、全体に強い打紙加工が施されており、また打紙作業に先立って薄いニカワ溶液を染みこませているようである。ただし巻一六五で表面に目立ったテカリは、巻一七一では裏面の方が強く、両者は書写に際して表裏を逆に利用している可能性がある。

なお紙質とは別に、表面加工は四巻に共通のものと推定される。その結果、四巻には同種の問題が発生している。たとえば、いったん紙繊維の上に定着した墨が、パズルのピース状に剝離している箇所が散見される。肉眼では墨のかすれとして視認されるこの現象は、これらの史料の場合、（おそらくは経年劣化を背景とした）接着剤の役割を果たしているニカワの接着力低下が進む過程で生じたものと推定される。同種の現象が程度の差こそあれ四巻全体で生じていることは、これらの紙が特定の主体により同一の表面加工を施されたうえで、書写担当者に支給された可能性を示唆している。縦方向の毛羽立ちが散見される点も含め、四巻の書写に利用された紙に同質の要素が認められる背景といえる。これに関連して、パーツ欠けが生じた文字について、一部で後世の重書きが加えられている点は、本文判読の際に注意が必要である。

（4）繊維（楮）は横方向に流れるものも少なくないが、はっきりとした方向性は見出せず、明確な流し漉き技法で漉かれた紙とは考えにくい。全体に、漉きムラが少なくない。透過光による観察では、繊維間の不純物はほとんどない。一方、顕微鏡による観察では、切れた未蒸解繊維や切れていない未叩解繊維などが散見される。漉簾は簀目が一五／三㎝（萱簀だろう）、糸目はよく見えないが三～三・五㎝間隔くらいである。紙厚は八〇～一〇〇㎛の範囲を中心とするが、一三〇㎛程度の箇所もある。表面加工は、強い打紙加工とニカワ塗布を併用している。なお裏面のテカリが強い状態から見て、書写の際の利用面は巻一七一と同じ側であろう。全体に墨の乗りはよい。中央に紫カビが目立つ紙を含むので、巻物全体の変色は湿損によるものである可能性も想定される。

（5）繊維（楮）は横方向に流れるものも少なくないが、はっきりとした方向性は見出せず、明確な流し漉き技法で漉かれた紙とは考えにくい。全体に、漉きムラは多い。透過光による観察では、未蒸解・未叩解の長い繊維を中心に、一部で切った繊維も混入する。一方、顕微鏡による観察では、繊維間の不純物はほとんど見当たらない。紙厚は九五～一〇五の範囲を中心とするが、ところにより一三〇㎛前後の箇所もある。漉簾は簀目が一四～一五本／三㎝、糸目はよく見えないが三・五㎝間隔くらいであろう。

表面加工は強い打紙を施したうえで、ニカワも塗布している。なおこの巻も、巻一七一・巻一七七と同じくテカっている面を裏にして利用している。ただし湿損を受けた際に、そのテカリが表面に転写しているようである（たとえば第五紙）。全体として、墨の乗りはよい。

（6）繊維（楮）は縦・横に強い方向性があり、流し漉きの技法で漉かれた紙と判断できる。透過光による観察では地合はよいが、紙厚を計る限りムラは散見される。紙厚は、たとえば第七冊で一一五～一二五㎛、第八冊で一三〇～

一四五㎛と、冊による差が存在する。漉簾の規格は、簀目が二〇～二一本／三㎝、糸目が二・五㎝（後者はよく見えない）くらいであろう。繊維間に、デンプン質の白色混入物が目立つ。

表面加工については、打紙加工は施さず、薄いニカワ溶液を塗布している程度のようである。そのため墨継ぎ箇所でにじみが生じ、奥書のように墨継ぎせずに早めの運筆の箇所では全体にかすれがちの文字となるが、基本的に墨の乗りはわるくない。このほか、ところどころに刷毛目が見える。

（7）第一部第四章補注（3）を参照。

（8）繊維（楮）は横方向に弱めに流れているように見えるので、流し漉きに近い技法で漉かれた紙と推定される。全体に裏打ち（六五～七五㎛の紙）されていることもあり、漉簾の規格は確認できない。紙厚は、冊によって差が確認される。たとえば第一冊では一四五～一五五㎛（裏打ち紙の厚みを含む）なのに対し、第二冊では一一〇～一二五㎛（同）となっている。同じ機会に漉いた紙でも紙料液中の繊維濃度が低下するにつれて薄くなっていく現象も念頭に置くと、この点のみから両冊の紙が異なると断定すべきではない。紙質や表面加工は二冊とも類似点が多いこともあり、漉簾の規格が確認できない状況下では、とりあえず結論を保留しておきたい。

このほか全体的な傾向を述べておくと、透過光観察によれば漉きムラは目立たず、チリの混入も少ない（一部に切れていない未蒸解繊維が散見される程度）。ただし顕微鏡観察によれば、繊維間に白色の混入物が目立つ（これは全体に虫損が多いことと関係する可能性が高い）。表面加工としては、打紙加工は施されておらず、薄いニカワ溶液が塗布されているだけだが、墨の乗りは並程度のレベルを確保している（墨継ぎ箇所で少々滲む傾向がある）。

なお表紙見返しに一丁表の墨映が強く転写している現象は、後世における保存状態の問題から生じたものであろうか。この点は、もう少し詳細な検討が必要である。

（文責：渡辺　滋）

第二部　法制史料

第一章　尊経閣文庫本『交替式』

一　概　要

交替式に関する基本文献としては早川庄八氏の「延暦交替式・貞観交替式・延喜交替式」があり、論じるべき問題はこれに尽くされている。[1] したがって、ここでは尊経閣文庫本に即して必要最小限の事柄に限って述べることとする。

日本律令国家の官人交替にかかわる法令集である交替式は（イ）『延暦交替式』（「撰定諸国司交替式」、延暦二二年〔九二二〕二月二五日奏上）、（ロ）『貞観交替式』（「新定内外官交替式」。『延喜交替式』奏上文によれば貞観九年〔八六七〕撰）、（ハ）『延喜交替式』（「内外官交替式」、延喜二一年〔九二一〕正月二五日奏上）の三種が現在伝わっている。（イ）は現在石山寺に貞観年間〔八五九～八七七〕頃の書写といわれる古写本一巻が伝来しており、これが諸写本の祖本に当たる。（ロ）（ハ）は『交替式』〈尊経閣善本影印集成三五―一〉（八木書店、二〇〇五年、以下〈影印集成三五―一〉と略称）に影印のうえ収録した室町時代後期の書写と考えられる写本が現存最古のものであり、[補注1]これも諸写本の祖本の位置を占めている。（ロ）は本来、上下二巻より成っていたが、下巻のみが現存する。（ロ）（ハ）は現在（ハ）―（ロ）の順序で一冊に合綴されている。これがいかなる理由によるものか、明瞭ではないが、『貞観交替式』冒頭に「新定内外官交替式巻下」とあるために、『延喜交替式』を「巻上」と誤認したものかと推定される。両者の筆跡は異なっており、別個に書写されたものを便宜的に合綴したものであろうが、その際にこのように誤認したものであろう（以下、合綴された状態を指す場合は「本書」と称する）。以下においてはまず本書全体にかかわる事項について述べ、ついで（ロ）（ハ）それぞれの書誌的問題を中心に順次解説する。

二　書　誌

1　包　紙

本書を包む包紙は縦約四一・五cm、横約五六・五cmの厚手の奉書で、「交替式　一冊」と墨書され、また「本書巻上ハ延喜交替式ニシテ／巻下ハ貞観交替式ナリ」と墨書された短尺状の紙片（縦一五・五cm、横四・一cm）が貼付されている〈影印集成三五―一〉参考図版②）。

2　箱

前述のように本書は『延喜交替式』と『貞観交替式』をこの順序で合綴しており、これを桐箱（縦三二・九cm、横二四・三cm、高二・三cm）に納め、箱蓋の表には包紙と同筆で「交替式　一冊」と墨書され〈影印集成三五―一〉参考図版①）、蓋の右側面に「梅乙三二」とペン書きされたラベルが、また左側面には「政書㊝／四十四號」（㊝は朱印）と墨書された貼紙が貼付されている。また蓋の裏には、

此本者西三條家傳之舊籍也有故余感得焉
可謂幸矣
　　貞享二載乙丑之歳冬十一月十一日
　　　　　　左近衞權中將菅綱紀

　　墨附肆拾捌葉

と墨書されており（〈影印集成三五―一〉参考図版①）、三条西家に伝来した本書を貞享二年（一六八五）に前田綱紀（一六四三～一七二四）が入手したことが知られる。なお、尊経閣文庫所蔵『書札類稿』第七冊「三条西蔵書再興始末記」（元禄一五～宝永元年〔一七〇二～一七〇四〕）に収める「覚」（七月一八日付）には、

覚

（中略）

延喜式第十六二葉

此内ニ被巻添候二十四枚、交替式ト相見申候得共、所持之本国許ニ残置候故、委細次第等難致吟味候条、於国許見合、其上ニ而修覆可申付候、此書亦世間ニ無御座物ニ候故、外ゟ借寄候而見合可申様も無御座候、（下略）

とあり、「交替式」らしきもの「二十四枚」を見出したことが述べられている。この紙数は現存の「交替式」の墨付四八紙と一致せず、また「交替式」は世間には存在しないものなので他本と比較のしようがないとも述べており、多少の疑義はあるが、元禄～宝永（一六八八～一七一一）の頃に前田綱紀によって本書の一部が再発見されたものと推察される。ただしここに「所持之本国許ニ残置候」とあることからすれば、前記の箱書に貞享二年に入手した

とあるのは本書の一部であり、その後、元禄末～宝永初年にその残りを見出して所持本に加えたものであろうか。（補注2）この「覚」により、三条西家における「交替式」の保存状態が極めて悪いものであったことがうかがわれ、現在の状態は綱紀による修復の結果を示していると思われる。

3　形状等

本書を収録する新訂増補国史大系の凡例は「前田侯爵家所蔵の貞観交替式及び延喜交替式は合せて一冊となれり、楮紙、袋綴、毎頁十三行、表題に交替式全とあり、内題なし、足利時代後期の書写にしてもと三条西家に伝へられたるものなり」と述べ、ついで前述の箱蓋裏の箱書を引用しており、本書の形状と伝来が過不足なく記述されている。(2) 多少の重複は免れないが、ここで改めて本書の書誌の概略について述べておく。

本書は袋綴装（四目綴）の冊子本で、法量は縦二八・四cm、横二一・一cm。料紙は楮紙。（補注3）薄茶色の表紙に「交替式全」と打ち付け書された外題（前田綱紀筆カ）がある。蔵書印はない。本文・校異は全て墨筆で、朱筆は認められない。本書の首尾に遊紙各一紙があり、（補注4）墨付きは『延喜交替式』一七紙、『貞観交替式』三一紙である。本書上端部には冒頭より末尾まで、合綴後に受けたかなり大きな破損があり、このため、表裏の表紙を含めて全紙に裏打ちが施されているが、裏打ちの後に湿損を受けていると見られる。

なお本紙第一丁の袋に「高麗《カウラ》本音リ也 名目ライ也 大文小文トモ云也」と墨書した短尺（縦一二・四cm、横二・二cm）が挟み込まれているが、本書との関係は不明である（〈影印集成三五―一〉参考図版③参照）。

三　『貞観交替式』巻下

1　丁数・行詰め・字詰め

墨付きは三一紙、半丁の行詰めは一三行である。一行の字詰めはかなり幅があり、二二オまでは二八字前後であるが、それ以降はおおむね二二字前後に減少する。ほぼ二二ウないし二三オから書風に変化が見られるように思われ、字詰めの変化はこのことと関連するかもしれない。

2　書風・用字

書風の変化が筆跡の変化であるのか、単なる筆の違いによるのかは、変化の境界が不明瞭であることとも相俟って判断が困難であるが、書風とともに用字にも変化が見られるかに思われる。頻出する「国（國）」を例に取ると、一八オ（『貞観交替式』の第一紙）から二二オまでは「國」が支配的であり、「国」は一例のみ（二二オ七行目）であるが、二二ウ以降は「国」が圧倒的に多く用いられている。また「解」（「觧」も含む）について見ると、二一ウまでは全て「解」を用いているのに対して、二二オ以降は「解」の旁を「年」、あるいは「斗」（二四オ三行目の「觧」、三五オ三行目の「觧」の二例）に作り、「解」は二二オ三行目の「觧」が一例あるほかは皆無である。これらはわずかな事例に過ぎないものであり、書風の問題を解決するためにも、用字の全般的な傾向については今後の検討が必要である。

3　本　文

前述のように本書は料紙の上端から四分の一ないし三分の一の部分にかなり大きな破損があり、文字の判読が困難な箇所が少なくない。また本文中には（1）一ないし数文字の脱字、（2）脱文、ないしは脱文の可能性のある箇所、（3）文章の重複（三九ウ頭注参照）、（4）改行すべくして改行がなされていない場合、また改行の箇所が不自然な場合、（5）大規模な文章の入れ違い（四六オ頭注参照）などがあり、このほかにも（6）ほかの史料の竄入と思われる箇所（三四オ一二行目〜三四ウ一行目）など、書写の正確さもしくは親本・祖本に問題があると見られる点がまま認められる。このうちの（2）（4）（5）についてさらに述べておく。

（2）脱文については以下の箇所に認められる。まず冒頭の目録のなかで、「国司出挙収納以次事」（一八オ八行目）の次に弘仁五年（八一四）七月二〇日太政官符（二三ウ・二四オ）の事書「応官物欠負国司共塡事」が脱落していると見られる。同じく目録の「応無封神社令禰宜祝等修理事」（一九ウ四行目）の次に天長元年（八二四）八月二〇日太政官符（四一オ・ウ）の事書「諸社封物令国司検校事」および延暦二四年（八〇五）一二月二五日太政官符（四一ウ・四二オ）の事書「応簡任諸国講師及相替六年為限事」の二条が脱落していると考えられる。また本文では、二八ウ六行目の次に大同二年（八〇七）四月（十脱カ）五日太政官符の事書「応借貸正税諸国書生等事」が脱落している。これらはいずれも目録と本文を相互に比較することにより補うことが可能である。

このほか、本文における脱文かと思われる箇所は以下のとおりである。

（イ）倉庫令倉蔵受納条の「今案」（二〇オ六行目）は「数人共納」の次に約三字分の空白を置いて改行されているが、『延暦交替式』の「今案」ではこの空白部分に「数人共出理」の五字がある。

（ロ）天平八年（七三六）一一月一一日太政官符の本文の末尾「依奏」（二八オ九行目）の次に、『延暦交替式』では「者省宜承知准状施行自今以後永為恒例」の一七字が続く。

（ハ）延暦一四年（七九五）七月二七日太政官符の本文の末尾「依先符」（三一オ七行目）の次に、『延暦交替式』

では「者省宜承知准勅施行」の九字が続く。
（ニ）天平神護二年（七六六）九月五日勅の二行目と三行目の間（「朕甚」と「稲穀」の間）（三五ウ五・六行目）に、『延暦交替式』では「悽歎如聞国司等朝委未称私利早著倉庫懸磬」の一九字がある。
（ホ）延暦一九年（八〇〇）九月二日太政官符の本文の末尾「不得闕怠」（三七ウ一三行目）の次に、『延暦交替式』では「者諸国承知依宣行之」の九字が続く。

このうち（イ）は単純な脱文ではなく、親本もしくは祖本の破損に起因している可能性を想定すべきであろう。また（ニ）は書写の際におそらく一行分を飛ばしたものと思われる。しかし残る三例は必ずしも脱文と断定することはできない。現状のままでも法令の趣旨が十分に表現されているのみならず、この三例はいずれも「者（テヘレバ）」以下を欠くという共通点を持っており、意図的に文章を省略して書写したと見ても差し支えないものである。この三例の官符はいずれも『延暦交替式』に収録されているものであり、早川氏の指摘のように『貞観交替式』が『延暦交替式』を土台として、これに追加・加筆する方法で編纂されたのであれば(3)、編纂の際に『延暦交替式』の条文を、その趣旨を損なわない範囲で部分的に省略することもまた行われえたであろう。

なお、各法令の冒頭に太政官符等の法令の名称が記載されている場合と記載されていない場合がある。これは不統一の誹りを免れないが、また単純な脱落ともいいがたい。ことに『延暦交替式』に存在するにもかかわらず『貞観交替式』には存在しない場合（天平八年〔七三六〕一一月一一日太政官符〔二八オ〕・延暦一四年七月二七日太政官符〔三〇オ〜三一オ〕・延暦一九年九月二日太政官符〔三七ウ・三八オ〕）、また『延暦交替式』の「太政官宣」を『貞観交替式』では単に「官宣」としている場合（二〇オ）もあり、意図的な省略と見られないこともない。他方、天平八年四月七日太政官符（四五オ・ウ）のように『延暦交替式』に存在しない事書が『貞観交替式』に存在する場合もある。これらについては現段階ではその意味を十分には説明しがたいが、前述のように『貞観交替式』が『延暦交替式』に追加・加筆する方法で編纂されたのであれば、加筆とともに意図的な省略がなされることもありうるであろう。

（4）改行すべくして改行がなされていない場合とは以下のようなものである。（イ）倉庫令倉蔵受納条の「新案」（二〇オ七行目）は、ほかの事例から見て改行して行頭にくるべきものと思われるが改行されていない。また（ロ）天平勝宝七年（七五五）七月九日諸国朝集使起請（二一ウ・二二オ）において、問答形式の「問」と「答」が改行されていない場合がある。この場合は『延暦交替式』では改行がなされているので、おそらく改行すべきところであろう。さらに（ハ）弘仁三年（八一二）八月一六日太政官符の事書「可塡被焼官物事」が前行に続けて記されている例（二七ウ）、（ニ）宝亀四年（七七三）正月二三日明法曹司解の名称「明法曹（司）解」が前行に続けて記されている例（三八ウ）は改行してしかるべき例である。このほかに（ホ）各法令の年月日が改行されずに本文に続けて記されている箇所がかなり見受けられる。上記の諸国朝集使起請の場合もその例であり、このようなケースはほかに弘仁五年（八一四）七月二〇日太政官符（二四オ）・天長二年（八二五）五月二七日太政官符（二五ウ）・天平八年（七三六）一一月一一日太政官符（二八オ）・延暦二五年（八〇六）三月二四日太政官符（二八ウ）・大同二年（八〇七）四月五日太政官符（二九オ）・天長二年五月二七日太政官符（三六ウ）・承和八年（八四一）一〇月一九日太政官符（三七ウ）・天長三年（八二六）七月一五日太政官符（四〇ウ）がある。また（ヘ）末尾の奏上文は『延暦交替式』のそれをほぼそのまま転載したものであるが、勘解由使および検校の位署は全て追い込みで書写されている。これも『延暦交替式』の形式に徴すれば、それぞれ一人一行の形式に改行すべきところである。

次に不自然な箇所で改行がなされているケースもある。（ヘ）弘仁三年（八一二）八月一六日太政官符（二七ウ。

図1）の場合、九から一〇行目にかけての改行に不自然さがある。九行目行末の「其責」の次に約四字分の空白を置いて改行しているが、一〇行目冒頭の「恒称」に続けても文意に不自然さはなく、この官符を載せる『類聚三代格』および同趣旨の勅を載せる『日本後紀』ではいずれもこの間を続けており、この改行には不自然さが残る。また（ト）承和八年二月二二日太政官符（三八オ）では一二〜一三行目の改行が不自然である。この場合は平出の改行と見られないこともないが、一三行目冒頭の「天裁」の上に二字分の空白があること、ほかに平出の事例がないことからすれば、ここの改行は不自然である。

以上、不適切ないし不自然な改行について取り上げたが、これらが書写の際に生じたものなのか、あるいは親本・祖本の様態に引かれた結果なのかは判断が困難である。

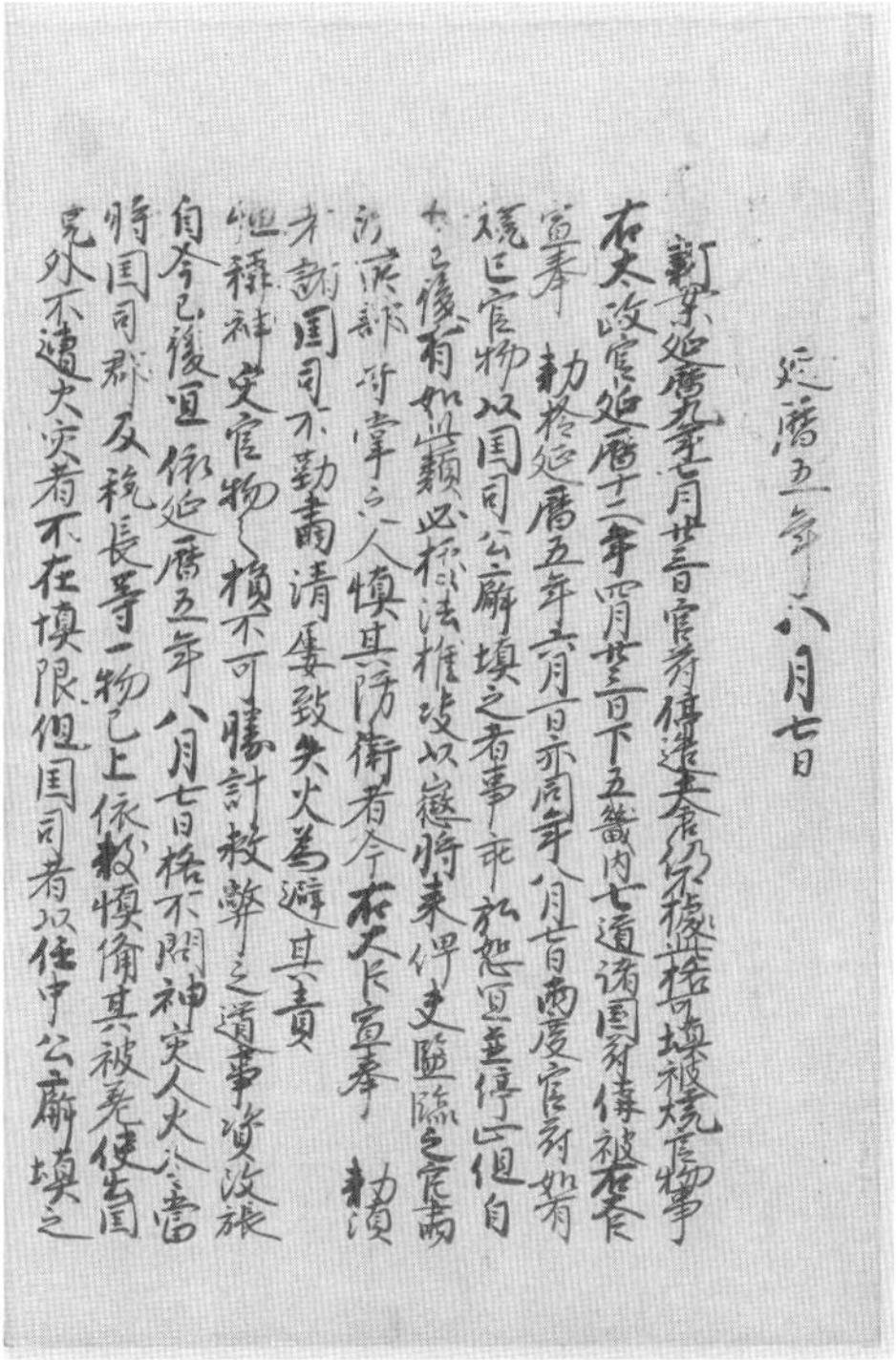

図1　尊経閣文庫本『交替式』（27ウ）
9〜10行目に不自然な改行あり

次に（5）大規模な文章の入れ違いについて触れておく。本来は（A）四六オ七行二字目の「謂」から四七オ二行目行末の「之事」までのほぼ二二行と、（B）四七オ三行目行頭の「道」から四八オ四行目行末の「斯之」までの二八行が、（B）―（A）の順序であるべきところ、その順序が入れ替わった状態で書写されている。これは親本もしくは祖本の錯簡に起因するものであり、親本ないし祖本では、料紙が誤って（A）—（B）の順序に接続され、もしくは綴じられていたものと推定される。

4　校　異

本文には以下のような校異が施されている。これらは全て墨筆によるものである。

（イ）抹消符（ヒ）により原文字を抹消。
（ロ）抹消符（ヒ）により原文字を抹消し、その右に訂正文字を傍書。
（ハ）原文字を擦り消し、訂正文字を重ね書き。
（ニ）原文字の右に訂正文字を傍書。
（ホ）原文字の上に重ね書き。
（ヘ）挿入符（○）により文字を挿入。
（ト）転倒符（「○）○」）による原文字の位置変更の指示。
（チ）行頭を揃える指示（「○｜」）。

判断が困難なケースが少なくないが、本文と同筆の訂正・書入れが大部分を占めていると見られ、それらの場合は書写の過程もしくは書写後の校正の段階で見出した誤脱を訂正したものと見られるが、別筆の校異はいうまでもなく書写後に別人により加えられたものである。

5　『延暦交替式』との比較

早川庄八氏が指摘しているように、総体的には『貞観交替式』は『延暦交替式』をそのまま吸収し、『延暦交替式』に追加・加筆するという方法で編纂されたと考えられる。(4)ただし追加・加筆だけではなく、前述のように『延暦交替式』の条文の一部を意図的に省略した可能性も考慮する必要があると考える。

『貞観交替式』と『延暦交替式』を比較すると、右に述べたような加筆・省略などによる相違が少なからず認められるが、これらを除いても、両交替式の間には細かい相違が存在する。『延暦交替式』は現在石山寺に所蔵される貞観年間頃の書写といわれる写本が諸本の祖本であり、尊経閣文庫本『貞観交替式』が書写されたと考えられる室町時代後期を遥かにさかのぼる古写本である。(5)謹直な書風で、書写の誤りも極めて少ない善本である。これと尊経閣文庫本『貞観交替式』を比較すると、相違点のほとんどは『貞観交替式』の誤写・誤脱、もしくは尊経閣文庫本の親本あるいは祖本の誤りを踏襲したものの類であり、尊経閣文庫本『貞観交替式』の利用に当たっては石山寺本『延暦交替式』をあわせて用いることが望まれる。とはいえ尊経閣文庫本は『貞観交替式』諸本の祖本としての位置を占めている。また前述のように『延暦交替式』の不備を補いうる箇所が存在するほか、『延暦交替式』の条文を省略したと推定される箇所を検討することにより、『貞観交替式』の編纂過程をうかがうための手がかりを得ることも可能であり、尊経閣文庫本『貞観交替式』の重要性は細部の誤写・誤脱によって損なわれることはない。

四　『延喜交替式』

1　丁数・行詰め・字詰め

墨付きは一七紙、半丁の行詰めは一三行、一行の字詰めはおよそ二四字前後である。

2　筆跡および別筆追記等

筆跡は『貞観交替式』と異なるが、『延喜交替式』は全巻を通じて一筆と見てよいであろう。本書が三条西家に伝来したものであることと、室町時代後期と想定されている書写の時期を勘案すれば、三条西公条当たりの筆跡との比較検討がさしあたり必要かと思われるが、今後の課題としておく。

『延喜交替式』の冒頭には空白が二箇所ある（一オ三・四行目）。このような空白は親本ないし祖本の欠損の状態を忠実に写したことを示すものと見るのが自然である。このように親本もしくは祖本の空白をそのまま書写したと考えられる箇所はほかにも認められ、そこには別筆の追記がなされている。このような空白への追記の存在は、書写後のある時期に、書写者とは別人によって他本との校合がなされたことを意味する。新訂増補国史大系本の校異注は必ずしもその全てを注記しているわけではないので、以下に別筆追記のある箇所を示し、あわせて国史大系本の該当箇所と対応する文字を括弧内に示す。

一ウ五行目「臣」（大系五六頁・一行目「臣」）
六ウ九行目分注左行「検」（大系六一頁・一二行目・分注右行・一一字目「損」）
七オ四行目「聴」（大系六二頁・一行目「聴」）
一〇ウ四行目「業」（大系六五頁・一〇行目「業」）
一一オ九行目「望」（大系六六頁・七行目「違」）
一二オ五行目分注右行「笞」（大系六七頁・六行目・分注右行「笞」）
一二オ一二行目「進」（大系六七頁・一〇行目・一〇字目「進」）

一二ウ四行目「進」（大系六七頁・一四行目「進」）
一二ウ四行目分注「封」（大系六七頁・一四行目・分注「封」）
一二ウ七行目「進」（大系六八頁・一行目・九字目「進」）
一二ウ八行目「進」（大系六八頁・一行目・二五字目「進」）
一四ウ四行目「暇」（大系七〇頁・二行目「毀」）
一五ウ八行目分注右行「大」（大系七一頁・七行目・分注右行「太」）

3　校　異

本文には以下のような校異が施されている。

（イ）抹消符（ヒ・ミ・丶）により原文字を抹消。
（ロ）抹消符（ヒ・ミ・丶）により原文字を抹消し、訂正文字を右傍ないし鼇頭に注記。
（ハ）墨筆により原文字を塗抹。
（ニ）墨線により原文字を抹消し、訂正文字を右傍ないし鼇頭に注記。
（ホ）原文字の一部を擦り消し。
（ヘ）挿入符（ᑕ）により文字を挿入。
（ト）原文字の右肩に合点を付し、その上に文字を挿入。
（チ）空白箇所に文字を追記。
（リ）原文字の右傍に訂正文字を注記。

（ヌ）原文字の上に重ね書き。
（ル）原文字の右傍に墨圏点（○）。

校異注記の筆跡は本文と同筆の場合と異筆の場合があり、したがって書写の過程もしくは書写後の校正段階での書写者自身による訂正、および書写後の別人による校異・追筆の少なくとも二段階の校異を想定しうる。

以上、不十分ながら尊経閣文庫本『交替式』についての所見を述べた。

注

（1）早川庄八「延暦交替式・貞観交替式・延喜交替式」（『日本古代の文書と典籍』吉川弘文館、一九九七年、初出一九七一年）。
（2）『交替式』〈新訂増補国史大系二六〉（吉川弘文館、一九六五年）。
（3）前掲注（1）早川論文。
（4）前掲注（1）早川論文。
（5）舘野和己「延暦交替式（重書一号）」（石山寺文化財綜合調査団編『石山寺資料叢書』史料篇一、法蔵館、一九九六年）。

補注

（1）本史料の書写時期を「室町時代後期」とする想定は、本書の書写形態からも類推できる。現状のように綴じられたのは前田家による入手後と推定されるが、本書はもともと袋綴じの冊子装を念頭に置いて書写された行配り（片面書写で紙の中間部分に空白を置く行取り）を採っていることなどから、袋綴じ装の一般化以降の成立と推定されるからである。
（2）本史料の伝来経緯に関しては、今回の出版に先立ち、吉岡と渡辺の間で複数の仮説（たとえば綴じ方の問題や、相剝ぎされた可能性など）の検証を行ったが、結局、結論は出なかった。各紙の虫損などの欠損形状はそれぞれ類似しつつも、次丁と完全に重なる箇所は見当たらず、現装以前の段階では「被巻添候二十四枚」（『書札類稿』）とあるように、各紙が緩く重ねてあっただけの時期が長かった可能性が想定される。ただし現状では綴じ目部分の幅が不足している印象も否めないなど気になる点が少なくなく、最終的には綴じ目を解いた調査を行わない限り旧態の想定は困難である。目下のところ、現冊子の前半と後半が一時期別々に保管されていた可能性を想定する吉岡説は、両者の保存状態の差からしても、蓋然性が高いのではなかろうか。

（3）『延喜交替式』の部分は、流し漉き（縦・横に強い方向性）技法によって漉かれた楮紙で、繊維間には白色混入物が多い。漉目については、一紙目で糸目三・五cm強に見える箇所があることと、二紙目で簀目二〇本／三cmくらいに見える箇所がある点から、おおよその漉簾の規格が推定できる。紙厚は一〇〇～一一〇㎛と計測されたが、裏打ち紙の外れている辺縁部で計測したので、この数値は中央部よりはやや厚めの可能性もある。表面加工については、ニカワ溶液を染みこませたうえで、弱い打紙加工を施している。墨の乗りはよく、墨継ぎ部分で滲みが散見されるくらいである。

『貞観交替式』の部分も流し漉き技法で漉かれた楮紙だが、『延喜交替式』よりも繊維間への白色物の混入は少ない。漉目については、後半の六オのほか数箇所で簀目一九本／三cmくらいに見える（前半と異なり簀目がおぼろげに視認できる箇所が多い）。紙厚は九〇～一〇〇㎛（裏打ち紙の外れている辺縁部で計測）と、『延喜交替式』よりも微妙に薄めである。表面加工については、『延喜交替式』の部分とほぼ同様と推測される。

以上の諸データを踏まえると、断定はできないが前半と後半で紙質が異なる印象は否めない（とくに漉目が視認しやすいかどうかの違いは、漉き癖の異なる人物の手に成る可能性を示唆している）。両者は近接する時代に類似の技術で漉かれた紙と考えられるが、複数の項目で異なる特徴を示している点からすると、異なる紙を用いて別々の機会に成立した写本である可能性も想定すべきように思われる。

（4）吉岡論文は「首尾に遊紙各一紙があり」とするが、遊紙（前後一紙づつ）だけでなく、表紙貼付の紙（前後一紙づつ）も同質の薄紙（四〇～四五㎛）で裏打ちされており、これら全て（冒頭白紙二＋一～一七丁＋一八～四八丁＋末尾白紙二紙＝計五二紙）が三条西家から入手された可能性が高い。なお裏打ちの施された時期は不明だが、裏打ち紙には本紙と共通する虫損が多数見えるので、それほど新しいものではあるまい（おそらく前田家による入手前後か）。

（文責：渡辺　滋）

第二章　三条西家旧蔵『延喜式』巻五〇の書誌と影印・翻刻

はじめに

ここに紹介する『延喜式』巻五〇（巻子本、一巻）は三条西家に伝来した鎌倉時代書写と推定される古写本で、もとは反町英作氏の所蔵にかかるものであったが、二〇〇一年度に国に移管され、国立歴史民俗博物館が保管することとなったものである(1)。

本巻の伝来の経緯や、これが三条西家に入った時期などは解明されていない。三条西家に伝来した典籍類の一部が近世前期の金沢藩第五代藩主前田綱紀（一六四三〜一七二四）の手許に入り、前田育徳会尊経閣文庫に現存していることはよく知られている。しかしその他の多くは第二次世界大戦後の混乱期に三条西家から巷間に流出したと見られる。天理大学附属天理図書館・東京大学史料編纂所・宮内庁書陵部・早稲田大学・学習院大学などにその一部が収蔵されているが、所在不明となっているものも少なくない。本巻も戦後に三条西家から流出したものであるが、後に書肆を経由して反町英作氏の所蔵するところとなり、以来厳格に保管されてきた(2)。

本巻は一九三五年四月三〇日に国宝保存法にもとづく国宝の指定を受け、戦後の一九五〇年八月二九日には、新

たに制定された文化財保護法にもとづいて国の重要文化財に指定されている。(3)

なお本巻は以下の五点の書類をともなっている。

一　文化財保護委員会発行「重要文化財指定書」（書第二一二号、昭和二五年八月二九日付）

二　文化財保護委員会事務局長森田孝発行、反町英作宛「重要文化財指定通知について」（文委保第二八号、昭和二五年一二月二〇日付）

三　文化財保護委員会事務局長森田孝発行、反町英作宛「重要文化財所有者届について」（地文美第一九号、昭和二九年二月一五日付）

四　東京都教育委員会教育長加藤清一発行、反町英作宛「重要文化財所有者届について」（教化収第二五号の二号、昭和二九年二月一七日付）

五　性格未詳文書(4)

一　概　要

本巻は流布本に見えない条文・分注や他巻の条文の「混入」と見られるものが含まれていることで夙に著名であり、早く一九二六年一一月一三日に国学院大学で開催された皇典講究所・全国神職会主催の「延喜式撰上一千年記念展覧会」に出展され、(5)ついでその記念行事の一環として皇典講究所・全国神職会が編集刊行した『校訂延喜式』の下巻の(6)対校本の一つとして本巻が用いられている。同書上巻の「解説」には、

巻五十雑式一巻のみなり。書写の年代明確ならず。されど其の字体紙質等より推して、鎌倉時代の書写に係る

ものならむかと思はる。

と紹介し、鎌倉時代の写本との所見が述べられている。ただし流布本に見えない条文の存在については触れず、また本文の校訂注記でも言及されていない。

ついで『延喜式』(7)〈新訂増補国史大系二六〉がその「凡例」(黒板勝美氏執筆)に、

三条西伯爵所蔵本は巻第五十の一巻を存するのみなれども、諸本になき数条を存し、巻子本、木軸、烏絲欄、乎古止点、朱墨傍訓、朱標目等あり、また鎌倉時代の写本たり。

と概要を的確に述べ、対校本の一つとして本巻を用いている。「諸本になき数条」の存在についても指摘し、本文校訂にもそれらの条文を利用している。

さらに近年刊行された『延喜式』下(8)〈神道大系〉でも本巻は対校本の一つに用いられ、同書上巻の「解題」(虎尾俊哉氏執筆)では、

巻第五十雑式の一巻。鎌倉時代の書写かとされている。「三条西」の楕円蔵書印を有し、三条西家旧蔵。他本に見えない条文が七条あって貴重であるが、その中の二条は巻第三臨時祭式、一条は巻第十一太政官式、一条は巻第四十八左右馬式の条文がそれぞれ混入したと見られるので、残る三条についても留意が肝要であろう。

と述べられ、本巻の内容上の特徴を指摘するとともに、本巻独自の条文に対する批判的検討の必要性が示唆されている。(9)独自の条文については校異注記において個別に考察を加え、虎尾氏の判断により取るべきものは本文に採用している。

虎尾氏が指摘された留意点を含めて、本巻が提起している研究課題は多く残されているが、本巻の全容があまり広く流布していない現状に鑑み、ひとまずこれを紹介することとしたい。

二　書誌

1　箱

本巻は黒漆塗（檜材か。縦三一・一cm、横六・一cm、高六・一cm）の箱に納め、それをさらに黒漆塗の桐箱（縦三六・四cm、横一〇・二cm、高九・四cm）に納めている。外箱の蓋上面に朱漆で「延喜式第五十雑式」と記されている。内箱は外箱に比べて古く、近世にさかのぼる可能性があろう。外箱は近年に作成されたものである。

2　装訂

本巻は近年に改装されており、総裏打ちを施し、その際に料紙の継ぎ直しを行い、また新たに表紙・発装・打紐・軸を装着している。先に触れた外箱もこの改装の際に作成されたものと推定される。

新表紙は薄茶地の花立涌文様錦。淡紫色の絹の平打紐を装着し、表紙見返しには金砂子の鳥の子を用いている。新表紙には見返しと同じ料紙の題簽が貼付されているが、外題の文字はない。

新表紙と本紙第一紙の間に旧表紙を貼り継いでおり、その左端に「延喜式巻第五十　雑」と打ち付け書された旧外題が残存している。その筆跡は本紙とは別筆と見られる。旧表紙の左端には幅約一・七cmと一・五cmの二枚の細い紙を貼り継いでおり、(補注1)その裏には旧発装の痕跡と推定される糊の染みが観察できる。この貼り継がれた紙の原位置がどこであったのか、なぜこのような貼り継ぎがなされたのかについては、現時点では適切な説明ができない。また右に述べた旧外題はこの貼り継ぎの紙と旧表紙本体との継目の上に乗っており、外題の位置としては不自然さが残る。あわせて後考を俟ちたい。

なお旧表紙中央のやや下方には長径約七・〇cm、短径約五・〇cmの楕円形の破損があり、また旧表紙左端の上部および下端の左から中央にかけての位置にも、それぞれ相当程度の破損が生じている。しかしこれらの破損の影響は本紙には及んでいない。旧装訂の様態を解明するためには、この理由についても検討することが必要である。

新軸は紫檀軸で、直径約二・一cm、長さ約三〇・五cm。新たに軸付紙を巻き付けて第一六紙左端に装着している。第一六紙左端には上端から下端にかけて幅約四・五cmの糊の痕跡があることから、旧装訂において旧軸は第一六紙の左端に直接装着されていたと考えてよい。旧軸が装着されていた部分には細長い二条の相似形の虫損が認められる。虫損の間隔は約二・二cmであり、これにもとづいて算出すれば、旧軸は直径約〇・七cmの比較的細いものであったと推定される。

3　料　紙

本文の料紙は全一六紙で、紙背文書・裏書等はない。各紙いずれも楮紙打紙と推定される。(補注2) 一紙ごとの法量は別表（二七五頁）のとおりである。各紙とも天地各一条および縦の墨界線を有する。各紙の基本行数は二〇行であるが、第一紙は一七行、第一四・一五紙は一九行である。一行の文字数はおおむね一九字前後である。第一紙冒頭の内題の上部に「三條西」の楕円陽刻朱印（長径約三・七cm、短径約二・四cm）一顆を踏する。(補注3)

なお第一紙の端裏には「延喜式巻第五十　雑式」という端裏書の右半分が認められる。(補注4) その左半分は旧表紙の右端に存在してしかるべきであるが、現状の旧表紙にはそれは認められず、断ち落されたものと推定される。

4　本文筆跡

本文の筆跡は全巻を通じて一筆であり、また校異の一部にも本文と同筆のものが認められるが、朱・墨の振り仮名・送り仮名・発音注記および一部の校異、鼇頭標目・鼇頭注記は別筆と見られる。ただし振り仮名・送り仮名・発音注記については判断が困難な場合も少なくない。

5　校異・訓点等

本文中には多数の朱・墨の校異などの書入れがある。それらは、

（1）校異（文字訂正、脱文・脱字の挿入など）
（2）鼇頭標目・鼇頭注記
（3）抹消符（ヒ・○・ミ・、）、挿入符（ｏ）
（4）朱・墨の合点
（5）訓点（ヲコト点・声点・振り仮名・送り仮名・発音注記・音の連読符・訓の連読符など）

に分類される。前述のようにこれらは（1）校異の一部を除いて本文とは別筆と推定される。

三　内容の特徴

新訂増補国史大系本の鼇頭に「拠三條西本改」「拠三條西本補」などの校異の注記が多数施されていることから

判断できるように、本巻にもとづいて流布本の文字を改定し、あるいは文字を補うことができる場合が非常に多く、本巻の史料的価値の大きさをうかがわせているが、さらに本巻には、先に述べたように流布本には見えない条文が七条含まれている。このうち本巻の第一・二・五・二九条（後掲「翻刻」の条文番号。以下同じ）は、虎尾俊哉氏の先の指摘のように『延喜式』他巻の条文の「混入」と考えられている。また第八条も巻四一弾正台式にほぼ同文が存在しており、右の四条に準じて考えて差し支えないと思われる。他巻の条文との対応関係は以下のとおりである。

第　一　条　巻三臨時祭・「社四至」条（新訂増補国史大系本　六九頁）

第　二　条　巻三臨時祭・「鴨四至外」条（同　六九頁）

第　五　条　巻一一太政官・「社寺借物」条（同　三三一頁）

第　八　条(10)　巻四一弾正台式（同　九〇七頁）

第二九条(11)　巻四八左右馬寮・「飼戸」条（同　九八一頁）

これに対して第一五・二〇条は本巻独自の条文であり、新訂増補国史大系本も本巻によってこの二条文を増補しているが、両条の性格についてはいまだ十分な説明がなされていない。これについては何らかの法令の竄入の可能性を想定することもできよう。また先の五条の「混入」ともあわせて、『延喜式』編纂のある段階の姿を残している可能性についても考慮する必要があるかもしれない。本巻の最も重要な研究課題である。

本巻の第二の課題は、本文のほぼ全面にわたって施されている各種の訓点の性格を解明することである。それには、平安時代末～鎌倉時代の書写と考えられる九条家本『延喜式』（東京国立博物館所蔵）を始めとする『延喜式』古写本の訓点、さらには律・令・格の古訓点などとの比較検討も必要であろう。これらの課題については国語学の専門家による研究を俟つほかないが、本巻の訓点は築島裕氏が命名された「古紀伝点」（俗家点・俗点なども称される）に近いもののように思われる。築島氏によれば、「古紀伝点」は「十世紀中葉以降中世に至るまで、紀伝道の諸家を中心に行はれた点であることが略々明になつた」[12]とされている。

なお本巻の訓点は、先に述べた流布本に見えない七条には全く施されていない。また本巻独自の文言に対しても訓点はない。一例を挙げれば、第一二条の冒頭「凡乗輦車腰輿……」の「腰輿」は流布本に見えない文言である。新訂増補国史大系本はこの二字を本巻によって補ったうえで、「凡乗二輦車腰輿一……」と返り点を付しており、この部分は「凡ソ輦車腰輿ニ乗リテ……」と読むのが妥当である。これに対してここの訓点は「車」の左上および左下に星点を施しており、築島氏が示された「古紀伝点」の点図にしたがって訓読すれば、ここは「凡ソ輦車ニ乗リテ……」と読むことになり、「腰輿」の訓読はなされていないことになる。以上の事実は、本巻の訓点が流布本系統の写本に施されていた古訓点を移点したものであることを示唆しているであろう。

以上のほかにも、本巻が三条西家の所蔵に帰した時期と伝来の経緯、本文の筆跡および本文とは別筆で多数加えられている各種書入れの筆跡の性格の解明など、重要な課題があるが、全て後考を俟つこととする。

注

（1）資料番号　H―一五八八。

（2）一九三五年四月三〇日文部省告示第一七二号（同日『官報』第二四九四号）。

（3）「重要文化財指定書」（書第二一二号、昭和二五年八月二九日付）。「指定書」は以下のとおりである。

「書第二一二号
　重要文化財指定書
紙本墨書延喜式　巻第五十　一巻

縦九寸七分 全長二十六尺一寸 巻子装 墨界
楮紙十六枚継 旧表紙あり旧外題「延喜式巻第
五十雑」尾題あり 本文に朱鈎点を附し欄外に
校異を朱記し 朱墨訓点を附す
鎌倉時代

右を重要文化財に指定する
昭和二十五年八月二十九日
文化財保護委員会（「文化財』保護』委員會」方形陽刻朱印）」

（4）内容は以下のとおりである。

「『（朱書）六二國寶』　東京　伯爵　三條西實義氏藏
巻子本
延　喜　式　一巻
藤原忠平等奉勅撰
古鈔本」

（5）『延喜式撰上一千年記念展覧会陳列目録』（皇典講究所・全国神職会、一九二六年）。同『目録』の「写本」の部に「三条西家本　古鈔本巻五〇　一巻　伯爵三条西実義氏」とある。

（6）皇典講究所・全国神職会編『校訂延喜式』下（複刻 臨川書店、一九九二年、初版一九三一年）。佐伯有義・山本信哉・田辺勝哉校訂。底本は享保八年（一七二三）版本。

（7）『延喜式』〈新訂増補国史大系二六〉（吉川弘文館、初版一九三七年）。坂本太郎氏校訂。底本は享保八年版本。

（8）『延喜式』下〈神道大系　古典編一二〉（神道大系編纂会、一九九三年）。虎尾俊哉氏校訂。底本は享保八年版本。

（9）　同じ指摘は虎尾氏編の『延喜式』上〈訳注日本史料〉（集英社、二〇〇〇年）の「解説」でもなされている。

（10）　第八条に対応すると見られる巻四一弾正台式の条文は「親王大臣及一位二位於五位以上答拝、於六位以下不須、五位以上於六位以下答拝、低頭高下亦同上」とあり、「不須五」の三字が本巻には見えない。本巻の脱字の可能性が高いと考える。なお新訂増補国史大系本では、他巻からの「混入」と推定される五条のうち第八条のみを本巻によって本文中に補い、ほかの四条については本文に採用せず、頭注において他巻との関連を指摘するにとどめている。本条をほかの四条と異なる扱いにしている根拠は明らかでない。これに対して神道大系本では「『不須、五』の三字を補えば、弾正式にほぼ同文あり。かつ、この式條は必ずしも雑式にふさわしからず。よりて衍と見て採らず」とし、ほかの四条とともに本文には採用していない。後者に一貫性があることは論を俟たない。

（11）　第二九条に対応する巻四八左右馬寮・「飼戸」条は「凡飼戸計帳者、国司毎年勘造進寮、其絶戸田毎年賃租送官」となっており、本巻の文言と比較すると、本巻第二九条では（一）冒頭の「凡」の次に「左右馬寮」とあること、（二）「進寮」の「寮」を欠いていること、（三）「毎年賃租」の「年」を欠いていること、の三点において「飼戸」条と相違している。（二）（三）は誤脱の類と見てよいであろうが、（一）の「左右馬寮」については、左右馬寮式の条文では不必要な文言であっても本巻（雑式）の条文としては不可欠であるために補ったものとも考えられる。もしそうであれば、ほかの四条も含めて、これら五条の「混入」は単に杜撰な編纂の一例として片付けるわけにはいかない問題を含んでいる。

（12）　築島裕『平安時代訓点本論考ヲコト点図仮名字体表』（汲古書院、一九八六年）。

三条西家旧蔵『延喜式』巻50　法量表

紙　数	縦	横	糊代	界幅	界高	備　考
新表紙	29.3	21.0				
旧表紙	29.3	25.8				
第1紙	29.3	40.8	0.3	2.5	24.3	
第2紙	29.3	48.4	0.3	2.4	24.3	
第3紙	29.3	48.4	0.3	2.3	24.3	
第4紙	29.3	48.4	0.3	2.4	24.3	
第5紙	29.3	48.6	0.2	2.5	24.3	
第6紙	29.3	48.5	0.2	2.4	24.3	
第7紙	29.1	48.5	0.3	2.4	24.3	
第8紙	29.2	48.5	0.3	2.4	24.2	
第9紙	29.1	48.4	0.2	2.4	24.2	
第10紙	29.2	48.6	0.3	2.5	24.3	
第11紙	29.2	48.5	0.3	2.4	24.3	
第12紙	29.2	48.6	0.3	2.5	24.3	
第13紙	29.1	48.3	0.3	2.4	24.3	
第14紙	29.1	45.8	0.3	2.3	24.3	
第15紙	29.0	46.1	0.3	2.4	24.3	
第16紙	28.5	48.1	0.3	2.4	24.3	
軸						径2.1、長30.5。

〔備考〕
・単位は㎝。
・「縦」は各紙左右端での計測値の平均を、「横」は天地での計測値の平均を示した。
・「糊代」は各紙右端の天地での計測値の平均を示した。
・「界幅」は左右両端の行の上部で計測し、その平均値を示した。
・「界高」は各紙右端の行の計測値を示した。

補注

（1）吉岡論文は、旧表紙と本文の間に二紙（幅一・七㎝＋一・五㎝）が挟み込まれているとする。しかし、この二紙は旧表紙の一部で、分離しているように見えるのは二箇所に縦折り線が発生し、裏から補強のために補修紙が貼り付けられているからと考えられる（実際、この線を中心にシンメトリーな欠損が確認できる）。なお、この縦折り線のうち一本は、外題の文字にかかっており、どのような理由からこの部分に折り目が発生したのか（＝この部分を折本状に利用したのか）、いまのところ断案はない。

（2）穏やかなクリーム色を呈する楮紙。表面の繊維には一定の方向性が見え、地合も大変よいので、流し漉き技法を一部取り入れて漉いた紙と推定される。全面に厚めの裏打ちがなされており裏面の繊維の方向性は観察できないが、地合や紙厚などから推定して半流し漉きの技法で漉かれた可能性が高い。裏打ちのため、透過光を当てても漉き目などは明確に観察できない。紙厚は、裏打ちの剝がれた部分で計測すると、おおよそ九〇㎛程度である（打紙以前は、その一五〇～二〇〇％の厚さだったろう）。丁寧な打紙加工が施されており、墨の乗りは極めてよい。冒頭は汚れが目立ち、それに続く数紙も染みなどが少なからず発生している。しかし巻子全体を通してみれば欠損はほとんどなく、虫損も小規模にとどまっている。各種のチリが少ないこともふまえれば、かなり丁寧に漉かれた高級紙とみてよい。詳細については、渡辺滋「H-1588『延喜式』（巻第五十）」（『国立歴史民俗博物館研究報告』一五三、二〇〇九年）・同「延喜式（三条西家旧蔵）」（宍倉佐敏編『必携 古典籍・古文書料紙事典』八木書店、二〇一一年）を参照。

（3）冒頭の「三條西」（卵形印）の押印に用いられた顔料は、色調からして丹と推測される。一方、本紙への書き込みは、やや薄めの丹と墨の二種から成る。書き込みに用いられた丹は、冒頭の蔵書印よりも薄めの色合いだが、顕微鏡観察によれば退色というよりも、塡料の接着力の低さに起因するように思われる。つまり、この二種の丹は、別種である可能性が高い。

（4）第一紙の端裏に小さな字で「延喜式巻第五十　雑式」と書かれていることに関して言及しておく。旧表紙に「延喜式巻第五十雑」（打ち付け書、本文とは別筆）とあるのに加えて、直後の第一紙の端にまで同様の記載を付すのは、ややくどい印象が否めない。旧表紙（現状では第一紙に連続する）に見える欠損が、本文（第一紙以降）にまで連続していないことを踏まえても、当初、両者は直結していなかった可能性を想定すべきだろう。つまりこの巻子は、本来、延喜式（巻五〇）以外の典籍を前半に載せていた可能性がある。現状のように延喜式（巻五〇）単独の形に改装されたのは、三条西家に入った段階か、それ以降のことではなかろうか。

（文責：渡辺　滋）

影印・翻刻

凡　例

一　各頁の上段に原本の一紙ごとの写真を掲げ、下段にその釈文を示す。

二　翻刻は以下の方針による。

（イ）各紙の冒頭および末尾に「　」を施して改丁箇所を示し、各紙の冒頭に紙数を傍書する。

（ロ）便宜、各条の上部に条文番号を付し、（　）で括る。

（ハ）改行、文字の挿入、傍注などの原本の様態を可能な限り忠実に再現する。

（ニ）原則として字体は正字に改める。

（ホ）擦り消し・重ね書きの文字には現文字の左に「○」を付し、原文字が判読できる場合は現文字の右に×を付して原文字を記し、全体を（　）で括る。

（ヘ）塗抹の文字は■で表わし、原文字が判読できる場合は（ホ）の方法で示す。書き損じの文字は□で表わし、もしくは内容にしたがって読み取る。

（ト）本文とは別筆の墨の書入れは「　」、朱の文字は『　』で括る。ただし振り仮名・送り仮名・発音注記および抹消符については「　」を省略し、朱の場合のみ『　』で括る。

（チ）編者が加える校異注は〔　〕で括り、説明注その他、原本に存在しない文字を付加する場合は（　）で括る。

（リ）新訂増補国史大系本（完成記念版、一九六五年）との主な異同を、略号「イ」をもって〔　〕内に注記する。

〔追記〕初出時、森哲也氏から「対校に用いた国史大系本の版を明示すべき」と、翻刻手続きに関する御批正をいただいた。深く感謝申し上げる。

（ヌ）ヲコト点の翻字は行わない。

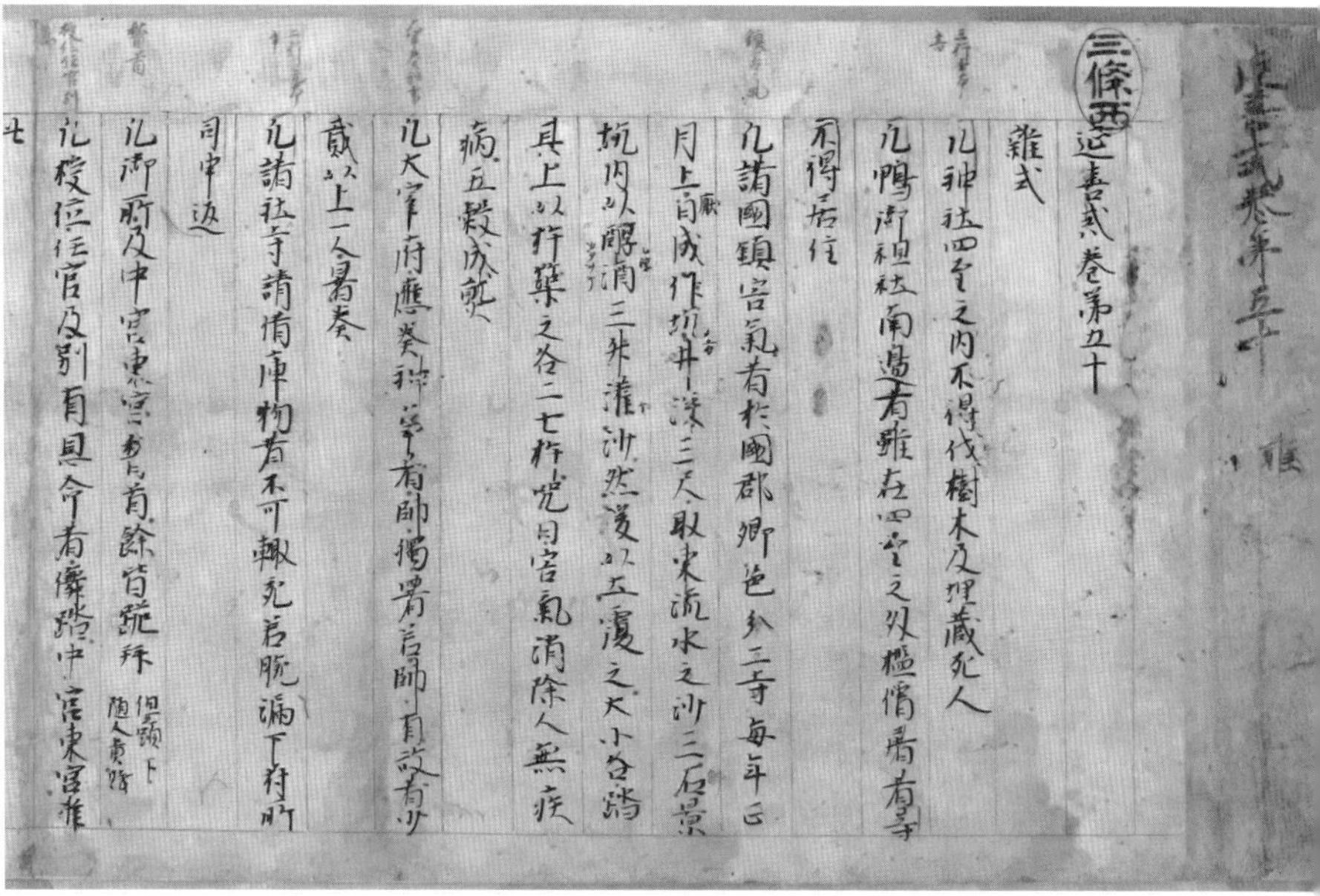

(第一紙)

(旧表紙外題)「延喜式巻第五十　雑」

(端裏書)「延喜式巻第五十　雑式」

延喜式巻第五十

雑式

(1)「三行無本書」

(朱合点)凡神社四至之内不得伐樹木及埋藏死人

(2)

(朱合点)凡鴨御祖社南邊者雖在四至之外檻〔濫カ〕僧屠者等(朱合点)

(墨合点)不得居住

(3)「鎮害氣」

凡諸國鎮害氣者於國郡郷邑分二寺〔○○○〕毎年正

月上厭○日成作坑方○井〔○〕深三尺取東流水之沙〔○〕三石〔斛〕景〔置イ〕

坑内以醇《カタサケ》酒〔乙淳〕〔○〕三升灌沙《ケ》然後以土覆之大小各踏

其上以杵築之各二七杵咒曰害氣消除人無疾

病五穀成熟

(4)「大宰奏神事」

凡大宰府應奏神事者帥獨署若帥有故者少

貳以上一人暑〔署イ〕奏

(5)「二行无本書」

『○』(朱合点)凡諸社寺請借庫物者不可輙充若脱漏下符所

司申返

(6)「稽首」

(朱合点)凡御所及中宮東宮稽首餘皆跪拜但頭下〔高イ〕隨人貴賤

(7)「授位任官別恩」

凡授位任官及別有恩命者儛踏中宮東宮准

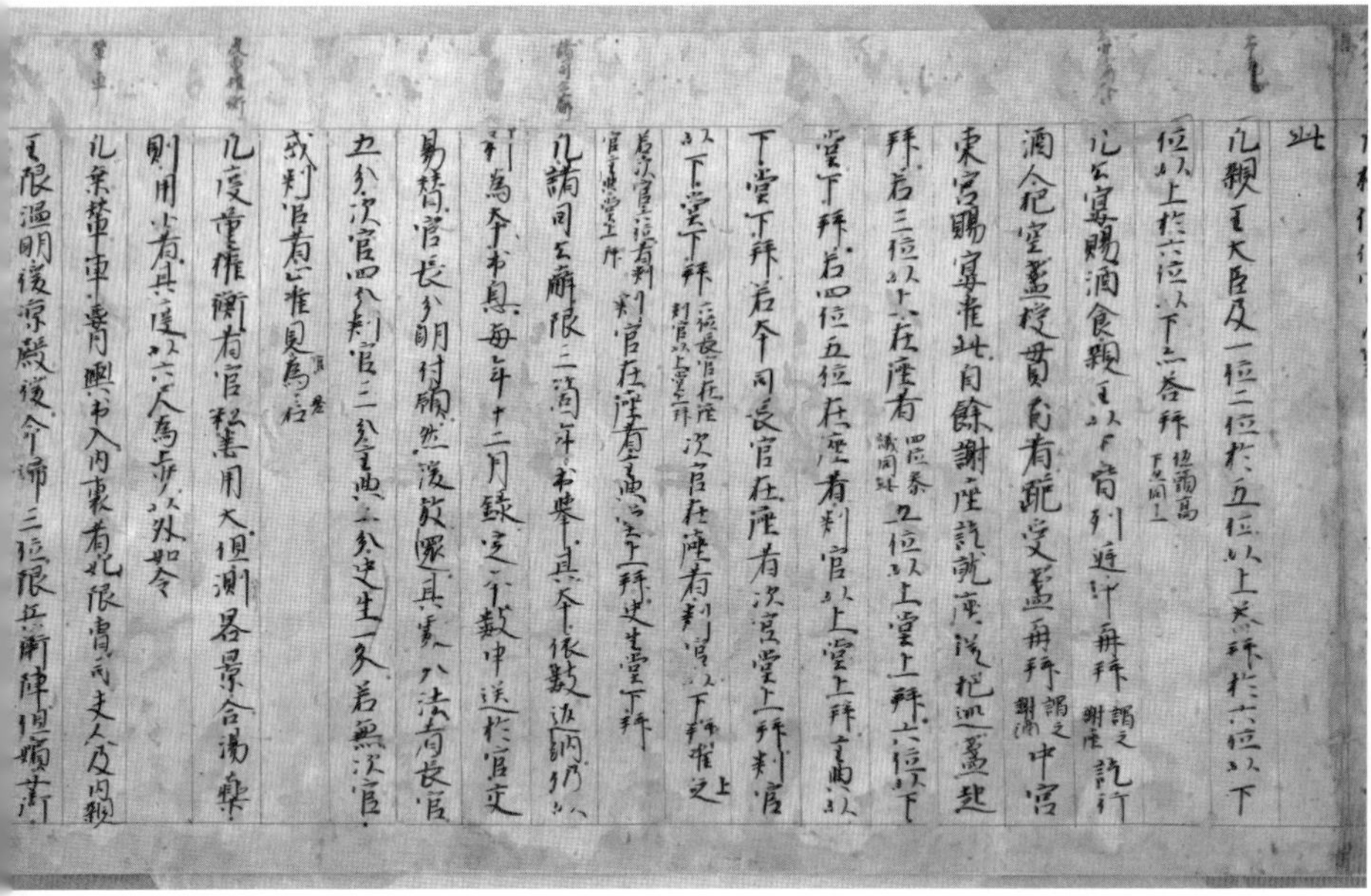

（第二紙）

此

⑻『本无』

（朱合点）凡親王大臣及一位二位於五位以上答拜於六位以下
（朱合点）位以上於六位以下亦答拜但頭高下亦同上
［不須五ィ］

⑼『公宴酒食』

凡公宴賜酒食親王以下皆列庭中再拜謂之謝座訖行
酒人「人」把空盞授貫首者跪受盞再拜謂之謝酒中宮
東宮賜宴准此自餘謝座訖就座從把巡盞起
拜若三位以上在座者四位參議同此五位以上堂上拜六位以下
堂下拜若四位五位在座者判官以上堂上拜主典以
下堂下拜若本司長官在座者次官堂上拜判官
以下堂下拜六位長官在座判官以上堂上拜次官在座者判官以下拜准之「上」
若次官六位者判官主典堂上拜 判官在座者主典堂上拜史生堂下拜

⑽『諸司公廨』

凡諸司公廨限三箇年出擧其本依數返納仍以
利爲本出息毎年十二月錄定本數申送於官交
易替官長分明付領然後放還其處分法者長官
「○」
五分次官四分判官三分主典二分史生一分若無次官
或判官者止准見○官爲差「○」

⑾『度量權衡』

凡度量權衡者官私悉用大但測「ハカリ」晷［晷ィ］景合湯藥
則用小者其度以六尺爲步以外如令

⑿『輦車』

凡乘輦車腰［ナシィ］輿出入内裏者妃限曹司大人及内親
王限温明後涼殿後命婦三位限兵衞陣但嬪女御

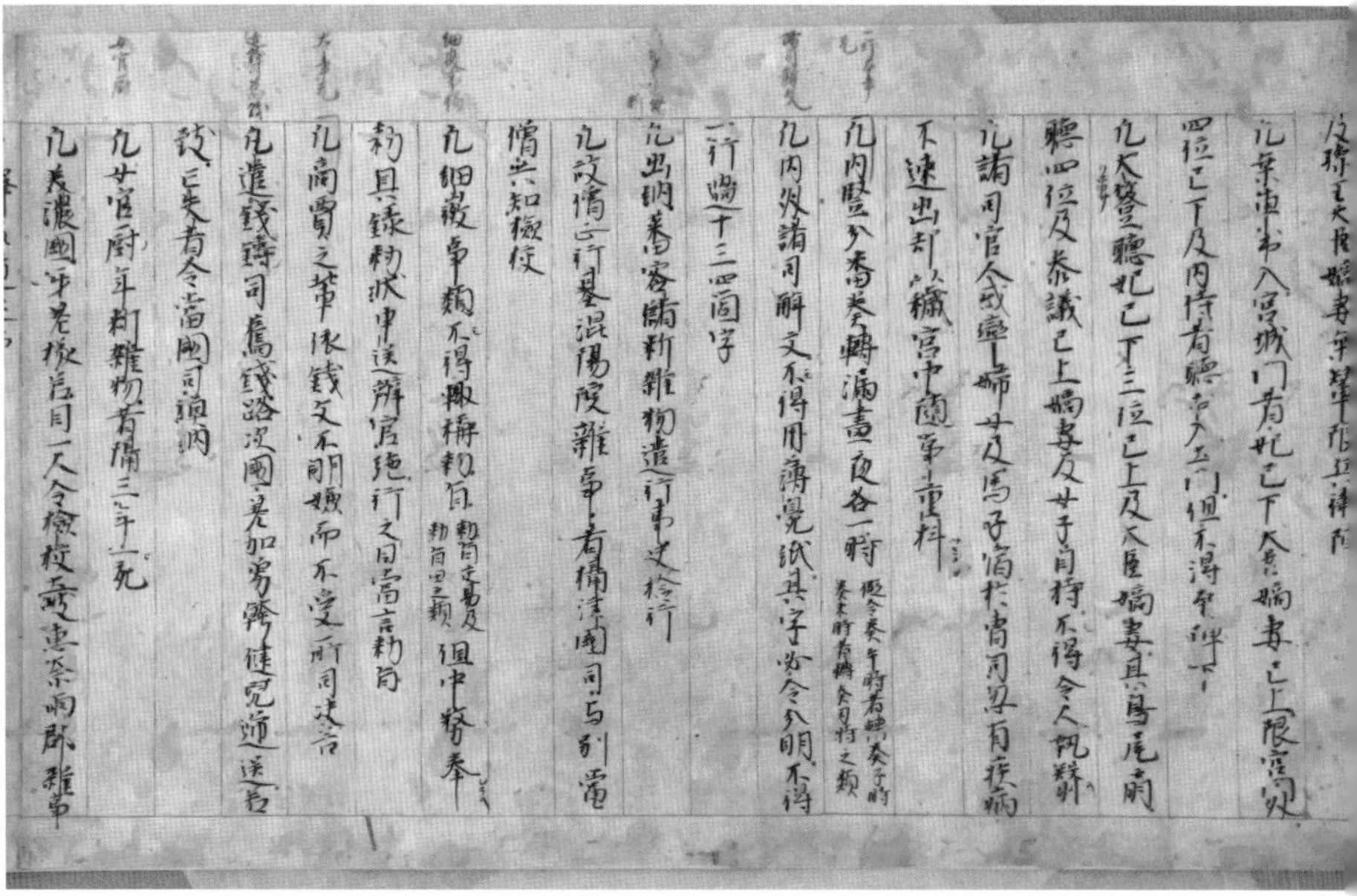

(13) 凡乗車出入宮城門者妃已下大臣嫡妻已上限宮門外
四位已下及内侍者聴出入土門但不得至陣〔陳イ〕下
(14) 凡大簦《ヲホカサ》聴妃已下三位已上及大臣嫡妻其鳥尾扇
聴四位及參議已上嫡妻及女子自持不《シ》得令人執翳《ハ》
(15) 凡諸司官人或率婦〔嫡イ〕女及馬子宿於曹司忽有疾病
不速出却以穢宮中隨事重科《ツミセヨ》○
(16)『一行本書无』 (朱合点) 凡内竪分番奏轉漏晝夜各一時假令奏午時者轉奏子時奏未時者轉奏刃〔丑〕時之類
『諸司解文』 凡内外諸司解文不《シ》得用薄臭紙其字必〔ナシイ〕令分明不得
一行過十三四箇字
(18)『出納蓄客儲料』 凡出納蓄客儲料雜物遣行事史檢行
(19) 凡故僧正行基混陽院雜事者攝津國司與別當
僧共知檢校
(20)『細微事類』 凡細微事類不《シ》得輙稱敕旨敕旨交易及敕旨田之類但中務奉《レラハ》
敕具錄敕狀申送辨官施行之日當言敕旨
(21)『本書无』 (朱合点) 凡商賈之輩依錢文不明嫌而不受所司決笞
(22)『遺錢司舊錢』 凡遺∩錢鑄(墨転倒符)司舊錢路次國差加勇幹健兒遞送若
致亡失者令當國司塡納
(23)『女官厨』 凡女官厨《ノ》年料雜物者隔三年一充《ヒ》
(24) 凡美濃國互差掾若目一人令檢校土岐惠奈兩郡雜事

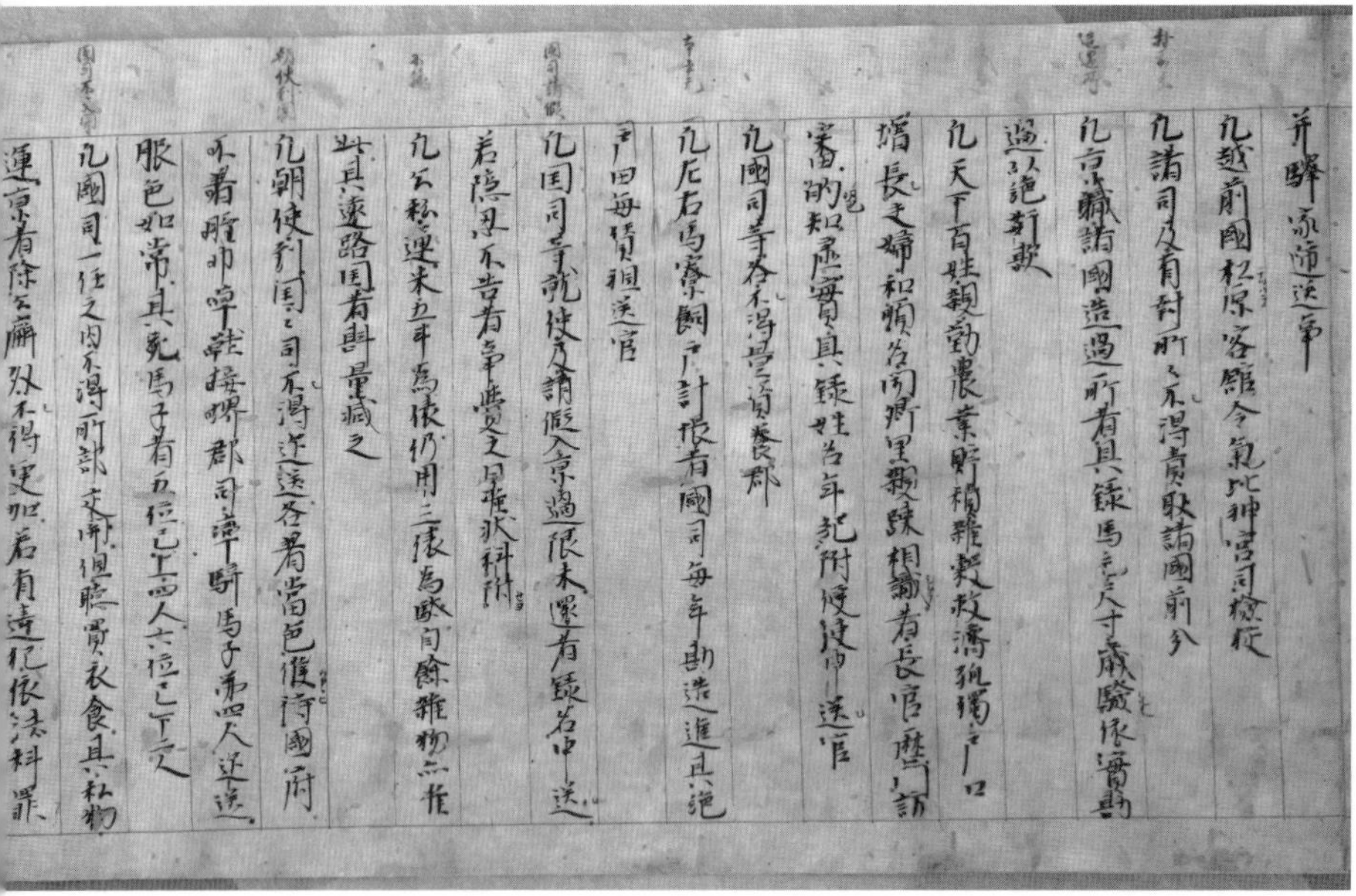

（第四紙）

幷驛家遞送事

(25) 凡越前國松原《マツハラ》客舘令氣比神宮司檢校

(26)『封前分』 凡諸司及有封所〻不《シ》得責取諸國前分

(27)『造過所』 凡京職諸國造過所者具錄馬毛尺寸歲驗《シルシ》依實勘過以〔紀イ〕絶奸欺

(28) 凡天下百姓親勤農業貯積雜穀救濟孤獨戶口增《シ》長夫婦和順名聞鄕里親踈相識《シレラ》者長官歷門訪審的明也知虛實具錄姓名年紀附便使申送官

(29) 凡國司等各不《シ》得置資養郡

(30)『本書无』 凡左右馬（朱合点）寮飼戶計帳者國司每年勘造進其絕〔寮脫カ〕戶田（朱合点）每〔年脫カ〕賃租送官

(31)『國司請假』 凡國司等就使及請假入京過限未還者錄名申送若隱忍不告者事覺之日准狀科附《セヨ》

(32)『米俵』 凡公私運米五斗爲俵仍用三俵爲馱自餘雜物亦准此其遠路國者斟量減之

(33)『朝使到國』 凡朝使到國〻司不《シ》得迎送各着當色候待《ウカヽヒ》國府不〔但イ〕着脛巾草鞋接堺郡司率騎馬子弟四人迎送
○○○○○○
服色如常其充馬子者五位已上四人六位已下二人

(34)『國司不交關』 凡國司一任之內不得所部交關但聽買衣食其私物運京者除公解外不《シ》得更加若有違犯衣去斗罪

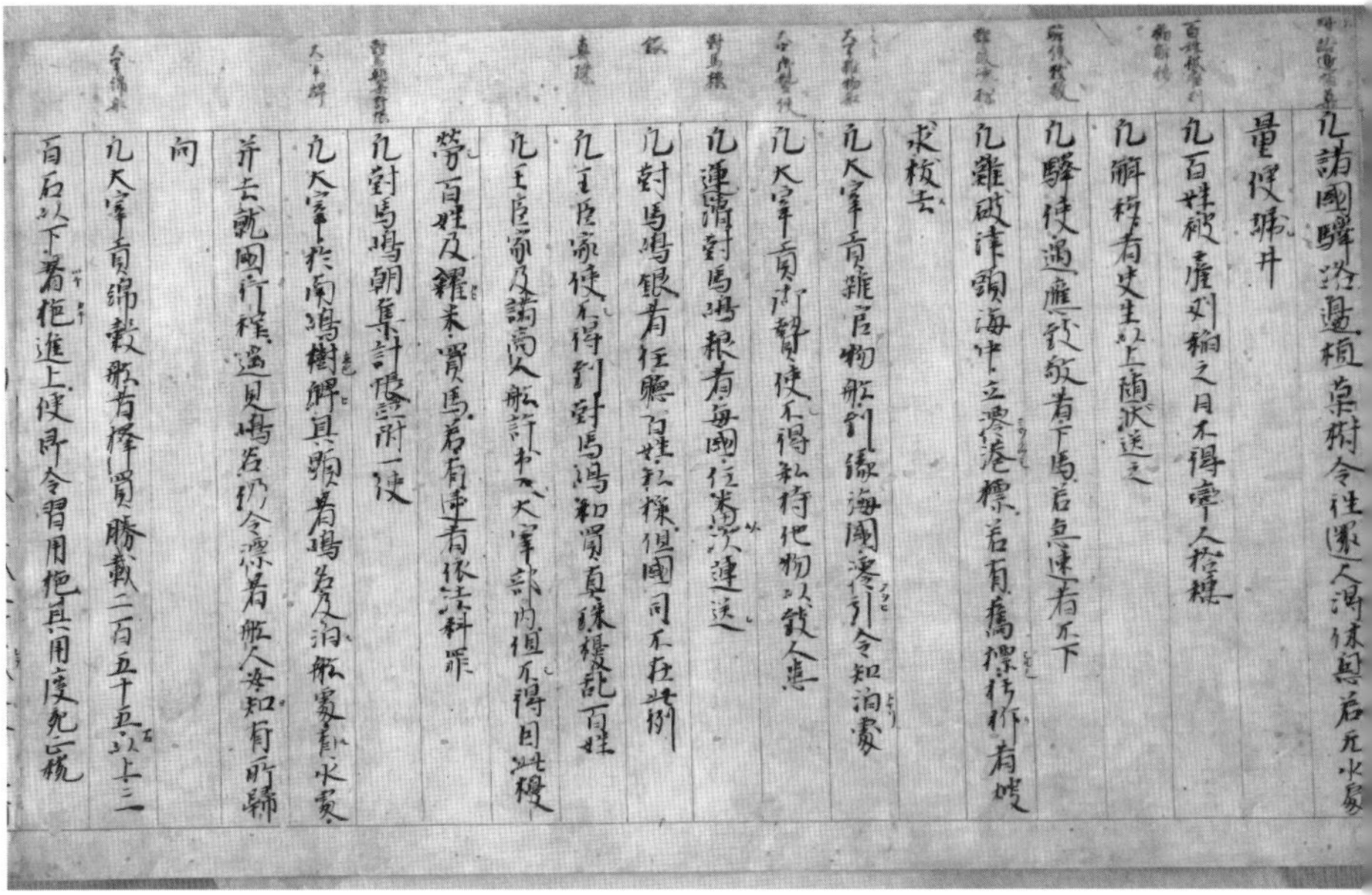

(35)『驛路邊植菓』　凡諸國驛路邊植菓樹令往還人得休息若无水處
量便堀〔掘イ〕井

(36)『百姓被雇刈稻』『解移』　凡百姓被雇刈稻之日不得率人拾穗

(37)　凡解移者史生以上隨狀送之

(38)『驛使致敬』　凡驛使遇〔吏過イ〕應致敬者下馬若急速者不下

(39)『難波澪標』　凡難破〔波イ〕津頭海中立澪《ミオクツシ》〔ツク〕〔ナシイ〕港標若有舊標《シルシ》朽折《ラ》者搜
求拔去《ス》

(40)『大宰雜物船』　凡大宰貢雜官物船到緣海國澪引《ミヲヒ》令知泊《トマリ》處

(41)『大宰御贄使』　凡大宰貢御贄使〔吏イ〕不《シ》得私持他物以致人患

(42)『對馬粮』　凡運漕對馬嶋粮者每國任番〔作イ〕∩以次運送

(43)『銀』　凡對馬嶋銀者任聽百姓私採〔操イ〕但國〔馬イ〕司不在此例

(44)『眞珠』　凡王臣家使不《シ》得到對馬嶋和〔私イ〕買眞珠擾亂百姓

(45)　凡王臣家及諸商人船許出入大宰部〔郡イ〕內但不《シ》得因〔自イ〕此擾
勞《シ》百姓及糴《カヒ》〔糶イ〕米買馬若有違者依法科罪

(46)『對馬朝集計帳』　凡對馬嶋朝集計帳竝附一使

(47)『大宰牌』　凡大宰於〔兩イ〕南嶋樹牌《立也ヒ》具顯著嶋名及泊《ル》船處有《ル》水處
幷去就國行程遙見嶋名仍令漂着船人必知《ヨ》有所歸
向

(48)『大宰綿船』　凡大宰貢綿穀船者擇買勝載二百五十五〔ナシイ〕∩石以上三
百石以下〔不イ〕着《ツケカチ》柂進上便卽令習用柂其用度充正稅

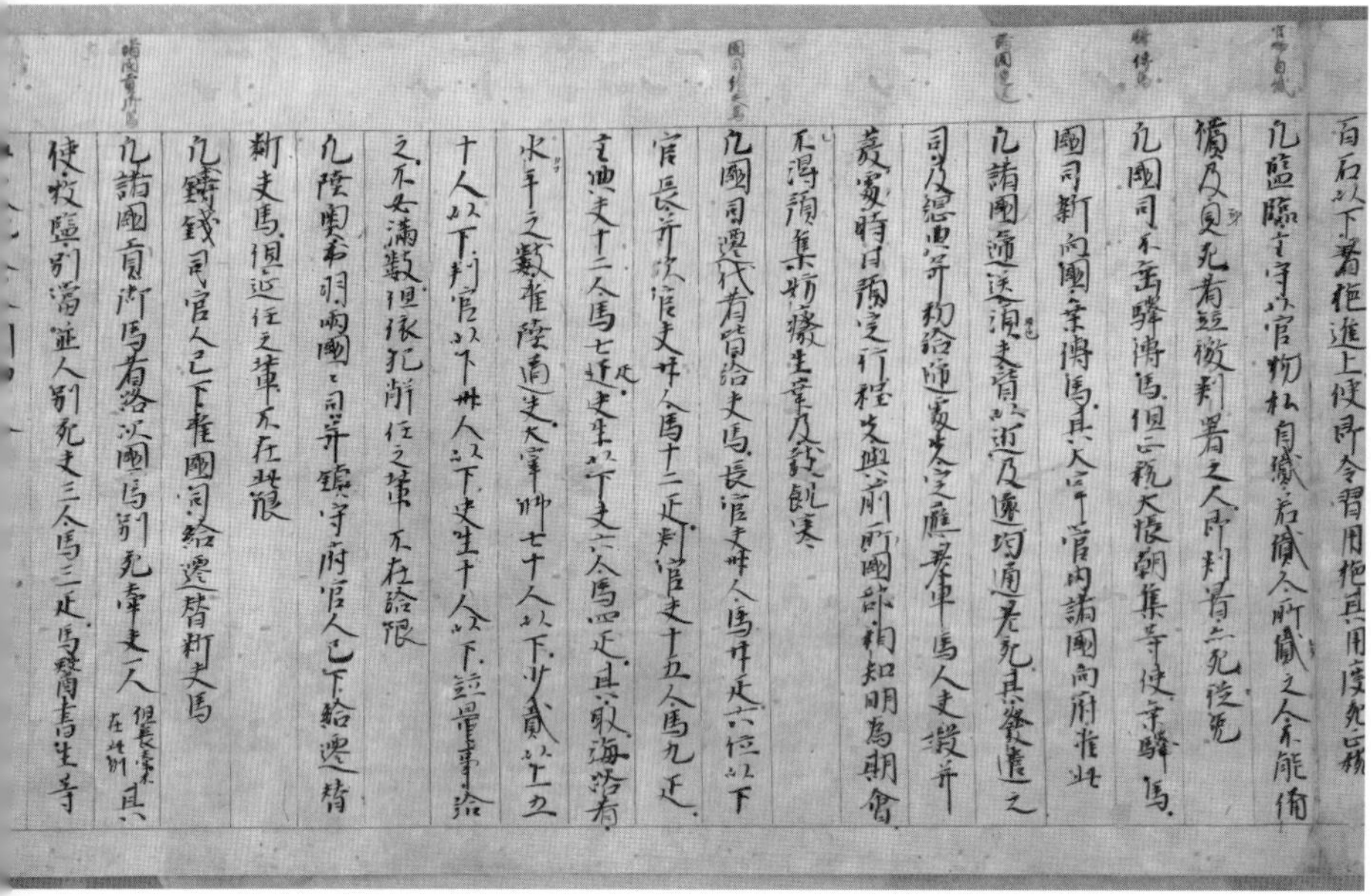

（第六紙）

(49)『官物自貸』凡監臨主守以官物私自貸若貸人所貸《レラ》之人不能備〔傳イ〕
償及見《身》死者竝徵〔衞イ〕判署之人卽判〔衞イ〕暑〔署イ〕亦死從《ヨ》免

(50)『驛傳馬』凡國司不乖〔乘イ〕驛傳馬但正稅大帳朝集等使乘驛馬
國司新向國乘傳馬其大宰管〔以イ〕內〔ナシイ〕諸國向府准此

(51)『諸國遞送』凡諸國遞〔運イ〕用也送須夫皆以近及遠均通差充其發遣之
司及〔日イ〕綱典幷初給遞〔運イ〕處先定應差車馬人夫數幷
發處時《ノ》日預定行程先與前所《ノ》國郡相知明爲期會
不《シ》得預集妨癈生業及致飢寒

(52)『國司給夫馬』凡國司遷代者皆給夫馬長官夫卅人馬廿疋六位以下
官〔長官イ〕長幷次官夫廿人馬十二疋判官夫十五人馬九疋
主典夫十二人馬七〻□〔疋〕史生以下夫六人馬四疋其取海路者
水手《カコ》之數准陸道夫大宰帥七十人以下少貳以上五
十人以下判官〔衞門イ〕以下卅人以下史〔史イ〕生十人以下竝量事給
之不必滿數但〔置イ〕依犯解〔解イ〕任之輩不在給限

(53) 凡陸奥出羽兩國〻司幷鎭守府官人已下給遷替
料夫馬但延任之輩不在此限

(54) 凡鑄錢司官人已下准國司給遷替料夫馬

(55)『諸國貢御馬』凡諸國貢御馬者路次國馬別充牽夫一人但長牽不在此例〔限イ〕其
使〔史イ〕牧監別當竝〔幷イ〕人別充夫三人馬三疋馬醫書生等
毎二人充夫一人〻別馬一疋

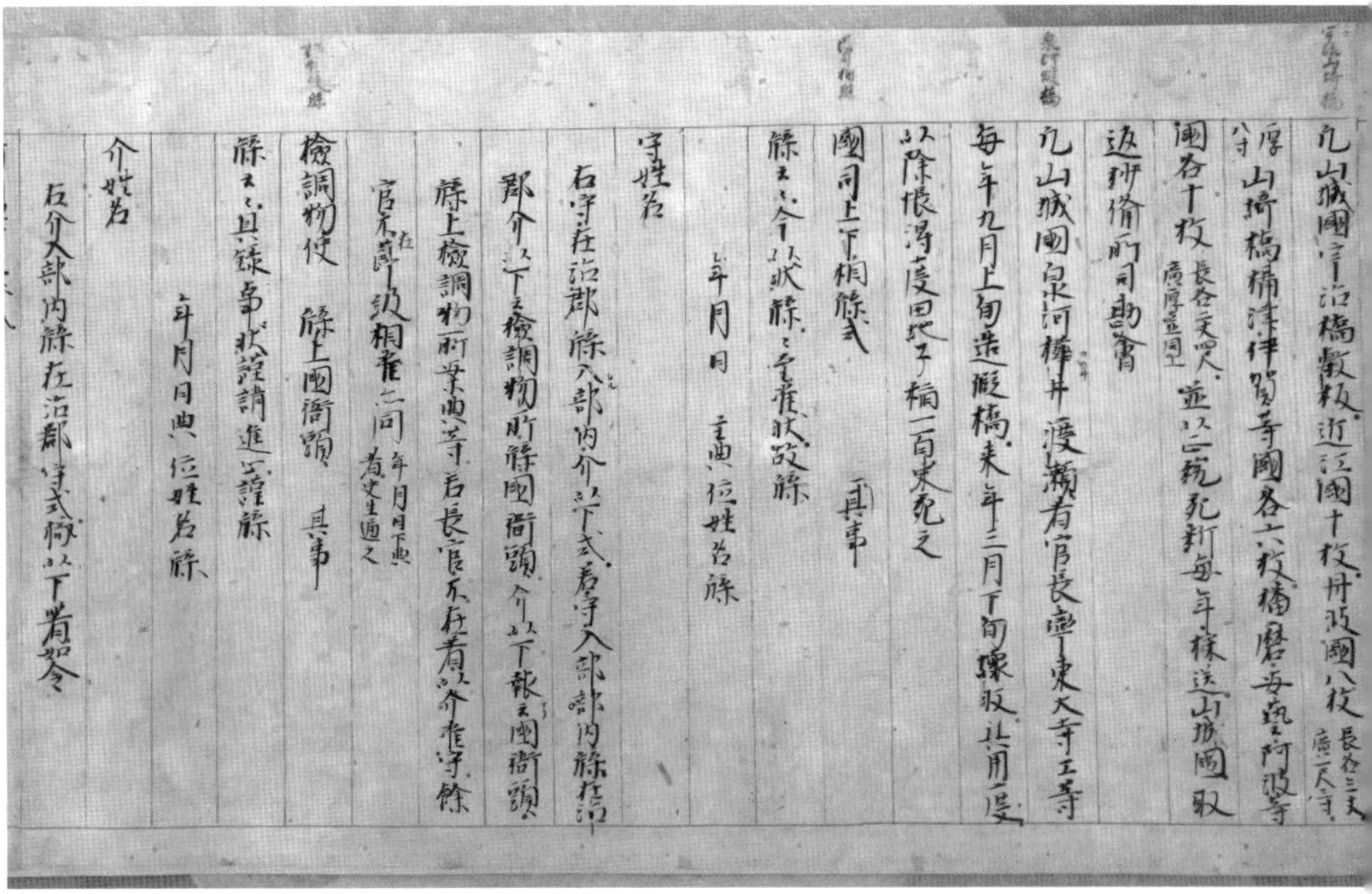

(56)『宇治山埼橋』 凡山城國宇治橋敷〔敷イ〕板近江國十枚丹波國八枚長各三丈廣一〔弘イ〕尺三寸
厚八寸山埼〔崎イ〕橋攝津伊賀等國各六枚播磨安藝阿波等
國各十枚長各二丈四尺廣厚竝同上竝以正稅充料每年採送山城國取
返抄備所司勘會

(57)『泉河假橋』 凡山城國泉河樺《カハヰ》井渡瀨者官長率東大寺工等
每年九月上旬造假橋来年三月下旬壞收〔收イ〕其用度
以除帳得度田地子稻一百束充之

(58)『國司相牒』 國司上下相牒式
其〔某イ〕事（墨合点）
牒云々今以狀牒々至准狀故牒
年月日　主典　位姓名牒

守姓名
右守在治郡牒〔部イ〕入《レル》部內介以下式〔或イ〕若守入部部內牒在治
郡〔部イ〕介以下云檢調物所牒國衙頭介以下報云《マク》○國衙頭
牒上檢調物所案典等若長官不在者以介准守餘
官不節級相准亦同在年月日下典者史生通之

(59)『調物使牒』 檢調物使　牒上國衙頭　其事
牒云々具錄事狀謹請進止謹牒
年月日典〔主イ〕　位姓名牒

介姓名
右介入部內牒在治郡守式掾以下署如令

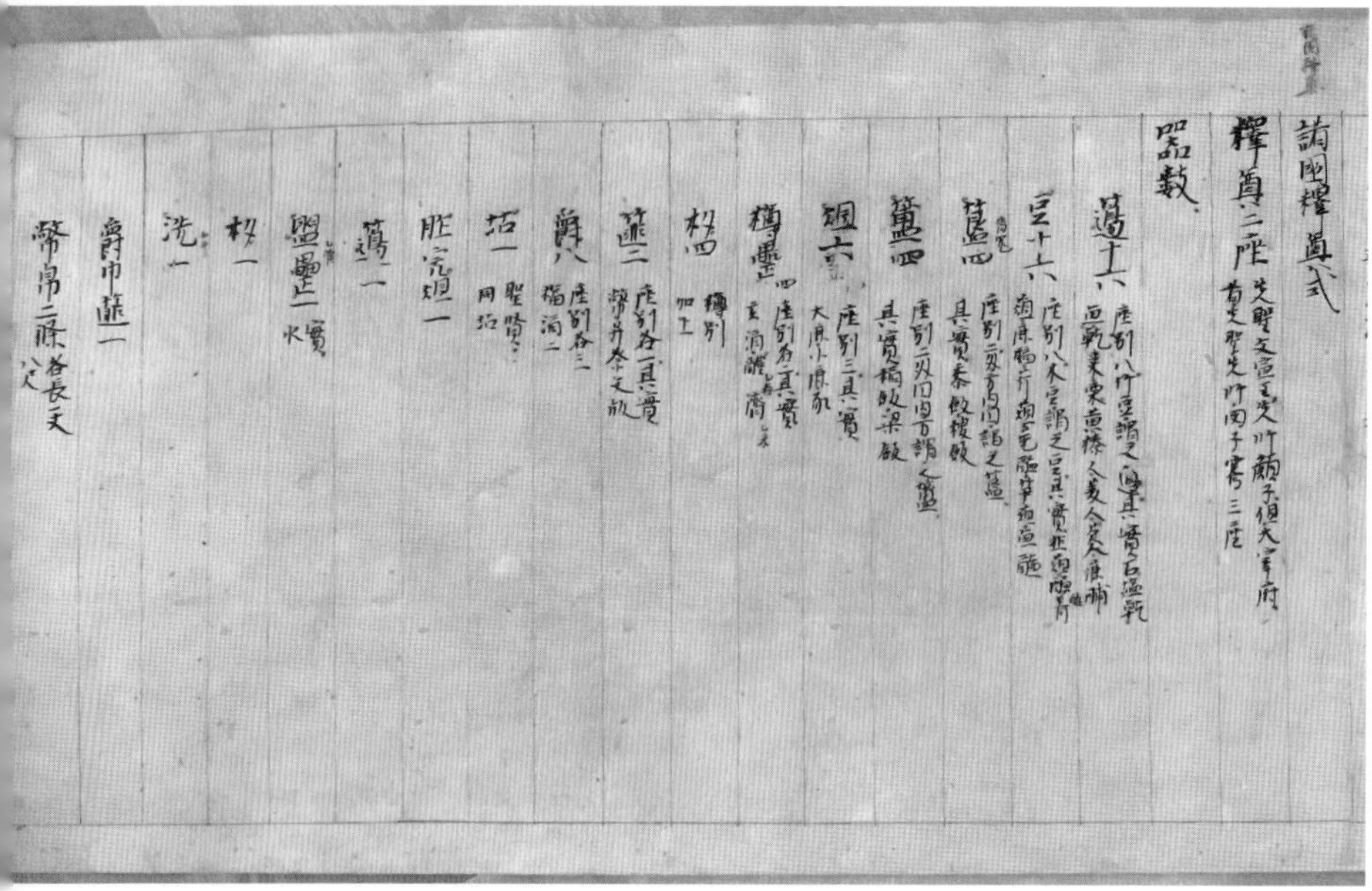

(第八紙)

(60)『諸國釋奠』

諸國釋奠式

釋奠二座先聖文宣王先師顏子但大宰府者先聖先師閔子騫三座

器數

籩十六座別八竹豆謂之籩其實石鹽乾魚乾棗栗黃榛人菱人芡人鹿脯

豆十六座別八木豆謂之豆其實韭菹醯「醢」菁菹鹿醢芹菹菟醢筍菹魚醢

簋《音鬼》四座別二外方內圓謂之簋其實黍飯稷飯

(×俎六)

・簠四座別二外圓內方謂之簠其實稻飯粱飯

(×罇罍四)〔各ィ〕

・俎六座別三其實大鹿小鹿豕

罇罍四座別各二其實玄酒醴乙頼齊乙采

杓四罇別加上

篚二座別各一其實幣幷祭文版

爵八座別各三福酒二

坫一聖賢同坫

胙完俎一

籩一

盥罍一乙管水實

杓一

洗一『乙井』

爵巾篚一

幣帛二條各長一丈八尺

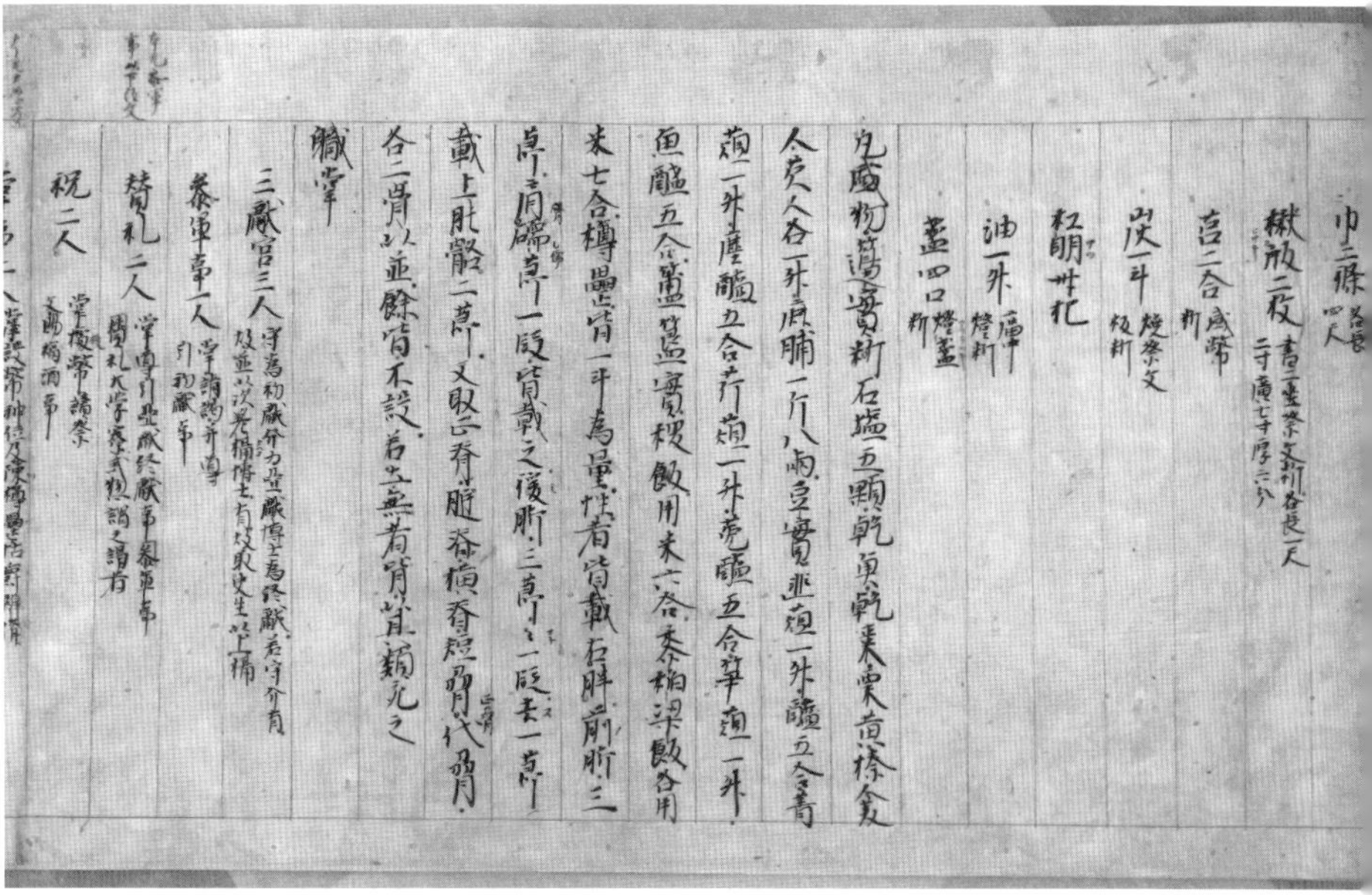

中二帙四尺

楸版『ヒサキ』二枚書二坐祭文料各長一尺二寸廣七寸〔弘イ〕厚六分〔ナシイ〕

筥二合盛幣料

炭一斗焼祭文板料

松明『マツ』卅把

油一升廟中燈料『アフラツキ』

盞四口燈盞料

凡盛物籩實料石鹽五顆乾魚乾棗栗黄榛人菱『○』

人芡人各一升鹿脯一斤八兩豆實韮葅一升〔醢イ〕醢五合菁

葅一升麋〔鹿イ〕醢五合芹葅一升菟醢五合筍葅一升

魚醢五合簠簋實稷飯『○』（擦消）用米六合黍稻梁飯各用

米七合樽罍皆一斗爲量性〔牲イ〕者皆載右胖前脚《ノ》三

節肩『ㄈ』臂〔臑イ〕臑乙儒節一段皆載之後脚《シ》三節ゝ《コト》段去《ス》一節

載上肫骼二節又取正脊脡〔髄イ〕脊横脊短脇ㄈ正脇代〔伐イ〕脇

各二骨以竝餘皆不設若土無者皆以其類充之

『本无參軍事以下注文』

職掌

三獻官三人守爲初獻介爲亞獻博士爲終獻若守介有故竝以次差攝《カヘヨ》博士有故取史生以上攝

參軍事一人掌請謁幷導引初獻事（朱合点）

贊礼二人（朱合点）掌導引亞獻終獻事參軍事贊礼大學寮式惣謂之謁者

祝二人掌據〔授〕幣讀祭文賜福酒事

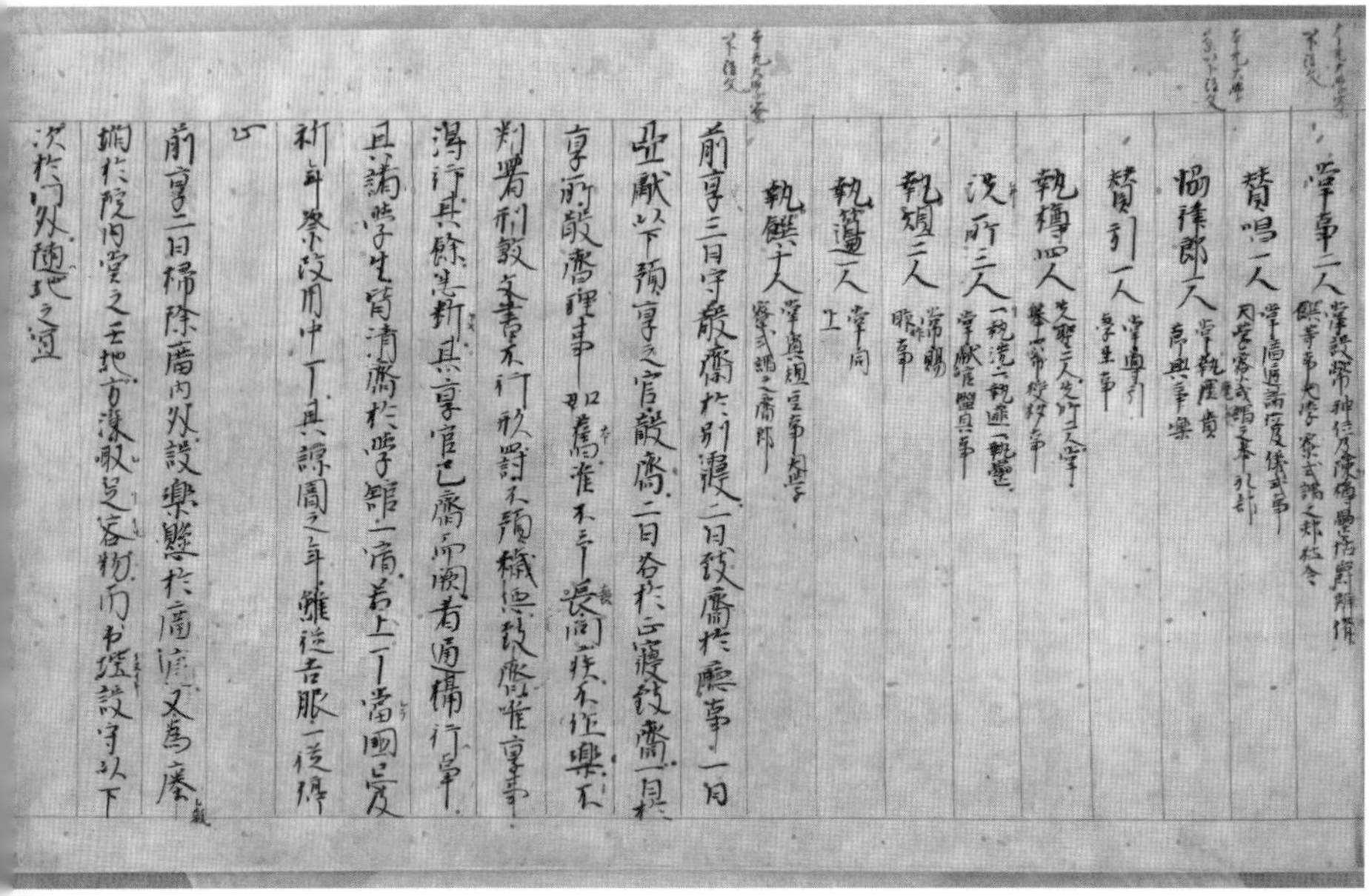

（第一〇紙）

掌事二人掌設幣神位及陳罇罍『ツ』坫〔坫イ〕爵辨備
　　　　饌等事大學寮式謂之郊社令（朱合点）

『本无大學寮以下注文』

贊唱一人掌廟庭諸位及儀式事
　　　　（朱合点）大學寮式謂之奉礼部

『本无大學寮以下注文』

協律郎一人掌執麾『麾乙貴』『〇』（ママ）貴
　　　　　節與事樂（ママ）

贊引一人掌導引
　　　　學生事

執罇四人先聖二人先師二人掌
　　　　學罍授杓事

洗所三人一執洗一執篚一執罍
乙井　　掌獻官盥具事

執俎二人掌賜
　　　　〔作〕昨事

執籩一人掌同
　　　　上

執饌十人掌奠俎豆事大學
　　　　寮式謂之齋郎（朱合点）

『本无大學寮以下注文』

前享三日守散齋於別寢〔廳イ〕二日致齋於廳事一日

亞獻以下預享之官散齋二日各於正寢致齋一日於

享所散〔齋イ〕齊理事如舊准「本」不弔「喪」長問疾不作樂不

判署刑殺文書不行形罰〔得イ〕不預穢惡致齊〔ナシイ〕唯享事

得行其餘悉斷《ヤメ》其享官已齋而闕者通攝〔齋イ〕行事

其諸學生皆清齋於學館一宿若上丁當國忌《イラ》及

祈年祭改用中丁其諒闇之年雖從吉服一從停

止

前享二日掃除廟內外設樂懸於廟庭又爲壂乙叡

埳於院內堂之壬地方深取《レ》足《リイル》容物南出埳《イヌイキ》設守以下

次於〔內〕门外邅地之宜

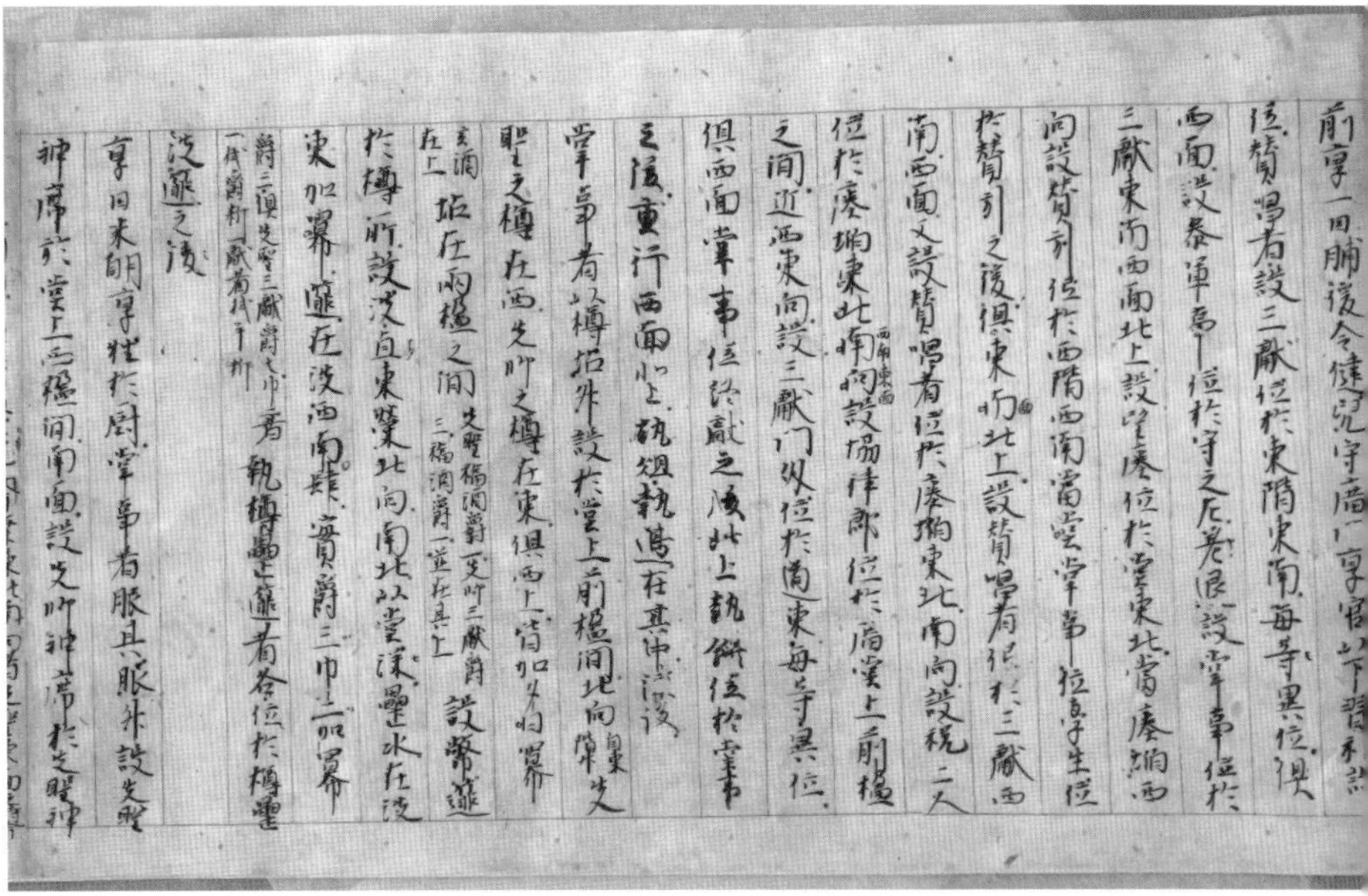

前享一日餔後令健兒守廟門享官以下習礼設
位贊唱者設三獻位於東階東南每等《シ》異位俱
西面設參軍事位於守之左差《ヤヽ》退設掌事位於
三獻東南西面北上設望座〔瘞イ〕位於堂東北當座〔瘞イ〕埳西
向〔面イ〕設贊〔替イ〕引仍〔位イ〕於西階西南當堂掌事位學〔設イ〕生位
於贊〔替イ〕引之後俱東《ヒ》南「面」北上○設贊〔替イ〕唱者仍〔位イ〕〔ナシイ〕於三獻西
南西面又設贊唱者位於座〔瘞イ〕埳東北南向設祝二人
位於座〔瘞イ〕埳東《ヒ》北《ヒ》南《ヒ》向《ヒ》「西南東面」設協律〔瘞イ〕郎位於廟堂上前楹
之間近〔ナシイ〕西東向設三獻門外位於道東每等異位
俱西面掌事位終〔於イ〕獻之後北上執饌位於掌事
之後重行西面北上執俎執籩在其中陳設
掌事者以樽坫升設於堂上前楹間北向自東階升先
聖之樽在西先師之樽在東俱西上皆加勺○曰冪
玄酒在上坫在兩楹之間先聖福酒爵一先師三獻爵三福酒爵一坫在其上設幣篚
於樽所設洗直《アタ》東榮北向南北以堂深《サ》罍水在洗
東加冪篚在洗西南○肆實爵三《ツ》巾二《ツ》加冪
○爵三俱先聖三獻爵也巾二者一拭爵料一獻者拭手料　執樽罍篚者各位於樽罍
洗篚之後《シ》
享日米〔未イ〕明享牲〔特イ〕於厨掌事者服其服升設先聖
神席於堂上西楹間南面設先師神席於先聖神

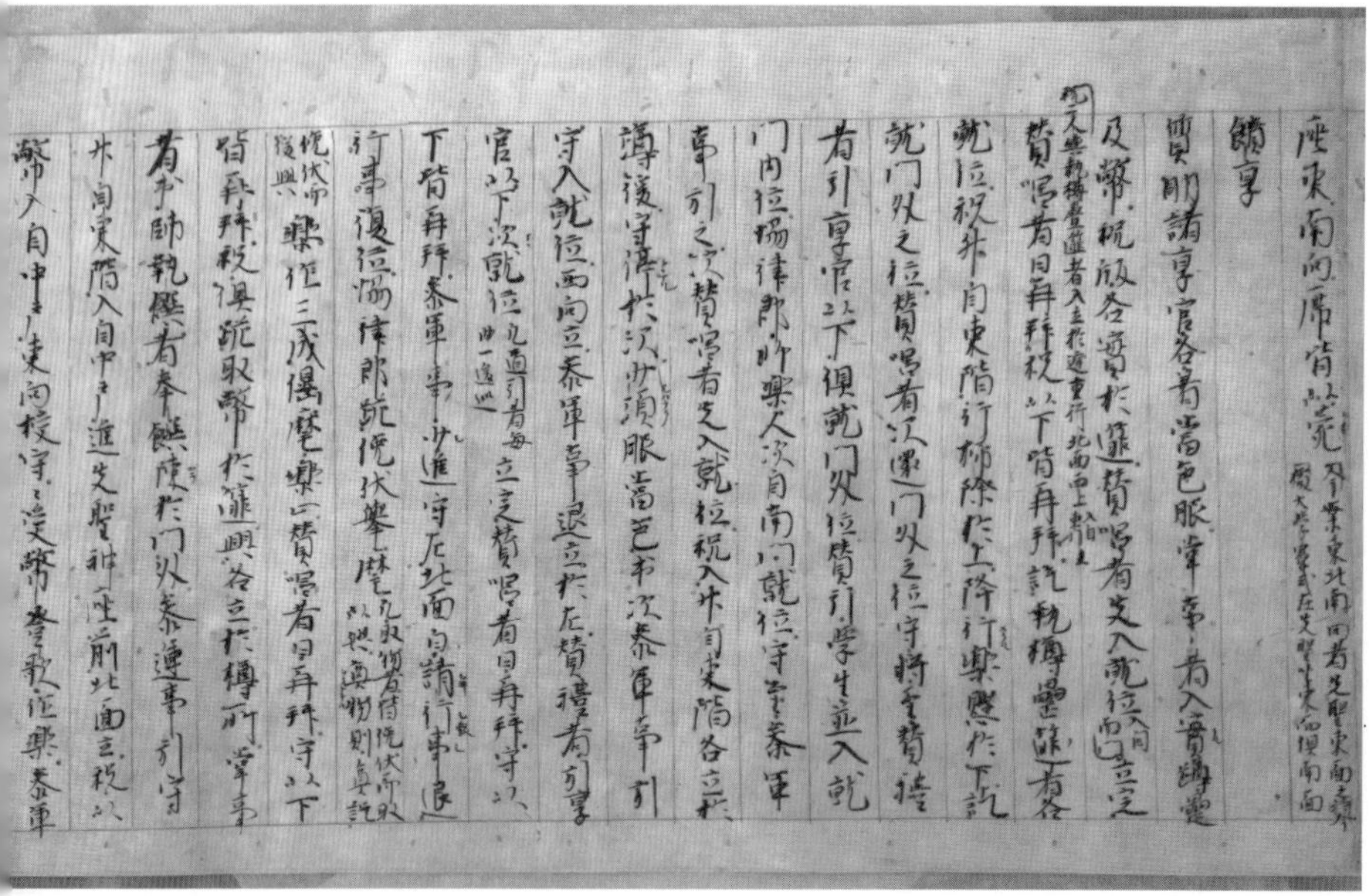

(第一二紙)

座東南向席皆以莞《ヲホキ》〔莞イ〕(朱合点)今案東北南向者先聖東面之時今據大學寮式在先聖坐東面而俱南面(朱合点)

饋享

質明諸享官各着當色服掌事者入實《イル》罇罍

及幣祝版各實於篚贊唱者先入就位入自南門(墨挿入符)立定

(墨挿入符)「祝二人與執罇疊〔罍イ〕篚者入立於庭重行北面西上入自東門■(×立)」

贊唱者曰再拜祝以下皆再拜訖執罇罍篚者各

就位祝升自東階行掃除於上降行《メクル》樂懸於下訖

就門外之位贊唱者次還門外之位守將至贊禮

者引享官以下俱就門外位贊引學生竝入就

門內位協律郎師〔帥イ〕樂人次自南門〔入イ〕就位守至參軍

事引之次贊唱者先入就位〔後イ〕祝入升自東階各立於

罇後守停《トヽマル》於次少頃《シハラク》〔ナシイ〕服當色出次參軍事引

守入就位西向立參軍事退立於左贊禮者引享

官以下次就《マヽ》位凡道引者毎曲一逡巡立定贊唱者曰冉拜守以

下皆再拜參軍事少進《シ》守左北面白請《乙井乙骸シ》行事退

行事復位協律郎跪俛伏擧麾凡取物者皆俛伏而取以興奠《ヲクトキ》物則奠訖

○○俛伏而後興樂作三成偃麾樂止贊唱者曰再拜守以下

皆再拜祝俱跪取幣於篚興各立於罇所掌事

者出師〔帥イ〕執饌者奉饌陳《ツラ》於門外參運〔軍イ〕事引守

升自東階入自中戸進先聖神座前北面立祝以

幣入自中戸東向授守〻受幣登歌作樂參軍

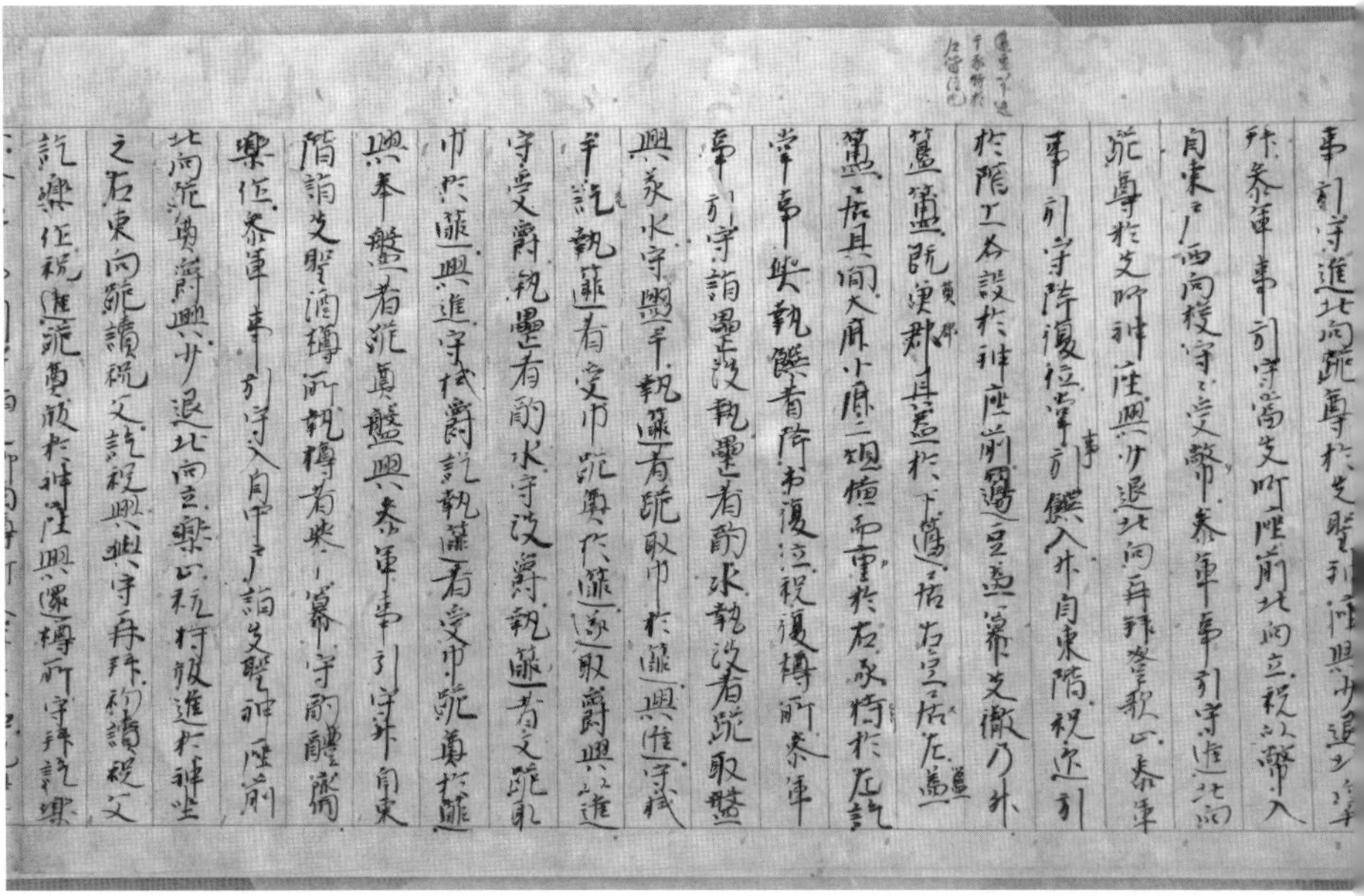

『籩豆以下迄
于豕特於
左皆注也』

事引守進北向跪奠於先聖神座興少退北向再
拜參軍事引守當先師座前北向立祝以幣入
自東戸西向授守〻受幣《ヲ》參軍事引守進北向
跪〔奠イ〕尊於先師神座興少退北向再拜登歌止參軍
事引守降復位掌「事」〔イアリ〕ᑕ引饌入升自東階祝迎引〔ナシイ〕
於階上各設於神座前籩(朱鈎点)豆盖冪先徹〔撤イ〕乃升
簠簋既〔却カ〕「奠郡」魚郡其盖於下籩〔以下、四十三字双行イ〕居《ス》右豆居左盖「簋」
簋居其間大鹿小鹿二俎横而重《カ》於右豕特《ヒトリ》(朱鈎点)於左訖
掌事與執饌者降出復位祝復樽所參軍
事引守詣罍洗執罍者酌水執洗者跪取盤
興承水守盥手執篚者跪取巾於篚興進守拭
手訖《ヌル》執篚者受巾跪奠於篚遂取爵興以進
守受爵執罍者酌水守洗爵執篚者《ノ》又跪取
巾於篚興進守拭爵訖執篚者受巾跪奠於篚
興奉盤者跪奠盤興參軍事引守升自東
階詣先聖酒樽〔ナシイ〕所執樽者擧冪守酌醴齋
樂作參軍事引守入自中戸詣先聖神座前
北向跪奠爵興少退北向立樂止祝持版進於神坐
之右東向跪讀祝文訖祝興與守再拜初讀祝文
訖樂作祝進跪奠版於神座興還樽所守拜訖樂

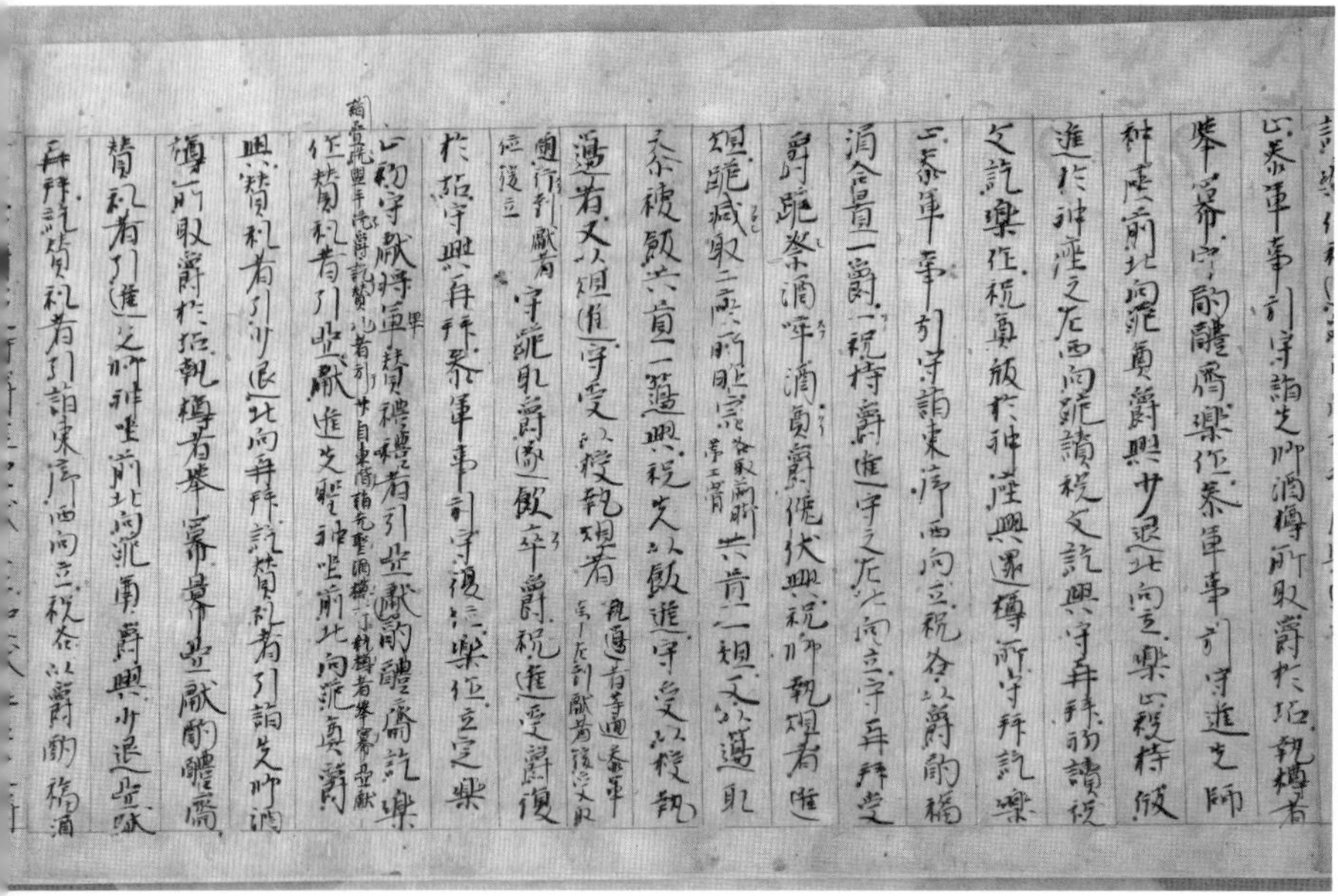

（第一四紙）

止參軍事引守詣先師酒樽所取爵於坫執樽者
舉冪守酌醴齊〔齋イ〕樂作參軍事引守進先師
神座前北向跪奠爵興少退北向立樂止祝持版
進於神座之左西向跪讀祝文訖興守再拜初讀祝
文訖樂作祝奠版於神座興還樽所守拜訖樂
止參軍事引守詣東序〔廊イ〕西向立祝各以爵酌福
酒合〔各イ〕置一爵一祝《リノ》持爵進守之左北向立守再拜受
爵跪祭《シ》酒啐《スフ》酒奠《ヲイ》爵俛伏興祝〔師イ〕師執俎者進
俎跪減《ヲロシ》取二座所胙完○各取前脚第二骨共置一俎又以籩取
黍稷飯共置一籩興祝先以飯進守受以授執
籩者又以俎進守受以授執俎者執籩者等廻參軍事左到獻者後《シ》受取
隨行到《メク》獻者位後立守跪取爵遂《ヲフ》飲卒爵祝進受爵復
於坫守興再拜參軍事引守復位樂作立定樂
止初守〔亞イ〕獻將「畢」軍〔ナシイ〕贊禮禮《ヒ》者引亞獻（墨挿入符）○酌醴齋訖樂
（墨挿入符）「詣罍〔罍イ〕洗盥手洗《コト》爵訖《テ》贊〻者引廿《テ》〔升イ〕自東階詣先聖《ノ》酒樽所《ニ》執樽者《ノ》舉冪《ヲ》亞獻」
作贊礼者引亞獻進先聖神坐前北向跪奠爵
興贊礼者引少退北向再拜訖贊礼者引詣先師酒
樽所取爵於坫執樽者舉冪〔ナシイ〕冪亞獻酌醴齋
贊礼者引進先師神坐前北向跪奠爵興少退亞獻
再拜訖贊礼者引詣東序〔廊イ〕西向立祝各以爵酌福酒

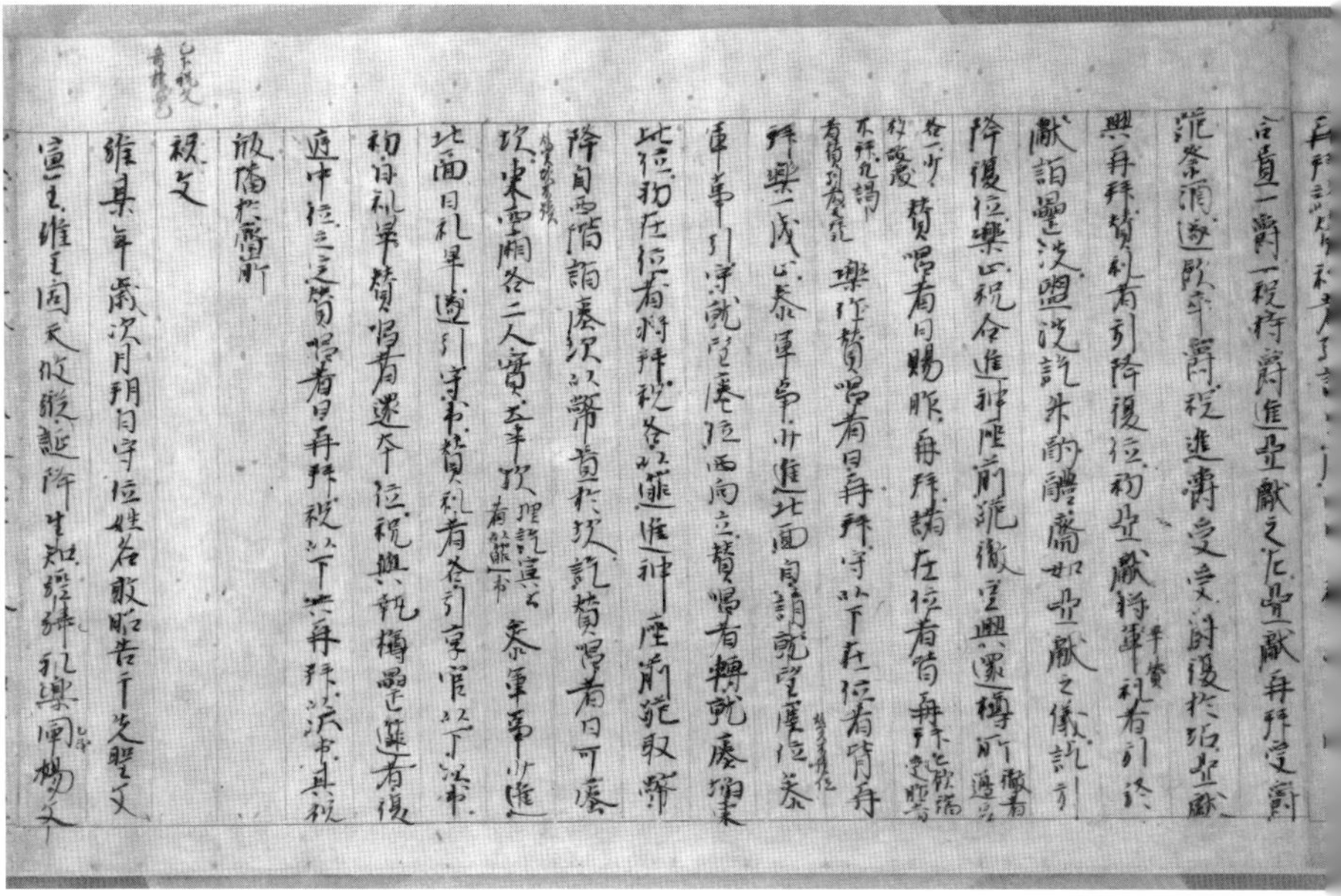

（第一五紙）

合置一爵一祝持爵進亞獻之左亞獻再拜受爵

跪祭酒遂飲卒爵祝進爵受〔墨抹アリ〕受〔ナシイ〕爵復於坫亞獻

興再拜贊礼者引降復位初亞獻將軍〔畢贊〕礼者引終

獻詣罍洗盥洗訖升酌醴齋〔各イ〕如亞獻之儀訖引

降復位樂止祝各進神座前跪徹〔撤イ〕豆興還樽所徹〔撤イ〕者蘧豆 已飲福〔酒イ〕受胙者

各一少移故處 贊唱者曰賜胙再拜諸在位者皆再拜

不拜凡謁者贊引者「无拜礼」 樂作贊唱者曰〔白イ〕再拜守以下在位者皆再

拜樂一成止參軍事少進北面自請就望〔故實不讀位〕塵〔瘞イ〕位參

軍事引守就望塵〔瘞イ〕位西向立贊唱者轉就塵〔瘞イ〕埳東

〔北イ〕比位初在位者將拜祝各以篚進神座前跪取幣

降自西階詣塵〔瘞イ〕坎以幣置於坎訖贊唱者曰可塵〔瘞イ〕

〔故實坎不讀〕坎東西廂各二人實〔實イ〕土半坎埋訖寘土者以篚出參軍事少進

〔掐イ〕北面曰礼畢遂引守出贊礼者各引享官以下〔以イ〕次出

初日礼畢贊唱者還本位祝與執樽罍篚者復

庭中位立定贊唱者曰再拜祝以下共再拜以次出其祝

版幡〔幡イ〕於齋所

祝文

『已下祝文音讀而已』

維某年歳次月朔日守位姓名敢昭告于先聖文

宣王維王固天攸縱誕降生知經緯《シ》礼樂闡〔乙淺〕揚文

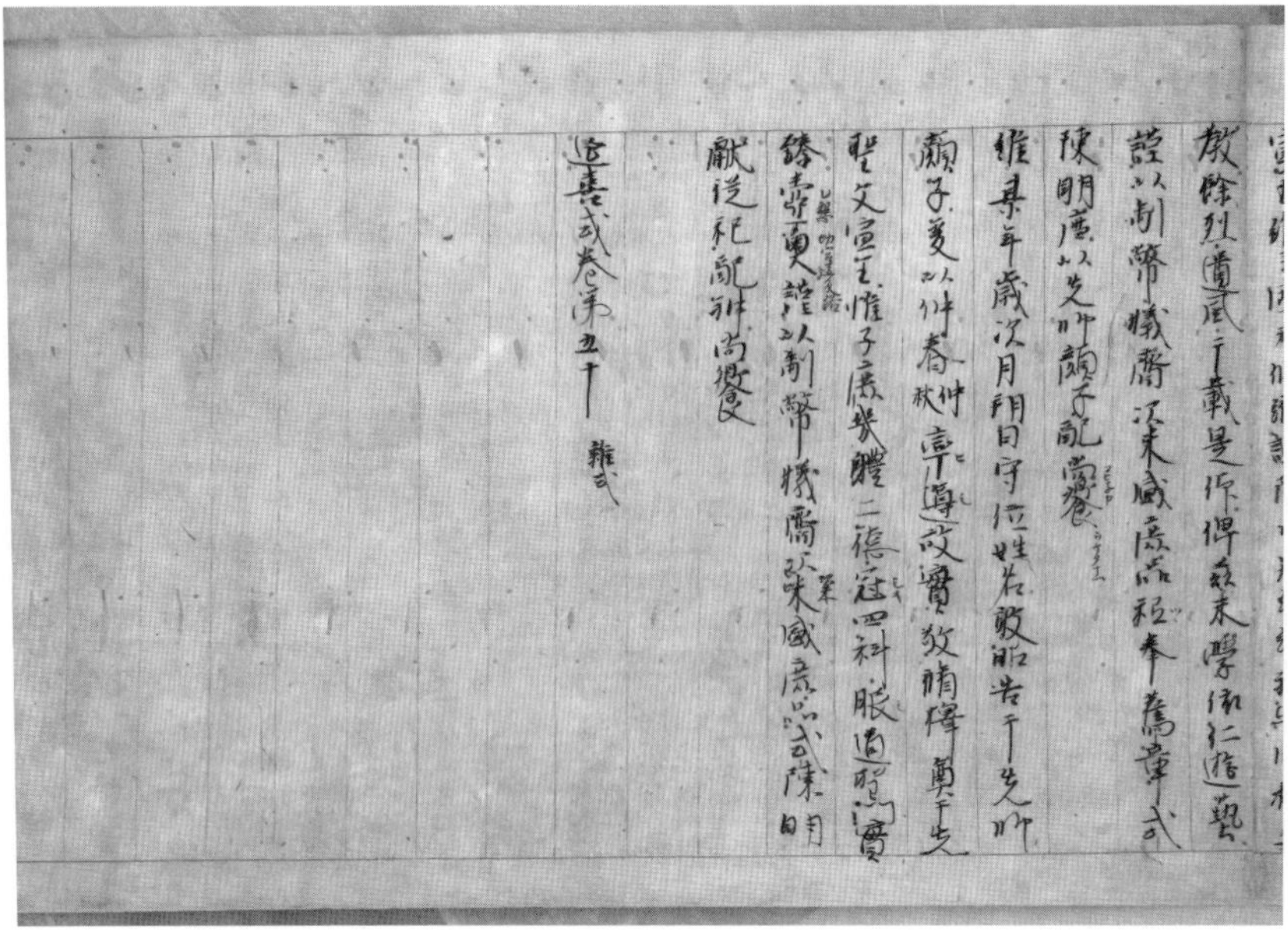

（第一六紙）

教餘烈遺風于〔千イ〕載是仰俾茲末學依仁遊藝
謹以制幣犧齋次〔粢イ〕米盛庶品祇《ツヽ》奉舊章式
陳明薦以先師顔子配尚《コヒネカ》饗《ウケタマヘ》
維某年歳次月朔日守位姓名敢昭告于先師
顔子爰以仲春仲秋率《ヒ》遵《シ》〔導イ〕故實敬脩釋奠于先
聖文宣王〔王イ〕惟子庶幾體二德冠《シメ》四科服《シ》道聖門實
臻壼「乙懇切宮道反路」奥謹以制幣犧齋《ヒ》次《ヒ》「粢」米盛庶品式陳明
獻從祀〔礼イ〕配神尚饗

延喜式卷第五十雜式〔ナシイ〕

（以下一〇行空白）

第三章　『延喜式覆奏短尺草写』の研究　―翻刻・訓読・影印篇―

付一字索引・主要語句索引

はじめに

『延喜式』は延喜五年（九〇五）八月、醍醐天皇（在位：八九七〜九三〇）の勅命を受けて左大臣藤原時平を首班とする一二名が編纂に着手した。時平の死後は忠平がこれを受け継ぎ、延長五年（九二七）一二月に至り、『延喜式』五〇巻を奏進したが、その後も修訂が行われたようであり、その施行は奏進より四〇年後の康保四年（九六七）である。

『延喜式覆奏短尺草写』は宮内庁侍従職所管の東山御文庫に伝来したいわゆる「御物」の一点で、現在はわずかに春宮坊式と勘解由使式の部分を伝えるのみであるが、『延喜式』編纂の過程で、天皇を含む編纂関係者が行った条文の内容・配列などに関する問題点の検討状況を示す貴重な資料である。本史料は全一六張から成るが、その現状はただ重ねただけの状態で、装訂は施されていない。包紙には「村上天皇宸翰／延喜式覆奏短尺草〈第三度〉寫」と記されているが、「村上天皇宸翰」とする根拠は不明である。料紙は斐紙であり、第一〜三張のみ鳥の子による裏打ちが施されている。また第一〜七張にのみ左肩に「一」〜「七」の張付けがある。本文は双鉤塡墨の手法を用いて影写されているが、第八張以降は双鉤のみで、塡墨されていない。本史料のこのような現状は、未装訂であることとともに、写本作成の過程で作業が中断された未完成の状態であることをうかがわせる。なお現存『短尺草』の親本には、第八張から第九張にかけて料紙を分断するほどの破損が四箇所ほどあり、その前後の部分には錯簡が生じていた。現存『短尺草』は親本を忠実に書写しているため、錯簡もそのまま踏襲しており、解読にあたっては注意が必要である。

『短尺草』の成立・筆者など基本的な問題については、これを最初に紹介された虎尾俊哉氏の研究があるので、以下、主として虎尾氏によりながら本史料の概要を述べておく。

『短尺草』の冒頭には「第三度／延喜式覆奏短尺草」とあり、その意味は、編纂のおそらく中枢にかかわっている人物が『延喜式』の第三次草案に対して「短尺」の形で意見を付し、天皇に奏上した意見書の草案ということであろう。『短尺草』の文中には「御短尺」「第二度文體」「前度文體」「今作文體」「今案」「久永勘文」などの文言が頻繁に見える。まず「御短尺」とは天皇の意見が書かれた「短尺」と理解してよいのであろうが、それがどの天皇であるかは後に考えることにする。次に「今作文體」とは、『短尺草』冒頭に「第三度」とあることから、『短尺草』において検討の対象とされている『延喜式』の第三次草案を意味しており、これに対して「第二度文體」「前度文體」とは第二次草案を指すと考えられる。また「今案」とは『延喜式』第三次草案に対する編纂委員グループの決定事項、「久永勘文」は延長三年（九二五）八月に編纂委員に加わった伴久永が第三次草案に関して調査した結果の意見書であろう。よってこの『短尺草』に見られる条文の検討が行われたのは、伴久永が委員として参画した延長三年から、『延喜式』が完成奏上された延長五年までの間と見るのがまずは穏当であろう。したがって文中の「御短尺」とはこの時期の天皇である醍醐天皇の意見を記したものと考えられる。そうしてこれらのさまざまな意見や関係法令、第二次草案などを勘案しながら、編纂委員グループの決定（「今案」）に対して意見を加え、かつこれを「短尺」（付箋）の形で第三次草案に付して醍醐天皇に「覆奏」した人物がこの『短尺草』の筆者ということになるが、それは『延喜式』編纂の最高責任者である藤原忠平が最もふさわしいと考えられる。これに関連して『短尺草』第七張に見える「可検延喜十八年十月北野行幸左右近陣日記云々」の記述が注目される。すなわち、近衛陣日記の引用の状況を調査した西本昌弘氏によれば、日記を否定的に引用した醍醐天皇を除けば日記に言及した初期の人物は藤原時平・実頼・師輔と、いずれも摂関家嫡流の公卿で、しかも彼らは陣日記に言及した時点ではいずれも近衛大将であったという（西本「『冊命皇后式』所引の「内裏式」と近衛陣日記」〔『日本古代儀礼成立史の研究』塙書房、一九九七年、初出一九九二年〕）。一方、『短尺草』が記された延長三～五年の頃には、藤原忠平は左近衛大将であり、彼も摂関家嫡流に属している。このような状況の一致も、『短尺草』の筆者を忠平と考える傍証となりうるであろう（宮本有香氏「一九九六年度國學院大學大学院演習報告」）。

以上のような点から、『短尺草』の筆者は藤原忠平と推定されるが、文中に抹消・訂正・加筆などが数多く見られることからすれば、これが筆者である忠平自身の推敲の跡を伝えている可能性も否定しがたい。すなわち『短尺草』の筆跡が藤原忠平のものである可能性も考慮する必要があろう。

本研究は一九九四～一九九九年、國學院大學大学院において行ってきた演習の成果の一部である。この間、多くの受講者が担当部分についてレポートをし、試行錯誤を重ねながら議論を行ってきた。当初は『短尺草』の内容に遂条的解釈を施し、各条に関連する法令や儀式書・日記などの史料も掲げた注釈書を作成する目論見を持って出発したのであったが、難解な内容に足を取られ、今なお十分な成果を上げるまでには至ってない。このためとりあえず本文の校訂と訓読に限定して現段階での到達点をまとめ、次のステップへの足掛かりにしようと考えた。もとより不十分な点が多く残っていることは我々が最もよく承知している。ことに訓読は内容の理解とも密接に関連するが、それを検討し尽くしたとはいいがたい。諸賢の御批正をいただきたいと思う。

参考文献

今江廣道「延喜式覆奏短尺草写」（『書陵部紀要』二四、一九七二年）
虎尾俊哉『延喜式』（吉川弘文館、一九六四年）
「『延喜式覆奏短尺草』について」（『国立歴史民俗博物館研究報告』六、一九八五年）
「『延喜式覆奏短尺草』補考」（『日本歴史』四六九、一九八七年）
吉岡眞之「『延喜式覆奏短尺草写』の一問題」（『古代文献の基礎的研究』吉川弘文館、一九九四年、初出一九八六年）

凡例

【翻刻・訓読】

一　翻刻文には、〈第一張〉のごとく原本の張数を付記し、各張ごとに行の通し番号を振る。行間の追記・傍書については、それが本来入るべき行の番号をもって行番号とする。

二　翻刻文の文字は原則として正字を用い、また適宜句点を施す。訓読文の文字は原則として常用漢字もしくは通行の字体を用い、また適宜句点および読点を施す。

三　翻刻の際の改行は原則として原文のとおりとする。訓読文は可能な限り翻刻文の改行に合わせる。

四　翻刻にあたって、校訂者の校訂注記は〔　〕により、説明注記は（　）によって施す。その他、原本にない文字等は〈　〉を用いて区別する。

五　その他、翻刻にあたっては以下の符号・記号を用いて原文の様態を表記する。

抹消符（ミセケチおよび鉤点）による抹消は、原文の体裁に忠実に表記する。

〈例〉尤　如今案依久永勘文明

塗抹された文字は■で表記し、抹消された文字が判読できる場合は、原則として右傍に〔×○○○〕あるいは〔×○○○ヵ〕と表記する。

〈例〉亦采女四人■〔×若〕已違内裏

文字あるいは文字列を墨線で囲って抹消している場合は、抹消された文字・文字列を［　］で囲む。

〈例〉…主藏撤歟、［依有此疑所仰成然而］又坊例…

転倒符「レ」による文字の転倒指示は原本のとおり表記する。

〈例〉供奉之外レ人

重ね書きについては、重ね書きされた文字を本文に掲げ、文字の左傍に・を付す。もとの文字が判読できる場合は右傍に〔×○○○〕あるいは〔×○○○カ〕と表記する。

〈例〉亦如此近〔×主カ〕則此条

祖本の虫損により判読不能の文字、書きさしの文字などは□で表記し、推定できる場合は右傍に〔○○○〕あるいは〔○○○カ〕などと表記する。

〈例〉亦同此賜潔衣事非□〔爲カ〕給禄所記之由

六　挿入符による文字および文字列の挿入指示は、翻刻文では原則として原文のとおり表記する。

七　原文の行間に加筆された文字および文字列の様態は、翻刻文においては原則として原文のとおり表記する。ただし訓読文においては、それらの文字・文字列を《　》で囲み、それが入るべき位置を推定して挿入する。

八　原文で抹消されている文字列は原則として訓読文中に組み入れ、それらの文字列は［　］で囲む。ただし抹消が一、二文字程度で、その判読が原文の読解に資する点が少ないと判断した場合は、煩雑さを回避するためにこれを組み入れない。

【校注・補注】

一　校注の欄には、今江廣道氏・虎尾俊哉氏が示された翻刻文との異同、および校訂者の見解を提示する。
二　補注の欄には、校注の欄で説明しきれない事柄、あるいは校訂に関する校訂者の見解などについて記述する。
三　今江廣道・虎尾俊哉両氏の研究の引用は全て左記の論考による。字体は正字とした。
　今江廣道「『延喜式覆奏短尺草写』」（『書陵部紀要』二四、一九七二年）。

　虎尾俊哉「『延喜式覆奏短尺草』について」（『国立歴史民俗博物館研究報告』六、一九八五年）。

翻刻

〈第一張〉

1 第三度
2 延喜式覆奏短尺草
3 第卌三春宮坊
4 元日遅明云〻注、臨時賜祿事
5 如今案、(1)依久永勘文、女嬬八人綿各五屯
又内薬式云、中宮・東宮亦同、此賜潔衣事、□〔非カ〕
爲給祿所記定由、」(2)
6 以本式卌屯准充八人、所案申似可然、但彼〔×内〕
7 〔薬〕式記女嬬五人、是雖云賜潔衣之人
8 數、供奉之人、可給潔衣、供奉之外人、何預
9 給祿之列乎、加以、東宮供御□ゞ薬人數、何過
10 於内裏乎、依有事疑、仰依内薬式可減定
〔×可檢中宮式人數〕■■■■■■■
11 之由也、〔又〕弘仁・貞觀中宮式不見件祿事、〔仍〕
12 偏難依久永勘文、

校注

（1）如今案↓補注
（2）定由…今江「定由」、虎尾「之由」↓補注

補注

（1）以下、第二張5行目「可然」まで、前後に鉤点を付して抹消。
（2）今江氏は「由」下の墨点には言及せず、虎尾氏は「定」の「宀」冠と「由」の下の墨付を抹消の鉤点と見なし、「之由」を抹消したと見る。本稿では「由」の下の墨付は挿入符号に対応する閉じの鉤点と判断する。

訓読

〈第一張〉

1 第三度

2 延喜式覆奏短尺草

3 第卌三春宮坊

4 「元日遅明云々」の注、「臨時に禄を賜う」の事

5 ［今案の如くんば、久永の勘文に依り、「女孺八人、綿各五屯」は

6 本式の卌屯を以って八人に准じ充つ。また内薬式に云わく、中宮・東宮また同じ、と。此れ潔衣を賜うこと。禄を給わんがために記し定むる所に非ざる由。案じ申すところ然るべきがごとし。但し、彼の

7 式に「女孺五人」と記すは、これ潔衣を賜うの人数を云うといえども、

8 供奉の人、潔衣を給わるべし。供奉外の人、何ぞ

9 禄を給わるの列に預からんや。しかのみならず、東宮に御薬を供するの人数、何ぞ

10 内裏に過ぎんや。事、疑い有るに依り、内薬式に依り減定すべき

11 の由を仰するなり。［中宮式の人数を検すべし］弘仁・貞観中宮式に件の禄の事見えず。

12 偏に久永の勘文には依りがたし。

又采女四人、■〔×若〕已違內裏供奉人數、若云彼宮散采女惣數歟、須尋問、（又）主膳（供）御肴事、猶在此條可宜、其故者、主膳監（1）朝賀儀條主膳入就內膳、受〔×者カ〕群官賀儀主膳奉膳之類、行事多在此坊式、彼監式、只載月料年料物數、又主殿署雜事亦如此、近則此（2）條主殿署立火爐於殿（3）庭事、不載彼署之所、

〈第二張〉

在此條、然則不可在主膳式、至（4）典藥式、不可載內膳司供事、仍［在供］在內膳式歟、（供御肴事、）不載內膳式者、又在何處乎、以彼不可爲例、又給祿之處、加記一人醫生四箇字可然、如今案、依久永勘文坊勘申、女（5）孺八人綿各五屯、以本式綿卌屯准充八人也、又內藥式云、中宮・東宮亦同、此賜潔衣事、非□（6）〔爲カ〕給祿所記之由、所案申似可然、但彼式記（7）雖賜潔衣之人數、供奉之人、可給潔

校注

（1）受→補注　（2）此→補注　（3）殿…今江ナシ、虎尾アリ　（4）至→補注　（5）女→補注　（6）□→補注　（7）記雖→補注

補注

（1）今江氏は「受」。虎尾氏は「受」を重書と見るが、もとの文字は不明とする。本稿では「者」に重書して「受」と改めたと判断する。

（2）今江氏は「此」とし、重書を認めず。虎尾氏は「主」に重書して「此」と見なす。本稿では重書と判断する。もとの文字については判断を保留するが、「主」の可能性がある。

（4）重書あり。今江・虎尾両氏はもとの文字は不明とする。本稿でも判断を保留する。

（5）重書あり。

（6）今江氏は「爲カ」、虎尾氏は「爲」。虎尾氏の判断は第一張6行目の内薬式の引用文中の「爲」を前提とするものと推察されるが、ここでの文字の状態からは「爲」とは断定しがたい。本稿では今江氏と同様に判断する。

（7）虎尾氏は「記ト雖ノ間、転倒符ヲ脱セルカ」とする。

13 また采女四人、すでに内裏供奉の人数に違う。もしくは彼の
14 宮の散采女の惣数を云うか。すべからく尋ね問うべし。また主膳御肴を供する
15 事、なお此の条に在るが宜しかるべし。其の故は、主膳監の
16 行事、多く此の坊式に在り。《朝賀儀条の主膳入りて内膳に就く、受群官賀儀の主膳奉膳の類。》彼の監式、ただ月料・年料の
17 物の数を載す。また主殿署の雑事また此の如し。近くは則ち、此の条の主
18 殿署火爐を殿庭に立つる事、彼の署の所に載せず、

〈第二張〉

1 此の条に在り。然らば則ち主膳式に在るべからず。典薬式に至りては、
2 内膳司の供事を載すべからず。仍りて内膳
3 式に在るか。《御肴を供する事、》内膳式に載せざれば、また何処に在らんや。彼を以って
4 例となすべからず。また禄を給わるの処に、「一人
5 医生」の四箇字を加え記すが然るべし
6 今案の如くんば、久永の勘文・坊の勘申に依り、「女嬬八人、綿
7 各五屯」は、本式の綿卌屯を以って八人に准じ充つるなり。また内薬
8 式に云わく、中宮・東宮また同じ、と。此れ潔衣を賜うこと。
9 禄を給わんがために記すところに非ざるの由。案じ申すところ然るべきがごとし。但し、彼の式は
10 潔衣を賜うの人数を記すといえども、供奉の人、潔衣を給わるべし。

衣、不供奉之人、何預給祿之列乎、加以、東宮供御藥人數、何過於內裏乎、依有事疑、仰依內藥式可減定之由也、而今申件人數・祿法等、例レ坊幷典藥・中宮式等各異、以何文爲正之由、仍檢坊例、不見女孺數、弘仁・貞(1)觀中宮式、共不記女孺數、偏難依久永勘〔難〕文定八人、又采女四人、已違內裏供奉采女之數、若■(2)〔×云〕東宮散采女依可(3)〔×物數〕供奉、仍載其惣數歟、須尋問其惣數

〈第三張〉

合不、又主膳監行事、多在此坊式、朝賀儀條云、主膳入〔受〕就內膳、又群官賀儀主膳奉膳等類〔之〕、竝不載彼監式、又主殿署雜事亦以如此、近則、此條主殿署立火爐於殿庭事、不載彼署式、在此條、然則不〔可〕在主膳式、至典藥式何載內膳司供事乎、其供御肴事、不載內膳式〔者〕又在何處

校注

（1）觀…今江「難」、虎尾「觀」

（2）■→補注

（3）依可…今江「■可」、虎尾「依可」→補注

補注

（2）今江氏は抹消された文字を判読不能とするが、虎尾氏は「云」と読み取る。本稿では虎尾氏と同様に、「云」と読み取る。

（3）「依」を今江氏は判読不能とし、虎尾氏は「依」と読み取る。本稿では虎尾氏と同様に、「依」と読み取る。

11 供奉せざる人、何ぞ禄を給わるの列に預からんや。しかのみならず、
12 東宮に御薬を供するの人数、何ぞ内裏に過ぎんや。
13 事、疑い有るにより、内薬式に依り減定すべきの由を仰する
14 なり。而るに、今件の人数・禄法等は、坊例并に典薬・中宮
15 式等おのおの異なる。何れの文を以って正とせんの由を申す。仍りて坊例を検ずるに、
16 女孺の数、見えず。弘仁・貞観中宮式、共に女孺の数を記さず。偏に
17 久永の勘文に依りて八人とは定めがたし。また采女四人、すでに内裏供
18 奉の采女の数に違う。もしくは東宮の散采女供奉すべきに依り、
19 仍ち其の物数を載するか。すべからくその物数、合うやいなやを尋ね問うべし。

〈第三張〉

1 また主膳監の行事、多く此の坊式に在り。朝賀
2 儀条に云わく、「主膳入りて内膳に就く」と。また受群官賀儀の
3 「主膳奉膳」等の類、並びに彼の監の式に載せず。また
4 主殿署の雑事また以ってかくの如し。近くは則ち、此の条の主
5 殿署火爐を殿庭に立つる事、彼の署の式に載せず、
6 此の条に在り。然らば則ち主膳式に在るべからず。
7 典薬式に至りては、何ぞ内膳司の供事を載せんや。其の
8 御肴を供する事、内膳式に載せざれば、また何処に在らんや。

乎、以彼不可爲例、尤〻以主膳供御肴事
尤可載此條、又給祿之處加記一人醫
生四箇字可然、
朝賀儀云〻、設東宮次云〻、鉦皷北事
停鉦皷北三箇字可然、
同條詣春宮事
改爲參詣奉迎可然、
同條設輦云〻、及駕輦注進一人等事
若字以下文、在執物之次似有便宜、

〈第四張〉

然而依朝賀無雨儀、相分以執履
以上爲上注、若字以下如舊存此處
可然、

（一行分空白）

同條主膳入就內膳事　(1)又〻可勘豊樂院主膳候〔所〕
如久永勘文、供御膳之方各異、難云
就內膳者、而［無記］〔主膳〕其候所不見日記・
指圖等、(2)就何改正乎、加以、坊例〔有〕五月

校注

（1）〻…今江ナシ、虎尾アリ
（2）就…今江「就」、虎尾「然」↓補注

補注

（2）第四張3行目二字目の「然」、第四張4行目六字目の「就」などとの比較により、「就」と判読する。

彼を以って例となすべからず。主膳を以って御肴を供する事、尤も此の条に載すべし。また禄を給わるの処に、「一人医生」の四箇字を加え記すが然るべし。

「朝賀の儀云々、東宮の次を設く云々、鉦鼓の北」の事

「鉦鼓北」の三箇字を停むるが然るべし。

同条、「春宮に詣る」の事

改めて「参詣し迎え奉る」となすが然るべし。

同条、「輦を設く云々」、及び「輦に駕す」の注、「進一人」等の事

「若」の字以下の文、「物を執る」の次に在るが便宜有るがごとし。

〈第四張〉

然れども朝賀は雨儀無きに依り、「相分れて以って履を執る」以上を上の注となし、「若」の字以下は旧の如く此処に存するが然るべし。

同条、「主膳入りて内膳に就く」の事　又々豊楽院の主膳候所を勘うべし。

久永の勘文の如くんば、御膳を供するの方、おのおの異なり、「内膳に就く」とは云い難し、てへり。而して其の候所、日記・指図等に見えず。何に就きてか改正せんや。しかのみならず、坊例に、五月

8　五日候同幄之由、然則如舊不改、亦不
9　可爲今難、
（約四行分空白）
10　二日受宮臣朝賀儀云〻、左右兵衞尉
11　各一人云〻事
12　如坊例可率二人、至于受(1)緋綱隨便自

〈第五張〉
1　可行、不可必路中差分歟、依御短尺可
2　爲二人、
3　・同(2)日受群臣賀儀云〻、置群官版位
4　云〻事
5　［若有件［同］儀］
6　件事若在儀式者、此式如舊
7　存之尤可然、
8　同條亮率所司於庭中賜祿物事
9　依今案、除率所司三个字可宜、
10　凡蹈歌女云〻事
11　近仗之事、記加前度文體可然、但

校注
（1）緋綱…今江「ママ」傍書
（2）同→補注
補注
（2）重書あり。

8　五日同じ幄に候するの由、有り。然らば則ち、旧の如く改めず、また
9　今の難をなすべからず。
10　「二日宮臣の朝賀を受くる儀云々、左右兵衛尉
11　各一人云々」の事
12　坊例の如く、二人を率いるべし。緋綱を受くるに至りては、便りに随いて自ずから

〈第五張〉

1　行うべし。必ずしも路中に差し分くべからざるか。御短尺に依りて
2　二人となすべし。
3　「同日群臣の賀を受くる儀云々、群官の版位を置く
4　云々」の事
5　［若し件の同じき儀有らば］
6　件の事、若し儀式に在らば、此の式、旧の如く
7　之れを存するが尤も然るべし。
8　同条、「亮所司を率いて庭中において禄物を賜う」の事
9　今案に依り、「率所司」の三个字を除くが宜しかるべし。
10　「凡そ踏歌の女云々」の事
11　近仗の事、前度の文体に記し加うるが然るべし。但し

他日之儀、東宮未着坐之前、近仗
就陣、而(1)是日獨在着坐之後、似不同(2)
歟、
凡正月十七日云〻、設東宮次於豐樂院云〻事
依今案、元日宴會之處記載設次之
由、除注文似可有便、又御齋會時設
次事、准釋奠加載、［亦可然（似可宜）］、但檢坊
〈第六張〉
例、元正朝賀儀設御次於昭訓門外北掖、八日
御齋會所設御次於昭訓門北內、［〻外各異者(3)
(4)猶可記］若同元日御次所者、可記同元日之由、
（若例）內外各異者慥可〔×記歟〕分記歟、
凡春秋二仲月上丁云〻、至講堂南東掖
門外東宮降輦事
依本式、爲講堂改參字爲以字等、
竝可然、
凡二月上申云〻、舍人四人擧幣案事
檢坊例(5)、與本式頗雖有相違之處(6)、大略可准（相）、

校注

(1) 是…今江「是」、虎尾「此」
(2) 同→補注
(3) 者→補注
(4) 若例→補注
(5) 例…今江「例」、虎尾「令」
(6) 之處→補注

補注

(2) 「同」の字形にやや不自然さあり。虎尾氏は「同、写本ハ虫喰部分ヲモ誤リ墨ヲ入レタルカ」と注記。
(3) 重書あり。
(4) 重書あり。
(6) 今江氏は「之處」。虎尾氏は「處」を抹消と見なし、「之」は「消シ忘レカ」とする。しかし「處」は重書と見る余地が多分にあり、本稿では抹消にあらずと判断した。ただし「處」のもとの文字は不明。

他日の儀、東宮いまだ着坐せざるの前に、近仗陣に就く。而るに、是の日独り着坐の後に在るは、同じからざるがごときか。

「凡そ正月十七日云々、東宮の次を豊楽院に設く云々」の事

今案に依りて、元日宴会の処に次を設くるの由を記載し、注の文を除くが便有るべきがごとし。また御斎会の時、次を設くる事、釈奠に準じて加え載すが［亦然るべし］宜しかるべきがごとし。但し、坊例を検ずるに、

〈第六張〉

元正朝賀の儀、御次を昭訓門外の北掖に設け、八日御斎会所、御次を昭訓門の北の内に設く。［内外おのおの異ならばなお記すべし］若し元日の御次の所に同じくんば、元日に同じの由を記すべし。若し例、内外おのおの異ならば、慥かに分かち記すべきか。

「凡そ春秋二仲月の上の丁云々、講堂の南東の掖門の外に至りて東宮輦を降る」の事

本式に依りて、「講堂」となし、「参」の字を改めて「以」の字となす等、並びに然るべし。

「凡そ二月の上の申云々、舎人四人幣の案を挙ぐ」の事

坊例を検ずるに、本式と頗る相違の処有りといえども、大略は相準ずべし。

彼舍人四人擧案昇殿、(1)、被御短尺被仰不宜
之由、然而未出給以前事也、[依今案［及〔如〕］]坊
例［不可改］與本式已相合、依今案不可改歟、
久永勘文、進藏人待取立殿上、專無所據、
不可從用、但御短尺、依坊例、被仰先立案之
後、使官竝舍人捧裹幣(2)安于机上事不見
此式、須依彼坊例改記、又同例云、［東宮〔殿下〕］兩
段再拜訖廻入、退幣机者如初入之儀者、而

〈第七張〉

本式云、東宮兩段再拜訖舍人入擧幣案、
使官隨卽退出、東宮待使者過細殿南、卽
復本座者、如此式者、東宮未入給以前、舍人昇
殿可撤案歟、然則難准供奉諸司裝束事、
又稱復本座、此云尋常御座歟、頗難辨知(3)、依
坊例改記者初後似相合歟、又机字同爲
案事可然、
凡二月上卯云〻、使差進一人事
依今案、以十一月中子准此之文爲注可然、

校注

（1）被→補注
（2）安→補注
（3）知…今江「者」、虎尾「知」→補注

補注

（1）「被」の右傍に「、」あり。今江・虎尾両氏ともに「被」の字画の一部と見なしていると推察されるが、本稿では抹消符と判断する。
（2）ニジミあり。
（3）第一張15行目一〇字目の「者」、第一三張13行目五字目の「知」などとの比較により、「知」と読み取る。

11 彼の舎人四人案を挙げ昇殿するは、御短尺、宜しからざる
12 の由仰せらる。然れどもいまだ出で給わざる以前の事なり。［今案［及び］に依り］坊
13 例、［改むべからず］本式とすでに相合う。今案に依りて改むべからざるか。
14 久永の勘文、進・蔵人待ちて取りて殿上に立つは、専ら拠る所無し。
15 従い用うべからず。但し御短尺、坊例に依るに、まず案を立つるの
16 後、使官幷に舎人裹幣を捧げて机の上に安く事、此の式に見えずと仰せらる。
17 すべからく彼の坊例に依りて改め記すべし。また同例に云わく、［東宮］殿下、両
18 段再拝訖りて廻り入る。幣の机を退くるは、初めに入るの儀の如し、てへり。而れども

〈第七張〉

1 本式に云わく、「東宮両段再拝し訖りて、舎人入りて幣の案を挙ぐ。
2 使官随いて即ち退出す。東宮、使者の細殿の南を過ぐるを待ちて、即ち
3 本の座に復す」てへり。此の式の如くんば、東宮いまだ入り給わざる以前に、舎人昇
4 殿し、案を撤すべきか。然らば則ち供奉の諸司の装束の事に准じ難し。
5 また「本の座に復す」と称するは、此れ尋常の御座を云うか。頗る弁え知り難し。
6 坊例に依り改め記さば、初後相合うがごときか。また「机」の字、同じく
7 「案」となす事、然るべし。
8 「凡そ二月の上の卯云々、使、進一人を差す」の事
9 今案に依り、「十一月の中の子、此れに准ぜよ」の文を以って注となすが然るべし。

10 凡四月上申奉平野祭云〻、舍人八人事
11 如坊舊例〔似〕、不可改本式、而御短尺、偏被
12 仰同注之初文、若不被用末文歟、但□(1)
13 改(2)〔×失カ〕舊例者、如本式可宜、
（一行分空白）
14 可検延喜十八年十月北野行幸左右近陣日記、若有東宮
従駕帯刀等數(3)否、
15 同條御短尺坊官事
〈第八張〉
1 依(4)今作文體可改記、［坊官［并］侍從］
2 同條御短尺供神麻云〻事
3 讀祝詞之上、加再拜等之文、又末注□(5)〔爲カ〕
4 龜、記(6)〔×也〕第二度文體竝可然、
5 凡五月五日事
6 如今案、典藥寮進昌蒲儀、依久永
7 勘文具記此條、□□(7)〔似便〕宜、但進白散□(8)〔之〕
8 儀［頗有相違事、近則案典藥式］云、［雜］
9 主藏官人・舍人惣八人、擧案退出、收藏

校注

（1）□…今江「又」、虎尾「不」→補注　（2）改…今江「改」、虎尾「改」→補注　（3）數…今江「安」、虎尾「數」→補注　（4）依→補注　（5）□…今江「爲」、虎尾「爲」→補注　（6）記…今江「記」、虎尾「記」→補注　（7）□□…今江「似便」→補注　（8）□…今江「之」→補注

補注

（1）祖本に虫損があり、「不」とも「又」とも判定できず。意味の上からは「不」か。
（2）虎尾氏は「改」に重書ありと見る。本稿も同様に判断する。もとの文字は「失」か。
（3）第一張14行目六字目などの「數」と比較すれば、字形は「安」に近いが、ここでは舍人の人数が論点となっており、意味のうえでは「數」か。
（4）字形整定のための重書あり。
（5）祖本に虫損あり。残画から「爲」と推定する。
（6）虎尾氏は「也」に重書して「記」と改めたと見る。本稿も同様に判断する。
（7）虎尾氏は「似」を読み取り、「便」は残画により判断する。本稿では残画により「似便」と推定する。
（8）虎尾氏は残画により「之」と判断する。本稿も同様に推定する。

10 「凡そ四月の上の申、平野祭に奉る云々、舎人八人」の事。
11 坊の旧例の如く、本式を改むべからざるがごとし。而るに御短尺、偏に
12 注の初文に同じと仰せらる。若しくは末文を用いられざるか。但し
13 旧例を改めざれば、本式の如きが宜しかるべし。
14 ［延喜十八年十月北野行幸の左右近陣日記、若しくは東宮従駕の帯刀等の数有りや否やを検すべし］
15 同条御短尺「坊官」の事

〈第八張〉

1 今作文体に依りて改め記すべし。［坊官［幷に］侍従］
2 同条御短尺「神麻を供す」云々の事
3 「祝詞を読む」の上、「再拝」等の文を加え、また末注を
4 麁となす、第二度に記す文体幷に然るべし。
5 「凡そ五月五日」の事
6 今案の如く、「典薬寮、昌蒲を進る」儀、久永の
7 勘文に依りて具さに此の条を記すが、便宜たるがごとし。但し「白散を進る」の
8 儀［頗る相違の事有り。近くは則ち典薬式を案ずるに］に云わく、［雑］
9 主蔵の官人・舎人惣て八人、案を挙げて退出し、蔵

10　人所、唯雑給料付坊官者、而此文體

11　□(1)〔雑給料付坊〕□□□□官之由不記載、又〔先〕

………………

17　□(2)□□□□

………………

〈第九張〉

1　仰收藏人所事(3)、可改正之由、至于白□(4)〔散〕

2　尤可收置、昌蒲非可收［内裏］〔之物、〕准内藏寮

3　撤御料昌蒲案、［更不可進□(5)］、主藏可

4　撤歟、［依有此疑所仰也、然而］又坊例不

5　見進昌蒲之儀、依有此疑(6)所仰也、

………………

6　而申准白散條作之由、如本式之意、如此

7　有何妨乎、〔若改收字可爲付歟、〕惣依白散條之例者、可記加雑

8　給料付坊官之由［□(7)］又〔案〕參節會儀文

校注

（1）↓補注　（2）↓補注　（3）事…今江ナシ　（5）□↓補注　（6）疑…今江「□」、虎尾「疑」↓補注
（4）□…今江「□」、虎尾「散」↓補注
（7）□↓補注

補注

（1）以下、第九張10行まで、原本には祖本の虫損によって生じた錯簡が踏襲されている。本稿では錯簡を訂正した結果を提示した。錯簡訂正の論拠については吉岡眞之「『延喜式覆奏短尺草写』の一問題」『古代文献の基礎的研究』吉川弘文館、一九九四年、初出一九八六年）を参照。

（2）この行の上方には約五字分の墨付きが認められる。これは第八張11行目行頭の推定文字「雑給料付坊」の左半部分に当たると推定される。

（4）祖本に虫損あり。今江氏は「散」と推定する。本稿も残画により「散」と推定する。

（5）今江・虎尾両氏とも「藏」の書きさしと見なす。残画によれば、両氏の判断は妥当であろう。

（6）今江氏は「疑」と推定する。本稿は「疑」と読み取る。

（7）今江・虎尾両氏ともに判読不能文字の抹消と見なす。本稿も同様に判断する。

10 人所に収む、唯、雑給料は坊官に付す」てへり。而るに此の文体、
11 「雑給料は坊官に付す」の由、記載せず。また先に
17 □□□□□

〈第九張〉

1 「蔵人所に収む」の事、改正すべきの由を仰す。白散に至りては
2 尤も収め置くべし。昌蒲は収むべきの物に非ず。内蔵寮、
3 御料の昌蒲案を撤するに准じ、「更に進るべからず」主蔵
4 撤すべきか。「此の疑い有るに依りて仰する所なり。然れども」また坊例に
5 昌蒲を進る儀見えず。此の疑い有るに依りて仰する所なり。
6 而して白散条に准じて作るの由を申すは、本式の意の如し。此くの如き、
7 何の妨げ有らんや。《若しくは「収」の字を改めて「付」となすべきか。》惣て白散条の例に依らば、「雑
8 給料は坊官に付す」の由を記し加うべし。また「参節会儀」の文

9 體、前一日之文在最末、雖(1)似無便、［東宮
10 (2)參武德殿之下注前一日□(3)［設］次□(4)［之］由如何］

〈第八張〉

12 □(5)
13 ［所司立幄坊官設御座之由可宜□(6)［歟カ］］
14 事迹不乖違、如此可無殊難、
15 御短尺進御櫛事
16 依坊例、〔今〕作今〻〔文〕體可然、

〈第九張〉

11 凡六月十二月晦日云〻事
12 案今作文體、依坊例記加供荒世・
13 和世御服事、尤可然、稱都〻志與呂

校注

（1）雖…今江「雖」、虎尾「難」→補注　（2）參武德殿→補注　（3）□…今江「□」、虎尾「設」→補注　（4）□…今江「之」→補注　（5）□→補注　（6）□→補注

補注

（1）字形からはいずれとも判断しがたい。本稿は文意から「雖」と読む。

（2）この行、祖本に破損あり。今江氏は「昇武德殿」と推定し、虎尾氏は「參武德殿」と解読する。本稿は残画より「參武德殿」と読み取る。

（3）今江氏は「設」と推定する。本稿も残画により「設」と推定する。

（4）虎尾氏は「之ヵ」とする。本稿は残画により「之」と推定する。

（5）この行の行頭には墨点が認められる。これは第九張10行目行頭の抹消文字「參」の左半部分に当たると推定される。

（6）祖本に破損あり。今江・虎尾の両氏は「歟」と推定する。本稿も残画により「歟」と推定する。

9　体を案ずるに、前一日の文、最末に在り。便無きがごとしといえども、［東宮
10　武徳殿に参るの下に「前一日次を設く」の由を注するは如何］

〈第八張〉

12　□
13　［所司幄を立て、坊官御座を設くるの由、宜しかるべきか。］
14　事迹、乖違せず。此の如き、殊に難無かるべし。
15　御短尺「御櫛を進る」の事
16　坊例に依るに、今作る文体然るべし。

〈第九張〉

11　「凡そ六月十二月晦日云々」の事
12　今作る文体を案ずるに、坊例に依りて、荒世・
13　和世の御服を供する事を記し加うるは、尤も然るべし。都々志与呂

比御服、此依祝詞所謂歟(1)、不可(2)必供內
裏之儀、大體〔別名〕(3)□荒世・和世事(4)□(5)〔無カ〕
別名歟、如此記之可無殊誤、又至于
御贖、如本式雖不加荒世和世四个字、
有何妨、與(依)上御服依(6)〔衍カ〕其詞相濫也、

校注

(1) 歟…今江「歟」→補注
(2) 可…今江「可」→補注
(3) □→補注
(4) 事…今江「無」、虎尾「事」→補注
(5) □→補注
(6) 依→補注

補注

(1) 虎尾氏は「歟」と推定する。本稿は残画により「歟」と読み取る。
(2) 虎尾氏は「可」と推定する。本稿は残画により「可」と読み取る。
(3) 今江・虎尾両氏ともに判読不能文字と見なすが、本稿では、これが文字の抹消か否かの判断を保留する。
(4) 本稿は残画により「事」と読み取る。
(5) 祖本に破損があるため判然としないが、一文字が存在する可能性がある。虎尾氏はそれを「無カ」とする。文意による推定か。今江氏は文字の存在を認めず。本稿は、文字が存在するとすれば文意から「無」であろうと推定する。
(6) 今江氏は「衍カ」、虎尾氏は「依、消シ忘レカ」とする。本稿も衍字と推定する。

14 比の御服と称するは、此れ祝詞の謂う所に依るか。必ずしも内
15 裏の儀に供するべからず。大体〔別名〕□荒世・和世の事、
16 別名無きか。此の如く之れを記すも、殊に誤り無かるべし。また
17 御贖に至りては、本式の如く「荒世和世」の四个字を加えずといえども、
18 何の妨げ有らんや。上の御服と其の詞、相濫るるに依りてなり。

〈第一〇張〉

1 自餘如今作文體(1)［不(2)□(3)〔可〕改(4)］□□(5)〔可宜カ〕、但□(6)〔主カ〕

2 殿署鋪簀一枚事、雖在坊例、依他式停止歟、

3 御短尺相撲節參入事

4 依今作文體、

5 九月九日事

6 東宮參入節會之事、記第二度

7 文體可然、

校注

（1）體…今江「體」→補注

（2）不→補注

（3）□→補注

（4）改→補注

（5）□□…今江「可宜」→補注

（6）□→補注

補注

（1）虎尾氏は残画により「體」と推定する。本稿は残画により「體」と読み取る。

（2）今江氏は「不カ」と推定。虎尾氏は残画により「不」と推定する。本稿は残画により「不」と読み取る。

（3）今江氏は「可カ」と推定。虎尾氏は残画により「可」と推定する。本稿も残画により「可」と推定する。

（4）今江氏は「改カ」と推定。虎尾氏は残画により「改」と推定する。本稿は残画により「改」と読み取る。

（5）虎尾氏は残画により「可宜」と推定する。本稿は残画により「可宜」と推定する。

（6）今江・虎尾両氏ともに「主」と推定する。本稿も残画により「主」と推定する。

〈第一〇張〉

1 自余は今作る文体の如きが［改むべからず］宜しかるべし。但し、主

2 殿署簀一枚を鋪く事、《坊例に在りといえども、》他の式に依りて停止するか。

3 御短尺「相撲節に参入」の事

4 　今作る文体に依れ。

5 「九月九日」の事

6 　東宮、節会に参入の事、第二度に記す

7 　文体然るべし。

凡十一月一日云〻、大夫已下二人事、(1)□中宮獻御(式)(2)□［式］(3)
件日儀、［與］(此)式與坊例頗以相違、如坊例、
進已上一人、引陰陽允已上、共擧机進、坊官
留机(下)取函、昇授宣旨、、、［命］受進［之後］
(4)レ函、返授坊官、、、受居机上退、(5)令(6)召(7)繼擧

校注

（1）□→補注　（2）□…今江「□」→補注　（3）式…今江「式」→補注　（4）レ…虎尾「レ」→補注　（5）令…虎尾「令」→補注　（6）召…今江「允」、虎尾「召」→補注　（7）繼…虎尾「繼」→補注

補注

（1）今江氏はここに文字の存在を認めず、虎尾氏は残画により「爲」と推定する。本稿は何らかの文字の残画を認めるが、判読不能とする。
（2）虎尾氏は残画により「曆」と推定する。本稿は何らかの文字の残画を認めるが、判読不能とする。
（3）虎尾氏は「式」の抹消とする。本稿も「式」の抹消と判断する。
（4）虎尾氏は返り点と見なす。今江氏はそれを認めず。本稿は転倒符と判断する。
（5）今江氏は判読不能とするが、本稿は「令」と読む。
（6）今江氏は「允」とするが、本稿は「召」と読む。
（7）今江氏は判読不能とするが、本稿は「繼」と読む。

8 「凡そ十一月一日云々、大夫已下二人」の事〔中宮式献御〕

9 件の日の儀、此の式、坊例と頗る以って相違す。坊例の如くんば、

10 進已上一人、陰陽允已上を引きい、共に机を挙げて進む。坊官、

11 机の下に留まりて函を取り、昇りて宣旨に授く。宣旨、函を受けて進る。

12 坊官に返し授く。坊官、受けて机の上に居え退く。召継をして

13 机退出(1)、而此式雖(2)有大夫以下引□(3)陰陽允□□(4)〔以上カ〕
14 之由、取函授宣旨之由無所見、條末
15 暦收藏人所者(5)、然則坊官到(6)〔引カ〕陰陽官人
16 參進、專似無所據、須依御短尺停大
17 夫以下七个字、

〈第一一張〉

（約五行分空白）

1 凡大嘗會日云〻事
2 如今案、〔依〕踐祚大嘗會同於豐樂
3 院行、自可入諸節(7)參入之□(8)〔門カ〕、又彼

校注

（1）出…今江「出」→補注　（2）雖…虎尾「雖」→補注　（3）□→補注　（4）□□→補注　（5）者…今江「□」、虎尾「者」　（6）到→補注　（7）節…今江「節」、虎尾「節會」→補注　（8）□…今江「□」、虎尾「內」→補注

補注

（1）虎尾氏は残画により「出」と推定する。本稿は残画により「出」と読み取る。

（2）今江氏は「雖」と推定する。本稿は残画により「雖」と読み取る。

（3）虎尾氏はここに「二人」の二文字の欠損を推定する。今江氏は文字の存在を認めず。本稿は墨痕の状況から少なくとも一文字の存在を認める。

（4）今江氏は「已上ヵ」と推定し、虎尾氏は「以上」と推定する。本稿は残画により「以上」と推定する。

（5）今江氏は「者」と推定する。

（6）今江氏は「到」。虎尾氏は「到」とし、「引ノ誤リカ」と注記する。本稿も虎尾氏と同様に判断する。

（7）「節」の下、「會」なし。

（8）今江氏は「門ヵ」と推定する。残画からは「門」「內」のいずれとも判断しがたい。本稿は内容から「門」と推定する。

13 机を挙げて退出せしむ。而るに此の式、大夫以下、陰陽允以上を引きいる
14 の由有りといえども、函を取りて宣旨に授くの由、所見無し。条末に
15 「暦は蔵人所に収む」てへり。然らば則ち、坊官、陰陽官人を引きいて
16 参進するは、専ら拠る所無きがごとし。すべからく御短尺に依りて「大
17 夫」以下七个字を停むべし。

〈第一一張〉

1 「凡そ大嘗会の日云々」の事
2 今案の如くんば、践祚大嘗会、同じく豊楽
3 院において行う。自ずから諸節に参入の門を入るべし。また彼の

4 踐祚大嘗會巻已載東宮

　猶記此儀似無便ᴑ

5 參入之事、［然則重不可入此式］ᴑ

「(1)者、而檢坊例、卯日設御次朝堂院云〻者、其由不見踐祚大嘗巻、猶可在此巻歟、至于

6 又此條［無用］宜從停止、

至于與諸節儀同、〔×同〕(2)宴會與他節可同歟、宜以坊例勘合彼巻、定載否事、」

7 凡東宮鎭魂日云〻事

8 案今作文體、依坊例(3)記之似可然、但本式

9 有(4)神祇官云〻各賜裝束料之由、又坊例、（有）先此

校注

（1）↓補注

（2）儀…今江「例」、虎尾「儀」↓補注

（3）例…今江「列」、虎尾「例」

（4）有↓補注

補注

（1）虎尾氏は行間追記第一字目「者」の上の鉤点および、末尾の「否事」の下の「」」に「抹消符」と注記し、追記全体を抹消と見なす。今江氏は前行の傍書「猶記此儀似無便」から追記第一字目「者」に文章が続くと見なし、末尾の「」」を認めず。本稿では、傍書「猶記此儀似無便」の下および5行目末尾に、文字の位置を指示する符号「ᴑ（挿入符）」があることから、傍書「猶記此儀似無便」は5行目末尾の位置に入り、そこから追記第一字目「者」に文章が続くと見なし、追記末尾の「」」は追記第一字目「者」の上の鉤点に対応する閉じの鉤点と判断する。すなわち、「者」から「否事」まで全体が「猶記此儀似無便」に続く文章と見なす。

（2）虎尾氏は「同」に「儀」を重書したと見なす。本稿も虎尾氏と同様に判断する。

（4）重書あるか。

4 践祚大嘗会の巻、すでに東宮

5 参入の事を載す。〔然らば則ち重ねて此の式に入るるべからず〕《猶此の儀を記すは便無きがごとし、てへり。而るに坊例を検ずるに、卯の日、御次を朝堂院に設くと云々、てへり。其の由、践祚大嘗の巻に見えず。猶此の巻に在るべきか。宴会に至りては他の節と同じか。宜しく坊例を以って彼の巻と勘合し、載するや否やの事を定むべし》。

6 また此の条《に至りては》〔無用〕《諸節の儀と同じ》。宜しく停止に従うべし。

7 「凡そ東宮鎮魂の日云々」の事

8 今作る文体を案ずるに、坊例に依りて之れを記すは然るべきがごとし。但し本式に

9 「神祇官云々、おのおの装束料を賜う」の由有り。また坊例、此れより先、

(1)充行神祇官伯以下七人云〻合十一人之文、應謂給
裝束料、須加記其由、又同例〔云、〕絲綿盛楊筥、置
〈第一二張〉
高机二基、［又］條末云、絲綿賜御巫者、而今文體只
載末文、無初納絲綿之由、必可有［何處］何絲綿□(2)〔之〕
疑歟、又宣旨量時乃參［就□(3)］之由、在坊司引
屬官等祭堂東幕之次、而今文體在式部引
刀禰(4)參入之上、若依神祇式御鎭魂之例者、可［不］
在令持御服來之處、若依坊例者、可在坊司着(5)
堂東幕之次、而［頗〻］似載(6)□□(7)〔中間カ〕、宜定改記、
凡十二月云〻、白散屠蘇事
以屠蘇沈御井之文、爲藏人所之注、［尤可然］
改記第二度文體可然、
凡東宮初立云〻事
依御短尺之旨、以後條〻、以事類次第可
然、但凡十二月十一日陰陽寮啓來年御忌、凡晦

校注

（1）充…今江「宛」、虎尾「充」
（2）□→補注
（3）□→補注
（4）禰…今江「禰」、虎尾「彌」
（5）着…今江「着」、虎尾「若」
（6）載…今江「□」、虎尾「載」→補注
（7）□□→補注

補注

（2）今江氏は判読不能文字を抹消し、「之」を傍書したと見なし、虎尾氏は「等」に「之」を傍書したと見なす。本稿は判読不能文字に「之」を傍書したと判断する。ただし、判読不能文字が抹消されているか否かは不明。
（3）今江氏は「座ノ書キサシ」と見なし、虎尾氏は残画により「座」と判読し、さらに「書キサシ」と傍書。本稿は「坐」の書きさしと判読する。
（6）今江氏は「載カ」と推定する。本稿は残画により「載」と判読する。
（7）今江氏は「中間カ」と推定する。虎尾氏は「中」を判読し、「間」は残画により推定する。本稿は残画により「中間」と推定する。

10 「充行神祇官伯以下七人云々、合わせて十一人」の文有り。まさに

11 装束料を給うと謂うべし。すべからく其の由を加え記すべし。また同例に云わく、「絲綿は楊筥に盛りて、

〈第一二張〉

1 高机二基に置け」と。条末に云わく、「絲綿は御巫に賜う」てへり。而るに今の文体、只だ

2 末文に載せ、初めに絲綿を納むるの由無し。必ず何れの絲綿かの

3 疑い有るべきか。また「宣旨、時を量りて乃ち参る」の由、「坊司、

4 属官等を祭堂の東の幕に引きいる」の次に在り。而るに今の文体、「式部、

5 刀禰を引きいて参入す」の上に在り。若し神祇式御鎮魂の例に依らば、

6 「御服を持ち来たらしむ」の処に在るべし。若し坊例に依らば、「坊司、

7 堂の東の幕に着す」の次に在るべし。而るに中間に載するがごとし。宜しく定め改め記すべし。

8 「凡そ十二月云々、白散屠蘇」の事

9 「屠蘇を御井に沈む」の文を以って、「蔵人所」の注となし、「尤も然るべし」

10 第二度に記す文体に改むるが然るべし。

11 「凡そ東宮初めて立つ云々」の事

12 御短尺の旨に依り、以後の条々、事類を以って次第するが

13 然るべし。但し「凡そ十二月十一日、陰陽寮来年の御忌を啓す」、「凡そ晦

日昏時神祇官云々兩條、此依東宮之事(1)也、而紫端帖・黄端茵兩條、似人給之料、而在其［下］上不可然、須以《彼》十二月十一日等兩條、可置東宮御料之同所、［又四月十一日請主殿署］自餘［如舊用］(2)今定次第、似有其便宜、

〈第一三張〉

凡帯刀舎人云々、亮設作食饗事

(3)改設饗祿之文、爲大夫代
　記付第二度文體可然、

十一月中卯日事

如今案、他司式不載大宿事、除棄此條［可無殊《有何》］妨乎、然而御短尺不被仰可除之由、加以、件坊官頗異他司之例、然則如改正文
　體次第可宜歟、

凡晦日云々、御巫備瓮*物事

如今案、除六月・十二月晦日之由、依神祇

校注

（1）之事→補注

（2）今…今江「令」、虎尾「今」→補注

（3）改→補注

補注

（1）今江・虎尾両氏ともに判読不能文字の上に「之事」を重書したと見なす。本稿も両氏と同様に判断する。

（2）今江氏は「令」、虎尾氏は「今」と推定する。本稿は虎尾氏と同様に「今」と判読する。

（3）行頭に同筆で追記。

＊瓮…今江「瓮」、虎尾「瓮」。両者の違いについては、荒井秀規「瓮（瓫）（ホトギ）と瓮・缶（モタイ）に関する覚え書き」（『国立歴史民俗博物館研究報告』二一八、二〇一九年）を参照。

14 日の昏時、神祇官云々」の両条、此れ東宮の事に依る
15 なり。而るに「紫端帖」「黄端茵」の両条、人給の料のごとし。而して
16 其の上に在るは然るべからず。すべからく彼の十二月十一日等の両条を以って東
17 宮御料の同所に置くべし。［また四月十一日請主殿署］自余の
18 ［旧の如く用い］今定むる次第、其の便宜有るがごとし。

〈第一三張〉

1 「凡そ帯刀舎人云々、亮、食饗を設け作す」の
2 事
3 「饗禄を設く」の文を改め、「大夫代われ」となす
4 第二度に記し付す文体然るべし。
5 「十一月の中の卯の日」の事
6 今案の如くんば、他司の式、大宿の事を載せず。
7 此の条を除き棄つること、［可無殊］何ぞ妨げ有らんや。然れども御短尺、
8 除くべきの由を仰せられず。しかのみならず、件の坊官
9 頗る他司の例と異なる。然らば則ち文
10 体の次第を改正するが如きが宜しかるべきか。
11 「凡そ晦日云々、御巫瓫物を備う」の事
12 今案の如くんば、六月・十二月の晦日を除くの由、神祇

13 式自然可知、所申可然、

〈第一四張〉

1 凡坊舎人云〻、依[1]令云〻事

2 如今案、久永勘文之文體自相叶

3 格文、又白丁注上下文、雖似相支、

4 事意無妨、［置但字者未敍前

5 事也、又以白丁注不補替之文可爲

6 麁歟］

7 ［但字］置但字[2]未敍之前事也［白□[3]］

8 者、白丁是未敍（人）之名也、［爲（與）］不補替之文、

9 何不相支乎、依有但字、頗可分別歟、

10 又以白丁注不補替之文、可爲麁

11 事、［若無］如舊雖不改、事意可

12 同、［承和十四年格文殊不合此條

13 （×然則）仍不仰左右之由］

〈第一五張〉

1 凡五月云〻、草藥受典藥寮事

2 不載寮式、又此式無藥種、頗似

校注

（1）依令…今江「佑□」、虎尾「依令」→補注

（2）字→補注

（3）□→補注

補注

（1）今江氏は一字目を「佑」と解読、二字目は判読不能とする。本稿は虎尾氏と同様に「依令」と判読する。

（2）虎尾氏は「字ノ下、者ヲ脱セルカ」と注記。

（3）今江氏は「丁の第一画」と注記し、虎尾氏も「丁」の「書キサシ」と判断する。本稿も両氏と同様に判断する。

13 式に依りて自然に知るべし。申す所、然るべし。

〈第一四張〉

1 「凡そ坊の舎人云々、令に依りて云々」の事
2 今案の如くんば、久永の勘文の文体、自ずから
3 格文に相叶う。また「白丁」の注の上下の文、相支うるがごとしといえども
4 事意、妨げ無し。[「但」の字を置くは、「未だ叙せざる前」の
5 事なり。また「白丁」の注の「補替せず」の文を以って
6 麁となすべきか]
7 「但」の字を置くは「未だ叙せざるの前」の事なり、
8 てへり。白丁は是れ未だ叙せざる人の名なり。「補替せず」の文と
9 何ぞ相支えざらんや。「但」の字有るに依りて、頗る分別すべきか。
10 また「白丁」の注の「補替せず」の文を以って、麁となすべき
11 事、旧の如く改めずといえども、事意、
12 同じかるべし。[承和十四年格文、殊に此の条に合わず。
13 仍て左右の由を仰せず]

〈第一五張〉

1 「凡そ五月云々、草薬、典薬寮に受く」の事
2 寮の式に載せず。また此の式、薬種無きは、頗る

3 荒涼、加以、年中藥彼寮若可造〔×作〕行
4 歟、［坊何］雖受其藥、坊何［作乎］
5 造合乎、況春宮坊勘申
6 不受之由、然則可除歟、
7 主膳監
8 今御短尺云〻、
9 依大炊式記載可宜、至于如
10 此日供之色、不可必稱（1）成數
11 歟、
12 第卌四　勘解由使
13 凡勘內外諸司云〻、奏

〈第一六張〉

1 聞之後事
2 如今案、大臣兩字、加奏聞之
3 上了、而未付記此式、又諸寺
4 不與狀［已有］使局已勘
5 中奏聞之由、然則
6 諸寺同可在此式尤可然、

校注

（1）成…今江「式」、虎尾「成」→補注

補注

（1）本稿は字形により「成」と判読する。

3　荒涼たるがごとし。しかのみならず、年中の薬は彼の寮若しくは造り行うべき
4　か。其の薬を受くといえども、坊、何ぞ
5　造り合わすや。況んや春宮坊
6　受けざるの由を勘申するにおいてをや。然らば則ち除くべきか。
7　主膳監
8　今御短尺云々。
9　大炊式に依りて記載するが宜しかるべし。
10　此の日供の色の如きに至りては、必ずしも成数に称うべからざる
11　か。
12　第卌四　勘解由使
13　「凡そ勘す内外の諸司云々、奏

〈第一六張〉
1　聞の後」の事
2　今案の如くんば、「大臣」の両字、「奏聞」の
3　上に加え了んぬ。而れども未だ此の式に記し付さず。また諸寺の
4　不与状、使局すでに
5　奏聞の由を勘申す。然らば則ち
6　諸寺同じく此の式に在るが尤も然るべし。

凡給百度食云〻事
使局不申停止前月上日移宮内
省事、［宣旨］（官符・宣旨等）只申年來之例、
然則猶可謂違式、如舊不改上（可）〔×敷〕（1）
日移省之文、

校注

（1）上…今江「上」、虎尾「上」↓補注

補注

（1）今江氏は判読不能文字の上に「上」を重書したと見なし、虎尾氏は「敷」の上に「上」を重書したと見なす。本稿は虎尾氏と同様に判読する。

7 「凡そ百度食を給う云々」の事

8 使局、前月の上日を宮内

9 省に移するを停止する事を申さず。《官符・宣旨等は》只年来の例を申す。

10 然らば則ち、なお式に違うと謂うべきがごとし。旧の如く「上

11 日、省に移す」の文を改むべからず。

21　影印

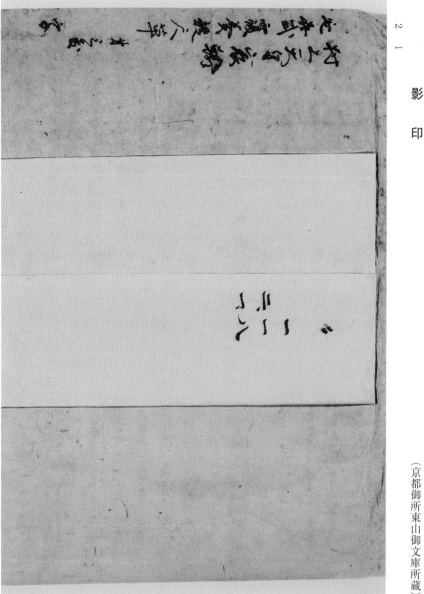

包紙

（京都御所東山御文庫所蔵）

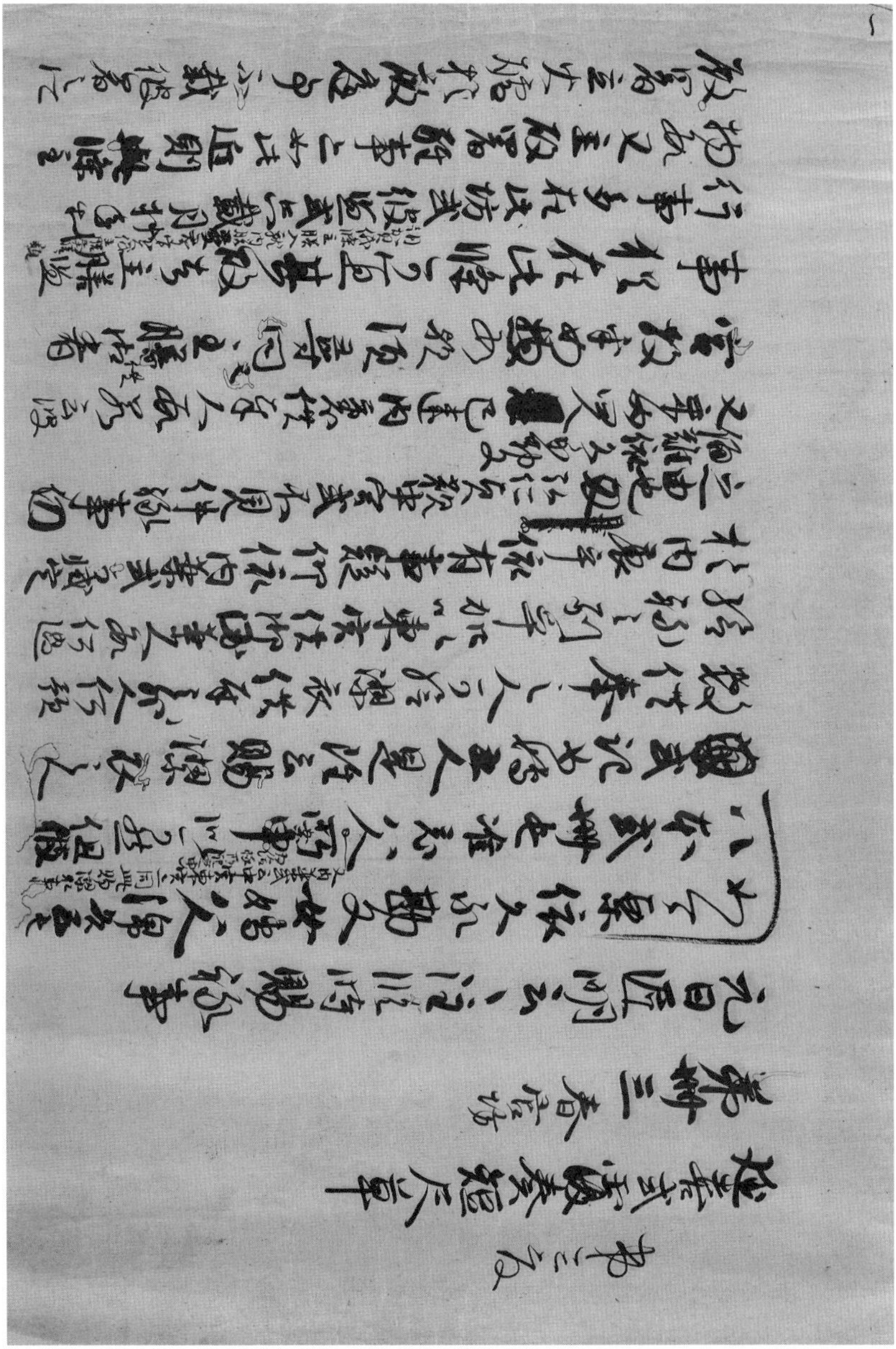

第一張

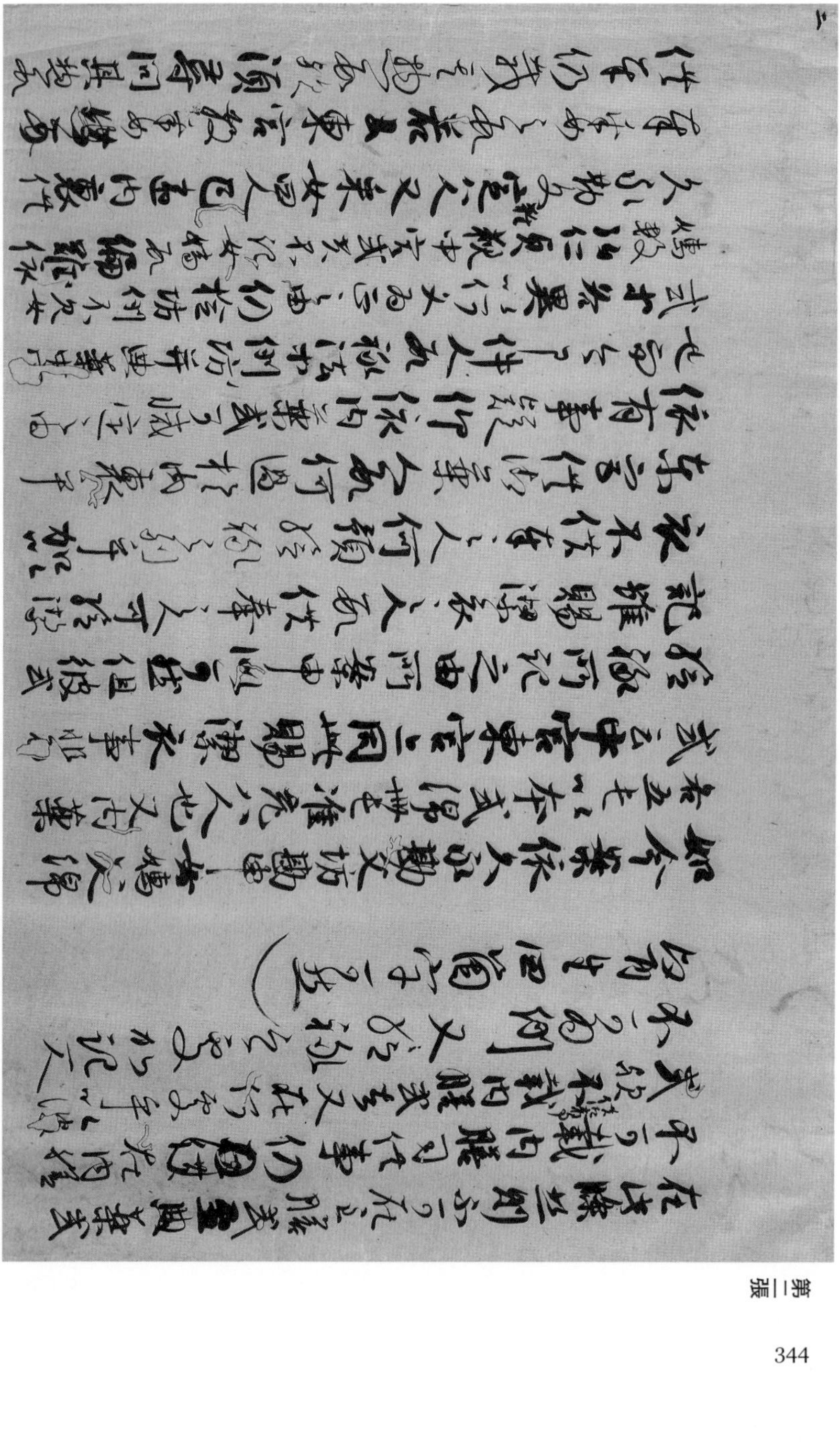

第二張

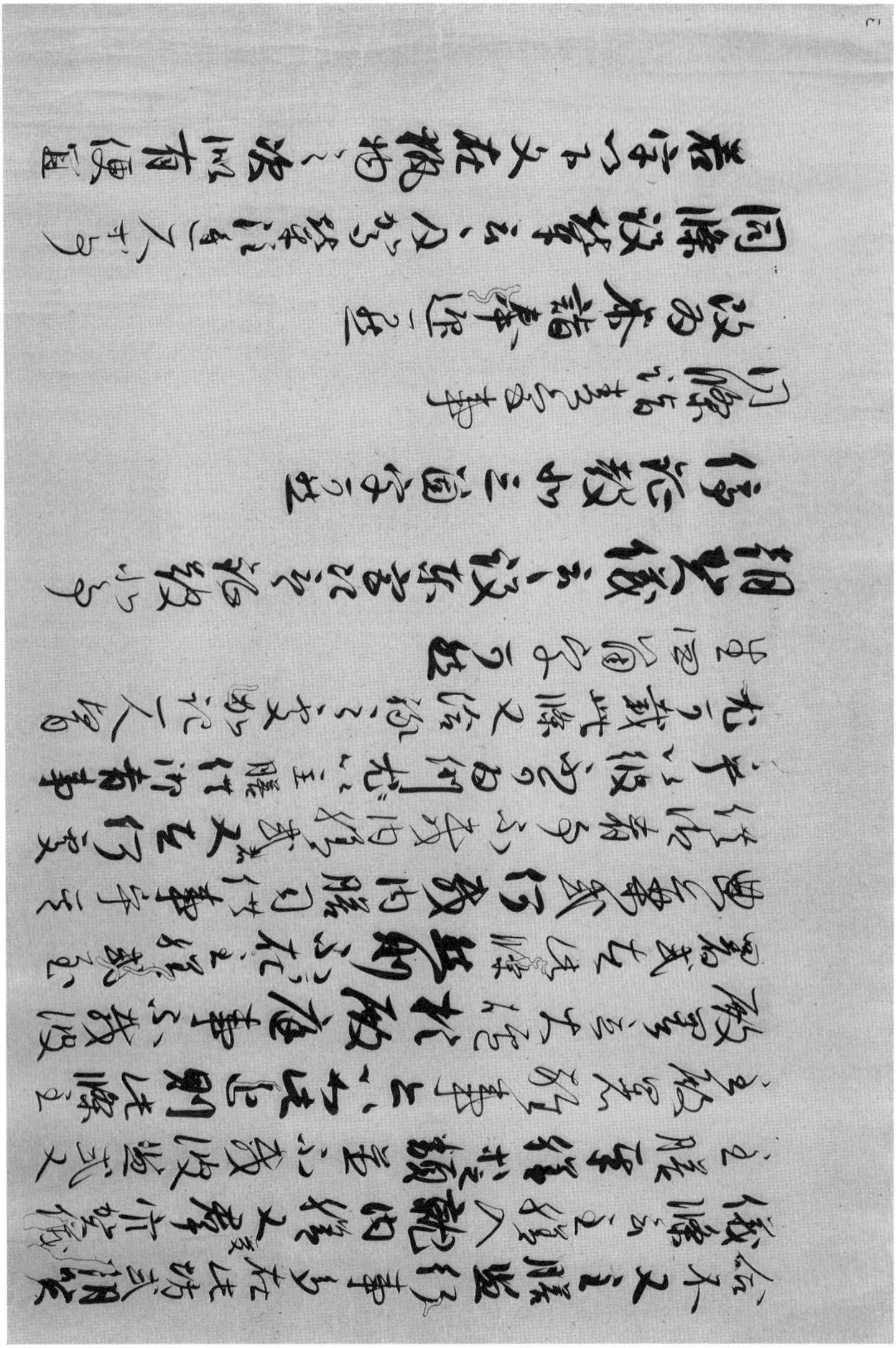

第三張

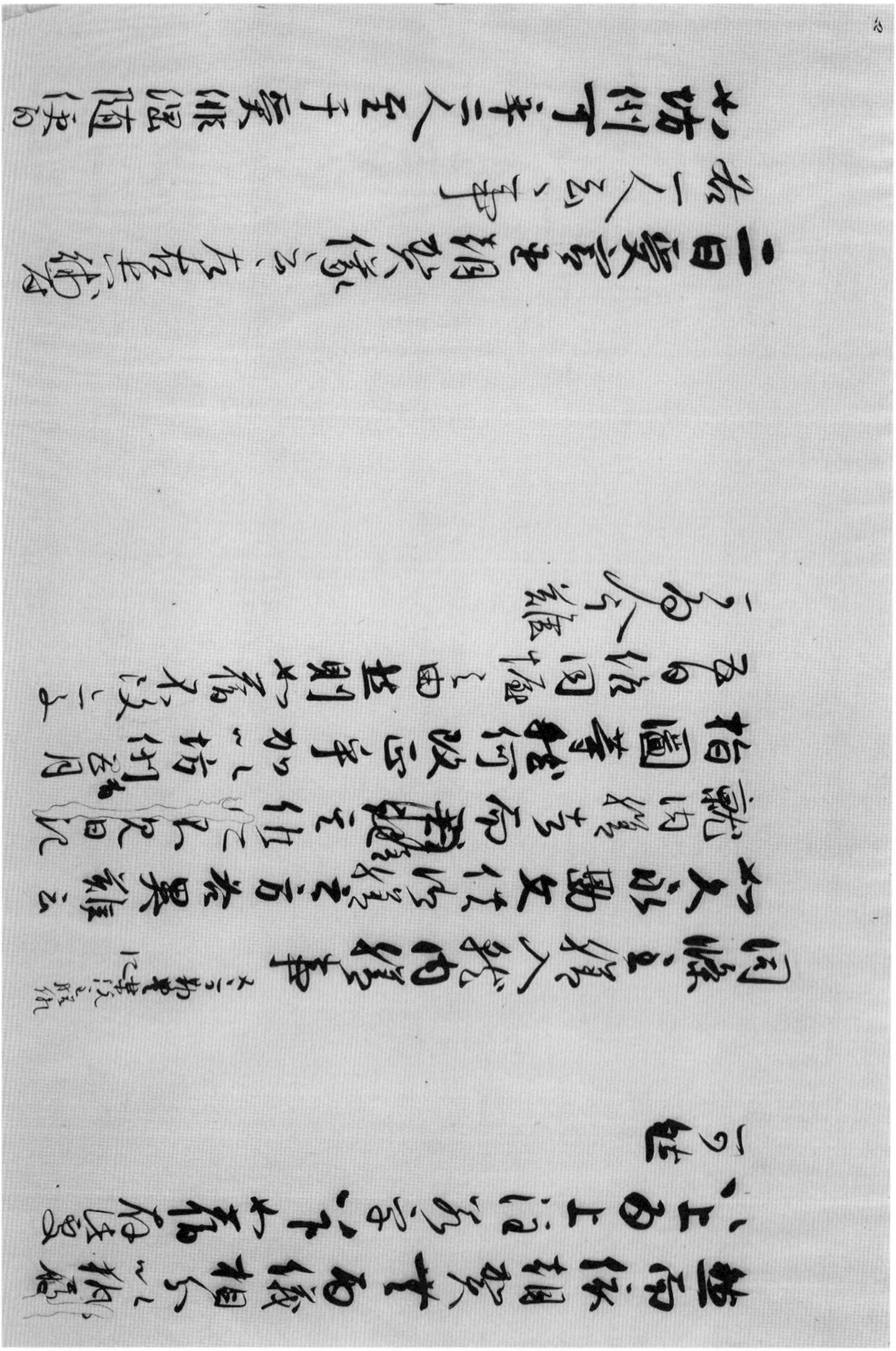

第四張

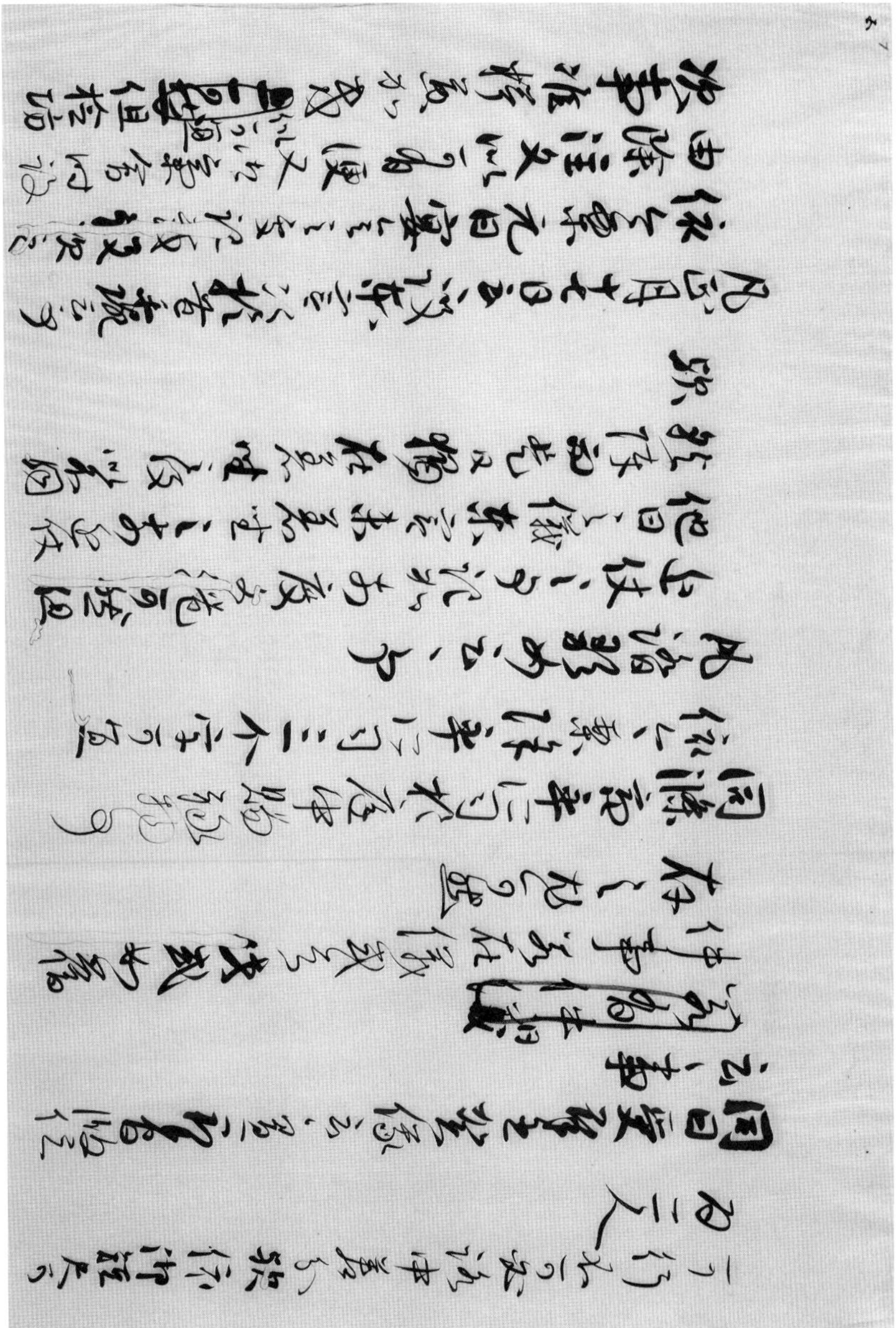

第五張

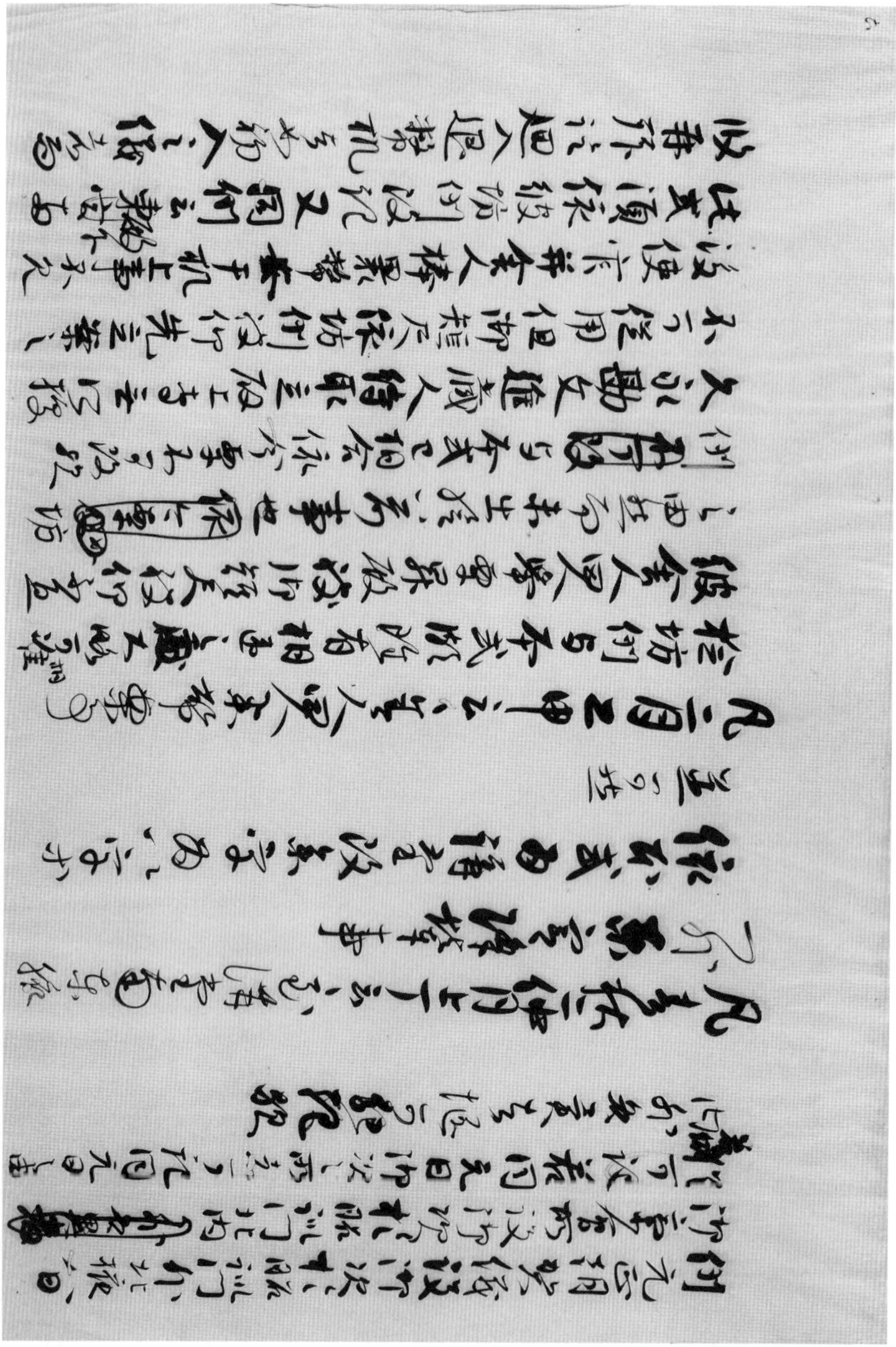

第六張

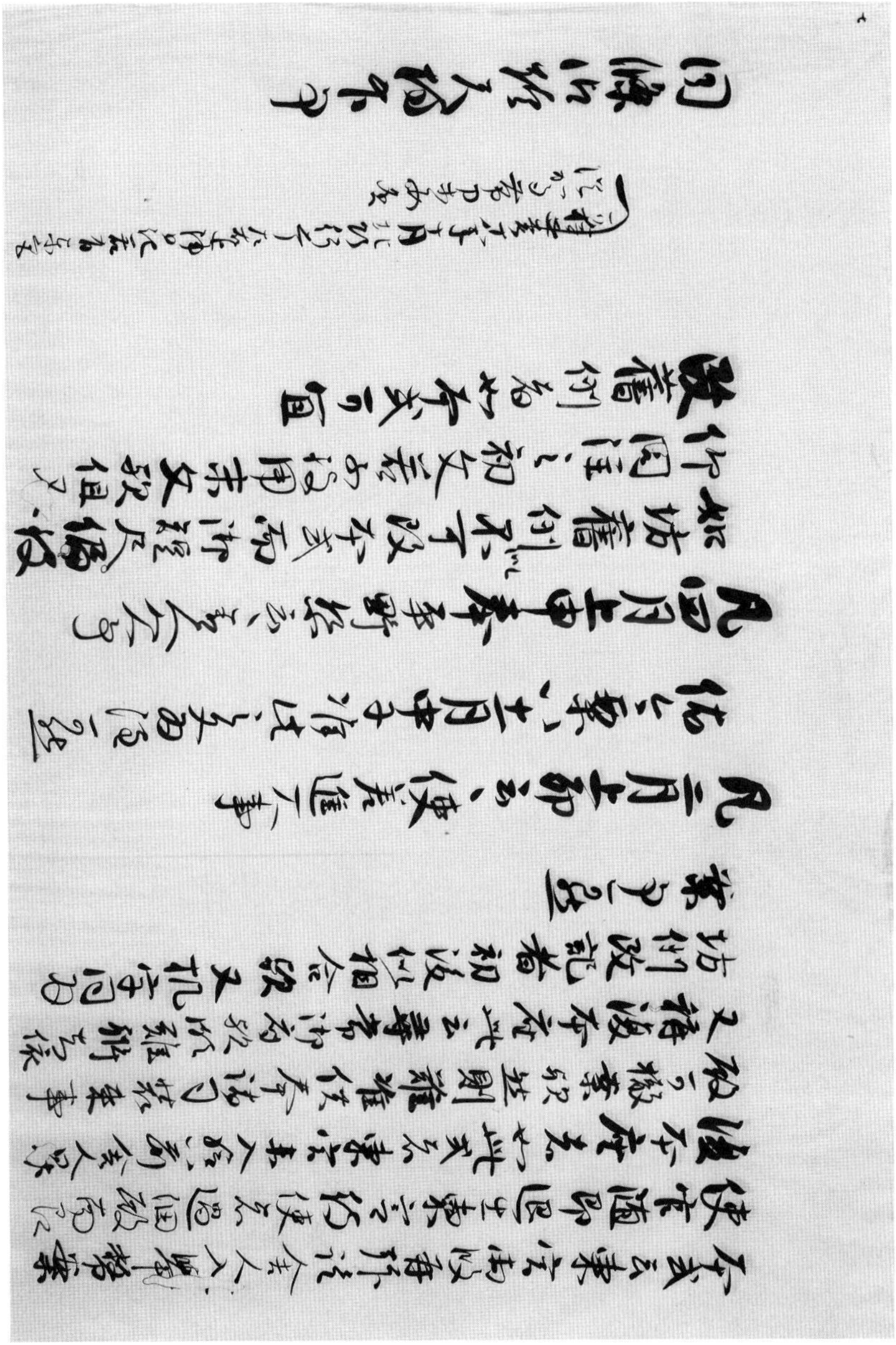

第七張

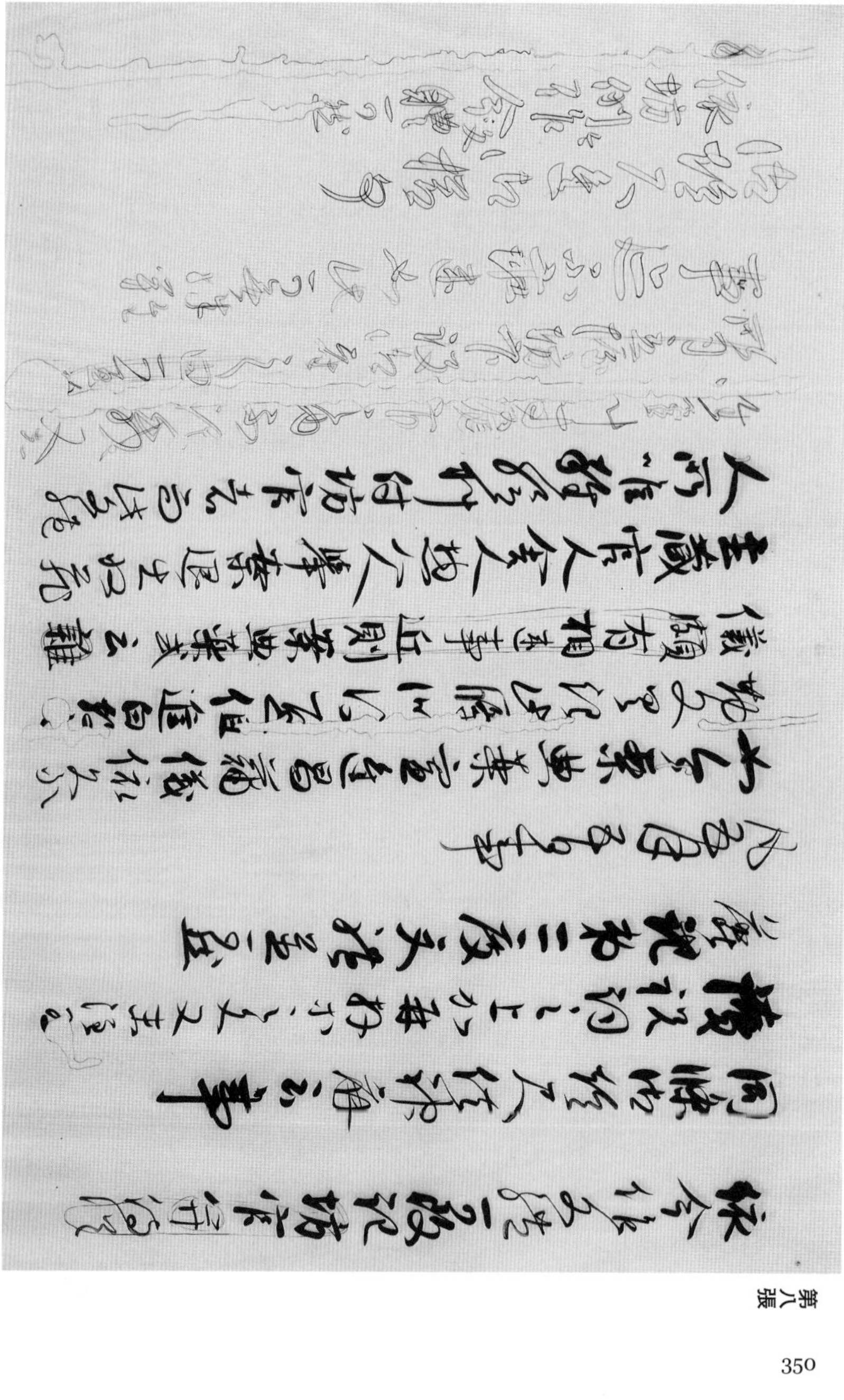

第八張

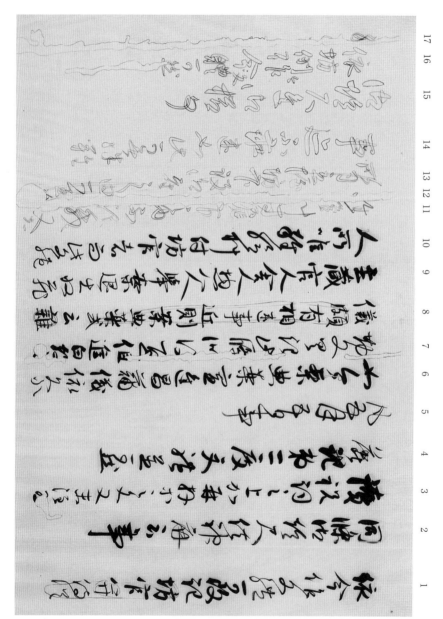

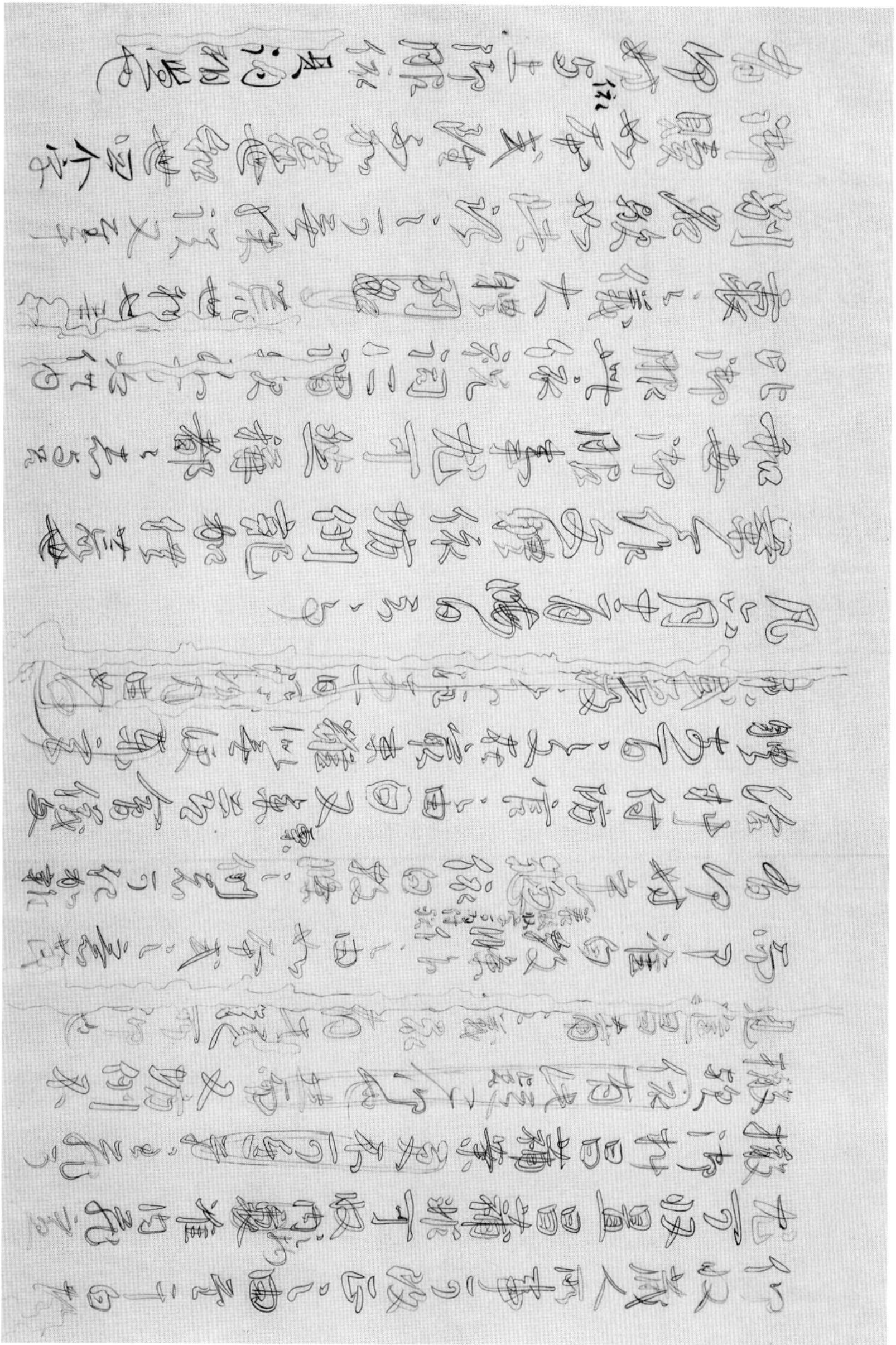

第九張

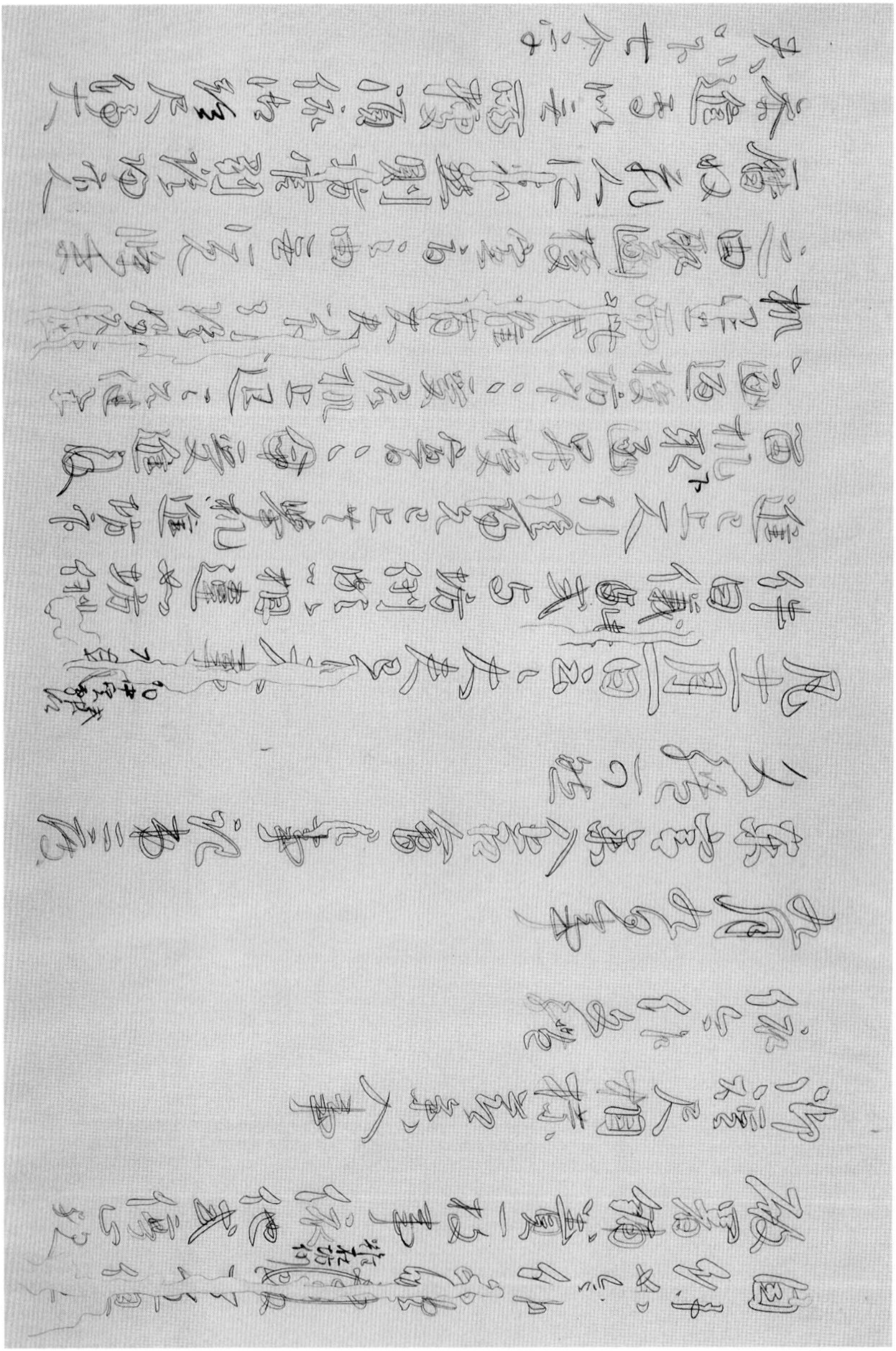

第一〇張

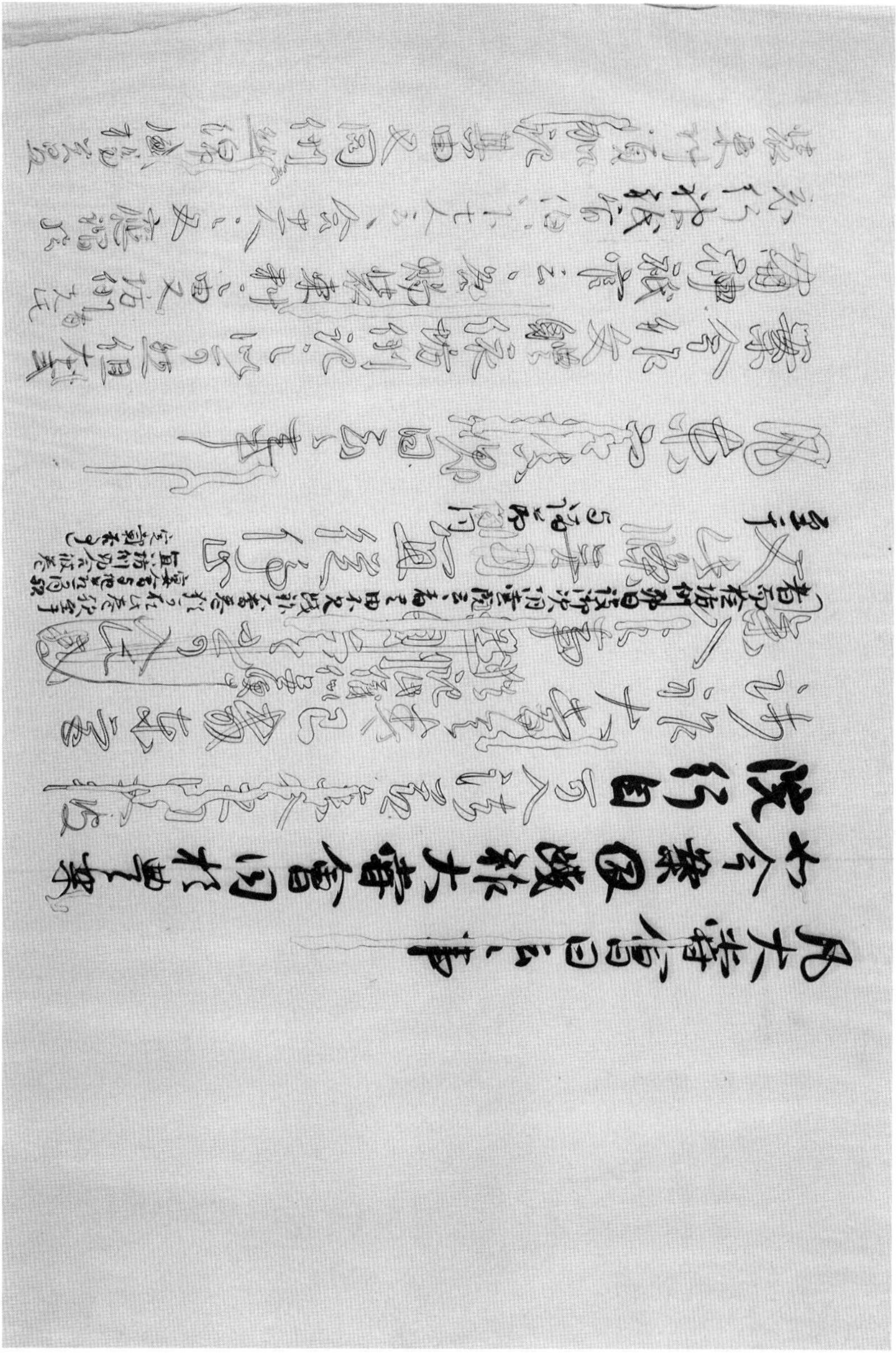

第一張

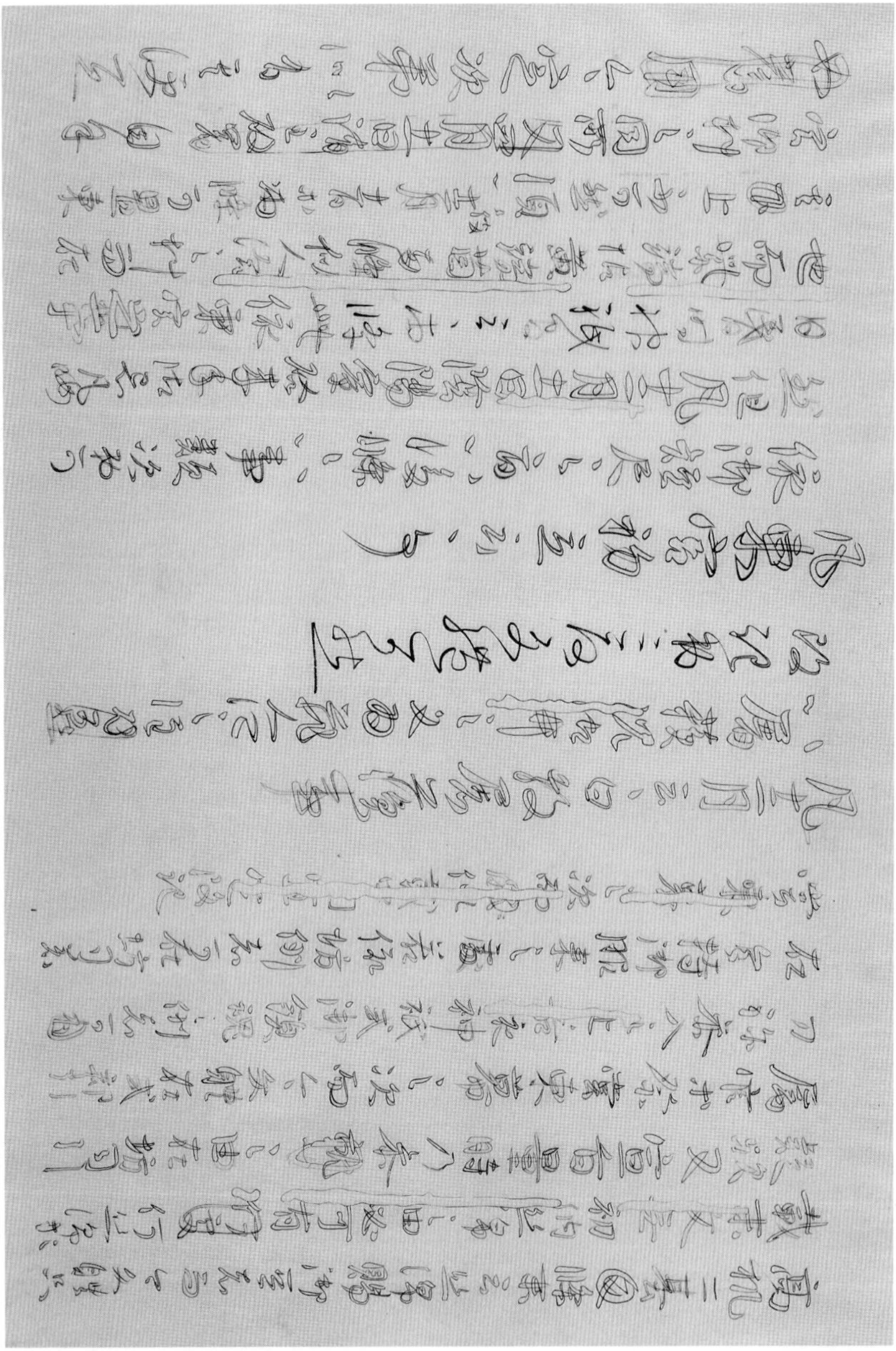

第一二張

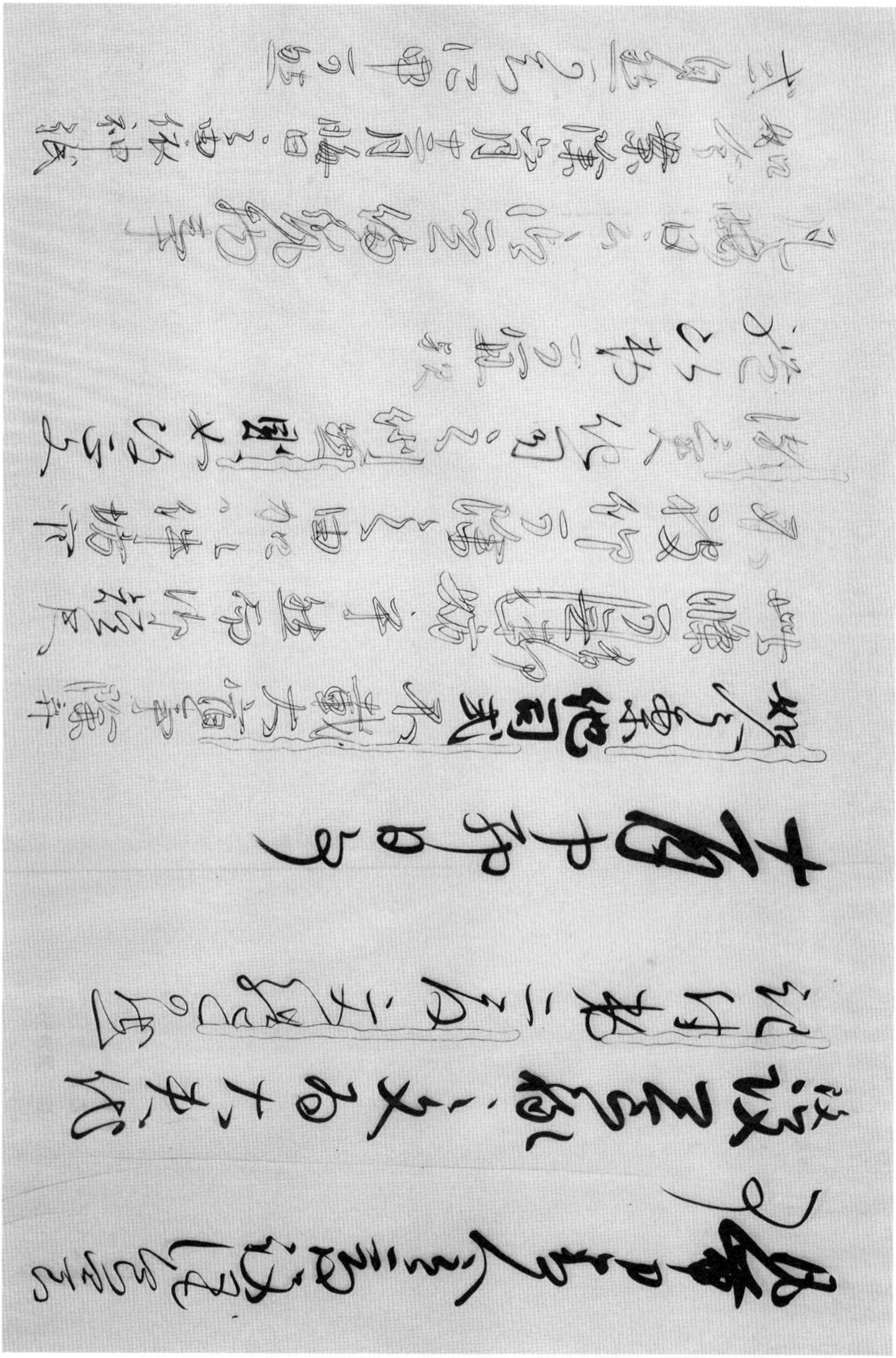

第三張

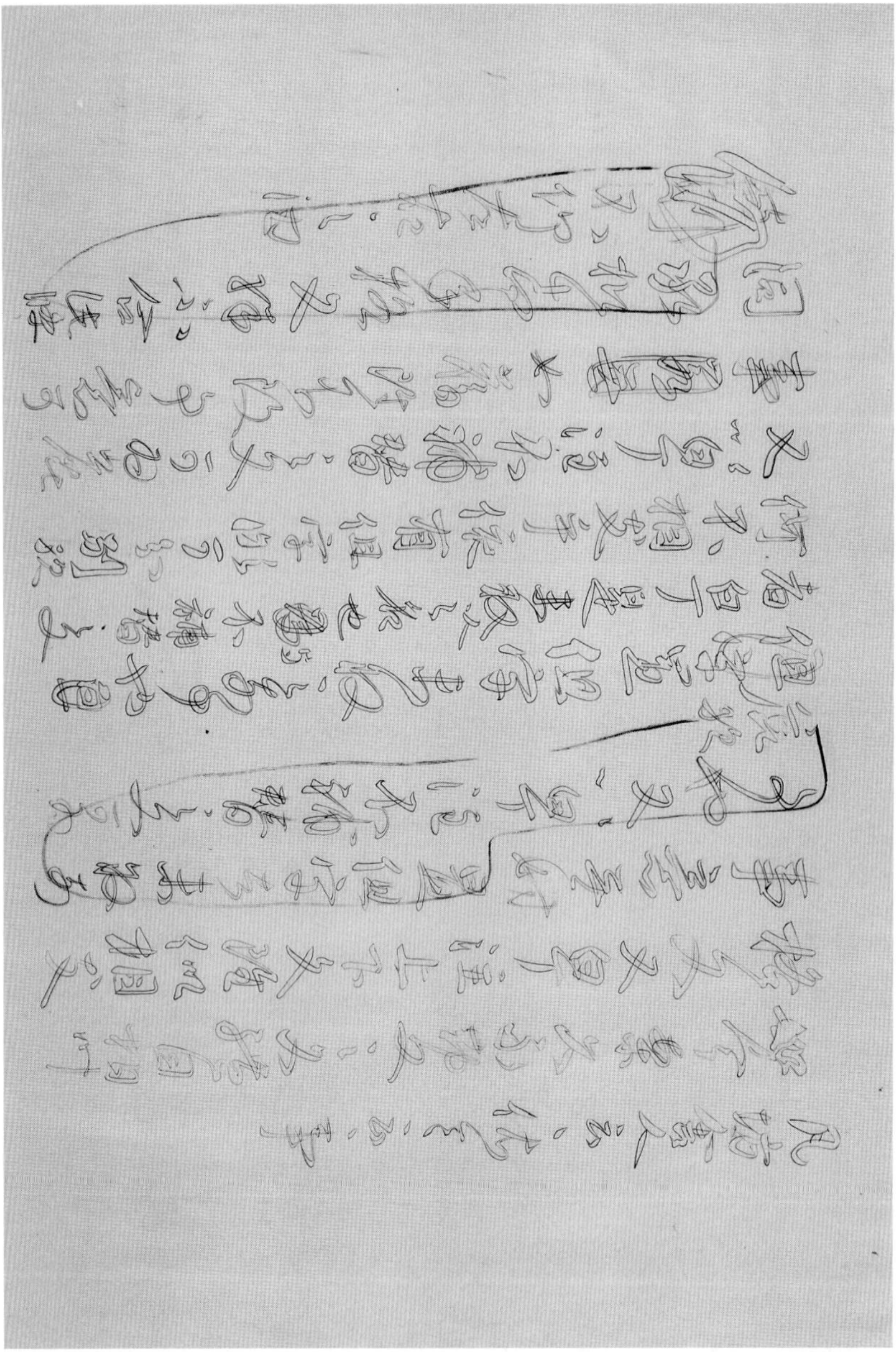

第四張

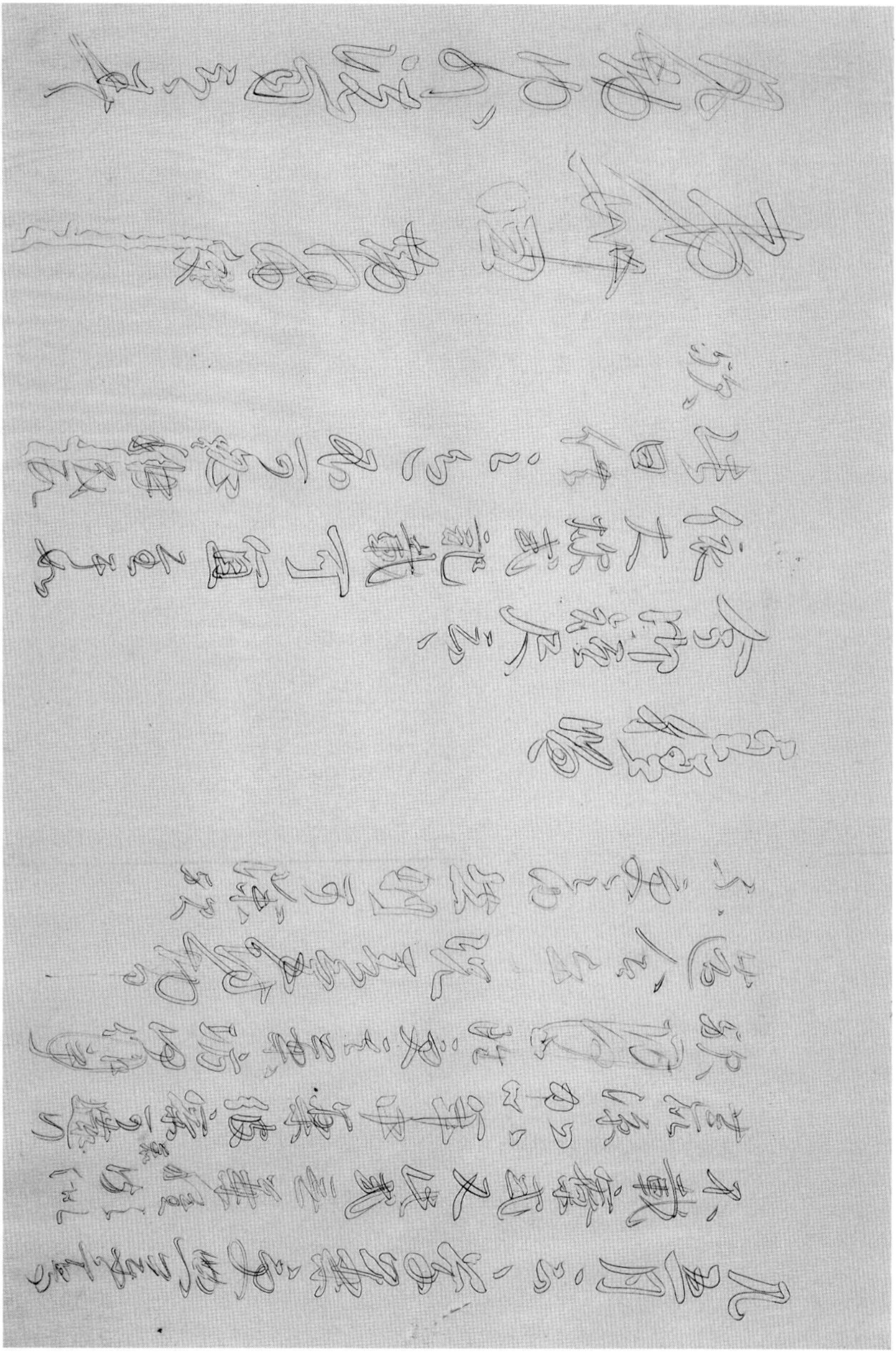

第一五張

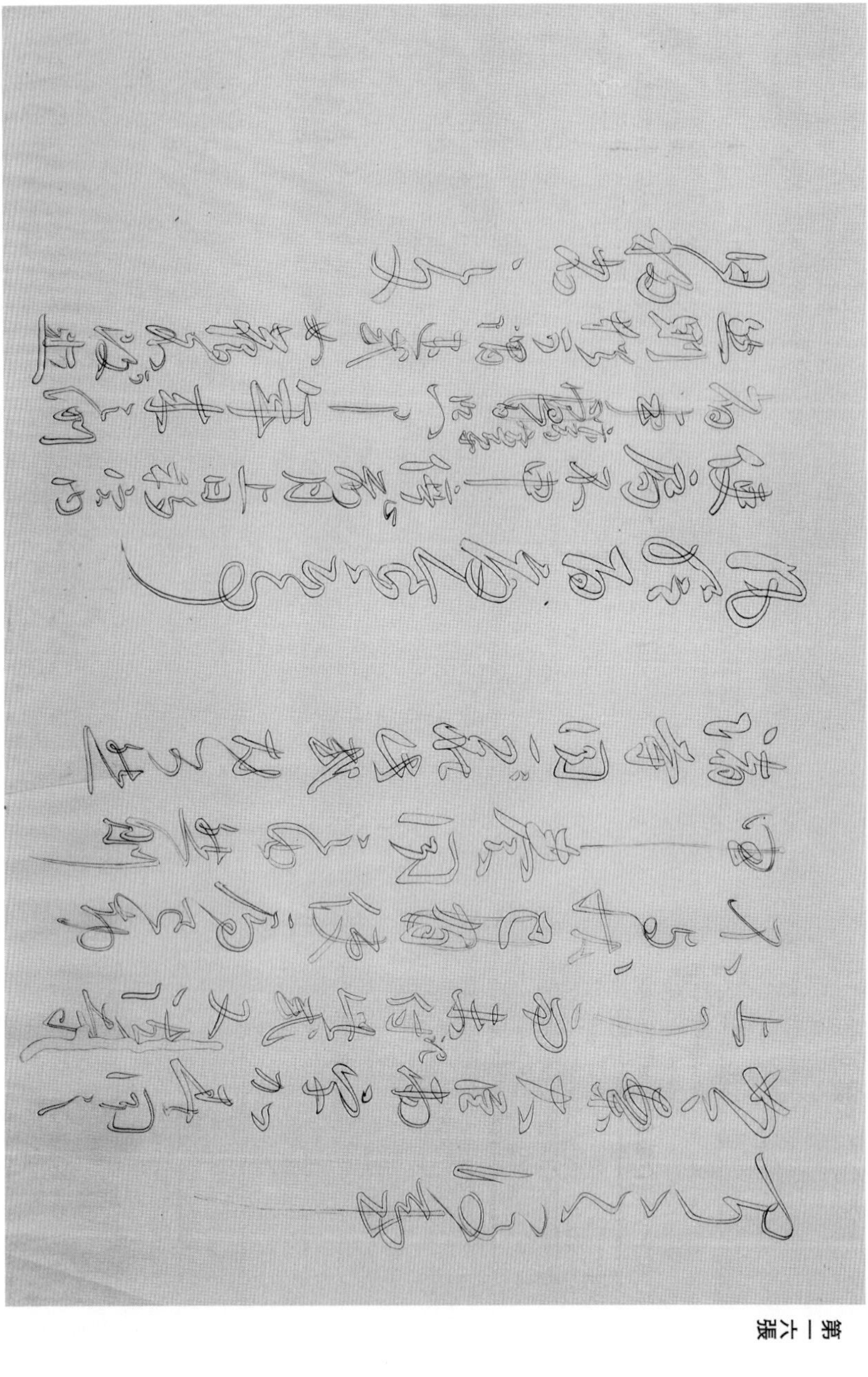

第一六張

第四章　『延喜式覆奏短尺草写』をめぐって

はじめに

虎尾俊哉氏が遺された『延喜式』研究上の多大な業績の一つに『延喜式覆奏短尺草写』（以下、『短尺草』と略す）の〃発見〃とその研究がある。

『短尺草』は周知のように、『延喜式』の編纂過程の一端をうかがうことができる希有な史料である。この史料に関しては二〇一〇年、黒須利夫氏が「『延喜式覆奏短尺草写』の基礎的考察」を発表されている。(1)この研究は『短尺草』を内容的に深く掘り下げ、あわせて『短尺草』成立の歴史的背景についても言及されるなど、今後の『短尺草』研究の礎となる重要な研究ということができよう。(補注1)筆者も、四半世紀も前になるが、虎尾氏の研究の驥尾に付して、この史料に言及したことがある。(2)

以下においては、黒須氏の論考に触発され、虎尾氏の研究の後をトレースすることを通じて、今後の私自身の研究課題を見出すための切っ掛けとしたい。

『延喜式』の条文の補訂が行われた形跡をうかがわせる「御短冊」「御短尺」と呼ばれる史料が存在することについては、早く一九三〇年に武田祐吉氏が指摘している。[3] 武田氏が取り上げた「御短冊」の史料は九条家旧蔵の『延喜斎宮式』に見えるもので、これについて武田氏は「(藤原—引用者注)忠平は首班として事務を総裁するほかに、式条のこまかい事にまで干与したことが知られる」「これらの記事(「御短冊」の史料—引用者注)は、たぶん撰式に従事した者が記しとどめたものに相違あるまい。局外者の知るべきところではない。(中略)伴久永・藤原清貫(中略)その他『延喜式』の巻末に連署している、阿刀忠行・大中臣安則等のしるすところであったのであろう」など、この史料の性質についてかなり踏み込んで述べている。この『延喜斎宮式』は一九七八年に至って西田長男氏の「解題」を付して影印刊行され、[4] 容易にこの史料に接することができるようになったが、虎尾氏は『延喜斎宮式』の刊行後にも「御短冊」の史料の収集に努め、その紹介に当たられた。[5]

こうして、『延喜式』の編纂過程をうかがうことができる史料が存在することは広く知られるようになったが、虎尾氏が吉川弘文館の日本歴史叢書の一冊として一九六四年に出版した『延喜式』[6] のなかで初めてその存在を指摘された、京都御所東山御文庫収蔵、宮内庁侍従職保管の『短尺草』の〝発見〟は、『延喜式』の編纂過程の研究に一つの画期をもたらすものであったというべきである。

一　『短尺草』の〝発見〟

東山御文庫本の『短尺草』は影写本で、本紙一六張と包紙一張から成る。東山御文庫本の現状の特徴をいくつか指摘しておく。

第一に、本紙は、史料の影写に適した非常に薄い斐紙（雁皮紙）を用いているが、ここで使われている斐紙は漉き放しのままの状態、つまり紙の四辺を裁ち落して形状を整える以前の状態のままで『短尺草』を書写している。

第二に、本紙の第一～三張は、本紙より一回り小さい紙で裏打ちされている。斐紙は非常に薄い紙であるから、冊子であれ巻子であれ、書写したものを書籍に仕立てるためには裏を打って補強する必要があるからであり、東山御文庫本の場合もおそらく一六張全てに裏打ちを施すつもりであったのであろう。

第三に、本紙第一張から第七張までの、表（『短尺草』を書写してある面）の左肩には「一」から「七」の丁付けが施されている。これもおそらく、最終的には第一六張まで全てに丁付けを加える予定であったのであろう。

第四に、この『短尺草』は、最も丁寧な書写の方法といわれる双鉤塡墨の手法で書写されているが、第八張以降は双鉤のみで塡墨がなされていない部分が非常に多い。無論、これも第一六張まで全てに墨を入れる予定であったのであろう。

以上のような本紙の現状から推せば、最終的には（1）全ての本紙を双鉤塡墨で書写し、（2）丁付けを加え裏打ちを施し、次に（3）本紙の左右を裁ち落として丁付けのとおりに順次本紙を貼り継ぎ、その後に（4）天地を裁ち落とし、最後に（5）軸と表紙を装着して巻子本に仕立てる、という作業が予定されていたと考えられるが、現状はその作業が途中で放棄された状態、書物としては未完成な状態を示している。現在のこの状態がいつ頃のものかについては、私案もなくはないが、なお検討が必要であるので、ここでは触れない。

さて、この『短尺草』は、虎尾氏が著書『延喜式』のなかで「まだあまり世に知られていない新史料である。少なくとも『延喜式』研究の上にこれまで全く利用されていない史料である」（六八頁）と述べられたように、当時、一般には未知の史料であった。氏は同じ著書のなかで「この『短尺草』については、なお将来の研究にまつべきものが多く、私自身も、まだ二―三解明すべき問題点をのこしている」（同頁）と述べられている。しかし実際には氏は、たとえば『短尺草』とはどのような性質の史料なのか、また『短尺草』の原本は何時成立したのか、さらに『短尺草』の筆者は誰なのか、といった主な問題についてはすでに検討を加え、一定の結論を出しておられたのである。したがって一九六四年の著書刊行以前に『短尺草』の存在をご存知であり、また著書には『短尺草』の写真が掲載されているので、写真もすでに入手され、その写真にもとづいて研究を進められていたと考えられる。

それでは、一九六四年以前に虎尾氏はどのようにして『短尺草』が東山御文庫に存在することをお知りになったのであろうか。東山御文庫の膨大な蔵書群については、現在では小倉慈司氏の労作「東山御文庫本マイクロフィルム内容目録（稿）（1）」[7]、「同（2）」[8]、「同索引」[9]のお蔭で、東山御文庫本のかなりの部分（宮内庁書陵部によるマイクロ撮影が終了した部分）が公にされており、これを検索すれば、『短尺草』が勅封番号一一八―二―一であることが容易に知られるのである。しかし一九六四年当時は正式に公開された目録は存在しなかったので、『短尺草』に関する情報を入手することはかなり難しいことであった。おそらく氏は宮内庁書陵部の同学の方々との談話を介して『短尺草』の存在を承知されたのではないかと想像する。

宮内庁書陵部では、一九五一年頃から東山御文庫本のマイクロフィルムによる撮影を始めており、それは現在でも続けられている。現在は、毎年一〇月から一一月にかけて京都御所で行われる曝涼の際に、マイクロフィルム用の大型カメラを御所の一角に設置し、その年に曝涼の対象となった史料の中から然るべきものを選んで撮影を行っているが、一九五一年頃は東山御文庫の史料を京都から東京に運搬し、書陵部で複本の作成やマイクロ撮影を行い、さらには展示会も開催していた。このような時代状況にあった一九五一年四月に、『短尺草』はほかの史料とともに東京に運ばれ、影写本が書陵部において作成されたのである（書陵部出納係に配備の閲覧カードによる）。しかしこの影写された『短尺草』の写本は直ちに一般の閲覧に供されることはなく、何らかの事情でその公開は大幅に遅れ、一九九〇年になって初めて整理され、公開された（函号　B六―七九三）[10]。

他方、一九五六年一二月に『短尺草』のマイクロ撮影が行われ[11]、さらに一九七二年一〇月にも改めて『短尺草』の撮影が行われている[12]。

以上のような流れからすれば、一九六四年に虎尾氏の著書『延喜式』が出版された時点で、氏が利用することができたのは一九五六年撮影のフィルムのみであり、一九五一年に書陵部で影写された『短尺草』の写本は未整理で、利用することはできなかったのである。もっとも、東山御文庫の原本を氏が御覧になっていた可能性もなくはないが、その形跡は氏の論考からはうかがいえないように思う。したがって氏は必ずしも鮮明とはいえない写真を利用せざるをえないという研究環境のもとで『短尺草』の研究を進め、先ほど述べたような優れた成果を上げられたのである。

二　『短尺草』研究の本格化

以上のように、虎尾氏の日本歴史叢書『延喜式』[13]の刊行によって『短尺草』の重要な意義が広く認識されるに至ったのであるが、読者にはまだ『短尺草』の全体像は与えられなかった。それを実現したのは今江廣道氏による一九七二年の「資料紹介　延喜式覆奏短尺草写」[14]、ついで虎尾氏の一九八五年の論考「『延喜式覆奏短尺草』について」[15]であった。

まず今江氏の論考は『短尺草』の全文を翻刻するとともに、東山御文庫本の原本調査にもとづく所見を述べ、とくに未装訂—すなわち本紙を貼り継いで巻子に仕立てるまでに至っておらず、一六枚の本紙を重ねて筒状に巻いてある状態—であるため、全一六張が間断なく接続するか否かに注意を喚起された。その結果、今江氏は『短尺草』の第八張と第九張が直接には連続しないことを指摘されたのであった（後掲三七〇頁の史料①）。これは『短尺草』の原本調査の重要性を認識させる契機となる論考であったといえよう。

次に虎尾氏の論考は、今江氏の資料紹介から一三年を経て公表された。全文の翻刻に加え、本紙一六張および包紙一張の写真を掲載されたことは画期的で、これによって研究環境は大幅に改善された。『短尺草』の解題もより深く掘り下げられ、今江氏が指摘された第八張と第九張の不連続についても独自の見解を提示された（三七三頁の史料③）。

ここに『短尺草』の全容が明らかにされたことで研究環境は整い、本格的な研究がスタートを切ったのである。

三　研究上の困難—その1

私は虎尾氏から「『延喜式覆奏短尺草』について[16]」の抜刷を頂戴し、早速拝読した。今江氏と虎尾氏の意見が対立する第八張と第九張の接続については、お二人いずれもまず史料の現状を尊重したうえで内容を解読しようとされたといってよく、この基本的姿勢は史料研究の鉄則というべきであろう。そのうえで整然と解読できれば問題はないが、遺憾ながら私にはお二人のいずれの解釈・説明にも釈然としないものが残った。丁度その折り、一九八五年一〇月、当時宮内庁書陵部に勤務していた私は東山御文庫の史料調査のために京都出張を命じられた。幸運にもこの年の曝涼の対象に、『短尺草』が納められている一一八番の函が含まれていたため、ここで初めて『短尺草』

の実物を手にすることができた。私はすぐに第八張と第九張の接続について考えるべく、その部分を目の前に開いて観察した。その結果、史料③のように、第八張・第九張にそれぞれ二箇所ずつ、写真のVマークの位置に、料紙の上端から下端にかけて破損の形状が写し取られていることに気付いた。これは東山御文庫本自体の破損ではなく、東山御文庫本の祖本に生じていた破損であり、東山御文庫本はその破損の形状を正確に写し取っているのである。つまり祖本は第八張・第九張のVマークの位置で破断し、各紙はそれぞれ三枚の断簡に分断されていたのである。そして史料③に見られるように、このことは写真によって細部まで正確に見極めることはかなり難しいのである。

料紙が分断されていたのであれば、それぞれの断簡が正しく配置されたうえで書写されているかどうかを検討する必要が生じる。こうして断簡の配列を疑うこと、すなわち史料の現状を疑うことによって、お二人の解釈・説明の釈然としない点を解決しようとしたのが私の試論[17]である。この場合は、実際に写真の原本である東山御文庫本を調査する機会に恵まれたことが非常に大きく影響し、一般的にいえば、史料の原本が研究の隘路を突破する道筋を示してくれる場合があるということであろう。

そもそも『短尺草』を研究するうえでの困難の一つは、『短尺草』で議論されている内容が難解なことで、それを克服する方法は、関係する式の条文やその他の関連史料に目を配りつつ丁寧に読む以外にない。その点で黒須利夫氏の研究[18]は参考にするべきものであるが、これに対して私がかかわったもの[19]はその点で極めて不十分なものになっており、全面的に再検討しなければならないと考えている。

もう一つの困難は、『短尺草』が草案であるため、文字や文章の訂正・削除、また行間への書入れなどが少なからず見られ、しかもそこにはさまざまな指示を与える記号をともなっている場合があり、『短尺草』の記述の解読に踏み込む以前に、『短尺草』筆者の意図するところを正確に読み取ることが難しいケースが少なくないという点である。一つの例として史料④〜⑥（三七四〜三七七頁）を参照していただきたい。これらの史料についてはこの後、やや詳しく見ることにするが、一見して複雑な様相を呈していることが了解できるであろう。

このような場合については、余り鮮明でない写真に頼り切ることは危険であり、どうしても写真の原本にさかのぼる必要が出てくる。写真の原本である東山御文庫本といえども、影写本とはいえそれ自体は写しであるから、細部まで正確であるかどうかは保証の限りではない。しかし現在、我々に許されている最良の選択は東山御文庫本に依拠することである。また、前にも触れたが、宮内庁書陵部で一九五一年に東山御文庫本の影写本が作成され、一九九〇年に公開されて閲覧できるようになった。この書陵部本は、写本である東山御文庫本をさらに書写したものであるという点で、その信頼性は東山御文庫本には及ばないが、これも単なる写本ではなく影写したものであるので、不鮮明な写真の不備を補ううえで一定の効用を認めることができる。東山御文庫本の閲覧が困難な場合には、次善の策として書陵部本を用いることもありうるであろう。

虎尾氏がせめて書陵部本でも御覧になっていれば、先ほどの第八張・第九張の接続の問題にも、異なった解釈を示されたのではないかと思う。

四　研究上の困難 ―その2

それでは、先ほど触れた史料④〜⑥について具体的に見ていこうと思う。これは『短尺草』第一一張のうちの(23)項の史料④である。これは宮内庁書陵部より提供を受けたもので、上段の写真にもとづいてそれを氏が翻刻されたものである。史料⑤は史料④の写真を拡大したもの、史料⑥は『短尺草』の同じ箇所を翻刻したもので、A

は今江廣道氏による翻刻、Ｂは私の翻刻である。ここではとくに第一一張五行目と、その前後の行間に追記された文字および記号に注目していただきたい。三者の翻刻を比較すると微妙に相違する箇所がある。三者の論考が公表された順序は、〔1〕今江、〔2〕虎尾、〔3〕吉岡であるので、ほぼこの順序で翻刻を見てゆこう。

最初に公表された今江氏の翻刻文では、五行目右側、四行目との行間に「猶記此儀似無便」とある。これは五行日後半の「然則重不可入此式」を抹消し、その代わりに加えられた文章と見なしている。この点については虎尾氏も私も同じ理解である。問題はその次にある。

史料⑥の今江氏の翻刻では、五行目右側の行間に書入れられた文字列の最後の文字「便」から下に線が延び、五行目の文字列の下を通って左側の行間を上に向かい、六行目との行間に書入れられた文字列の最初の文字「者」に続いている。

これに対して史料④の虎尾氏の翻刻では、五行目右側の行間に書入れられた文字列の最後の文字「便」の次に〇印があり、そこから下に線が延びている。この線は五行目の文字列の下を通って左側の行間を上に向かい、五行目の下から三字目「入」の左の位置で止まっている。そして五行目左側行間の書入れの行頭の文字「者而検」の右側と、この書入れの最後の文字「事」の左側に鉤括弧を付し、それぞれに〔抹消符〕と注記されている。なお五行目の最後の文字「式」の下に〇印が記されている。

次に史料⑥の私の翻刻は、大筋では虎尾氏の翻刻に近似している。異なるのは、（1）五行目の行末の〇印を、行間を通る線に連結させたこと、および（2）五行目左側の行間書入れの最初と最後の合点を抹消符と見なしていないこと、の二点である。ただし虎尾氏が五行目の〇印と線を連結させていないのは、印刷の際の組版の技術的な問題である可能性が高いと考えられるから、結局、氏の翻刻と私のそれとの相違は、五行目左側の行間書入れの前後に付された合点状の記号の意味をどう理解するかということに尽きる。

なお今江氏の翻刻は、史料⑥Aに見られるように、二箇所の○印の記載がなく、また行間を延びる線が、五行目右側から左側の書入れの行頭まで途切れることなく連続している。史料⑤の写真コピーによっても明らかなように、これらはいずれも不正確な翻刻といわざるをえない。もっとも、写真では、五行目左側に縦に走る料紙の破損の形跡が認められ、これを今江氏が連続する線の一部と誤認された可能性はある。

虎尾氏は二つの合点を抹消符と見なされ、また最近の黒須利夫氏の研究[20]でも虎尾氏の解釈を継承されている。そうであれば合点に挟まれた文章は読む必要がなくなる。したがって五行目とその前後の文章は、お二人にしたがえば、

（また彼の践祚大嘗会の巻、已に東宮）参入の事（を載す）、猶此の儀を記すは便無きがごとし、また此の条に至りては、諸節の儀と同じ、宜しく停止に従うべし、

と読むことになり、論旨は非常に明快である。しかしその場合、五行目を挟んで右の行間から左の行間に延びる線は途切れたままで、その行き先が不明であり、この線が何を意味するものなのか、不可解といわざるをえないのである。

五行目とその前後の行間の状態、すなわち二つの○印とそれを結び、さらに上に延びる線が行き着く先は、左側行間の書入れの冒頭に付された合点、すなわち虎尾氏が抹消符と解釈された合点と見なさざるをえない。つまり、この○印と線は文章のつながり、文章の順序を示すものであり、史料⑥Bの私の翻刻に示したように、その線の流れにしたがって読み進めるべきものと考える。その結果は私の翻刻の下段に示してある。ただし、この訓読が妥当か否かは今少し検討を加えたいと考えており、ここではこれ以上は触れない。

おわりに

『短尺草』が非常に難解な史料であることは衆人の認めるところであろう。繰り返しになるが、その難解さを生む要因の一つは、これが草案であることによる字句や文章の訂正・削除、あるいは加筆などが非常に多いこと、またそれにともなって抹消符や挿入符など、さまざまな記号が用いられており、それらが持つ意味を的確に把握すること、いいかえれば、『短尺草』の筆者が何を意図してその記号をここで用いているのかを正確に把握すること、これが困難な場合が少なくない点にある。内容の解釈を施すことと並行して、これらの難問を解決していくことが必要になる。そのためには、できる限り良質な『短尺草』の本文を入手することが求められるが、今日、最良の本文とはいうまでもなく東山御文庫本そのものである。

しかし東山御文庫本は勅封によって管理されており、閲覧するにはしかるべき手続きを踏む必要がある。また現在入手可能な東山御文庫本の写真には、細部の微妙な問題を解決する力はない。結局、現時点で直ちに取ることができる最善の方法とは、書陵部所蔵の影写本を利用しながら東山御文庫本の写真の問題点を検討することであろう。書陵部の影写本によって、解決の糸口をつかむことができる問題は今なお少なくないのではないかと思う。(補注2)

虎尾氏は必ずしも鮮明とはいえない写真を唯一の頼りに研究を進められたが、現在では書陵部所蔵の影写本が利用可能になったことで、氏の時代より『短尺草』の研究環境が大きく改善されたことは確かである。書陵部本の信頼性は東山御文庫本に比べれば劣るが、それでも私は写本が持つ力―たとえそれが新しい写本であろうとも―に依拠したいと思う。

史　料

史料① 『延喜式覆奏短尺草写』第八〜九張(21)

（第八張）

依今作文體、可改記坊官幷侍從、
同條御短尺、供神麻云〻事、
讀祝詞之上、加再拜等之文、又末注爲
麁、記第二度文體、竝可然、
凡五月五日事、
如今案、典藥寮進昌〔菖、以下同〕蒲儀、依久永
勘文具記此條、似便宜、但進白散之
儀頗有相違事、近則案典藥式云、雜
主藏官人舍人惣八人擧案退出、收藏
人所、唯雜給料付坊官者、而此文體、
【□□□□□〔雜給料付坊〕官之由不記載、又先
所司立幄、坊官設御座之由、可宜□〔歟〕、
事迹不乖違如此、可無殊難、
御短尺、進御櫛事、
依坊例、作今〔今〻文〕體可然、
□

」

（第九張）

仰收藏人所可改正之由、至于白□〔散〕
尤可收置、昌蒲非可收內〔之物〕裏、准內藏寮
撤御料昌蒲案、更不可進■〔藏ノ書キサシ〕、主藏可
撤歟、依有此疑、所仰也、然而又坊例不
見進昌蒲之儀、依有此□〔疑〕、所仰也、
而申准白散條作之由、如本式之意、如此
有何妨乎、〔若改收字可爲付歟、〕〇惣依白散條之例者、可記加雜
給料付坊官之由■、又參〔案〕節會儀文
體、前一日之文在最末、雖似無便、東宮
□□□□〔昇武德殿〕之下、注前一日□〔設カ〕次之由、如何、
凡六月・十二月晦日云〻事、

史料②『延喜式覆奏短尺草写』第八張・第九張　写真・翻刻(22)

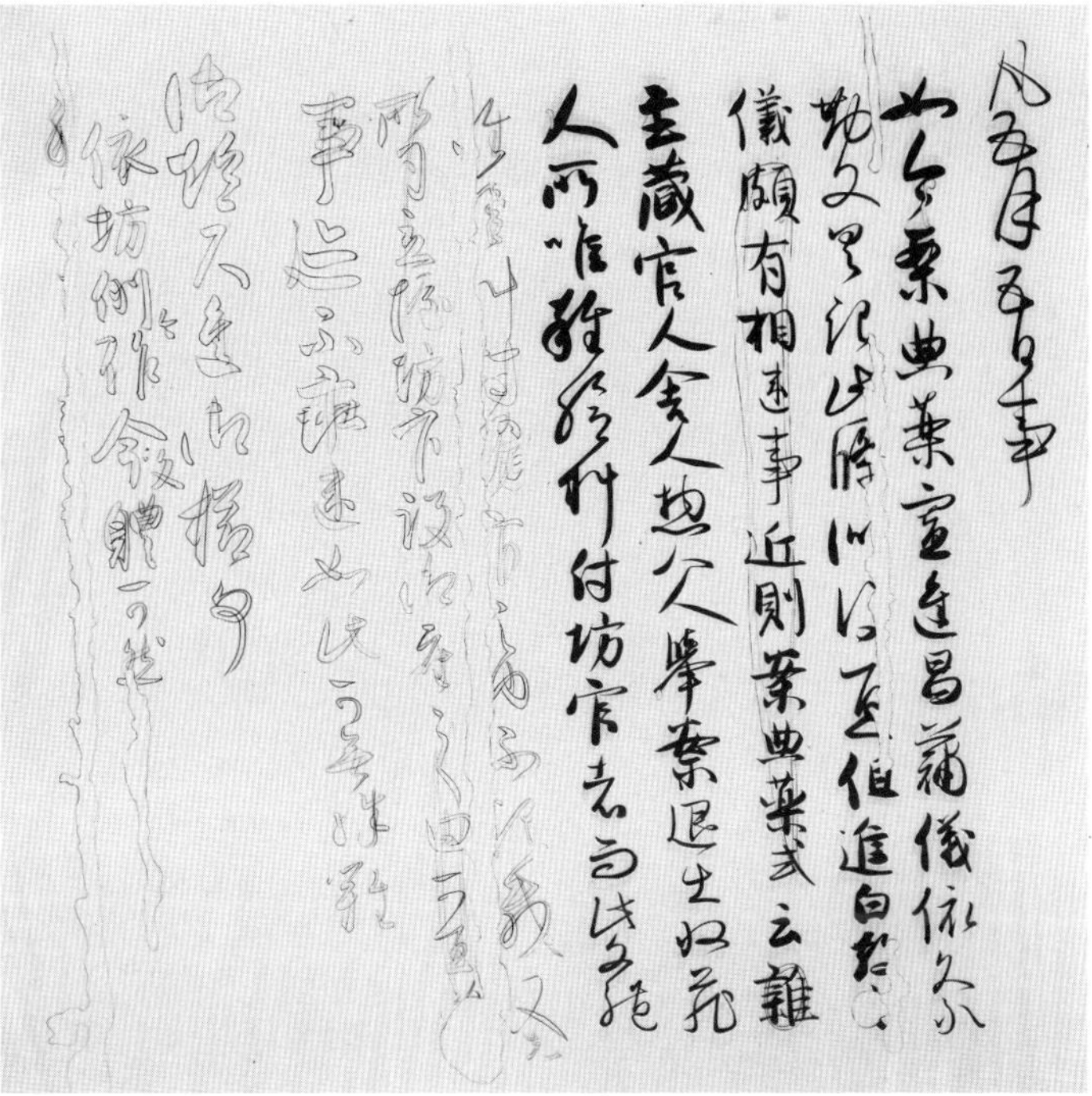

(17)凡五月五日事
如今案、典藥寮進昌蒲儀、依久永
勘文具記此條、以便宜、但進白散之
儀頗有相違事近則案典藥式云雜
主藏官人舍人惣八人擧案退出收藏
人所、唯雜給料付坊官者、而此文體
雜給料付坊官之由不記載、又先
所司立幄坊官設御座之由可宜歟
事迹不乖違、如此可無殊難、

(18)御短尺進御櫛事、
依坊例、作今體可然、

〔細字書入レカ〕

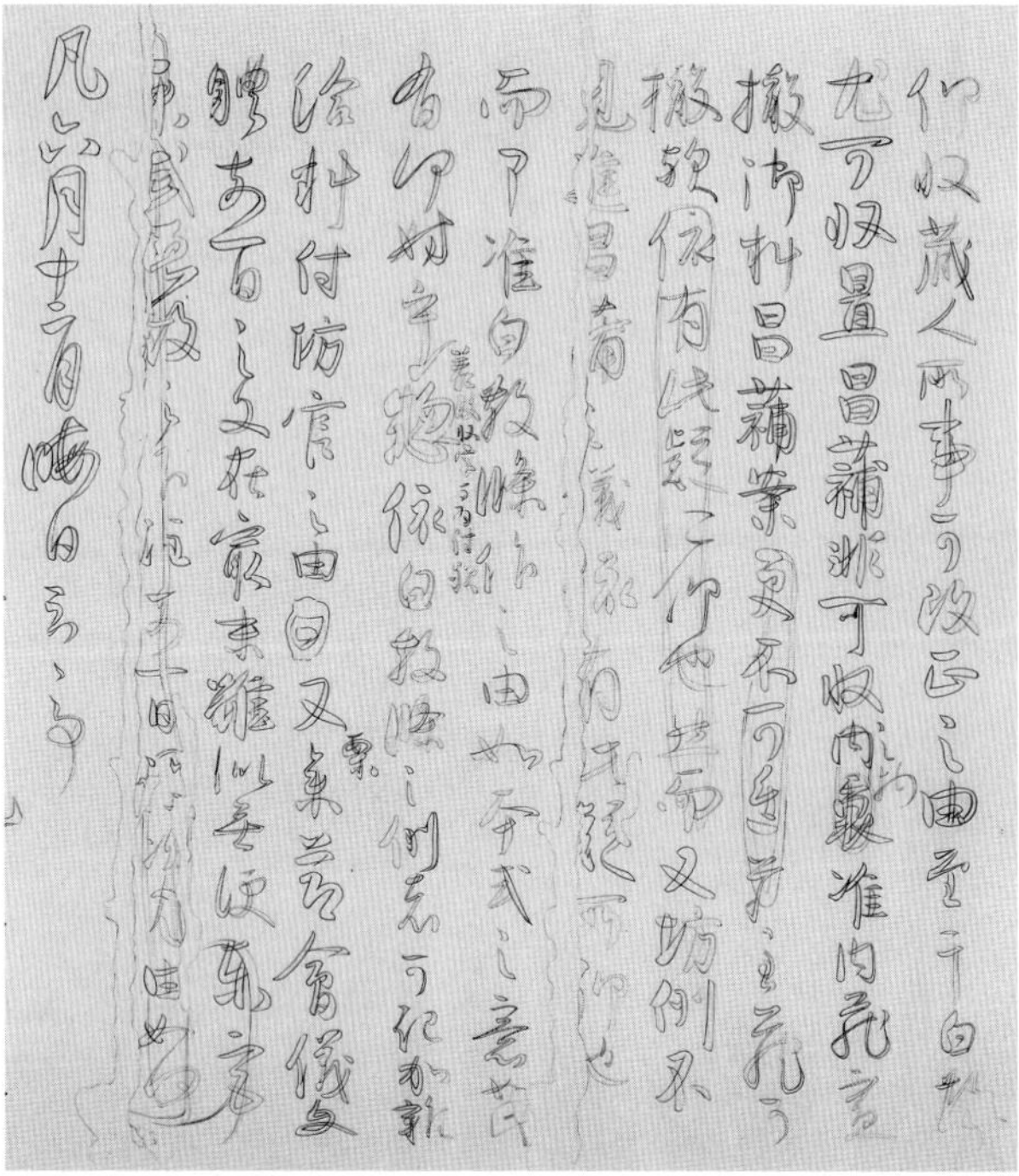

（9張）

⒄〔二接続カ〕仰收藏人所事可改正之由、至于白散
尤可收置、昌蒲非可收內裏（之物）、准內藏寮
撤御料昌蒲案、更不可進藏〔書キサシ〕主藏可
撤歟、依有此疑所仰也然而又坊例不
見進昌蒲之儀、依有此疑所仰也、
而申准白散條作之由、如本式之意、如此
有何妨手、（若改收字可爲付歟、）惣依白散條之例者、可記加雜
給料付坊官之由?、又參（案）節會儀文
體、前一日之文在最末、雖似無便、東宮
參武德殿之下注前一日設次?〔之カ〕由如何

⒆凡六月十二月晦日云〻事、

史料③『延喜式覆奏短尺草写』第八張・第九張　写真(23)

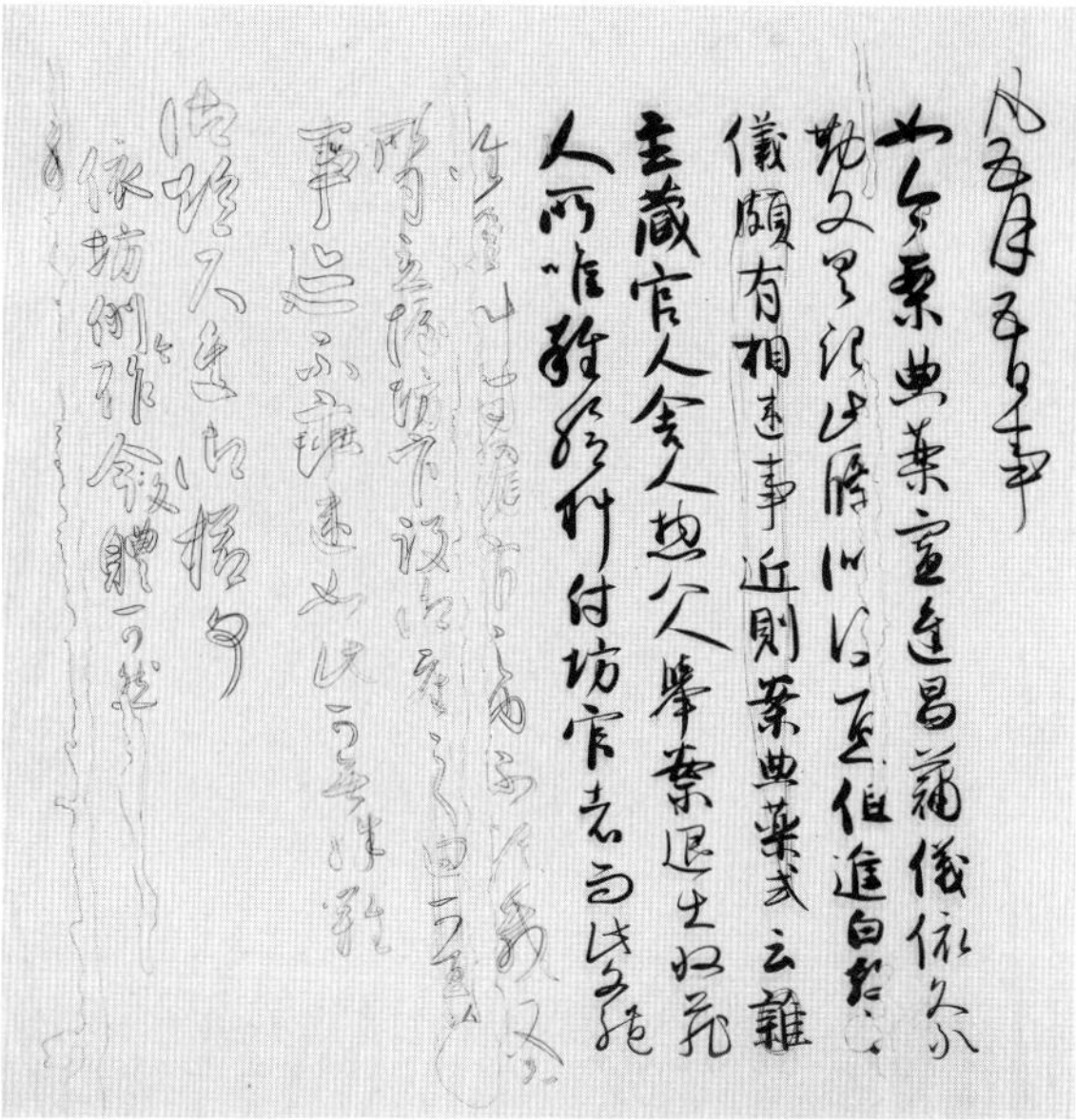

（第八張）

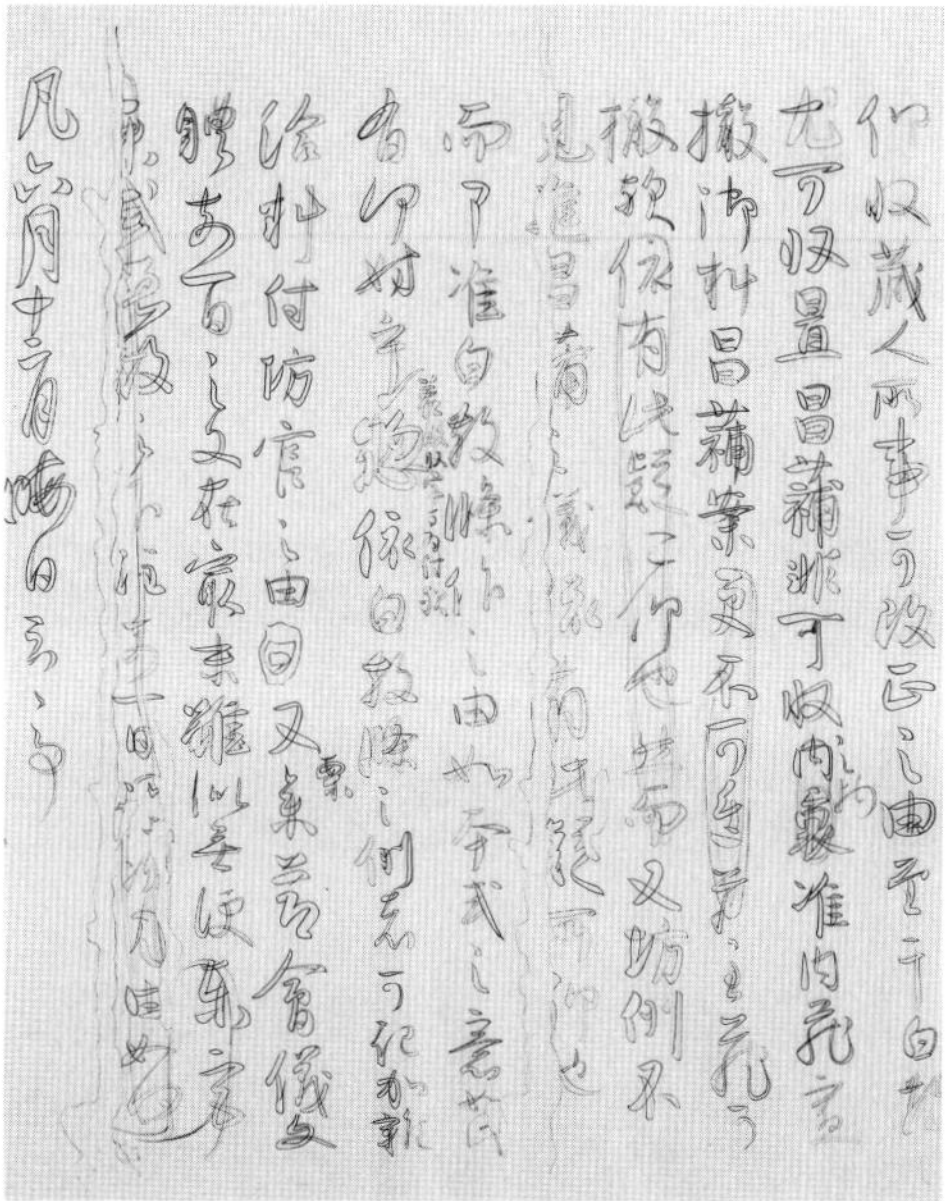

（第九張）

史料④『延喜式覆奏短尺草写』第一一張（23）項　写真・翻刻(24)

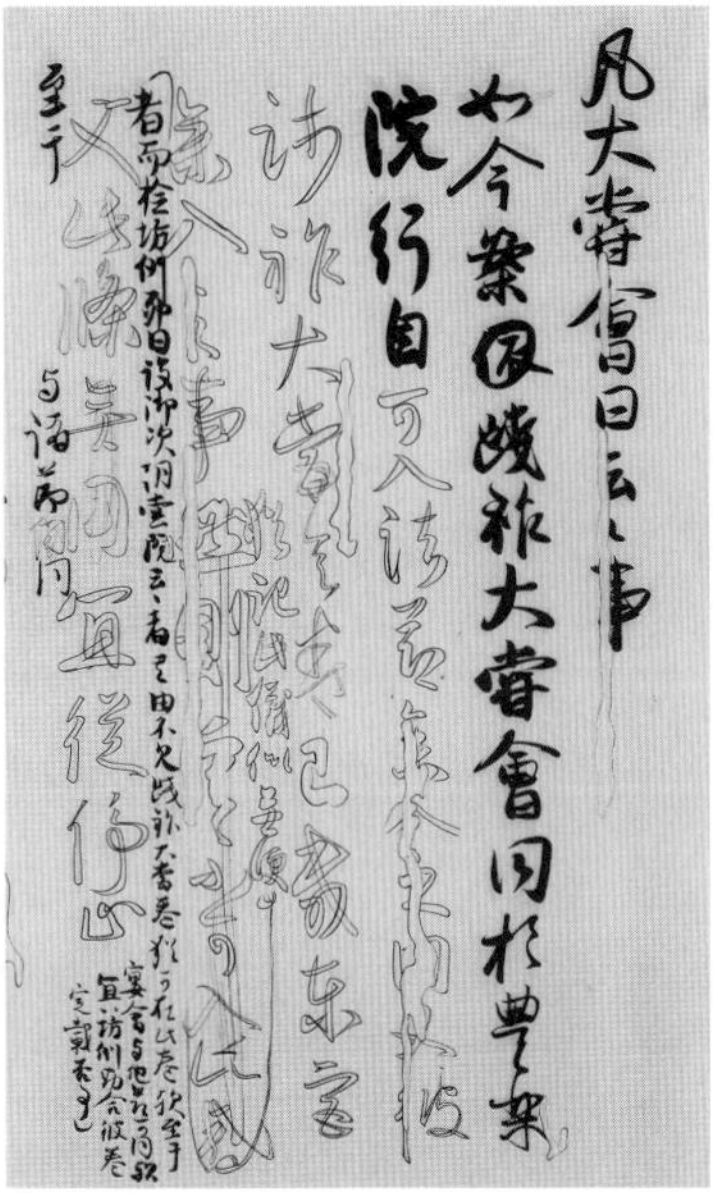

（11張）

(23)凡大嘗會日云々事、

如今案、依踐祚大嘗會同於豊樂

院行、自可入諸節會參入之內、又彼

踐祚大嘗會卷已載東宮

〔抹消符〕參入之事、然則重不可入此式。（猶記此儀似無便）

者、而檢坊例、卯日設御次朝堂院云々者、其由不見踐祚大嘗卷、猶可在此卷歟、至于宴會與他節可同歟、宜以坊例勘合彼卷、定載否事、〔抹消符〕

又此條（至于）與諸節儀同、（×同）無用、宜從停止、

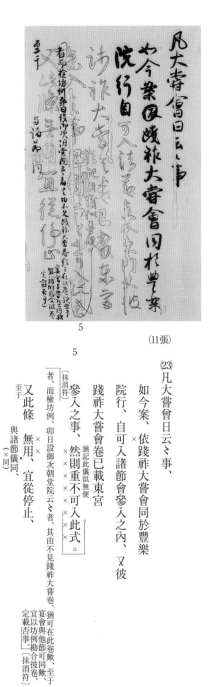

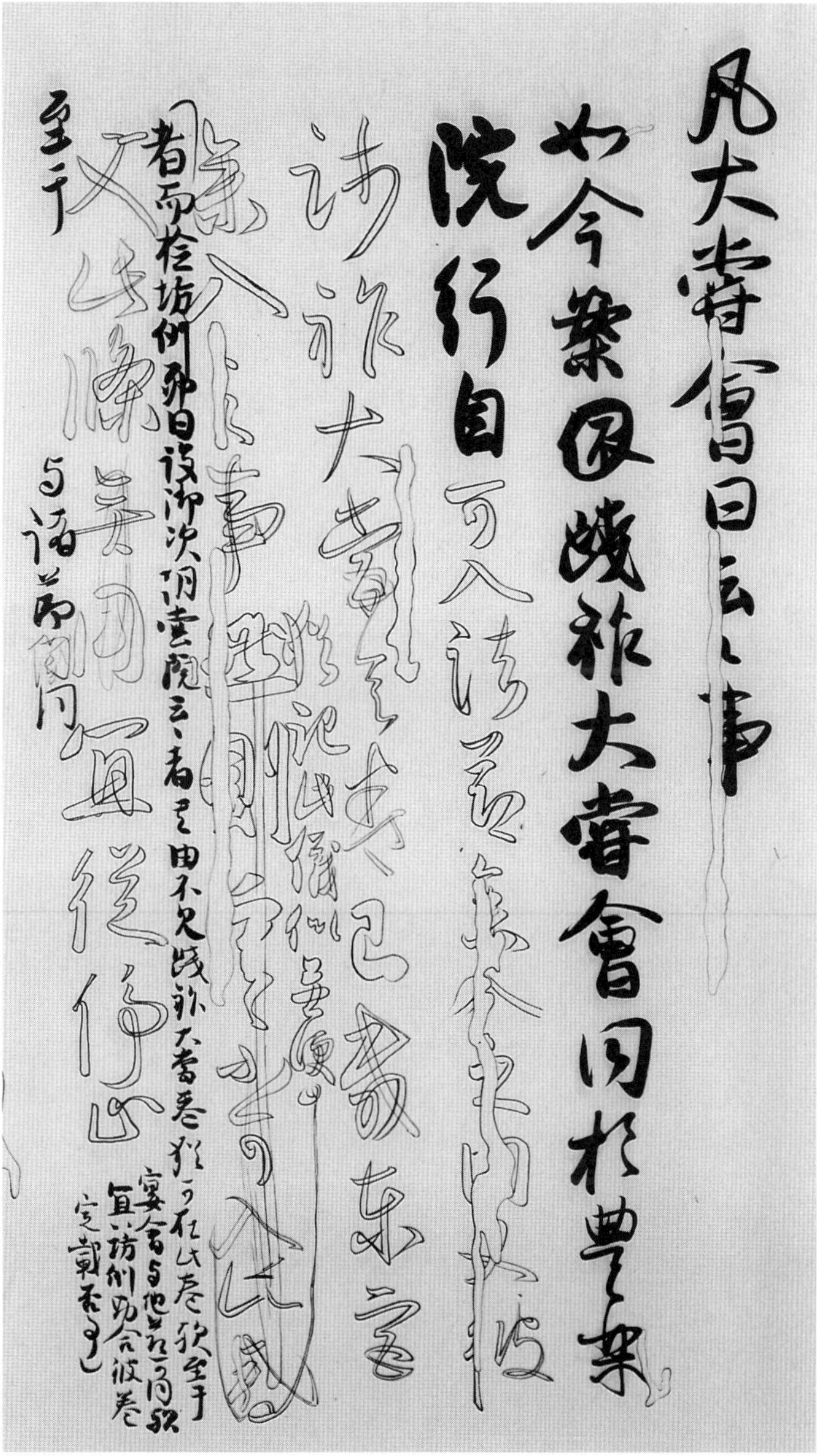

史料⑤　『延喜式覆奏短尺草写』第一一張（23）項　拡大写真[25]

史料⑥『延喜式覆奏短尺草写』第一一張（23）項　翻刻（26）

A

（第一一張）

〔約五行分アキ〕

1 凡大嘗會日云〻事、

2 如今案、依践祚大嘗會同於豊樂

3 院行、自〖可入諸節參入之□（門カ）、又彼

4 践祚大嘗會卷已載東宮

5 參入之事、〔猶記此儀似無便〕然則重不可入此式〔者、而検坊例、卯日設御次朝堂院云〻者、其由不見践祚大嘗卷、猶可在此卷歟、至于宴會、與他節可同歟、宜以坊例勘合彼卷、定載否事、〕

6 又此條無用、宜從停止、〔至于〻〻與諸節儀同、〕

B

（第一一張）

（約五行分空白）

1 凡大嘗會日云〻事

2 如今案、［依］践祚大嘗會同於豊樂

3 院行、自可入諸節參入之（7）□（8）（門カ）、又彼

4 践祚大嘗會卷已載東宮

（第一一張）

1 「凡そ大嘗会の日云々」の事

2 今案の如くんば、践祚大嘗会、同じく豊楽

3 院において行う。自ずから諸節に参入の門を入るべし。また彼の

4 践祚大嘗会の巻、すでに東宮

5　參入之事、〔然則重不可入此式〕ｏ（傍書：猶記此儀似無便ｏ）
「者、而檢坊例、卯日設御次朝堂院云々者、其由不見踐祚大嘗卷、猶可在此卷歟、至于宴會與他節可同歟、宜以坊例勘合彼卷、定載否事、」（1）

6　又此條（傍書：至于）〔無用〕（傍書：與諸節儀同、〔×同〕（2））宜從停止、

5　參入の事を載す。〔然らば則ち重ねて此の式に入るるべからず〕《猶此の儀を記すは便無きがごとし、てへり。而るに坊例を検ずるに、卯の日、御次を朝堂院に設くと云々、てへり。其の由、践祚大嘗の巻に見えず。猶此の巻に在るべきか。宴会に至りては他の節と同じか。宜しく坊例を以って彼の巻と勘合し、載するや否やの事を定むべし》。

6　また此の条《に至りては》〔無用〕《諸節の儀と同じ》。宜しく停止に従うべし。

補注（吉岡）

虎尾氏は行間追記第一字目「者」の上の鉤点および、末尾の「否事」の下の「」」に「抹消符」と注記し、追記全体を抹消と見なす。今江氏は前行の傍書「猶記此儀似無便」から追記第一字目「者」に文章が続くと見なし、末尾の「」」を認めず。本稿では、傍書「猶記此儀似無便」の下および5行目末尾に、文字の位置を指示する符号「ｏ」があることから、傍書「猶記此儀似無便」は5行目末尾の位置に入り、そこから追記第一字目「者」に文章が続くと見なし、追記末尾の「」」は追記第一字目「者」の上の鉤点に対応する閉じの鉤点と判断する。すなわち、「者」から「否事」まで全体が「猶記此儀似無便」に続く文章と見なす。

注

（1）黒須利夫「『延喜式覆奏短尺草写』の基礎的考察」（『延喜式研究』二六、二〇一〇年）。
（2）吉岡眞之「『延喜式覆奏短尺草写』の一問題」（『古代文献の基礎的研究』吉川弘文館、一九九四年、初出一九八六年）。
（3）武田祐吉「『延喜式』神祇の巻の撰集」（『武田祐吉全集』一、角川書店、一九七三年、初出一九三〇年）。
（4）西田長男「九条家旧蔵冊子本『延喜斎宮式』解題」（『九条家旧蔵冊子本延喜斎宮式』國學院大学神道史学会、一九七八年）。
（5）虎尾俊哉「「延喜式覆奏短尺草」補考」（『日本歴史』四六九、一九八七年）。
（6）虎尾俊哉『延喜式』〔初版〕（吉川弘文館、一九六四年）。
（7）小倉慈司「東山御文庫本マイクロフィルム内容目録（稿）（1）」（『禁裏・公家文庫研究』一、思文閣出版、二〇〇三年）。
（8）小倉慈司「東山御文庫本マイクロフィルム内容目録（稿）（2）」（『禁裏・公家文庫研究』二、思文閣出版、二〇〇六年）。
（9）小倉慈司「東山御文庫本マイクロフィルム内容目録（稿）索引」（『禁裏・公家文庫研究』三、思文閣出版、二〇〇九年）。
（10）「彙報（平成二年四月―平成三年三月）」（『書陵部紀要』四三、一九九二年）。
（11）「彙報（昭和三十五年四月―三十六年三月）」（『書陵部紀要』一三、一九六二年）。
（12）「彙報（昭和五十年四月―昭和五十一年三月）」（『書陵部紀要』二八、一九七六年）。
（13）前掲注（6）虎尾書。
（14）今江廣道「延喜式覆奏短尺草写」（『書陵部紀要』二四、一九七二年）。
（15）虎尾俊哉「『延喜式覆奏短尺草』について」（『国立歴史民俗博物館研究報告』六、一九八五年）。

(16) 前掲注（15）虎尾論文。
(17) 前掲注（2）吉岡論文。
(18) 前掲注（1）黒須論文。
(19) 前掲注（2）吉岡論文、吉岡眞之（監修）『『延喜式覆奏短尺草写』の研究―翻刻・訓読篇―』（『國學院大学大学院紀要―文学研究科―』三一、一九九九年）。本書第二部第三章所収。
(20) 前掲注（1）黒須論文。
(21) 前掲注（14）今江論文より。字体は正字とした。以下同じ。
(22) 京都御所東山御文庫所蔵。写真は宮内庁書陵部提供。翻刻は前掲注（14）今江論文より。
(23) 京都御所東山御文庫所蔵。写真は宮内庁書陵部提供。
(24) 京都御所東山御文庫所蔵。写真は宮内庁書陵部提供。
(25) 京都御所東山御文庫所蔵。写真は宮内庁書陵部提供。
(26) 前掲前半Aは前掲注（14）今江論文、後半Bは前掲注（19）吉岡論文より。

参考文献

虎尾俊哉「延喜式は杜撰か」（『国史大系月報 付異本公卿補任』吉川弘文館、二〇〇一年、初出一九六五年）
『延喜式』〔六刷〕（吉川弘文館、一九八六年）
西洋子「「斎宮式」注釈覚書」（『延喜式研究』一九、二〇〇三年）

追記（初出時）

本稿は二〇一一年七月二日に「虎尾俊哉先生追悼」と冠して開催された「延喜式研究会研究集会」での追悼講演をもとに加筆・修正したものである。この研究集会は虎尾氏の多くの功績を振り返る特別な意義を持っていた。そのような大事な集会の壇上に、『延喜式』を深く研究したこともない私のような者が立つことは不似合いであったが、翻って考えてみれば、私が氏からいただいた学恩は『延喜式』にとどまらず、いろいろな局面で直接、間接にご指導をいただいてきたのであるから、この研究集会に参加させていただくべきであろうと考えた次第である。

補注

（1）　初出以降、小倉慈司「『延喜式』写本系統の基礎的研究─巻五を中心に─」（新川登亀男編『古代史の方法と意義』勉誠出版、二〇一八年）によって、九条家旧蔵の冊子本（所在不明）・京都博物館本（京都国立博物館）・勢多家旧蔵版本（宮内庁書陵部）などに短尺草に関連する書入れがあることが指摘される。

また同「古代文献史料本文研究の課題─『延喜式』を中心に─」（『九州史学』一八一、二〇一八年）は、賀茂清茂『伏見殿蔵諸記目録』（早稲田大学図書館）の記載から、現存する東山御文庫本の親本が伏見宮家に所蔵されていた可能性を指摘する。賀茂清茂については、児玉幸多「賀茂清茂伝」（児玉幸多先生論集刊行委員会編『近世史研究遺文』吉川弘文館、二〇一七年、初出一九三七年）・勢田道生「賀茂清茂の書物収集─香川大学図書館神原文庫蔵『諸記録所持之方覚』をめぐって─」（『上方文芸研究』一四、二〇一七年）などを参照。

このほか本史料をめぐっては、黒須利夫「『延喜式覆奏短尺奏写』註釈稿」（『聖徳大学言語文化研究所論叢』二四・二六、二〇一六・二〇一八年）、清武雄二「『延喜式覆奏短尺草写』祖本の形態と伝来」（『国立歴史民俗博物館研究報告』二四四、二〇二四年）などが出された。

（2）　今回の出版に際し、宮内庁侍従職・宮内庁書陵部のご厚意により精細な写真をご提供いただけたので、それに差し替えた。

（文責：渡辺　滋）

第五章　尊経閣文庫本『法曹類林』

一　概　要

『法曹類林』は藤原通憲（一一〇六～一一五九）により編纂されたといわれる明法の実務参考書、判例集である。『本朝書籍目録』によれば、この書はもと二三〇巻（一本に七三〇巻）から成る浩瀚なものであったが、現存するものは、

（1）巻一九二　寺務執行十七（国立公文書館〈旧内閣文庫〉ほか）
（2）巻一九七　公務五（国立公文書館・前田育徳会尊経閣文庫ほか。図1・2・3）
（3）巻二〇〇　公務八（国立公文書館ほか。図4）
（4）巻二二六　公務卅四（宮内庁書陵部ほか。図5）
（5）巻次不明断簡（称名寺。図6）

に過ぎない。これらは（5）を除いて新訂増補国史大系に収載されている。(1) ただし国史大系が巻二二六として収載しているものは全体としては『明法肝要鈔』であり、巻二二六はそこに引用された一部分であることが太田晶二郎

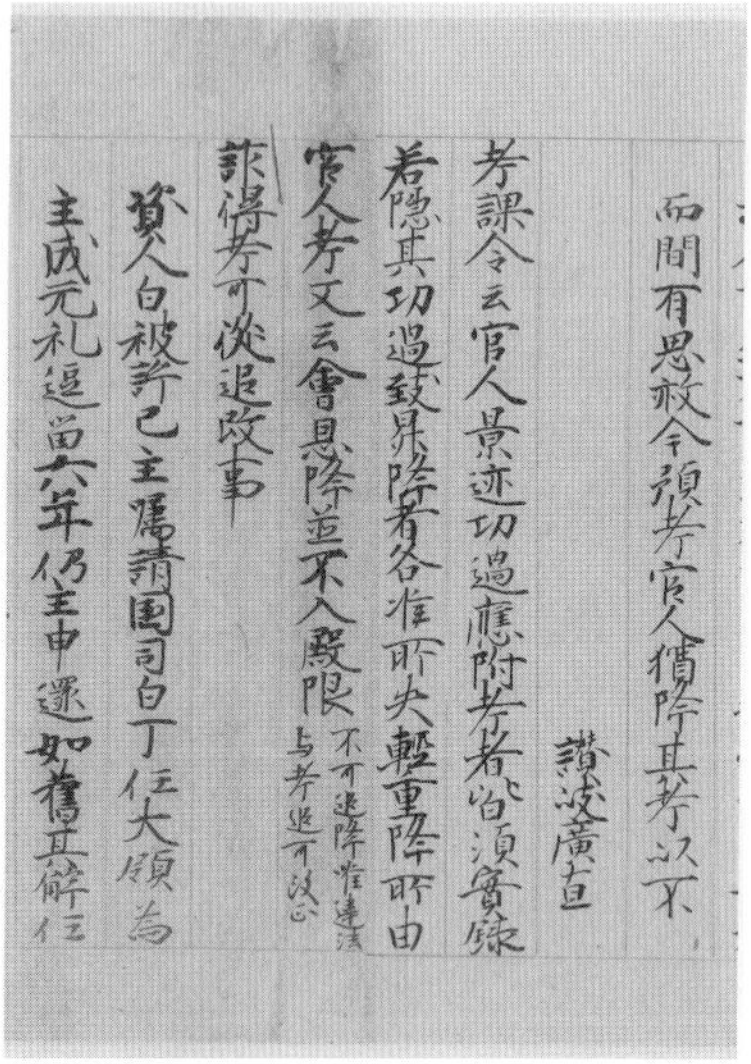
而間有恩赦令須考官人猶除其考以不
讃岐廣直
考課令云官人景迹功過應附考者皆須實録
若隠其功過致昇降者各准所失輕重降所由
官人考又云會恩除並不入殿限　不可遂降准違法与考選可改之
詐偽考可從退改事
貸人白被許已主属請國司白丁任大領為
主成元礼退留六年仍主申還如舊其解任

図2　尊経閣文庫本『法曹類林』
巻 197　補写と古写の切り替わり部分

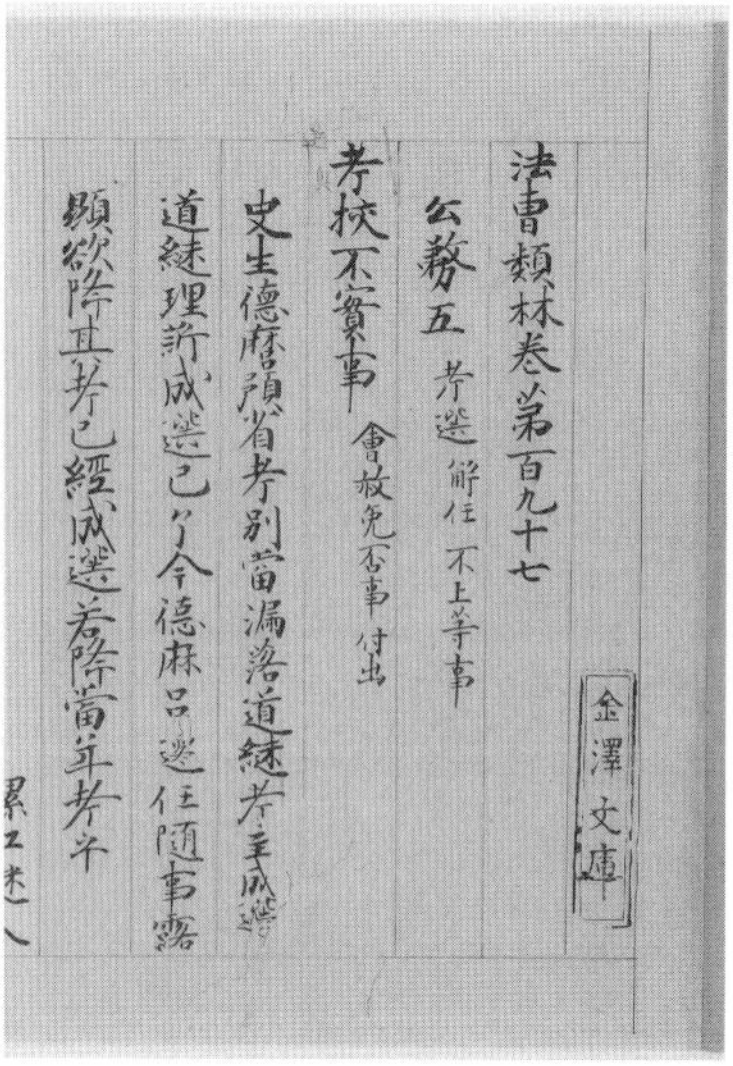
法曹類林巻第百九十七
公務五　考選　解任　不上等事
考校不實事　會赦免否事　付出
史生徳麿預省考别當漏落道継考並成選
道継理訴成選已了令徳麻呂遞任随事露
顕欲除其考已經成選者除當年考乎
螺江継人

図1　尊経閣文庫本『法曹類林』
巻 197 巻首（補写）

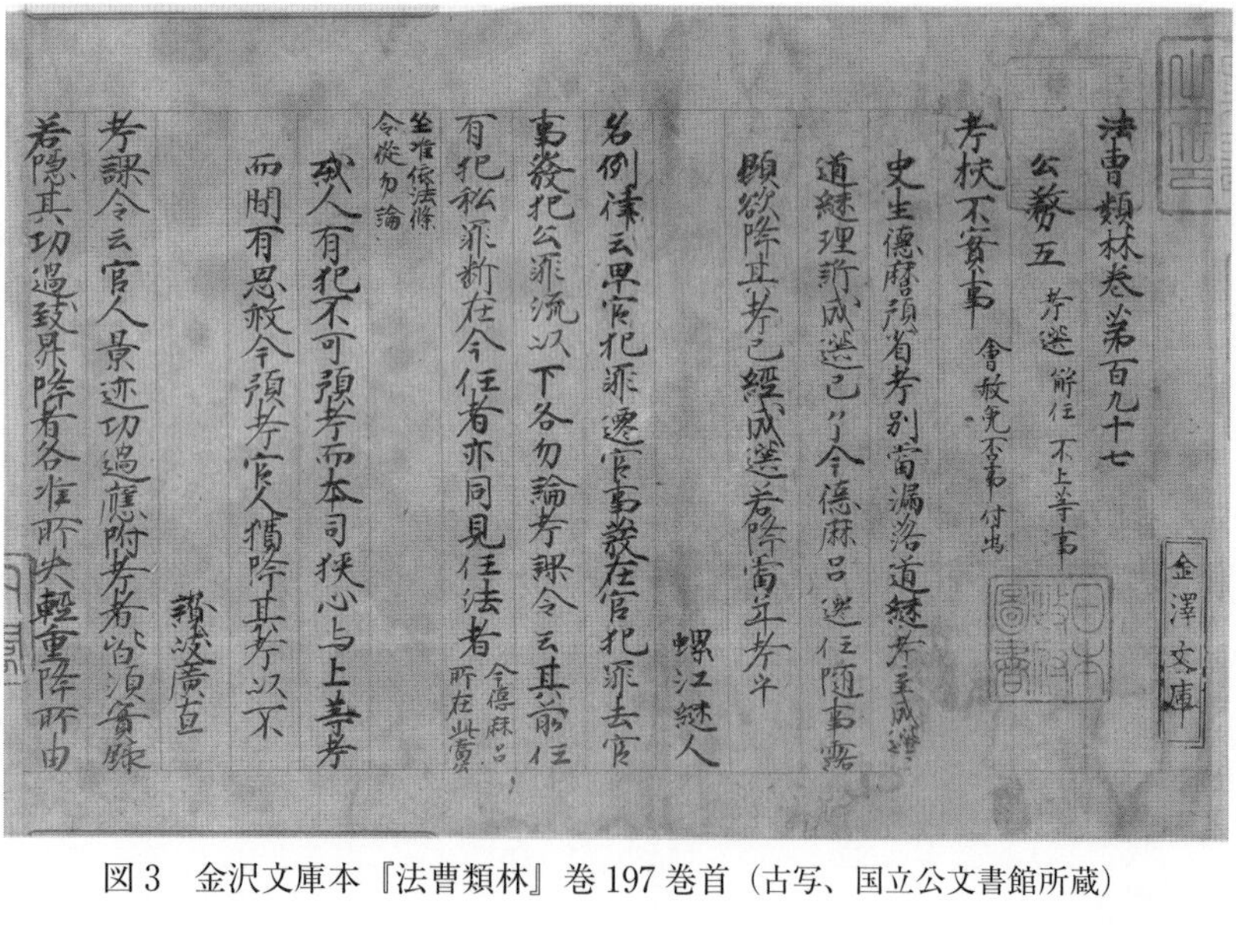
法曹類林巻第百九十七
公務五　考選　解任　不上等事
考校不實事　會赦免否事　付出
史生徳麿預省考别當漏落道継考並成選
道継理訴成選已了令徳麻呂遞任随事露
顕欲除其考已經成選者除當年考乎
螺江継人
名例律云畢官犯罪遷官事發在官犯罪去官
事發犯公罪流以下各勿論考課令云其前任
有犯私罪斷在今任者亦同見任法者　今傳麻呂所在此歟
並准依法條令從勿論
或人有犯不可預考而本司挟心与上等考
而間有恩赦令須考官人猶除其考以不
讃岐廣直
考課令云官人景迹功過應附考者皆須實録
若隠其功過致昇降者各准所失輕重降所由

図3　金沢文庫本『法曹類林』巻 197 巻首（古写、国立公文書館所蔵）

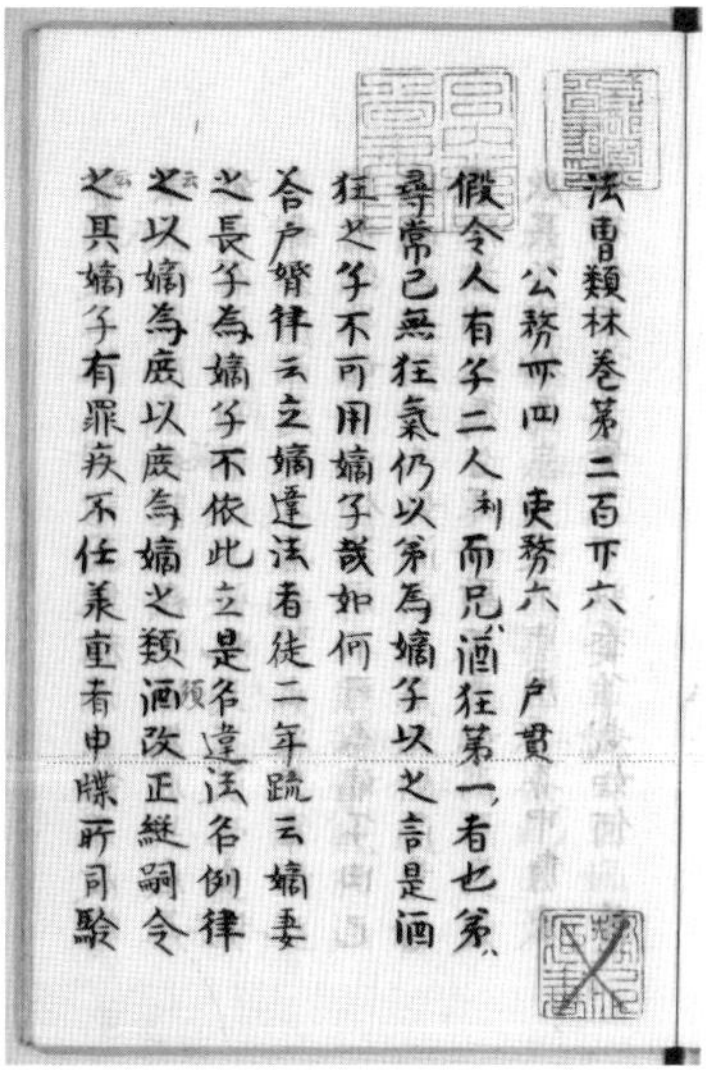

図 5 『法曹類林』巻 226
冒頭（宮内庁書陵部所蔵）

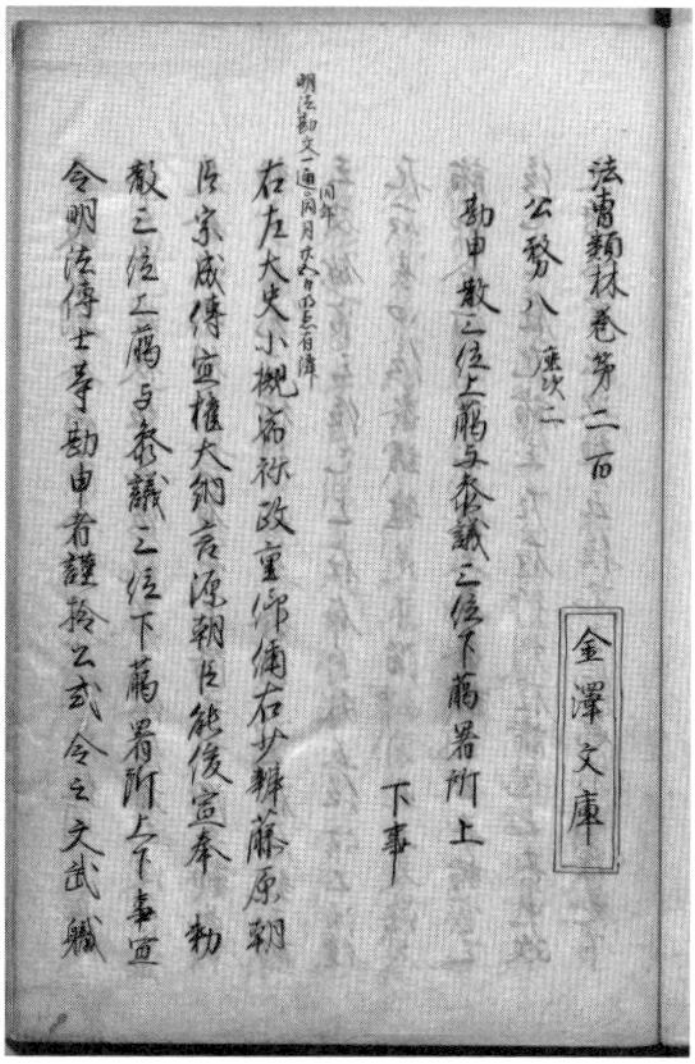

図 4　金沢文庫本『法曹類林』巻 200
冒頭（国立公文書館所蔵）

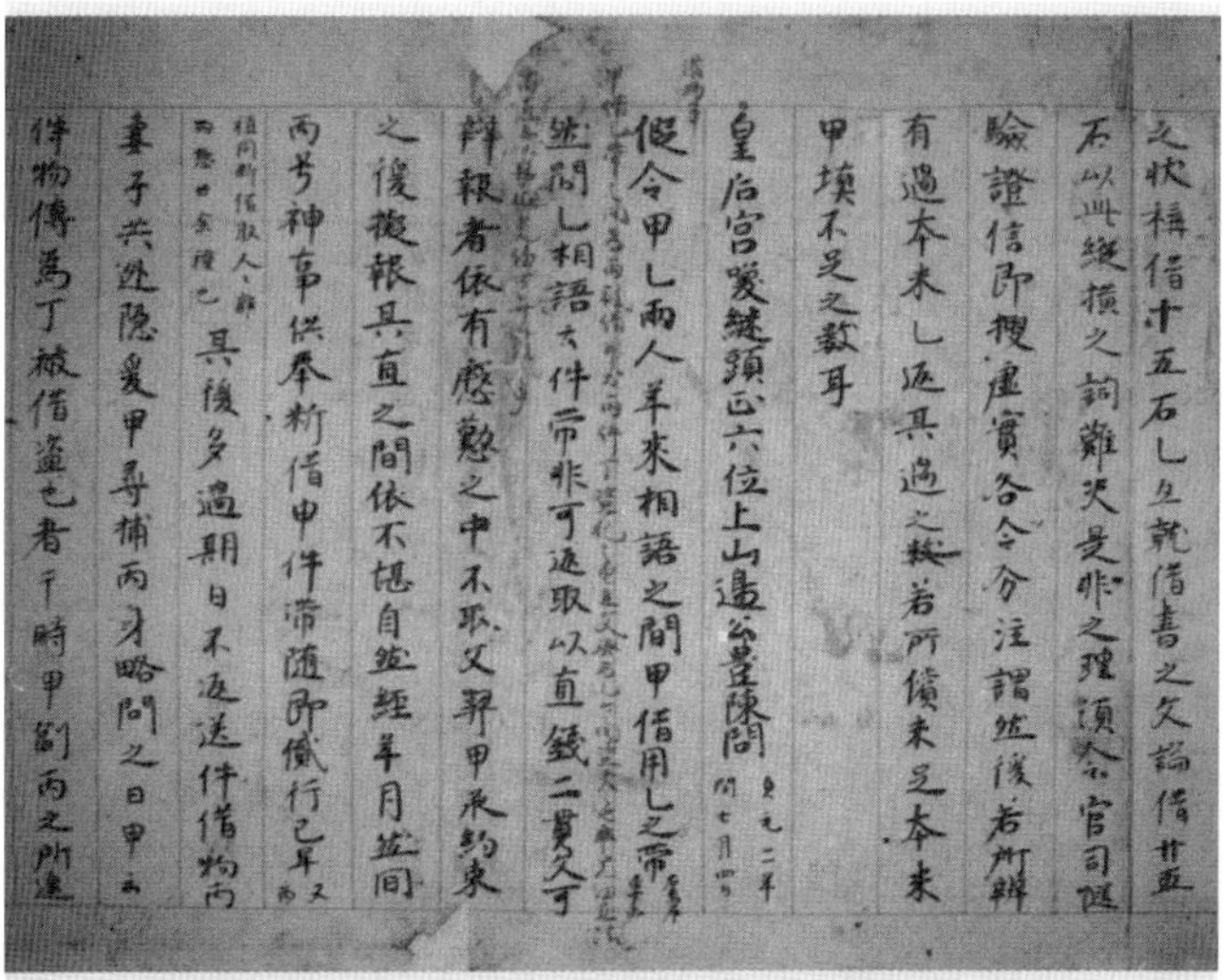

図 6　金沢文庫本『法曹類林』断簡（修理後）
（神奈川県立金沢文庫保管・稱名寺所蔵）

氏によって明らかにされている。(2) また金沢文庫本巻一九七の第一紙は国立公文書館（旧内閣文庫）に、第二紙以下は尊経閣文庫に分かれて所蔵されており、尊経閣文庫本は内閣文庫本を影写して補っている。その経緯については後に述べることとする。

なお『法曹類林』の編者を藤原通憲とする見解は通説となっているが、これほど膨大な判例集を一個人が編集したとは考えにくく、明法諸家に伝わる史料にもとづき、多くの明法官人をして編集せしめたものとする西岡芳文氏の説もあり、(3) 今後の研究課題として残されている。

『法曹類林』の全体については和田英松『本朝書籍目録考証』のほか、(4) 近年西岡芳文氏により新出史料の紹介を含む解説がなされているのでそれに譲ることとし、(5) 本稿ではまず『法曹類林』の伝来について概要を述べ、次に尊経閣文庫本巻一九七（以下、本書と称する）に即して書誌的情報を中心に述べることとする。

二　伝来

本書の首尾に「金澤文庫」印が捺されている（図1。ただし巻首は内閣文庫本〔図3〕の影写）ことから、これが金沢文庫旧蔵本であることは疑いない。また奥書は「嘉元二年（一三〇四）六月一日書写校合畢」とある。現在奥書の下方は一部破損しているが、同じく金沢文庫旧蔵本である巻二〇〇の奥書に「嘉元二年六月八日書写校合了／貞顕」とあることからすれば、右の破損部分に「貞顕」とあった可能性は否定できない。ただし「校合畢」と地の横界線との間隔は二字分程度であり、しかも破損部分の周辺には墨痕は認められず、ここに「貞顕」の二字があったとは考えにくい。巻二〇〇の奥書は「貞顕」のみ次行の行末に書かれているが、本書の場合、奥書の次行行末近くには「金澤文庫」印が捺されており、「貞顕」の二字が入る余地はないようである。両巻の奥書は、日付は近いものの筆跡が異なっており、また本書に必ずしも署名がある必要もない。したがって厳密に考えれば問題が残るものの、本書もまたほかの諸巻とともに貞顕が書写せしめて金沢文庫に納めたものと見ても大過はないであろう。

その後の本書についてはほとんど明らかでない。戦国期には金沢文庫の蔵書が多く散逸し、その際に本書も庫外に流出した可能性は想定しうる。しかしなお文庫に残されていた書籍もあったと見え、前田綱紀（一六四三〜一七二四）は延宝五年（一六七七）に書物調奉行津田光吉を称名寺に派遣し、俵に入れて仏殿の天井に上げてあった古書を購入したといい、本書はこの時に採収されたものといわれる（『加賀松雲公』[6]中巻および同書所引「津田光吉報告書」、『松雲公小伝』[7]）。その確証は管見の限りでは見出せなかったが、可能性は否定しがたい。

享保七年（一七二二）正月、将軍徳川吉宗が逸書捜索を命じた際、これに応えて綱紀は同年四月二四日に金沢文庫本『法曹類林』巻一九二・一九七・二〇〇の三巻ほかを献上した。この事実は『幕府書物方日記』[8]や近藤正斎『楓山貴重書目』（国立公文書館所蔵。「文化十四年十一月冬至」の序あり）、同『右文故事』、同『好書故事』[9]などにより知られているが、さらに『松雲公林家往復書簡』八（金沢市立図書館近世史料館所蔵）に収める享保七年四月一日付の「覚」（加能越文庫・藩主・御書　資料番号　一六・一七―〇三五）により、当時におけるさらに具体的な本書の状態をうかがうことができる。

覚

一、令抄不足本　　　　　　　　　一冊
一、法曹類林第百九十二残簡　　　五枚
一、同　　　第百九十七残簡　　　一枚

一、同　　　第二百前十七枚後八枚　　　一巻

（「為政録」以下七書目、略ス）

右目録之通差進申候、御見届候而可被仰聞候、（中略）以上、

四月朔日

別紙を以及御内談候、

（中略）

一、法曹類林、紙はなれ申所、次第相知候分ハつかせ申候得共、表紙申付候儀者難仕候間、唯令□御目候侭ニ而差出可申候哉、

（中略）

右、何分ニ茂御指図次第ニ存候、以上、

四月二日　　　加賀宰相

林七三郎様

林　百助様

これは綱紀が林家を介して『法曹類林』を幕府に献上する直前の林家との遣り取りを示すものである。これによれば巻一九二は五紙、巻一九七は一紙のみの残欠であり、巻二〇〇がかろうじて一巻を成していたこと、また糊離れが進行しており、本紙を本来の順序にしたがって張り継がなければならなかったこと、原表紙も失われていたこと、などがうかがわれる。この残存状況は、装訂を除けば現在の内閣文庫本の状態に等しいが、とくに巻一九七に

ついては、この時すでに第一紙と第二紙以下が離れており、綱紀は第一紙のみを献上したことが判明する。後に述べるように、第二紙以下は近年まで『政事要略』と見なされていたが、享保七年の段階ですでにそのような理解がなされており、あるいは少なくとも『法曹類林』であることが不明になっており、このために第二紙以下が前田家に残されて現在に至ったものと推定される。

三　本書第一紙について

前述のように、巻一九七の第一紙の原本は現在国立公文書館（旧内閣文庫）の所蔵にかかり（図3）、本書はそれを影写して補っている。第一紙の分離は前田綱紀が『法曹類林』を幕府に献上した享保七年四月の時点ですでに生じており、以来、近年までこの状態が続いていた。おそらくその間を通じて、第二紙以下は『政事要略』と認識されてきた。このことは後に引用する本書の旧包紙に「政事要略ナリ」と記された貼紙が加えられていることによってうかがうことができるが、その誤りであることを正したのは和田英松氏である(10)。その論拠などについて述べた和田氏の書簡が本書に付属している。この書簡は大正二年（一九一三）七月二六日付で前田家の家令永山近彰に宛てたものであり、その中に次の一節がある。

（前略）さて拝見致候政事要略四巻之事、巻数不明之分は著者令宗允亮以後之年代も見え、且他之三巻とハ筆蹟も違ひ候ニ付、別ものなるべく存し、種々考究し候末、法曹類林之零本なる事をたしかめ申候、法曹類林ハ少納言藤原通憲之撰にて、二百卅巻ありしが、現存之分ハ百九十二寺務執行、十七、百九十七公務五、考選、二百公務八、座次二、二百廿六公務三十四、吏務戸貫六の四巻のみにて、巻二百を除き、他の三巻ハ残闕に御坐候、彼零本の体裁、法曹類林ニ酷似し、奥書ニ嘉元二年六月一日書写校合畢と有之を、法曹類林巻二百群書類従四百六十四所収の識語ニも嘉元二年六月八日書写校合畢貞顕と見え候へバ、同書なる事疑なかるべく存候、この法曹類林ハ旧紅葉山文庫本にて候ハ、内閣文庫の架蔵となり候趣に付、対比致し候へハ直ニ判明可致候、また類林百九十七公務五考選ハ巻首十数行のみて、以下欠け候処、彼零本ニ載する所も考課選除〔叙〕に関し候へバ、もとハ同一のものなりしが、切々となりし為、後の方ハ政事要略ニ御編入され候ものかとも愚考被致候、（下略）

体裁・奥書から本書が『法曹類林』であること、内閣文庫本巻一九七と一体のものであることなどを明快に指摘している。

この書簡を受けた永山は直ちに内閣文庫本を影写して本書の巻首に補っており、後述する現表紙見返しの貼紙がそのことを物語っている。古典保存会が一九二九年に「古典保存会覆製書」に本書を収めた際には、内閣文庫本の影写本が巻頭に置かれた本書がそのまま影印されている。(11)

四　箱および包紙

本書は桐の印籠箱（縦三三・三cm、横七・二cm、高七・八cm）に納める。箱には茶色地に白縞の綿織紐が装着されている。箱の地部側面に「政書貫⃝／第四號下／法曹類林／百九十七」（貫⃝は朱印）と墨書した貼紙（縦四・五cm、横六・〇cm）が、また左側面には「國寶」の陽刻朱印を捺した貼紙（縦二・七cm、横二・六cm）がそれぞれ貼付されている。箱蓋中央上部には墨筆で「法曹類林」と打ち付け書されている。

包紙は新旧がある。旧包紙は縦四九・六cm、横三三・〇cmの奉書で、

□□□□三

書出　　　但口不足

官人考又云

奥ニ金澤文庫ト墨印□□之

（貼紙）政事要略ナリ

（朱書）『称名寺藏書之内』

との上書《うわがき》および貼紙がある。

新包紙は縦三三・四cm、横五二・一cmの奉書で、

嘉元二年鈔本

法曹類林巻第百九十七

首尾有金澤文庫墨印

との上書がある。「首尾有金澤文庫墨印」とあることからすれば、新包紙は第一紙を影写により補った後のものであろう。

五　本書の体裁等

前述のように、本書の巻末には「嘉元二年（一三〇四）六月一日書写校合畢」の奥書および「金澤文庫」の黒印があり、本書の書写年代および来歴の一端が知られる。

本書は巻子本一巻。料紙は斐紙かと思われるが、表面を硬いもので上下に擦った痕跡がある。（補注1）墨界線を施す。本

紙には部分的に虫損があるが、虫損箇所を補修するのみで裏打ちは施されていない。第二一紙左端の虫損を埋めるために紙背から当てられた繕い紙の一部が継目の下に入り込んでおり、補修の際に継目を外したことが明瞭である。表紙は縹色で、金属製の発装、薄茶色絹組紐を装着している。軸は蘇芳色漆塗杉軸である。これらはいずれも後世に加えられたものと考えられる。すなわち先に触れた近藤正斎編『楓山貴重書目』（国立公文書館所蔵、請求番号二一九—〇一九四）に収める「金沢文庫本目録」に、

（「尚書正義」以下五書目、略ス）

一、法曹類林　古写巻本　三巻

但右者享保七年四月廿四日松平加賀守綱紀献上ニ而、嘉元中越後守貞顕自筆之奥書有之、無比類珍書なり、

前々縹紙・軸無之候間、文化十三年七月八日植村駿河守殿へ伺之上、翌年十一月装治出来、

以上六部者金沢文庫之真本なり、

とあり、文化一四年（一八一七）に表紙と軸が加えられたとされている。現在の装訂はおそらくこの時のものであろう。

表紙見返しに貼紙（縦一五・二cm、横二・四cm）が付され、次のような墨書がある。

巻首一張。大正二年秋。影鈔中秘蔵本以補之。中秘本。係松雲公

納江戸覇府者。現存此一張及他二巻也。乃知此巻為爾時偶

然分析者。

永山近彰識

これにより第一紙が大正二年（一九一三）秋、すなわち先に引いた和田英松氏の書簡を、氷山近彰氏が受け取った直後に補われたことが判明する。

次に、本文の特徴について二、三述べておく。

1　書入れ

①朱合点

主として項目を区別するために施されたもので、各事項の事書等の冒頭に加えられているものである。

②朱頭書

二種類があり、内容にかかわる首書的なもの（「選輿」〔『法曹類林』〈尊経閣善本影印集成三五―二〉六頁。以下同〕、「国郡司考　三年之後猶可申上事」〔三四頁。「考」は墨筆により右傍に追記〕、「公務考選事」〔四二頁〕、「解任」〔四五頁〕、「同」〔六一頁〕）と、「目録」との異同を注記したもの（「不入目録」〔二〇頁〕、「不見目録」〔二二頁〕）である。本文とは別筆であるが、朱書は一筆と考えられる。

③墨頭注・脚注

「勘判集六十」（四八・五三・六一・六四・六六・六八・七〇頁）および「類聚判集抄」（四二頁脚注）がそれであり、本文とは別筆であるが、注記は一筆である。この両書はともに現存せず、実態は不明であるが、『本朝書籍目録』に「類聚判集　百巻」と見え、これの抄本が「類聚判集抄」と推定される。「類聚判集」について和田氏は本書所引「類聚判集抄」を引きつつ「明法家の考勘したるものを聚録したるものなるべし」と述べ、また『貫首秘抄』に蔵人必携の書の一つとして載せる「勘判集法家」もこれと同じものであろうかとしている(12)。

④校　異

本書には墨筆による以下のような校異が施されている。
（イ）挿入符（○）により文字を追補。
（ロ）抹消符（ヒ）により原文字を抹消。
（ハ）原文字を擦り消しもしくは洗い消し、新文字を重ね書き。
（ニ）原文を墨線で囲って抹消。
（ホ）行間に追記。
（ヘ）本文中あるいは欄外に追記。
（ト）転倒符（○̚）により原文字の位置の移動を指示。
（チ）字形整定のための重書。

（イ）については本文と同筆の場合と別筆の場合があるように思われるが、区別が困難なものが多い。（ニ）は三四頁一～二行に見えるものである。抹消した文章について本文と別筆で「在兼成之本仍付之」「无資清本」と注記があり、「兼成之本」「資清本」との対校を示すものであるが、両書については不明とせざるをえない。（ホ）は三四頁二～三行行間の「或人問大同四年九月十三日」という追記であり、これは（ニ）の抹消部分に加えられている注記と同筆である。また（ヘ）の本文中への追記は三四頁三行目行頭の「問」がそれであり、これも（ニ）に加えられた注記と同筆である。この二例の追記もあるいは「兼成之本」「資清本」との対校の結果を示すものであるかもしれない。
以上のほかに多く見られる校異が（ハ）である。影印本でも原文字の判読が困難な場合が多いので、以下に原本調査にもとづく所見を示すことにする（「原」は原文字の意。不確実な原文字には（カ）と付記）。

一三頁四行目分注右　原「把笏符意」擦り消し
同　同　同　左　重書「把笏符意分別更」←原「分別更不可」擦り消し
一九頁三行目分注右　重書「官人不候計負不足一」←原「但依宣旨可降不應」擦り消し
二四頁五行目　重書「八位以」←原「官少不」（カ）擦り消し
二五頁四行目分注右　重書「郡」←原「由」擦り消し
三五頁八行目一七字目　重書「階」←原「叙」擦り消し
四〇頁四行目　重書「久」←原「行」擦り消し
四七頁三行目　重書「無其人」←原「不稱掌」擦り消し
五七頁四行目　重書「依」←原「ナ」（「右」の書きさし）洗い消し
六七頁八行目　重書「故」←原、不明、擦り消し
六九頁七行目　重書「無故」←原「々日」（カ）擦り消し
七二頁一行目　重書「輕」←原、不明、擦り消し
同　同　重書「之」←原、不明、擦り消し

2　料紙の法量

次頁の法量表に見られるように、本書の紙幅は四九・四cm前後、界幅は約二・六cmが標準であり、したがって一紙の行数は一九行を標準とするが、一部にこれと大きく相違するものがある。第四・五・八・九・一〇・二九紙がそれである。第二九紙は巻末であり、余白を切断したに過ぎないと考えられるが、ほかの五紙については特殊な事情があると見なければならない。その際、紙幅の短い料紙が第四―五紙および第八―九―一〇紙のように連続している点が注意される。

まず第四―五紙の場合、第四紙の紙幅は一〇・二cm、第五紙は三三・八cmで、両者の合計は四四・〇cmとなり、標準的な紙幅より五・四cm程度短い。界幅の標準値は二・六cm前後であるから、第四紙四行目で料紙を二行分切除した後、五行目以下を貼り継いだことが知られるが、切除の理由は現状からは不明とせざるをえない。

次に第八―九―一〇紙の場合である。第八紙の紙幅は七・七cm、第九紙は五・一cm、第一〇紙は三六・五cmで、これらの合計は四九・三cmとなり、紙幅の標準値にほぼ一致するが、この場合は第九紙の紙質および筆跡が第八・一〇紙と異なっている。第八紙は考課令考郡司条の令文および義解の抜粋であり、これが第九紙に続いているが、第八紙の左端継目には次行の文字の残画が認められ、また継目上の界線が第九紙右端の界線と二重になって残っている。また第一〇紙右端の継目の下にも墨痕が認められる。以上のような継目の残画と界線の状態から、第八紙の三行目で料紙を切断して二行分の文字を切除した後、第九紙の二行を挟んで第一〇紙を貼り継いだことは明らかである。このようにここでは本来の第八紙四・五行目が切除されていることになるが、残された墨痕から切除されたこの二行の文字を復原することは現時点では不可能であり、切除の原因についても不明とせざるをえなかった。

尊経閣文庫本『法曹類林』法量表

紙　数	縦	横	糊代	界幅	界高	備　考
表　紙	29.4	21.1	—	—	—	発装折返シ 1.0。
第1紙	29.2	45.7	0.3	2.1	23.2	二行目界幅 2.6。
第2紙	29.2	49.3	0.3	2.6	23.2	
第3紙	29.3	49.4	0.3	2.6	23.1	
第4紙	29.3	10.2	0.3	2.5	23.1	
第5紙	29.4	33.8	0.3	2.6	23.2	
第6紙	29.4	46.9	0.2	2.5	23.2	
第7紙	29.4	44.3	0.3	2.7	23.1	
第8紙	29.3	7.7	0.3	2.4	23.1	
第9紙	29.4	5.1	0.4	2.6	23.2	
第10紙	29.4	36.5	0.3	2.5	23.2	
第11紙	29.4	49.4	0.2	2.6	23.2	
第12紙	29.4	49.4	0.3	2.6	23.2	
第13紙	29.4	49.4	0.3	2.6	23.2	
第14紙	29.4	49.4	0.2	2.6	23.1	
第15紙	29.4	49.5	0.3	2.6	23.2	
第16紙	29.4	49.4	0.3	2.5	23.2	
第17紙	29.4	49.4	0.3	2.5	23.1	
第18紙	29.5	49.4	0.3	2.6	23.2	
第19紙	29.5	49.4	0.3	2.5	23.2	
第20紙	29.5	49.4	0.3	2.6	23.2	
第21紙	29.5	49.4	0.3	2.6	23.2	
第22紙	29.4	49.4	0.3	2.7	23.2	
第23紙	29.4	49.5	0.2	2.6	23.2	
第24紙	29.4	49.3	0.2	2.6	23.2	
第25紙	29.5	49.4	0.2	2.6	23.2	
第26紙	29.4	49.4	0.2	2.6	23.2	
第27紙	29.3	49.3	0.2	2.5	23.1	
第28紙	29.3	49.2	0.2	2.6	23.2	
第29紙	29.3	13.1	0.2	2.6	23.1	
軸付紙	29.3	15.5	0.3	—	—	
軸						径 1.7、長 30.1。

〔備考〕
・単位は㎝。
・「縦」は各紙右端の計測値を、「横」は地部の計測値を示した。
・「糊代」は各紙右端の上端部の計測値を示した。
・「界幅」は各紙右端1行目上部の計測値を示した。
・「界高」は各紙右端の行の計測値を示した。

このほかに第六紙の紙幅が四六・九cm、第七紙が四四・三cmと標準より短いが、これは前者が一行分、後者が二行分を、それぞれの料紙の両端のいずれかで切断したためと見てよいであろう。

以上、『法曹類林』巻一九七について不十分ながら述べてきた。(補注2)

注

（1）『法曹類林』〈新訂増補国史大系二七〉（吉川弘文館、一九三三年）。
（2）太田晶二郎「『法曹類林巻第二百廿六』弁」（『太田晶二郎著作集』二、吉川弘文館、一九九一年、初出一九六五年）。
（3）西岡芳文「金沢文庫新出の『法曹類林』残巻について」（『金沢文庫研究』二九二、一九九四年）、「金沢文庫新出の『法曹類林』残巻について（補遺）」（『金沢文庫研究』二九三、一九九四年）、「法曹類林」（皆川完一・山本信吉編『国史大系書目解題』下、吉川弘文館、二〇〇一年）。
（4）和田英松『本朝書籍目録考証』（明治書院、一九三六年、初出一九一五年）。
（5）前掲注（3）西岡論文。
（6）近藤磐雄編『加賀松雲公』中（前田家、一九〇九年）。
（7）藤岡作太郎『松雲公小伝』（前田家、一九〇九年）。
（8）近藤正斎「右文故事」（『近藤正斎全集』二、国書刊行会、一九〇六年）。
（9）近藤正斎「好書故事」（『近藤正斎全集』三、国書刊行会、一九〇六年）。
（10）前掲注（4）和田書。
（11）『法曹類林巻第百九十七』（古典保存会、一九二五年）。
（12）前掲注（4）和田書。

参考文献

『法曹類林』『法曹類林　残巻解説』（内閣文庫、一九五七年）
石井良助「法曹類林残缺」（『日本相続法史』創文社、一九八〇年、初出一九三三年）
皆川完一「法曹類林断簡」（『正倉院文書と古代中世史料の研究』吉川弘文館、二〇一二年、初出一九六五年）
山田孝雄「法曹類林　巻第百九十七」（『典籍説稿』西東書房、一九五四年、初出一九二五年）
山本武夫「徳川幕府の修史・編纂事業　四―記録・古文書の捜索―」（『国史大系 月報 付異本 公卿補任』吉川弘文館、二〇〇一年、初出一九六五年）

補注

（1）第一紙（後補）は、縦・横に強い繊維の方向性が確認できるので、完成形態の流し漉き技法で漉かれた紙と推定され、地合もよい。表面加工としては、濃いめのニカワ溶液を染みこませたうえで、弱い打紙加工を施しているようである。そのため、墨のにじみはなく、繊維の上に墨はよく乗っている。糸目・簀目は視認できない。紙厚は七五～八〇㎛の範囲に収まる。本体（第二紙以下）と似た厚み・色調の紙を選んで使用しているようである。

第二紙（現存本紙の冒頭）は、繊維（楮）の方向性は弱いが、全体にムラが少ない（地合はよい）ことも踏まえると、半流し漉き技法で漉かれた紙と推定される。糸目・簀目は視認できない。繊維間に不純物は見当たらず、チリも未蒸解の〇・五～一・〇㎝程度の繊維片が散見される程度である。紙厚は七〇～八〇㎛の範囲を中心とする。表面加工については、紙に薄めのニカワ溶液を染みこませたうえで、丁寧な打紙加工を施しているようである。そのため、裏面を中心に料紙の表面にテカリが生じている（吉岡論文で「表面を硬いもので上下に擦った痕跡」とするのはニカワ由来の光沢に関する言及であろう）。以上の表面加工の効果により、墨の乗りはよい。ただし一部の墨の濃い箇所で少々のにじみが生じている。顕微鏡観察によると、繊維上には墨が欠落なく乗っているが、周辺にまで少々無秩序に染み広がり、これが肉眼では微細なにじみとして視認されているようである。糸目・簀目は視認できない。なお一部で、紙の表面に繊維の毛羽立ちが生じている。

本体部分のうち第九紙は、すでに吉岡論文において紙質・筆跡が前後の紙と異なることが指摘されている。これまでの紙と同様、糸目・簀目は視認できないので、紙漉きに用いられた漉簾の規格から紙質を比較することはできないが、前後の紙よりも漉きムラが目立つ。また前後の紙と比べて、ニカワが強めに塗布されており、その分、墨の乗りはよい。なぜ前後の紙（クリーム色）と比べて浅黒い色調を呈しているのかは、不明である。紙厚は七五～八五㎛で、前後の紙（第八紙は六五～七三㎛・第一〇紙は六八～七五㎛）と比較しても一〇㎛ほど厚い。それにもかかわらず繊維の密度は低く、透過光を当てた際、前後の紙よりも光がとおりやすい。以上の諸点から前後の紙と第九紙の紙質が異なることは明瞭で、第九紙のみ二・四～二・六㎝の界線幅（ほかは二・六～二・七㎝）が引かれている点からも、この紙は後補された可能性が高い。

（2）初出以降、『法曹類林』に関して検討した成果としては、鹿内弘胤「法曹類林」（『内閣文庫所蔵史籍叢刊　古代・中世篇、汲古書院、二〇一二年）のほか、成立背景・時期などに関して検討した大友裕二「『法曹類林』の成立に関する覚書」（『続日本紀研究』四〇五、二〇一三年）や、近世の諸写本について整理した武井紀子「『法曹類林』についての史料学的考察」（山口英男編『平安時代典籍・記録の史料学的再検討』東京大学史料編纂所、二〇二二年）などがある。

（文責：渡辺　滋）

第六章　尊経閣文庫本『政事要略』

一　概要

『政事要略』については和田英松・太田晶二郎・虎尾俊哉・木本好信各氏らの考察があり、基本的な事実が明らかにされている。[1] 以下においてはまず右の四氏の研究にもとづいて、『政事要略』全体にかかわる概要を述べる。

1　巻数および成立時期

『政事要略』は『中右記』寛治八年（一〇九四）一一月二日条裏書に「明法博士允亮所レ抄政事要略百卅巻云々」（『大日本古記録』）、また『本朝書籍目録』に「政事要略　百三十巻（中略）惟宗允亮撰」（群書類従　雑部、巻四九五）とあることから知られるように、明法博士令宗（惟宗）允亮の手によって編纂された法制書で、もとは一三〇巻から成っていたと考えられるが、現在は二五巻が伝わるに過ぎない。[2] その成立時期については必ずしも明確ではないが、和田氏が本書巻二六（正しくは巻二五）に「今上（一条）正暦四年十一月一日云々」とあることにより、「一条天皇の御代に撰びたるものなる事は明なり」とし、さらに太田氏は『小記目録』第一八、臨時八、雑部に「長保四年十一月五日、世〔政〕事要略部類畢事」とあることにもとづき、「政事要略の部類即ち編輯が長保四年に一応終了したのではあるまいか」と成立時期を長保四年（一〇〇二）に絞っており、現在のところ一条天皇の時代、長保四年の成立かと推定されている。これに加えて虎尾氏は『政事要略』巻二九に「長保三年閏十二月廿二日、東三条院崩、今上（一条）母」と見え、「今上」が一条天皇であることより、和田・太田両氏の一条天皇時代成立説を補強している。

ただし太田氏の長保四年成立説については木本氏が、『小記目録』にいう「部類畢」とは藤原実資が允亮から『政事要略』を借覧して部類抄出したと解すべきではないかと述べており、なお検討が必要であろうと思われる。

2　編纂に関する事情

『政事要略』が小野宮家と深い関連を有していたことについては早く和田氏が指摘し、太田氏がこの説を補強している。和田氏は（一）『後二条師通記別記』寛治五年（一〇九一）八月一一日条に「政事要略、六七帙借二請顕実許一云々」（『大日本古記録』）と見え、藤原（小野宮）実資の曾孫である顕実の家に『政事要略』が所蔵されていたこと、（二）『中右記』寛治八年一一月二日条裏書には『政事要略』について「為二一本書一、不レ在二他家一」と記し、『政事要略』が孤本であったとしていること、（三）『小野宮年中行事』に引く「允亮記」は『政事要略』であること、（四）允亮と実資との親交を物語る記事が『小右記』に見えること、などの史料を挙げ、「実資特にこれ（＝政事要略）を借覧したるものなるべく、よりて一本を書写して、これを子孫に伝へたるものならんか」と述べた。太田氏はこれらの史料に加えて（五）石山寺本（現天理大学附属天理図書館所蔵）『香要抄』末の裏書に「小野宮殿政事要略」と記されていることを挙げ、「小野宮家と本書（＝政事要略）との縁故は殊に緊密と謂ふべきである」「政事要略の編纂にも藤原実資が何程かの関係与力が有つたのではなからうか」と述べた。これらを受けて虎尾氏は

「この際、一歩をすすめて、小野宮実資の命により、あるいは依頼によって、この書（＝政事要略）の編纂が企てられたと見て誤たないであろう」としている。

ただし木本氏は、虎尾氏が「天下の孤本として小野宮家に相伝され」たと述べた点について、『中右記』康和四年（一一〇二）九月一一日条に「中宮大夫属正則ニ政事要略ト云文候之由風聞」と見えること、『江家次第』や『法曹類林』にも『政事要略』に多くの引拠を求めていることを指摘し、これが天下の孤本として小野宮家に相伝されたとは限らないと述べており、これについても関連史料の精査が必要であろう。

二　前田家と『政事要略』

右に引いた『後二条師通記別記』寛治五年八月一一日条と『中右記』寛治八年一一月二日条裏書にうかがわれるように、『政事要略』は成立後ほぼ一世紀を経た時点でも藤原顕実のもとにのみ存在する孤本であったと見られるが、虎尾氏の指摘のように、『小槻季継記』安貞二年（一二二八）正月一一日条（「改定史籍集覧」二四）にも「件書（政事要略）難レ得レ之、而大夫史持レ之云々」と記されており、『政事要略』の広範な流布はかなり遅れたことが推定される。現存する古写本が前田育徳会尊経閣文庫に伝わる金沢文庫本三巻のみであることは(3)、流布が遅れ、またその範囲が限られていたことの反映であろう。

『政事要略』の写本の収集と原形復原のために行われた近世以来の努力については押部佳周氏の研究がある(4)。現在の筆者は押部氏の研究に加えるべきものはもっていない。ここでは押部氏の研究に依拠しつつ、前田家と『政事要略』のかかわりを中心に概要を述べるにとどめたい。

新井白石の『退私録』巻之中、「神君金沢文庫の蔵書御差上之事」（『新井白石全集』五）によれば、徳川家康が金沢文庫の書籍を披閲した際のことと関連して、

此時政事要略脱巻ありて、只十九巻ありしを、先生の家に持来り、価金五十両と云、其書の筆者、名ある人々たるがゆへなり、先生は家に居玉はず、舎弟二十両迄に価を付られしなり、其後殊にすぐれたる筆者の有し巻を三巻抜出して去る大名へ売、残りし分は醍醐殿の方へ求られしなり、

と述べられており、近世の初期には一九巻の金沢文庫本『政事要略』が伝存していたという。これらのその後については、「三巻」を「去る大名へ売」り、残りは「醍醐殿」が買い求めたという。ここにいう「三巻」についてはこれを写本にもとづいて「三井」の誤りとし、それは木下順庵の弟子の向井三省を意味するかとの太田晶二郎氏の見解があるが、「去る大名」についてはこれを金沢藩第五代藩主・前田綱紀と見る点で諸家の説は一致している。そうであれば先の「三巻」は尊経閣文庫に現存する巻二五・六〇・六九（残簡）に当たる可能性もあり、「三巻」か「三井」かの確認は重要な課題となる。

ところで前田綱紀の記録である尊経閣文庫所蔵『桑華書志』「見聞書」（第七四冊　四五丁オ・ウ）には『政事要略』に関する記述がある。その内容は押部氏によって紹介されているので、ここでは概略を述べるにとどめるが、それによれば、綱紀は「庚子」（享保五年（一七二〇））の年に「京極御所」所蔵の写本一八冊を借用して書写し、すでに自家に所持していた七巻分および巻序未詳の残簡一巻をこれに加え、あわせて二六巻分の写本を所蔵することになった。この二六巻分のうち享保五年以前に所持していた七巻分とは巻二五・二七・五三・六〇・六一・八一・八四であり（綱紀はこの七巻の巻序数を墨線で囲む一方、京極御所本の書写本には巻序数の上に朱点を付して両者を区別している）、うち巻二五と巻六〇が金沢文庫本で、この二巻について綱紀は「金沢文庫」と傍書している。また

巻六九（残簡）に関してはこの時点では「十三葉相州金沢本、未レ詳二幾巻一」と記述されており、これを巻六九の残簡とする認識はない。さらに巻六一・八一・八四にはいずれも「二本副平松本」と傍書しており、この限りではこの三巻が平松家の蔵書の写本であったらしいことをうかがわせる。

平松家と『政事要略』については尊経閣文庫所蔵『書札類稿』一（平松中納言殿二）に、宝永三年（一七〇六）四月から一〇月にかけて綱紀と平松時方の間で『政事要略』に関して交わされた書簡の写しが収められている。両者の交渉の経緯を整理すればおおむね以下のとおりである。

①時方が「政事要略六十一・八十一・八十四、此三巻御所持候哉、承度存候」（四月二七日）と綱紀に問うたのに対して、綱紀は「此三巻者外ニ茂稀ニ御座候旨承及候、尤所持不レ仕候」（五月二七日）と返答しており、これにしたがえば宝永三年四、五月の時点では両者ともにこの三巻は所持していなかったと見られる。

②その後、時方は「所持之方令二懇望一候之処、可二借進一との事候、猶申談、相調次第可レ得二御意一候」（六月一五日）との書簡を綱紀に差し出し、某家より借用の目処が立ったことを申し送っている。

③ついで時方は「令二懇望一候政事要略三本来候、則書写申付、遂二校合一、令レ進之候」（八月二七日）と述べ、某家から写本を借用したので、書写・校合を行ったうえで進上することを綱紀に報告している。

④程なく綱紀は時方から三冊の写本を受け取ったが、綱紀は時方に対して「最前御尋之時分、江府ニ者書物有合不レ申候付而、任二記憶一及二御返答一候、帰国以後、猶更諸務繁多候故、此儀存知不レ申、昨日御写本被二差下一之候而、家本見合候処、三冊共ニ有レ之候」（九月一〇日）と述べ、江戸在府中で手元に書籍がなかったため、先の問い合わせに対して記憶にもとづいて返答したが、昨日到来した三冊を所蔵本と比較したところ、この三巻はすでに所持していることが分かったという。これに対して時方は「三冊、此方ニ茂留置、令二進入一候、

可レ致三添二置御本一候」（九月二七日）と述べ、綱紀にこの三冊を寄贈する旨を述べている。

以上の経緯によれば、先の「二本副平松本」という傍書は、綱紀の所持本と平松時方から送られてきた某家所蔵本の写本の「二本」という意味であろう。

これについては以上にとどめ、次節においては金沢文庫旧蔵本三巻について書誌的情報を中心に述べることとする。

三　金沢文庫本の書誌

尊経閣文庫所蔵金沢文庫本三巻は慳貪式の桐箱（台付き。縦一九・九cm、横一九・七cm、奥行三六・四cm）に収められている。箱の内部には二段の抽斗があり、各段に二巻ずつ納められるようになっている。箱蓋（〈影印集成三六〉参考図版①）には真鍮製の取っ手が取り付けられ、蓋の表には「政事要略 三巻」と墨書されている。ただし「三」は紙片（縦一・三cm、横一・六cm）に墨書して貼り付けたものであり、貼紙の下にはおそらく「四」と墨書されているものと推定される。その理由については後に述べる。

蓋の表にはさらに「政書㊞ 第四號上」（㊞は朱印）の貼紙（縦二・八cm、横一・九cm）および、「國寶」の朱印を捺した貼紙（縦二・九cm、横二・九cm）が付されており、また蓋の裏には「明治戊申紀元節 利為題」と墨書されている。したがってこの箱は第一六代当主・前田利為氏が明治四一年（一九〇八）二月一一日を期して誂えたものであることが知られる。

さて、右に述べた「三」の貼紙とその下の文字についてであるが、これは尊経閣文庫所蔵の『法曹類林』巻一九七と関連する。かつて述べたように[5]、この『法曹類林』は巻首の第一紙を欠いていたため書名が不明確であり（この第一紙は現在国立公文書館所蔵。三八二頁図3）、ながらく『政事要略』と誤認されてきた。これが『法曹類林』巻一九七であることを明らかにしたのは和田英松氏であり、[6] そのことを前田家の家令永山近彰氏に宛てて述べた大正二年（一九一三）七月二六日付けの書簡が尊経閣文庫に存在する。永山氏は和田氏の書簡を受け取ると、程なく『法曹類林』の第一紙を影写して補ったと見られる。したがってこれ以前は、前田家では『法曹類林』巻一九七を『政事要略』として扱っていたのであり、前田利為氏が明治四一年に箱を誂えた際にはこの『法曹類林』を含めて四巻の『政事要略』が存在すると認識されていた。箱の構造が先に述べたように四巻の巻子を収納できるようになっているのはこのためである。したがって利為氏は箱蓋に「四巻」と墨書したはずであり、後にそのうちの一巻が『法曹類林』であることが判明して、これを訂正するために「三」と墨書した貼紙を貼り付けたものと推定される。

次に各巻について順次述べる。

1　巻二五

巻子本一巻。全五四紙から成り、標準的な一紙の行数は二二行、一行の字詰めはおよそ一五字前後である。首尾に「金澤文庫」の重郭長方黒印を捺す。紙背文書はない。料紙は楮紙打紙と思われる。ただし第五〇紙（『政事要略』〈尊経閣善本影印集成三六〉一三四～一三七頁。以下引用は同書より）のみはそれとは異なり、薄茶色で漉きむらのある薄手の料紙を用いている。[補注1] 本紙には若干の虫損などがあるが、裏から繕い紙を当てるのみで、裏打ちはなされていない。ただし右に述べた第五〇紙は繕いを行わず、全面に裏打ちが施されている。各紙ごとの法量は別表（四一九～四二二頁）に譲る。

本巻は奉書の包紙（縦約四七・一㎝、横約三二・九㎝）に包まれており、包紙〈影印集成三六〉参考図版②）には、

政事要畧巻廿五「年中行事廿五」　一巻

金澤文庫本「首尾有文庫印記」

と墨書されている（「年中行事廿五」と「首尾有文庫印記」は同筆。ただしほかと別筆か）。

現在の表紙は薄縹色の紙表紙で、「政事要略　巻第二十五」の外題（打ち付け書）を有する。金属製の発装と薄茶色の絹の平緒を装着し、また朱漆塗の杉材の軸を軸付紙とともに付す。これらはいずれもおそらくは近代以後の新しい装訂であろう。先に触れた『書札類稿』一（平松中納言殿一）に収める宝永三年九月一〇日付けの前田綱紀から平松時方へ宛てた書簡には「（『政事要略』の）古本者（中略）未表紙等不申付候」とあり、少なくとも綱紀が所持していた時期にはまだ装訂されていなかった。先述のように、明治四一年に前田利為氏が『政事要略』を収納するための箱を新調しているので、現在の装訂もあるいはこの時期に施されたものではないかと推定する。

次に本巻の内容について述べる。全巻一筆であり、本文と同筆の書入れや校異注記が行間および鼇頭に認められるが、わずかながら異筆かと思われる書入れも認められる。断定は難しいが、参考のため筆者の判断にもとづいて異筆と思われる箇所を以下に列記する。

第一一紙（三五頁四行目）「考状可求載」

第一七紙（五二頁一～二行間）「南家祖武智麿大臣第二男也武智麿淡海公一男也」

第二七紙（七七頁三～四行間）「嘉歟」

第二八紙（八〇頁二行目分注左行）「炅」

第三五紙（九九頁三～四行間）「祖歟」

第四四紙（一二〇頁四行目鼇頭）「菅丞相御作」
第四六紙（一二四頁八～九行間鼇頭）「紀納言作」
第四七紙（一二九頁三行目鼇頭）「善相公作」

また擦り消し、重ね書き、ミセケチによる抹消、挿入符による文字の追補など、本文が改竄されている箇所もある。これも以下に列記しておく。

第五紙（一七頁四行目分注左行）「可」（もと「下」。第二、第三画を擦り消して「可」と改める）
第一五紙（四四頁九行目）「鋪」（扁「金」に重ね書きあり。もと「𠂤」か）

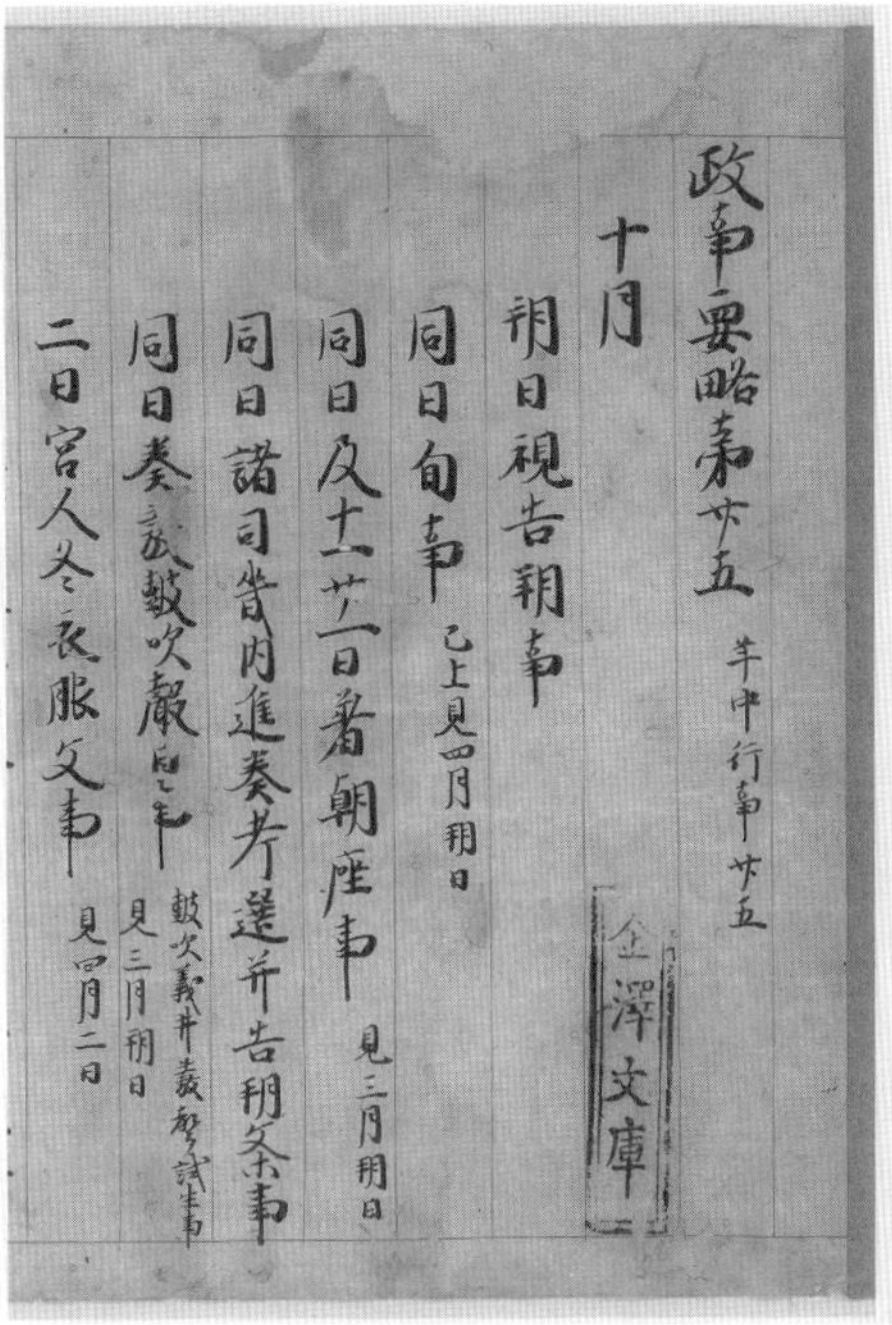

図１　尊経閣文庫本『政事要略』
巻 25 巻首

第一七紙（五二頁五行目）「主」（「明」を擦り消し、「主」を重ね書き）
第二〇紙（五八頁九行目）「以」（「く」を擦り消し、「以」を重ね書き）
第二二紙（六五頁三行目）「尊」（もと「像」か。これを擦り消し、「尊」を重ね書き）
第二八紙（八〇頁二行目分注左行）「具」（ミセケチにより「具」を抹消し、「炅」を傍書）
第三〇紙（八四頁三行目分注右行）「之」（挿入符を付して「之」を追補）

なお各紙左端の紙背には丁付けの数字が記

されている。ただし第一紙および第二五紙にはそれが見えない。このため第二六紙以後には実際の紙数より一つ少ない丁数が記されている〈影印集成三六〉参考図版④）。この第二五紙は三行分でその紙幅は六・四㎝、また第二六紙の紙幅は通常より四㎝ほど短い四二・三㎝であることから、第二六紙の一部（おそらく右端の二行分）を切除してそこに第二五紙の三行分を貼り継いだものと推定される。したがって第二五紙に丁付けがなされていないのは、貼り継ぎがなされる以前に丁付けが行われたことを意味するであろう。

丁付けに関連して、第七紙左端の紙背に丁数「七」とともに「○」が、また第三三紙左端の紙背に丁数「卅二」とともに「△△」が記載されているが、その意味については不明である。

2　巻六〇

巻子本一巻。全四七紙より成る。標準的な一紙の行数は二二行、一行の字詰めはおよそ一五字前後で、巻二五と同様である。首尾に「金澤文庫」の重郭長方黒印を捺す。料紙は楮紙打紙と思われる。(補注2) 裏から繕い紙を当てるのみで、裏打ちはなされていない。紙背文書なし。

本巻も奉書の包紙（縦約四七・七㎝、横約三二・九㎝）に包まれており、包紙〈影印集成三六〉参考図版③）には、

政事要畧巻六十一巻「交替雑事廿」

金澤文庫本「首尾有文庫印記」

と墨書されている（「交替雑事廿」「首尾有文庫印記」はほかと別筆か）。

装訂は巻二五と同じで、薄縹色の紙表紙に金属製の発装と薄茶色の絹の平緒を装着し、また朱漆塗の杉材の軸を料紙で直接巻き込む。外題は「政事要略　　巻第六十」と打ち付け書されている。

次に内容について述べる。筆跡は全巻一筆で、巻二五とも同筆である。また巻二五と同様に、本文と同筆の校異注および書入れが行間・鼇頭に認められるほか、擦り消し、重ね書き、ミセケチによる抹消、挿入符による文字の追補などの本文改竄もある。本文改竄の箇所を以下に示す。

第五紙（一六六頁四行目分注右行）「役」（「従」の一部を擦り消し、「役」を重ね書き）
第二六紙（二二五頁一～二行間）「美」（挿入符により補う。別筆）
第三二～三三紙（二四一頁七～八行目）「古記云定九等計資財定耳」（ミセケチにより抹消）
第三四紙（二四五頁八行目）「云」の右、墨点を擦り消し。
第三五紙（二四八頁六行目分注左行）「訖」（擦り消し重ね書き。もと不明）
第三七紙（二五五頁三行目）「束」（擦り消し重ね書き。もと不明）
第三七紙（二五五頁四行五字目）「束」（擦り消し重ね書き。もと不明）
第四二紙（二六七頁三行目）「知」（「和」を擦り消し、「知」を重ね書き）

また本巻にも、各紙のおおむね左端紙背に丁付けの数字、記号などが認められる（〈影印集成三六〉参考図版⑤）。

第一紙「初一」
第二紙「二」
第三紙「三」
第四紙「四」
第五紙「五」　「十　以十可□〔次カ〕□〔五カ〕」
第六紙「十一」

第七紙「十二」
第八紙「十三」
第九紙「十四」
第一〇紙「十五」
第一一紙「十六」
第一二紙「十七」
第一三紙「十八」
第一四紙「十九」
第一五紙　なし
第一六紙「一」（右端紙背）　「廿一」（左端紙背）
第一七紙「廿二」
第一八紙「廿三」
第一九紙「△廿四」
第二〇紙「△廿五」
第二一紙「△廿六」
第二二紙「△廿七」
第二三紙「△廿八」
第二四紙「△廿九」

第二五紙　「△卅」

第二六紙　「△卅一」

第二七紙　「○卅二」

第二八紙　「○卅三」

第二九紙　「卅四」　「以㊄可次卅四」

第三〇紙　「卅五」　「㊅」

第三一紙　「卅六」　「㊆」

第三二紙　「卅七」　「㊇」

第三三紙　「卅八」　「㊈」

第三四紙　「卅九」　「[redacted]」〔四抹消〕　「㊉」

第三五紙　「四十」　「以卅五可次四十」

第三六紙　「ノチノ」　「卅六」

第三七紙　「卅七」

第三八紙　「ノチ」　「卅八」

第三九紙　「ノチ」　「卅九」

第四〇紙　「四十」

第四一紙　「ノチ」　「四十一」

第四二紙　「ノチ」　「四十二」

第四三紙　「ノチ」　「四十三」
第四四紙　「ノチ」　「四十四」
第四五紙　「ノチ」　「四十五」
第四六紙　「ノチ」　「四十六」
第四七紙　なし

さまざまな記号や文字による指示がなされており、巻二五より複雑である。これらを整理するにはまず筆跡の分類にもとづく記号・文字の意味の検討が必要であるが、後日を期したい。

3　巻六九

この巻は首尾を欠いており、一三紙を残すのみである。全紙一筆であるが、巻二五・六〇とは別筆と思われる。紙幅・紙高はともに巻二五・六〇とほぼ等しいが、界幅はやや広く、一紙の行数は一八行である。また一行の字詰めはおよそ一六字前後である。料紙は楮紙打紙と思われる。(補注3)裏から繕い紙を当てた後、裏打ちを施す。紙背文書なし。本巻も奉書の包紙（縦約三三・七㎝、横約二四・六㎝）に包まれているが、墨書はない。装訂は巻二五・六〇同様、表紙は薄縹色の紙表紙で、「政事要略　首尾闕佚　巻第六十九」の外題（打ち付け書）を有する。金属製の発装と薄茶色の絹の平緒を装着し、また朱漆塗の杉材の軸を軸付紙とともに付す。

前に述べたように、本巻は久しく巻序未詳とされ、あるいは巻六二・巻六八などと認識されていた。(7)「新訂増補国史大系」本は鼇頭に「原残闕不詳巻数、諸本或為巻六二、今従陵本附箋集本所引佐藤誠実氏説挿入此」と注記しており、この巻を、諸陵寮本の付箋(8)および「史籍集覧」本に引く佐藤誠実氏の説(9)にもとづいて巻六九の一部とし、同巻に挿入している。この巻が巻六九の一部であることを明らかにした功績の多くは佐藤誠実氏に帰せられるべきものかと思われる。

本巻は巻二五・六〇と比較して、首尾を欠いていることも含めて、本紙の前半を中心に比較的大きな破損が見られ、その破損箇所にわずかに墨痕が残るもの、また湿損を受けた巻子本に往々にして見られることであるが、破損の周辺に、他所の文字の写りかと考えられる文字が認められる場合もある。その一部については透過光撮影による画像が『政事要略』〈尊経閣善本影印集成三六〉収録の参考図版⑥（A―I）に掲げられている（以下、頁数は同影印集成を示す）。そのなかから、ある程度状況の推定が可能なものについて以下に述べる。

（A）二八九頁一行目行末の「無」の下の文字について、「新訂増補国史大系」本の鼇頭には「或当補尊卑二字」と推定しているが、透過光の画像では「軽」の異体字とも見える。もしそうであれば、ここには「軽重」の二字が入る可能性もあろう。

（B）二九〇頁二行目行末の「无」の下にはかなり鮮明な文字が二字認められる。これはここより前の他所の文字が写ったものと推定されるが、それはこの巻の巻首の欠損部分のなかにあるものと思われ、本来の位置は不明といわざるをえない。

（C）二九一頁三行目行末の「其人」の下の文字は、本文二八九頁七行目行末の「条」の一部が写ったものか。

（E）二九三頁四～五行目行末の「即」の左側に見える「上者」は、本文二九二頁四行目行末の「以」と「依」の間の欠損部分の文字が写ったものか。

（F）二九四頁五行目行末の「同判官」の下の文字は、本文二九三頁四行目行末の「博士」が写ったものか。同行末の「以上者」の下の文字は「在」と推定されるが、そうであれば、これは本文二九三頁四行目行末の

「文学即」の下の文字が写ったものか。

（G）二九五頁六行目行末の「此例也」の下に不鮮明な墨痕がある。あるいは「不」かとも見えるが、そうであればこれは本文二九四頁五行目行末の「以上者」の下の文字「不」が写ったものか。

（H）二九八頁二行目行末の「者亦」の右側の文字は、本文二九六頁七行目行末の「令内」が写ったものか。

最後に本文に加えられている校異・改竄などについて述べる。

第一紙（二八九頁三行目）「行」（擦り消し重ね書き。もと不明）

第二紙（二九二頁七行目分注右行）「条」（重ね書きあり。もと不明）

第三紙（二九六頁四行目分注右行）「鎰」（重ね書きあり。もと不明）

第三紙（二九六頁四行目分注行間行頭）擦り消し痕あり。もと「竹」冠。「笞」の書きさしか。

第三紙（二九六頁四行目分注左行六字目）「位」（重ね書きあり。もと「住」）

第一〇紙（三一五頁七行目）「上」（擦り消し重ね書き。もと「條」の書きさし）

第一〇紙（三一七頁七行目）「弁」をミセケチにより抹消。

第一三紙（三二六頁四行目三字目）「正」をミセケチにより抹消。

このほかに本文と同筆で字句の挿入、鼇頭の注記が若干なされている。

以上、尊経閣文庫所蔵の『政事要略』金沢文庫本を中心に概要を述べたが、調査の不足は否めない。後日を期すこととし、今は読者の御寛恕を請うほかない。

注

（1）和田英松『本朝書籍目録考証』（明治書院、一九三六年、初出一九一五年）、太田晶二郎「『政事要略』補考」

（『太田晶二郎著作集』二、吉川弘文館、一九九三年、初出一九六四年）、虎尾俊哉「政事要略について」（『古代典籍文書論考』吉川弘文館、一九八二年、初出一九七一年）、木本好信「『政事要略』と惟宗允亮」（『平安朝日記と逸文の研究』桜楓社、一九八七年、初出一九八二年）。以下、とくに断らない限り、各氏の見解はこれらの論考による。

（2）和田英松氏は「世に伝はりしは、二十六巻のみ」とし、『国書総目録』でもこれを踏襲しているようであるが、正しくは二五巻とすべきであろう。二六巻とするのは、おそらく現在尊経閣文庫所蔵の巻六九残簡（金沢文庫旧蔵本。首尾欠）の巻序がながらく不明であったため、これを巻序未詳の独立の一巻として数えていたことによると推定される。後述する前田綱紀の『桑華書志』「見聞書」（第七四冊）には、綱紀が収集した巻六九を含む二五巻分のほかに「十三葉相州金沢本未詳幾巻」を挙げており、これを巻六九とは別に扱っている。このほかにもたとえば宮内庁書陵部所蔵本（二三冊、函号一七三―一四〇）の巻九五下（最終冊）の末尾に加えられた「天明丙午之冬」すなわち天明六年（一七八六）の識語に「余捜抉累年、請借募致、僅得二十六巻」とある。この二六巻のなかには巻六九とともに巻六二が含まれている。ただしその表紙には、「二」を朱丸で抹消して「八歟」と朱書され、また小口書に「六十八」とあり、現在は巻六八として扱われている。しかしその内容は金沢文庫本巻六九に当たる写本である。この問題については押部佳周「政事要略の写本に関する基礎的考察」（『広島大学学校教育学部紀要』二―五、一九八二年）を参照。（補注4）

（3）このほかの古写本としては穂久邇文庫に室町時代末期の写本二三巻が伝わるというが（『国書総目録』）、未見。なお「改定史籍集覧」本の近藤圭造による跋文に、田中勘兵衛所蔵の勢多章甫本なる写本が存在しており、これはかつて桂宮の所蔵であったが、後に三条家の有に帰し、さらに勢多章甫、ついで田中勘兵衛が所蔵することになったといい、「字体紙質ともに甚古色なり奥書なし表包に三条文庫の印あり」と記されている。「甚古色」とあるのみで、書写時期については不明確であるが、古写本の可能性は否定できない。なお田中勘兵衛の蔵書の大半は現在、国立歴史民俗博物館に入っているが、これに該当する『政事要略』は現存しないようである。（補注5）

（4）前掲注（2）押部論文。

（5）吉岡眞之「尊経閣文庫所蔵『法曹類林』解説」『法曹類林』〈尊経閣善本影印集成三五―二〉八木書店、二〇〇五年）。本書第二部第五章に所収。

（6）前掲注（1）和田書において考察が加えられている。

（7）前掲注（2）参照。また前掲注（2）押部論文参照。

（8）この付箋は宮内庁書陵部所蔵『政事要略』（函号 一七二―八五、二五冊）の巻六九にあるものを指す。ただしこれが書記され貼付された時期は明らかではない。その文面は次のとおりである。

「政事要略六十九
　四丁表三行メ
　　専非法意ノ下へ　二《六》十二　按六十九歟
　　　禁止………トツ、キ
　同巻末ノ
　　不論官之大少須用ヨリ
　六十九巻四丁表三行メ
　　然而………トツ、クヘシカク改ムレハ
　本文頭書共ニ連続シテ誤リナシ」

ここに「二《六》十二按六十九歟」としているものが巻序未詳とされていた部分に当たる。

（9）この巻について「改定史籍集覧」本は、その鼇頭に「原本題六十二巻零本為別巻然而此巻中見有現六十九巻首所掲之累騎并乗主鞍馬等之文則称六十二巻者誤也今従佐藤氏之説訂之」と述べており、この「佐藤氏」が佐藤誠実氏である。また近藤圭造による同本の跋文には、対校本として用いた「佐藤誠実氏の校本」について「此の校本は氏か多年の間出典によりて誤脱錯簡を一々訂正せられたる善本なり」とし、「（集覧本の）傍注の出典及頭書記事の大部分は皆此書によりて出せり」と述べている。

補注

（1）巻二五については、すでに吉岡論文において、五〇紙のみ周辺の紙と異なり「薄茶色で漉きむらのある薄手の料紙を用いている」ことが指摘されている。そこで、この紙と他紙を比較しておくと、両者ともに繊維（楮）の方向性が弱く、流し漉き技法で漉かれた紙とは考えにくい。漉目は、簀目は一三〜一四本／三㎝、糸目は極めて見えにくいという点でも共通する。またいずれの紙も、切れた未蒸解・未叩解繊維が少量混じる点で似通っている。表面加工に関しては、ニカワ液を吸わせたうえで、丁寧に打紙加工を施しているようであり、墨の乗りはとてもよい（にじみはほとんど発生していない）。

これに対し、違いが確認できる項目も少なくない。たとえば四九紙の紙厚は一〇〇㎛前後、紙の色調はクリーム色で、部分的に毛羽立ちが生じている。漉きムラはほどんどない。一方、五〇紙の紙厚は八〇〜九〇㎛（少し薄め）で、繊維間に白色の填料が少量混じる。紙の色調はやや茶色がかるが、これは打紙の際に生じた紙焼けの可能性がある。また四九紙に発生している毛羽立ちは、こちらでは目立たない。漉きムラは、四九紙と比べて目立つ。質感は、他紙と比べて五〇紙の方が堅めで、触診する際にはパリパリと音を立てる。これが填料との関連で生じているのか、あるいは打紙の度合いが強いことによるのかは不明だが、五〇紙はニカワの染み込み方も前後の紙と比べて強く、異なる機会に漉かれた紙である可能性は高い。ただし前述のように、五〇紙を漉いた漉簾の規格は他紙のものと一致するので、同一の工房で別の機会に漉かれた紙と考えるべきだろう。

（2）繊維（楮）は弱く横方向に流れるが、明確な流し漉きとは見なせない。未蒸解の長い繊維が少数見えるほか、まれにゴミ（たとえば髪の毛など）が混入している場合もあるが、全般にチリ取りは丁寧に行われている。紙厚は一一〇〜一三〇㎛の範囲に分布するが、少なくとも透過光による肉眼観察の範囲で、漉きムラはそれほど目立たない。漉簾の簀目は一三〜一四本／三㎝（萱簀であろう）、糸目は四㎝弱と推定されるが、後者はよく見えない。全体に丁寧な打紙加工が施されるほか、表面にややテカリが確認されるので、打紙に先立ち弱めのニカワ溶液を染みこませたと推定される。結果として、墨の乗りはとてもよいが、細部では微細なにじみや毛羽立ちも散見されるので、欲をいえばもう少しだけニカワを濃いめに塗布すべきだったかもしれない。

(3) 繊維（楮）の方向性はほとんど視認できず、流し漉き技法で漉かれた紙ではないと考えられる。ただし透過光で観察する限り、漉きムラはそれほど目立たない。チリの類としては、未蒸解繊維（切断したものも、そうでないものも）の混入がやや目立つ。現状では全面が裏打ちされているので、正確な紙厚は計測できないが、平均して一五五～一七〇㎛（裏打ち紙を含む）であり、本紙だけでもそれなりの厚紙と推測される。漉簾の簀目は一三～一四本／三㎝、糸目は視認できない。表面加工については、かなり丁寧な打紙加工が施されている。肉眼による観察では濃いニカワ溶液の塗布も確認できる（裏面より表面の方が強めにテカっている）。そのためもあって、墨の乗りはよく、にじみもほぼ発生していない。現状では、他巻と比べて変色が目立つが、本来は上品なクリーム色の色調だったと推定される。

なお全体に貼り付けられた裏打ち紙は、やや赤みがかった繊維で塡料の混入が目立つ。こちらの紙厚は八〇㎛前後なので、本紙の紙厚は九〇㎛弱と推測されることになろう。

(4) このほか、本書の欠失部に関する先行研究として、清水潔「「政事要略」の欠佚篇部目の復原―「国史大系書目解題」上巻の補遺と修正―」（『皇学館論叢』六―五、一九七三年）がある。

(5) 勢多本と田中勘兵衛（教忠）の関係については、『小中村清矩日記』明治二二年（一八八九）八月一〇日条に「午後四時より、生田目（経徳）と共に、田中勘兵衛をとひて、蔵書をみる。其書目左のごとし。」として一五種の書名が挙がるなかに「政事要略内十八冊は、勢多家の古本を写したるなり　廿六冊」と見えるところからも確認できる。この段階では勢多家で写本を所持していたものを、「氏没して後三転して田中氏に帰したり」（改訂史籍集覧『政事要略』跋、一九〇三年）という経緯で、田中勘兵衛の所蔵に帰したという経緯が判明する。勢多章甫（一八三〇～一八九四）に関しては、相曽貴志「勢多章甫と勢多家関係図書」（『書陵部紀要』六九、二〇一七年）を、田中と勢多の間の交友関係や蔵書の移転については、田中穣「教忠と忠三郎の小伝」（川瀬一馬編『田中教忠蔵書目録』田中穣、一九八二年）・川瀬一馬「明治時代前半の蒐書」（『日本における書籍蒐蔵の歴史』ぺりかん社、一九九九年）を参照。

（文責：渡辺　滋）

尊経閣文庫本『政事要略』法量表

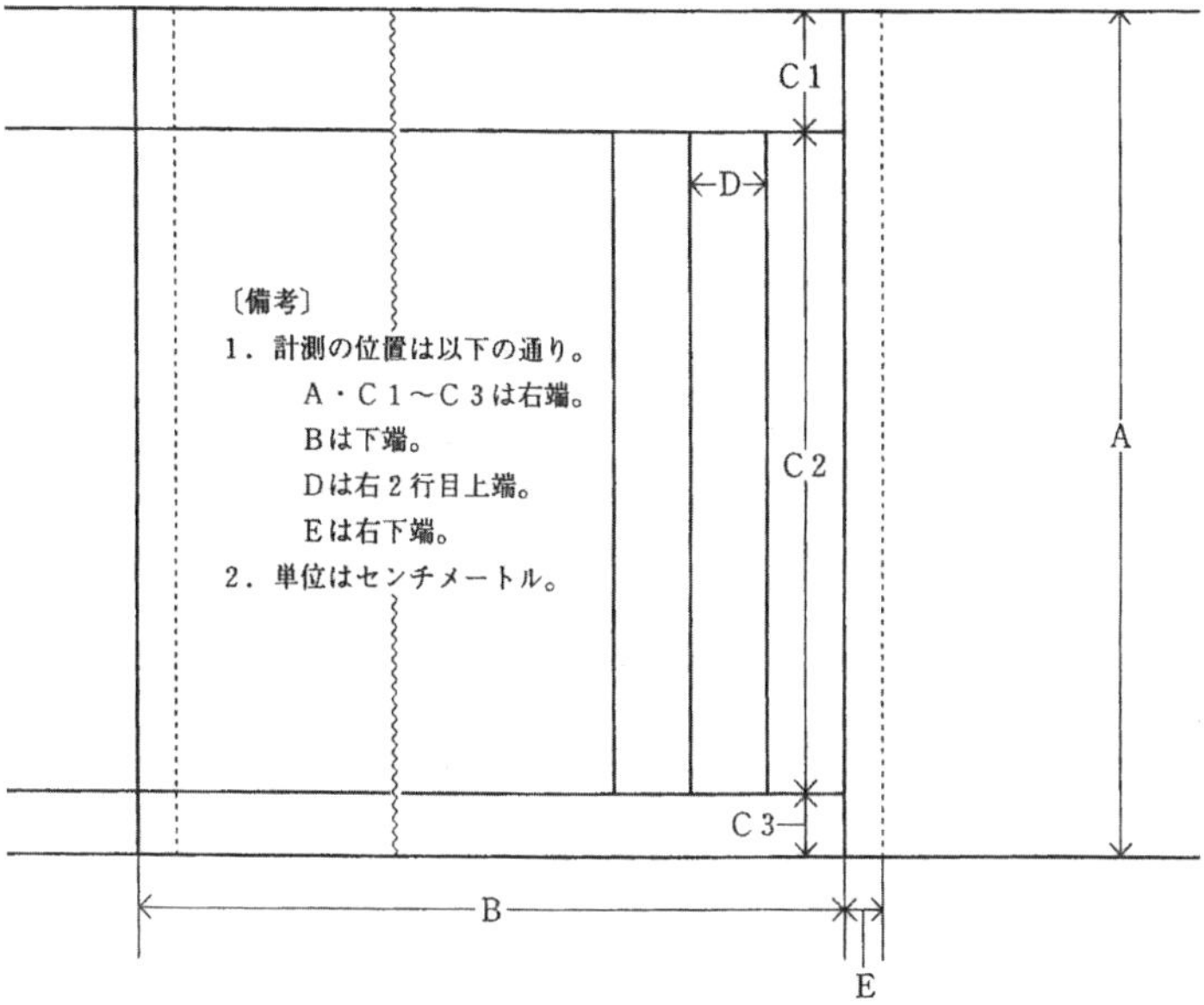
C1
D
〔備考〕
1．計測の位置は以下の通り。
A・C1～C3は右端。
Bは下端。
Dは右2行目上端。
Eは右下端。
2．単位はセンチメートル。
C2
A
C3
B
E

巻25

紙　数	A	B	C1	C2	C3	D	E	備　考
表　紙	27.6	25.7					0.5	
第1紙	27.5	43.7	2.4	23.8	1.3	2.2	0.4	
第2紙	27.7	46.2	2.4	24.0	1.3	2.1	0.3	
第3紙	27.5	46.3	2.4	23.9	1.2	2.1	0.2	
第4紙	27.7	46.1	2.5	24.0	1.2	2.1	0.3	
第5紙	27.7	46.2	2.4	24.0	1.3	2.1	0.3	
第6紙	27.6	46.1	2.4	24.0	1.2	2.1	0.3	
第7紙	27.6	46.2	2.4	23.9	1.3	2.1	0.3	
第8紙	27.7	46.3	2.3	24.0	1.4	2.1	0.3	
第9紙	27.6	46.4	2.3	24.0	1.3	2.1	0.3	
第10紙	27.7	46.3	2.4	24.1	1.2	2.1	0.3	
第11紙	27.7	46.3	2.3	24.1	1.3	2.1	0.3	
第12紙	27.7	46.2	2.3	24.2	1.2	2.1	0.3	
第13紙	27.6	46.2	2.3	24.1	1.2	2.1	0.3	
第14紙	27.6	46.5	2.4	24.0	1.2	2.1	0.3	
第15紙	27.7	46.5	2.4	24.1	1.2	2.1	0.3	
第16紙	27.7	46.6	2.4	24.1	1.2	2.1	0.3	
第17紙	27.7	46.5	2.4	24.1	1.2	2.1	0.4	

第18紙	27.7	46.6	2.3	24.1	1.3	2.1	0.3	
第19紙	27.7	46.5	2.4	24.0	1.3	2.1	0.3	
第20紙	27.7	46.3	2.3	24.1	1.3	2.1	0.3	
第21紙	27.7	46.5	2.4	24.0	1.3	2.1	0.3	
第22紙	27.7	46.4	2.4	24.0	1.3	2.1	0.3	
第23紙	27.7	46.5	2.4	24.0	1.3	2.1	0.3	
第24紙	27.7	46.5	2.4	24.1	1.2	2.1	0.3	
第25紙	27.6	6.4	2.5	24.0	1.1	2.1	0.3	
第26紙	27.6	42.3	2.3	24.1	1.2	2.2	0.2	
第27紙	27.7	46.5	2.3	24.1	1.3	2.1	0.2	
第28紙	27.7	46.6	2.3	24.2	1.2	2.1	0.3	
第29紙	27.7	46.6	2.4	24.2	1.1	2.1	0.3	
第30紙	27.7	46.4	2.4	24.1	1.2	2.1	0.3	
第31紙	27.7	46.6	2.3	24.1	1.3	2.1	0.3	
第32紙	27.7	46.5	2.4	24.1	1.2	2.1	0.3	
第33紙	27.7	46.6	2.4	24.0	1.3	2.2	0.3	
第34紙	27.7	46.5	2.5	24.0	1.2	2.1	0.3	
第35紙	27.7	46.5	2.4	24.1	1.2	2.1	0.3	
第36紙	27.7	46.3	2.5	24.0	1.2	2.1	0.3	
第37紙	27.7	46.5	2.5	24.1	1.1	2.1	0.3	
第38紙	27.7	23.2	2.5	24.1	1.1	2.1	0.3	
第39紙	27.7	27.6	2.5	24.1	1.1	2.1	0.3	
第40紙	27.7	46.4	2.5	24.1	1.1	2.1	0.3	
第41紙	27.7	46.3	2.4	24.1	1.2	2.1	0.3	
第42紙	27.7	46.4	2.4	24.2	1.1	2.1	0.3	
第43紙	27.7	46.2	2.5	24.1	1.1	2.0	0.3	
第44紙	27.7	46.4	2.5	24.1	1.1	2.0	0.3	
第45紙	27.7	46.5	2.5	24.1	1.1	2.1	0.3	
第46紙	27.7	46.4	2.5	24.1	1.1	2.1	0.4	
第47紙	27.7	46.5	2.5	24.1	1.1	2.1	0.3	
第48紙	27.7	33.7	2.4	24.2	1.1	2.1	0.3	
第49紙	27.7	46.1	2.4	24.1	1.2	2.1	0.3	
第50紙	27.8	46.1	2.5	24.0	1.3	2.1	0.3	紙質、ほかと異なる。
第51紙	27.7	46.6	2.5	24.1	1.1	2.1	0.2	
第52紙	27.7	46.5	2.5	24.1	1.1	2.1	0.3	
第53紙	27.7	46.5	2.5	24.1	1.1	2.1	0.3	
第54紙	27.7	46.5	2.5	24.0	1.2	2.1	0.3	
軸付紙	27.7	9.2					0.3	Bは軸際まで。
軸								杉材、朱漆塗。直径1.7。

巻60

紙　数	A	B	C1	C2	C3	D	E	備　考
表　紙	27.9	25.8					0.3	
第1紙	27.7	44.2	2.5	23.9	1.3	2.1	0.3	
第2紙	27.8	46.5	2.5	24.0	1.3	2.0	0.3	
第3紙	27.8	46.6	2.5	24.0	1.3	2.1	0.3	
第4紙	27.9	46.6	2.4	24.1	1.4	2.1	0.2	
第5紙	27.8	46.6	2.5	24.0	1.3	2.1	0.2	
第6紙	27.8	46.3	2.6	23.9	1.3	2.1	0.4	
第7紙	27.8	46.6	2.5	24.0	1.3	2.1	0.3	
第8紙	27.9	46.7	2.5	24.0	1.4	2.1	0.2	
第9紙	27.8	46.7	2.5	24.0	1.3	2.1	0.3	
第10紙	27.9	46.6	2.5	24.1	1.3	2.1	0.2	
第11紙	27.9	46.6	2.5	24.1	1.3	2.1	0.3	
第12紙	27.9	46.7	2.6	24.0	1.3	2.1	0.2	
第13紙	27.9	46.7	2.6	24.0	1.3	2.1	0.2	
第14紙	27.9	46.7	2.5	24.1	1.3	2.1	0.2	
第15紙	27.9	46.8	2.5	24.0	1.4	2.1	0.3	
第16紙	27.9	46.8	2.5	24.1	1.3	2.1	0.2	
第17紙	27.9	46.8	2.6	24.0	1.3	2.1	0.3	
第18紙	27.9	46.8	2.6	24.0	1.3	2.1	0.3	
第19紙	27.9	46.7	2.5	24.0	1.4	2.1	0.3	
第20紙	27.9	46.7	2.5	24.0	1.4	2.0	0.3	
第21紙	27.9	46.7	2.6	24.0	1.3	2.1	0.3	
第22紙	27.9	46.8	2.6	24.0	1.3	2.1	0.3	
第23紙	27.9	46.7	2.4	24.1	1.4	2.1	0.3	
第24紙	27.9	46.8	2.5	24.0	1.4	2.1	0.3	
第25紙	27.9	46.8	2.5	24.1	1.3	2.1	0.3	
第26紙	27.9	46.7	2.6	24.0	1.3	2.1	0.3	
第27紙	27.8	46.6	2.5	23.9	1.4	2.1	0.3	
第28紙	27.9	46.7	2.5	24.1	1.3	2.1	0.3	
第29紙	27.8	46.8	2.5	24.0	1.3	2.1	0.2	
第30紙	27.9	46.6	2.6	24.0	1.3	2.1	0.3	
第31紙	27.8	46.7	2.4	24.0	1.4	2.1	0.2	
第32紙	27.8	46.7	2.5	24.0	1.3	2.1	0.3	
第33紙	27.8	46.7	2.5	24.0	1.3	2.1	0.3	
第34紙	27.8	46.7	2.5	24.0	1.3	2.1	0.3	
第35紙	27.9	46.8	2.5	24.1	1.3	2.2	0.3	
第36紙	27.8	46.8	2.5	24.0	1.3	2.1	0.3	
第37紙	27.8	46.6	2.5	24.0	1.3	2.1	0.3	

第 38 紙	27.9	46.8	2.6	24.0	1.3	2.1	0.3	
第 39 紙	27.9	46.7	2.5	23.9	1.5	2.2	0.3	
第 40 紙	27.9	46.7	2.6	24.0	1.3	2.1	0.3	
第 41 紙	27.8	46.8	2.6	23.9	1.3	2.1	0.3	
第 42 紙	27.8	46.7	2.6	23.9	1.3	2.1	0.3	
第 43 紙	27.8	46.6	2.4	23.9	1.5	2.1	0.3	
第 44 紙	27.8	46.7	2.5	24.0	1.3	2.1	0.3	
第 45 紙	27.8	46.7	2.6	23.9	1.3	2.1	0.3	
第 46 紙	27.8	46.5	2.6	24.0	1.2	2.1	0.3	
第 47 紙	27.7	35.8	2.5	23.9	1.3	2.2	0.3	B は軸際まで。
軸付紙								なし。
軸								杉材、朱漆塗。直径 1.7。

巻 69

紙　数	A	B	C1	C2	C3	D	E	備　考
表　紙	27.4	21.8					0.4	
遊　紙	27.4	23.2					0.4	
第 1 紙	27.4	46.7	1.9	24.6	0.9	2.5	0.3	
第 2 紙	27.4	46.8	2.0	24.6	0.8	2.4	0.3	
第 3 紙	27.4	46.6	1.9	24.6	0.9	2.5	0.3	
第 4 紙	27.4	46.5	1.9	24.6	0.9	2.7	0.3	
第 5 紙	27.4	46.3	1.8	24.6	1.0	2.6	0.3	
第 6 紙	27.4	44.3	2.1	24.6	0.7	2.6	0.2	
第 7 紙	27.4	46.5	2.2	24.5	0.7	2.6	0.3	
第 8 紙	27.4	46.6	2.0	24.6	0.8	2.6	0.3	
第 9 紙	27.4	41.6	1.9	24.7	0.8	2.6	0.3	
第 10 紙	27.4	46.6	1.9	24.7	0.8	2.7	0.3	
第 11 紙	27.4	46.4	1.9	24.5	1.0	2.5	0.3	
第 12 紙	27.4	46.6	2.1	24.6	0.7	2.6	0.3	
第 13 紙	27.4	46.4	1.9	24.7	0.8	2.5	0.3	
軸付紙	27.4	24.6					0.3	B は軸際まで。
軸								杉材、朱漆塗。直径 1.7。

第三部　儀式書

第一章　尊経閣文庫本『本朝月令要文』

一　概要

『本朝月令』の研究は、和田英松氏が『本朝書籍目録考証』において要点を的確に記述し[1]、和田氏の没後に森克己氏が校訂を加えて出版した『国書逸文』のなかで収集した逸文が提示されてより[2]、これらを本書研究の基本文献として継承し、発展してきたといってよいであろう。今日では『新校本朝月令』を著した清水潔氏による一連の研究がその到達点を示している[3](補注1)。したがって本稿での記述も、多くを清水氏の研究に負っている。

『本朝月令』は『本朝書籍目録』に、

本朝月令　六巻　或四巻歟、記年中公事本縁、公方撰、

と見える。これによれば本書の撰者は、『令集解』の編纂者とされる明法家惟宗直本の子で一〇世紀代に明法博士・大判事・勘解由次官などを歴任した惟宗公方（生没年不詳）である。本書の成立時期については明確な徴証がないが、清水潔「本朝月令の成立」が詳細な考察を加え[4]、その成立は「朱雀天皇朝」（在位：九三〇～九四五）が有力であるが、慎重を期して下限を天暦四・五年（九五〇・九五一）まで降すことを提唱している。

本書の内容は和漢の典籍を引用しながら、年中の公事の起源を示したものであり、現存するのは四月から六月までと、『明文抄』『政事要略』『年中行事秘抄』などの諸書に引かれた若干の逸文にすぎないが、もとは六巻もしくは四巻から成る年中行事の書である。本書に引用された書籍には『日本紀』『古事記』『類聚国史』『高橋氏文』『秦氏本系帳』『弘仁式』『貞観式』などの和書、『枹朴子』『捜神記』『荊楚歳時記』『海龍王経』などの漢籍・仏典があり、多彩である。そのうちにはすでに散逸した書物の逸文も少なからず含まれており、貴重である。

藤原明衡（九八九～一〇六六）の『雲州消息』（群書類従　消息部一、巻一三八）によれば、平安時代中期の頃に「宮内卿源」が所持していた『本朝月令』は『古事記』『官奏事類』などとともに「以二秘蔵一為レ宗」とされていたことがうかがわれ、また仁和寺第六世守覚法親王（一一五〇～一二〇二）の手に成る『釈氏往来』（群書類従　消息部五、巻一四二）には、「法橋」某が灌仏の導師を勤仕するに当たり、その濫觴を知るため、「大輔已講御房」に『本朝月令』の「証本」の借用を申し入れたのに対して、この書は「所レ得二伝嚢祖納言自筆之書一」であって、「相伝有レ由秘蔵無レ極」きものであると返書に述べており、遅くとも平安時代末期までには「秘蔵」の書とされていたことが知られる。この「証本」を所持していた「大輔已講御房」、また「嚢祖納言」を特定することは難しいが、この書が守覚法親王撰の『釈氏往来』に見えることからすれば、それが仁和寺に伝来していた可能性はありうるであろう。[5]

『本朝月令』の諸本についてはすでに清水氏による調査と分類がなされている。清水氏が調査したのは一七種の写本・版本で、それら相互の関係についても写本系統図が示されている。[6]それによれば、現存諸本は前田育徳会尊経閣文庫所蔵『本朝月令要文』と、宮内庁書陵部所蔵九条家本の系統に二分され、さらに後者は東山御文庫本・国立公文書館所蔵（旧内閣文庫・紅葉山文庫旧蔵本）の系統と、享保年間（一七一六～一七三六）徳川吉宗収集本の系統に分類されている。清水氏によれば、尊経閣文庫本は建武年間（一三三四～一三三六）前後の書写、九条家本は建武三年（一三三六）以前の書写であって、ともに現存最古の写本と見なしうるのに対して、これらを除く諸本はいずれも近世以降の新写本である。『本朝月令要文』〈尊経閣善本影印集成四七—一〉（八木書店、二〇一三年）に影印・収録する尊経閣文庫本『本朝月令要文』の史料価値はこの点のみでも極めて高いことがうかがわれよう（なお、私見によれば、九条家本巻末の建武三年二月二五日の一見奥書は明らかに九条道教の筆跡であり、清水氏の指摘のとおり、九条家本がこれ以前に書写されたものであることは間違いない）。

二　尊経閣文庫本

1　書誌

尊経閣文庫本『本朝月令要文』（以下、『要文』と略称）は綴葉装、横長の冊子本一冊。函号は一六—五書。『尊経閣文庫国書分類目録』七〇三頁には、

　本朝月令要文（巻二）惟宗公方撰　室町初期写

と著録されており、巻二（四月～六月）の記事を抜粋したものである。[7] 尊経閣文庫所蔵『極札目録等』七八番に収める「称名寺書物之覚」（前田綱紀の任命にかかる書物調奉行津田太郎兵衛の撰述）に、

　一本朝月令要文　無作人　四十二枚　一冊
　　発端ニ本朝月令要文第二起四月尽六月ト御座候、
　　可為半本ト奉存候、禁裏公事神社祭礼ノ事ヲ
　　記申候、反古ノ裏ニ書申候、

と見えており、本体に明徴は存在しないが、本書が金沢文庫の旧蔵書であった可能性は否定しがたいであろう。本文および表紙外題の筆跡、また表紙の「全海」の自署から、鎌倉時代末～南北朝時代初期の頃に鎌倉の極楽寺・称名寺に住して活動した学僧全海の書写と考えられる。鎌倉における全海の活動については福島金治「鎌倉幕府滅亡期の極楽寺―全海紙背文書の検討―」があり(8)、また『金沢文庫の中世神道資料』(9)には全海の書写本についての記述がある。

『要文』は縦約三八・九cm、横約五二・四cmの包紙に包まれている。包紙には「本朝月令要文　古鈔本　一冊」（墨書）のウハ書があり、また「政書ニ入ルヘシ」（墨書）および「藝術㊫第五號」（墨書。但シ㊫ハ朱印）の二種の貼紙がある。いずれも近代における分類整理の際に付されたものである。

本体の一オは表紙で、左端に「本朝月令要文」との墨書の外題があり、また右端下部には「全海」と墨書している。いずれも全海の筆跡であり、この『要文』が全海の手沢本であることを物語るものであろう。表紙にはさらに右端に、

於仏法中智為上首　八十花ム経第十三巻　問明品第十

と墨書されており、いずれも『要文』の外題および本文と同様、全海の筆跡と判断される。右の墨書は『大方広仏華厳経』（いわゆる「八十華厳」）巻一三、菩薩問明品第一〇(10)に見える「爾時、文殊師利菩薩問智首菩薩言、仏子、於仏法中、智為上首、如来何故（下略）」の引用であろうが、これと『要文』との関係については現時点では不明である。

また四一ウ・四二オには、本文と同筆で梅宮祭の停止に関する『日本三代実録』元慶三年（八七九）一一月六日

条の記事と、その再興に関する寛和二年（九八六）一一月二一日の官宣旨が引用されている。すでに清水潔氏が指摘しているように、ほかの『本朝月令』の写本には見えない記事であり、本書を書写した全海が、その関心にしたがって追記したものと見るのが妥当であろう[11]。

次に四二ウには、本文中の用字の「猟」および「祓」の音義を『龍龕手鑑』により、また「竈」については『大広益会玉篇』により、それぞれ示している。筆跡は『要文』本文と同じく全海のものと見られる。ただし「猟」については『要文』中にその使用は認められず、「六月朔日内膳司供忌火御飯事」に引く『日本紀』『高橋氏文』のなかに「欲巡狩」と見えるもの（三〇オ・三一オ）、また「六月十一日神今食祭事」に引かれた『日本紀』の「巡狩」（三六ウ）との関連が想定できるが、定かではない。この音義の書入れについても清水潔氏の研究[12]に詳しい記述がある。

また四四オには、

建武三秋丙子　月　日
於八幡宮有人夢想
ワカヤトノ　ソトモノマクス
ハヲシケミ
ウラフキカエス
アキヲコソマテ

という書き込みがあり、この筆跡も外題、本文、表紙の墨書、梅宮祭の記事の追記および右の音義の書入れと同筆と見てよい。この和歌は西行の『山家集』に収められ、『続後撰和歌集』にも入集している、

山里はそとものまくず葉をしげみうらふきかへす秋をこそまて

の本歌取かと思われる。[13] この和歌の意義、歴史的背景についても清水潔氏の研究[14]に詳細にして興味深い記述がなされている。

清水氏によれば、『要文』の書写時期は、右の和歌の年紀の建武三年、もしくはそれをさほどさかのぼらないと見なし、建武年間の書写と推定する。そのうえで、この時期の政治的動向を踏まえながら和歌を分析し、そこに京都奪還を目指して九州から東上しつつある足利尊氏の企図が成功することを望む全海の立場を読み取る。[15] 当時、極楽寺末寺は後醍醐軍討伐に当たって用途供給の役割を担い、また鎌倉軍の兵站の機能を有していたといわれるが、[16]『要文』が極楽寺関係の文書を料紙として書写されていることは全海と極楽寺との交流を示唆し、その政治的立場もおのずから明らかであるとする。さらに和歌の年号が「建武三年」であり、後醍醐側の年号「延元元年」（この年の二月二九日改元）を用いていないことも全海の立場に関連しているという。清水氏の考察にしたがえば、この和歌はすぐれて政治的な意味を含むものということになろう。

2　料紙の復原

『要文』の本体は縦約一五・八cm、横約二四・九cmの奉書紙であるが、その料紙は書状を反故して再利用したものである。(補注2) すなわち、①縦約三一・六cm、横約四九・八cmの書状（現状の寸法）を横に切断して二分し、②書状面を内側にして重ね、③これを縦に二つ折りにし、一括とする（図1を参照）。これを一一括重ね、折り目から約一・一cm内側を二箇所、薄茶色の絹糸を二重にして綴じ、横長に利用して『要文』を書写している。現在の綴じ糸はさほど古いものではないようであり、後に改装されたようである。この再利用に際しては、料紙の寸法を揃えるため書状の左右および下端を一部裁ち落としている。なお、綴じ糸の近く、上端から三・七㎝、および下端から二・六㎝に各一つずつ穴がある。これらの穴は、下は三三オまで、上は、虫穴と重なる部分があるので判然としないが、ほぼ二〇ウまで認められる。しかしいずれも末尾まで貫通していないので、改装以前の綴じ穴とも考えにくく、穴の性格については不明瞭である。

料紙を右のように切断し綴じた場合、『要文』を書写する面は、書状の紙背の白紙の面（a）と書状の面（b）が、a・b・b・a・a・b・b・a……aのように規則的に並ぶ。反故紙を再利用する場合、紙背の白紙の面のみを利用することが多いと思われるが、『要文』では反故紙の利用方法と綴じ方に右に述べたような特色があるため、反故紙紙背の白紙の面のみでなく、文字があるオモテの面をも書写に利用している。このため、書状面に書写する場合はもとより、白紙の紙背面に書写する場合でも、オモテの書状の墨が紙背に強く透き出ている場合には、書状の墨を極力避けるように書写している。

『要文』と末尾の書入れは一オから四四ウまでの四四面に書写されている。ただし一オと四四ウは白紙で、一オは表紙、四四ウは裏表紙として利用している。これらは前述のように反故の書状を二分して重ね、二つ折りにして使用している。したがって使われた書状は全一一紙である。書状を復原するには、右のような『要文』料紙の独特な作成過程を逆に辿ればよく、それによって書状の一紙ごとの復原ができる。そこでまず書状の各紙と『要文』の関係を『要文』の冒頭から順次整理する。復原した書状は、

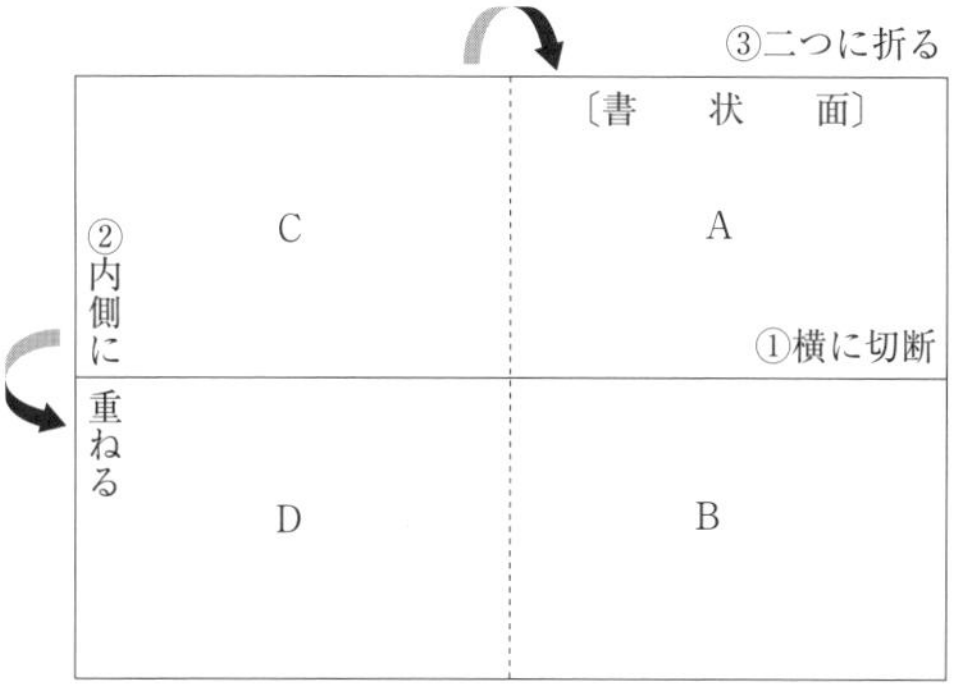

図１　『本朝月令要文』料紙の復原

現状では前掲の図1のようにA・B・C・Dの四つのブロックに分かれ、書状の文面はA→B→C→Dの順序で続くことになる。書状の序次を「紙」を単位として「第一紙」「第二紙」などとし、『要文』本文の序次と表裏を「1オ」「2ウ」のように表記すると、書状と『要文』本文の関係は次のようになる。

第一紙	A＝3ウ	B＝4オ	C＝2オ	D＝1ウ
第二紙	A＝5ウ	B＝6オ	C＝8オ	D＝7ウ
第三紙	A＝9ウ	B＝10オ	C＝12オ	D＝11ウ
第四紙	A＝13ウ	B＝14オ	C＝16オ	D＝15ウ
第五紙	A＝17ウ	B＝18オ	C＝20オ	D＝19ウ
第六紙	A＝23ウ	B＝24オ	C＝22オ	D＝21ウ
第七紙	A＝25ウ	B＝26オ	C＝28オ	D＝27ウ
第八紙	A＝29ウ	B＝30オ	C＝32オ	D＝31ウ
第九紙	A＝33ウ	B＝34オ	C＝36オ	D＝35ウ
第一〇紙	A＝39ウ	B＝40オ	C＝38オ	D＝37ウ
第一一紙	A＝43ウ	B＝44オ	C＝42オ	D＝41ウ

一紙ごとの復原は以上であるが、次の作業は一～一一紙を内容にしたがって並べ替え、一通ごとに完成された書状を復原することである。これについては福島金治氏がその多くを復原して翻刻し、[17]『静岡県史』資料編 五 中世一にも一通が復原されている。[18]福島氏によれば、これら書状の年代は、おおむね元徳元年（一三二九）から元弘三年（一三三三）に限定されるという。ここでは主として福島氏の研究および『静岡県史』に依拠することとし、部

分的に原本調査にもとづく私見を加味した。書状の一部がほかに再利用され、もしくは失われている可能性もあり、これらの各紙を適切に配列したとしても完全な復原ができるとは限らず、また文字の一部が綴目のなかに隠れている箇所では残画を判読することが困難な場合があるが、書状の原形は次のようになるかと思われる。

第一紙　長崎思元書状

宛所「侍者御中」　日付「卯月二日」

＊前闕カ。日付の「二日」は私見による。福島前掲注（8）書（二四一頁）は「卯月□日」とする。

第三紙＋第二紙＋第七紙　小比丘定□〔縁カ〕書状

宛所「雙照御房」　日付「極月十九日」

＊完結。福島前掲注（8）書（二四四頁）および前掲『静岡県史』（一〇三二頁）に翻刻。『静岡県史』は元徳元年とし、福島前掲注（8）書もこれにしたがう。差出の傍注〔縁カ〕は『静岡県史』による。

第四紙　小比丘是□書状

宛所「静妙御房」　日付「八月十一日」

＊前闕。差出の「是□」、日付の「八月十一日」は私見による。

第五紙　某書状

宛所不明　日付不明

＊後闕。福島前掲注（8）書（二四三頁）に翻刻。

第八紙＋第六紙　沙門覚順書状

宛所「静妙御房」　日付「二月廿九日」

＊完結。福島前掲注（8）書（二四〇頁）に翻刻。
第九紙　沙門賢善書状
宛所「極楽寺御房」　日付「六月七日」
＊前闕カ。福島前掲注（8）書（二四二頁）に翻刻。
第一〇紙　沙門朝信書状
宛所「極楽寺御報」　日付「五月八日」
＊完結。福島前掲注（8）書（二四二頁）に翻刻。
第一一紙　長崎思元書状
宛所不明　日付「十二月二日」
＊完結カ。福島前掲注（8）書（二四一頁）は静妙房宛とする。

3　内　容

尊経閣文庫本『要文』は『本朝月令』の抄出本である。抄出の態度は、神祇・祭祀に関する項目を中心に抜粋している。その項目は左記のとおりである。引用史料が属すべき行事項目名、また個々の出典については精査が必要であるが、今は極力『要文』の記述にしたがう。

〔四月〕上卯大神祭（「日本紀」〔崇神一〇年九月〕、「先代旧事本紀」）
〔四月〕上申平野祭事（「延喜格」〔貞観一四年一二月一五日〕、「国史」〔延暦元年一一月・承和三年一一月・嘉祥元年七月・仁寿元年一〇月・貞観六年七月〕、「弘仁官式」、「貞観式」、「国史」〔延暦八年一二月・延暦九年一二月・延暦一〇

年〕）
〔四月〕同日松尾祭事（「先代旧事本紀」、「国史」〔承和一四年六月〕、「口伝」、「秦氏本系帳」、「国史」〔延暦三年一一月・延暦五年一二月・嘉祥二年二月〕、「神名帳」、「国史」〔貞観元年正月・貞観一二年八月〕）
〔四月〕四日広湍龍田祭事（「日本紀」〔天武四年四月〕、「神祇令」〔大忌祭・風神祭〕、「弘仁式」、「神祇祝式」、「国史」〔嘉祥三年七月・仁寿二年一〇月〕）
〔四月〕中酉賀茂祭事（「秦氏本系帳」、「右官史記」〔天武六年二月〕、「神祇令」〔天神地祇条〕、「国史」〔文武二年三月・神亀三年三月・天平一〇年四月・天応元年四月〕、「或記」〔延暦一二年・又説・大同二年三月〕、「弘仁格」〔弘仁九年五月九日〕、「弘仁神式」、「弘仁内蔵式」、「国史」〔弘仁一〇年三月・承和一五年二月〕、「貞観主税式」）
〔四月〕奉河合神幣帛事（「〔太政官符〕天安二年八月七日、〔太政官符〕延喜元年一二月二八日」）
〔四月〕廿日奏郡司擬文事（「日本紀」〔孝徳二年正月〕）
〔四月〕廿八日駒牽事（「弘仁馬寮式」）
〔五月〕三日六衛府献菖蒲幷花等事（「国史」〔天平一九年五月〕、「弘仁近衛式」）
〔五月〕五日節会事（「風俗通」、「続斎諧」、「月旧記」、「荊楚記」、「海龍王経」、「日本紀」〔清寧四年閏五月・天武九年九月〕、「右官史記」〔太上天皇〔元明〕元年四月〕、「国史」〔大宝元年五月・神亀四年五月・宝亀七年五月〕、「国史」〔大同二年五月〕・「弘仁馬寮式」、「〔国史〕天長九年四月」、「貞観内匠式〔記事ナシ〕」、「〔太政官符〕貞観六年六月一日」）
〔六月〕朔日内膳司供忌火御飯事（「日本紀」〔景行五三年八月・一〇月・一二月〕、「高橋氏文」）
〔六月〕同日造酒正献醴酒事（「日本紀」〔神代〕、「日本決釈」〔応神天皇之代〕、「古事記」〔品陀天皇之代〕、「職員令」

〔造酒司条〕）

〔六月〕十日奏御卜事（「古語拾遺」）

〔六月〕十一日神今食祭事（「高橋氏文」、「日本紀」〔大足彦忍代別天皇五三年・誉田天皇三年〕）

〔六月〕廿五日任左右相撲司事（「弘仁官式」、「弘仁中務式」、「貞観中務式」、「同式」）

〔六月〕晦日東西文部奉祓刀事（「神祇令」〔大祓条〕、「養老五年」〔「続日本紀」養老五年七月〕）

〔六月〕同日神祇官奉荒世和世御贖事（「日本紀」〔気長足姫尊九年九月〕）、「神祇式」〔祝詞式〔六月晦日大祓〕〕、「枹朴子」、「許慎五経異義」、「捜神記」、「荊楚歳時紀」、「世風記」）

ただし『要文』は『本朝月令』各項目の内容の全てを書写しているのではないのであって、そこには一定の選択がなされている。また神祇・祭祀とのかかわりが比較的稀薄な項目でも抜粋している場合がある。このような『要文』の事項選択・記事選択の基準、さらには『要文』自体を抄出した企図の解明には、全海の思考全般について検討することが必要であるが、これについてもすでに清水潔氏が検討を加えられており、書写者の全海の関心が神祇祭祀に関する年中行事の本縁・来源を知ることにあったと結論付けている。[19] これに関連して福島金治前掲書には、全海の書写本に『太神宮諸雑事記』『厳島大明神日記』『宗像記』『長谷寺縁起抄』『四天王寺御手印縁起』などの寺社縁起が存在することを述べ、全海は「神祇信仰を核にした寺社の縁起類に関心をもち、書写活動を行った密教僧であったことがわかる」（二三五頁）と指摘し、[20] また『金沢文庫の中世神道資料』には、現在確認できる全海の書写本は、神道関係および縁起類二〇点を含む三四点と指摘されているので、[21] 参照していただきたい。

以上、清水潔氏を始めとする先行研究に依拠して尊経閣文庫本『本朝月令要文』の概要を述べたが、不十分な点も少なくない。大方のご教示をお願いしたい。

注

(1) 和田英松『本朝書籍目録考証』(明治書院、一九三六年、初出一九一五年)。
(2) 和田英松『国書逸文』(森克己発行、一九四〇年)。
(3) 清水潔『新校本朝月令』(皇学館大学神道研究所、二〇〇二年)。
(4) 清水潔「本朝月令の成立」(『皇学館大学神道研究所紀要』一七、二〇〇一年)。
(5) 清水潔「前田育徳会尊経閣文庫所蔵本「本朝月令要文」の書写とその背景」(『新校本朝月令』皇学館大学神道研究所、二〇〇二年、初出一九九三年)。
(6) 前掲注(3)清水書。
(7) 侯爵前田家尊経閣文庫編『尊経閣文庫国書分類目録』(尊経閣文庫、一九三九年)。
(8) 福島金治「鎌倉幕府滅亡期の極楽寺—全海紙背文書の検討—」(『金沢北条氏と称名寺』吉川弘文館、一九九七年)。
(9) 『金沢文庫の中世神道資料』(神奈川県立金沢文庫、一九九六年)。
(10) 『大正新脩大蔵経』一〇　華厳部下(大正一切経刊行会、一九二五年)。
(11) 前掲注(3)清水書。
(12) 前掲注(3)清水書。
(13) 翻刻は『新編国歌大観』一　勅撰集編　歌編(角川書店、一九八三年)二三三一番より引用。
(14) 前掲注(3)清水書。
(15) 前掲注(3)清水書。
(16) 前掲注(8)福島論文二四一頁。
(17) 前掲注(8)福島論文。
(18) 『静岡県史』資料編　五　中世一(静岡県、一九八九年)一〇三三頁、一七五八号文書。
(19) 前掲注(3)清水書。

(20)　前掲注(8)福島論文。
(21)　前掲注(9)神奈川県立金沢文庫書。

参考文献

岩橋小弥太　「儀式考」(『増補上代史籍の研究』下、吉川弘文館、二〇〇一年、初出一九五八年)
「本朝月令」(『群書解題』六、続群書類従完成会、一九六〇年)
遠藤慶太　「『本朝月令』と『政事要略』―『高橋氏文』の引用文献―」(上代文献を読む会編『高橋氏文注釈』翰林書房、二〇〇六年)
宮内庁書陵部編　『図書寮典籍解題 続歴史篇』(宮内庁書陵部、一九五一年)
清水　潔　「本朝月令と政事要略の編纂」(『神道史研究』二四―三、一九七六年)
「本朝月令逸文考」(『史正』五・六、一九七八年)
「本朝月令(校異・拾遺・覚書)」(『国書逸文研究』二、一九七九年)
「本朝月令所引の国史」(『皇学館大学史料編纂所報』史料』二〇、一九八〇年)
「本朝月令の諸本」(『皇学館大学神道研究所紀要』一五、一九九九年)
「『本朝月令』書名考」(所功先生還暦記念会編『国書・逸文の研究』臨川書店、二〇〇一年)
林眞木雄　「『本朝月令』の典拠について」(『神道宗教』一六六、一九九七年)
「『本朝月令』所引の月舊記について」(『国学院雑誌』九九―一、一九九八年)
細谷勘資　「本朝月令」(『新訂増補国書逸文』国書刊行会、一九九五年)

補注

(1)　このほか東野治之「大化以前の官制と律令中央官制」(『長屋王家木簡の研究』塙書房、一九九六年、初出一九七八年)は、尊経閣文庫本『本朝月令要文』の本文や訓が、他本と比較して古態を残したものである可能性を指摘している。

（2）一次利用面の来歴を踏まえても、部分ごとに異なる紙を利用していることは明らかで、ここで全ての紙質を検討する余裕はない。とりあえず本来の第一紙（長崎思元書状）の紙質を検討しておくと、この紙は楮繊維を溜め漉き技法で漉いた紙である。紙厚は二〇〇～二七〇㎛の範囲で変動し、全体にムラ・未蒸解繊維・未叩解繊維などが目立つ。簀目一三～一四／三㎝（萱簀）、糸目は不明の漉簾で漉かれた比較的厚手の紙で構成されている。打紙加工はなされていないが、墨は繊維の上に一応乗っており、細かい文字も読めるし、にじみはそれほど目立たない。ただし墨の濃いところでは、反対面に墨のにじみ出しも散見される。

また本来の二紙目（小比丘定□書状）も、楮繊維を溜め漉き技法で漉いた紙と推定される。紙厚は一八五～一九五㎛で、表面に刷毛目、繊維間に白色填料が目立つ。打紙加工は施されておらず、墨はかすれ気味だが、ある程度、乗ってはいる。

本書の全体を俯瞰すると、一部に一次利用の段階で弱い打紙加工を施したらしい紙も散見されるが、第一紙・第二紙のように多くの紙では、一次利用の段階ではニカワを弱く塗布している程度であり、二次利用に際して特段の追加加工はなされていない可能性が高い。基本的には、ニカワ塗布と填料の混入によって最低限の墨の乗りを確保した料紙が大半を占めていると考えてよかろう。

（文責：渡辺　滋）

第二章　尊経閣文庫本『小野宮故実旧例』

一　概要

『小野宮故実旧例』（以下、本書と略称する場合がある）は、『尊経閣文庫国書分類目録』六六二頁(1)に、

小野宮故実旧例　藤原実頼撰　写　（冊数）一　（函号）七　一一

と著録される儀式故実の書である。書写の時期は近世後期かと推定される。すなわち本書には「簾」の文字が四箇所に用いられている（一ウ二行目・一ウ九行目・二オ二行目・三オ二行目）。このうち、後三者は「簾」に闕画が行われており、最終画の「、」を欠いている。これは「兼」に行われた闕画、すなわち光格天皇（在位：一七七九～一八一七。一八四〇崩）の諱である「兼仁」を避けたものと推定される。とすれば書写の時期は同天皇の時代もしくはそれ以後ということになろう。この年代感は筆致・紙質とも大きく矛盾はしない(補注1)。

次に本書の書誌について述べる。

本書は冊子本一冊。法量は、縦二七・一cm、横一九・二cm。四ツ目綴じの袋綴装で、綴じ糸は暗緑色の絹糸。本紙の墨付は四紙で、その前後に本紙共紙の原表紙があり、さらにその上に新補表紙を加えている。本文は半丁九行を

基本とし、一行の字詰めはおよそ一七〜二〇字である。

現在の新補表紙は、表裏とも薄茶色の紙に版本の料紙で裏打ちを施したものを用いている。この版本の料紙とは松平定信編『集古十種兵器 刀剣二』のものであり、オモテ表紙は『集古十種兵器 刀剣二』六オ一〇行目〜六ウ　〇行目の部分を、ウラ表紙は『集古十種兵器 馬具二』二六ウの「古模本鞍図」の部分を、それぞれ用いて裏打ちしている。なお『集古十種』は、尊経閣文庫所蔵本を参照した[2]。

新補のオモテ表紙左端には墨筆で「小野宮故實舊例　完」と外題を打ち付け書し、また表紙右端上部には「□十三有」の朱印（おそらくはゴム印か）および「七十二」の鉛筆書きがある。朱印の第一字目は文字ではなく、朱の汚れ、もしくはゴム印の一部が捺印の際に表紙に触れたものかと推定される。鉛筆書きは本書の現在の函架番号であろう。なおウラ表紙の左端下部に「を」の朱印および擦り消されたと思われる印文不明の朱印（ともに一・七cm四方）が各一顆捺されている。

原表紙は表裏ともに本紙共紙で、オモテの原表紙左端には本文と同筆で旧外題「小野宮故實舊例」を墨書している。この原表紙は新補の表紙を加えた際に見返しとして新補表紙に糊付けされていたが、現在は表裏とも剥離している。表裏の新補表紙内側、前小口付近に三箇所認められる白い糊痕（『小野宮故実旧例』〈尊経閣善本影印集成四七—二〉四・一七頁参照。原本でも白色）が糊付けの痕跡である。

本紙一オに次の蔵書印各一顆が捺されている。

（1）「白河」（円形陽刻朱印。径三・一cm）

（2）「桑名」（円形陽刻朱印。径三・七cm）

（3）「立教館圖書印」（単郭長方陽刻朱印。縦三・五cm、横二・一cm）

（4）「桑名文庫」（重郭長方陽刻朱印。縦六・四㎝、横二・三㎝）
（5）「楽亭文庫」（重郭長方陽刻朱印。縦六・一㎝、横一・七㎝）
いずれも伊勢国桑名藩および陸奥国白河藩の松平家に関する印である。周知のように桑名藩松平氏は、元和三年（一六一七）の定勝襲封後、七代を経て寛保元年（一七四一）の定賢の時に陸奥白河に転封となり、さらに文政六年（一八二三）、定永の時に再び桑名藩に移封された。（1）は白河移封後に、（2）（4）は桑名藩時代に用いられたものであろう。また（5）は白河藩主松平定信の号「楽翁」にちなむ印であろう。（3）は定信が白河藩に創設した藩校である立教館の印である。

二　内容・体裁・書名

本書の性格は、前述のように、宮廷の儀式故実に関する記録を集めたもので、記録の内容は全体としてほぼ一〇世紀前半を中心とする時期のものと考えられる。本書に関して、和田英松著『本朝書籍目録考証』の「貞信公教命　二巻」の項には次のように述べられている[3]。

（「貞信公教命」「貞信公教」は―引用者注）今世に伝はりたるものなく、唯小野宮故実旧例と題して、その一部分を載せたるものあり。（中略）同書（東京帝国大学所蔵、小中村清矩旧蔵本―引用者注）によるに、貞信公教命は、忠平親ら筆を採りたるものにあらず。朝儀、政務などに関して、時々説話したる教命を、二子小野宮実頼、九条師輔の筆録したるものなり。

すなわち『小野宮故実旧例』は藤原忠平の教命を「小野宮実頼」「九条師輔」の二子が筆録した「貞信公教命」

の一部であるとする。

　これに関連して、本書の記述と近似した記事が『西宮記』『北山抄』の勘物などに見えており、そのいずれもが「小野（宮）記云」「九記云」として引用されている。いまだ調査が行き届いていないため、空欄が目立つが、本書と『西宮記』『北山抄』の勘物などとを対比した現状を末尾（四五六〜四六〇頁）の「史料対照表」に掲げる。下段に見える「小野（宮）記」「九記」がそれぞれ藤原実頼・同師輔の記録を意味することは間違いないであろう。一方、本書一オの冒頭には「故《小野宮》実旧例」の下に「奉殿下教命所記、但恐愚頑之質、必有失欤、事無次第、只随承記之」との注記があり、また三オ冒頭の「九条殿口伝」にも「如是教命、時々雖承、愚拙之身、自以亡失欤、但至于承覚略書之」と注記されている。「故《小野宮》実旧例」が実頼の、「九条殿口伝」が師輔の筆記した記録であれば、それぞれの注記にある「殿下教命」「如是教命」が藤原忠平のものと見るのは妥当であり、右に引いた和田英松氏の見解は支持すべきであろう。ちなみに『大日本史料』第一編之十三の藤原実頼の薨伝に「小野宮故実旧例」としてその全文を収録し、また「大日本古記録」に収める『貞信公記』に「故《小野宮》実旧例」の一条を、同じく「大日本古記録」の『九暦』に「九条殿口伝」の全文をそれぞれ収録し、和田氏の説を継承している。[補注2] なお、むしゃこうじ・みのる「陽明文庫本『九暦記抄』について」の付録にも『小野宮故実旧例』全文の翻刻が掲載されている。[4]

　右に述べたことからすれば、前掲『尊経閣文庫国書分類目録』に「藤原実頼撰」としているのは正確ではない。

　次に本書の体裁についてであるが、全体は大きく二部に分けることができ、前半が藤原実頼の筆録した「故《小野宮》実旧例」、後半が藤原師輔の手に成る「九条殿口伝」であることは、右に述べたとおりである。前半については、二オ六行目に「天慶元年七月廿一日教命」、二ウ一行目に「天慶三年十二月廿三日教」、さらに二ウ九行目に「四年正月八日教」とあり、それぞれの日付より前に記されている記事が、その日の忠平の「教命」の内容と考えるのが自然であろう。

後半の「九条殿口伝」については、四オ八行目の「旬事」の以前と以後とに大別できる。「旬事」以前は、たとえば「節会日事」とでも総括すべき内容の記事である。節会についての記事は冒頭の一条を除いて一つ書きされており（「大日本古記録」所収『九暦』では冒頭の一条に〔一脱カ〕と校異を付している）、「故実旧例《小野宮》」とはその体裁を異にしている。これは筆録者もしくは抄出者の相違に起因するものであろう。

右のように、本書は「故実旧例《小野宮》」と「九条殿口伝」とで構成される書籍であり、冒頭に記されている「故実旧例《小野宮》」が本書全体の書名『小野宮故実旧例』とされたものと考えられるが、それは必ずしも内容によく合致した命名とはいいがたい。

この書名について、以下に若干の憶説を述べ、大方のご教示をお願いしたい。唯一の手掛かりは本書冒頭の「故実旧例《小野宮》」の体裁である。この書は本来、藤原忠平の教命を実頼が筆録した「小野宮家故実の旧例」のみを集めたものであり、そのため冒頭の書き出しは単に「故実旧例」とされていた。この時点での編者は小野宮流に属する人物であったであろう。しかしその後、何者かが同じく忠平の教命を筆記した「九条殿口伝」を後半に付加し合綴したことにより、前半の記録が小野宮家の故実であることを明記する必要が生じ、「故実旧例」の右肩に「小野宮」と追記したのではなかったか。そしてこれがやがて本書の書名となったものと推察するのである。以上が本書成立の経緯でもある。

なお、後半の「九条殿口伝」について付記しておかなければならないことがある。その第一は、かつて湯山賢一氏が検討した陽明文庫所蔵の『摂関家旧記目録』一巻に見える「九条殿口伝二巻」との関係であり[5]、第二には、同じく陽明文庫に所蔵されている『九暦記抄』（「大日本古記録」の『九暦』に「九暦記貞信公教命」として収録。平安時代末期書写か）一巻との関係である。

湯山氏によれば、『摂関家旧記目録』は永久五年（一一一七）二月一〇日の年紀を有し、この時に作成された目録の正文であるという。また近世中期に仕立てられた際の現表紙に、近衛家熙による「舊記目録 知足院御筆」の外題があり、『旧記目録』が藤原忠実の自筆である蓋然性は高いとされる。すなわちこのことは永久五年当時、摂関家に「九条殿口伝二巻」が伝存していたことを物語るが、この本は現在、陽明文庫には伝来せず、したがってその内容をうかがい知ることはできない。

一方、『九暦記抄』の内容は、承平六年九月二一日の記事に始まり、天慶七年閏一二月九日までの記事を断続的に掲載しており、日記からの抜粋のような体裁であるが、いずれの条も「仰云」「太閤下仰云」「殿下仰云」など、藤原忠平の「仰」を含んでおり、藤原師輔の日記『九暦』より「貞信公教命」を含む条文を引用することを目的として抜粋したものと見なされる。ただし『九暦記抄』が『九暦』所引「貞信公教命」の全てでないことは、「大日本古記録」の解説の指摘するとおりであろう。したがって本来、『九暦』にはより多くの「貞信公教命」を引いており、その抜粋の全体が『旧記目録』に著録された「九条殿口伝」の「二巻」であっても、必ずしも不自然ではなかろう。あえていえば、陽明文庫所蔵『旧記目録』に見える「九条殿口伝二巻」の一部を抜粋したものが、同じく陽明文庫に伝存している『九暦記抄』に相当し、『小野宮故実旧例』後半の「九条殿口伝」もまた『旧記目録』の「九条殿口伝」からの抜粋と考えることも不可能ではないのではないか。

もっとも、『小野宮故実旧例』所収「九条殿口伝」は、初めの五条は「節会」に関する記事をまとめて引き、また最後の記事の前には「旬事」とあって、事項別に編成されていたことがうかがわれる。これに対して『九暦記抄』はおおむね年次順になっており、その体裁が異なるが、これは抜粋の方針の差異と見ればよい。むしゃこうじ・みのる「陽明文庫本『九暦記抄』について」に、師輔の『九暦』には多くの忠平の言談が引かれており、その部分を抄出したものの一部が陽明文庫本『九暦記抄』になったとし、同様に『小野宮故実旧例』所収「九条殿口伝」も『九暦』からの抄出であるという意味で、『九暦記抄』と同種の書と考えてよいとするのは、穏当な推定であろう。(6) ただし湯山氏は『旧記目録』の「九条殿口伝二巻」と『小野宮故実旧例』所収「九条殿口伝」の関係については否定的なようである。しかし『旧記目録』の「九条殿口伝」、『九暦記抄』および『小野宮故実旧例』所収「九条殿口伝」を右のような関係として見れば、この三者が『本朝書籍目録』所載の「貞信公教命 二巻」と密接に関連する書と考えることは可能であろう。

なお伏見宮貞成親王の自筆日記『看聞日記』巻七紙背に残る親王自筆の「秘鈔目録」に「貞信公教命抄一巻」が見えるが、(7) この「教命抄」の来歴、『本朝書籍目録』の「貞信公教命　二巻」との関連などについては後考を期したい。(補注3)

三　伝　本

『国書総目録』には尊経閣文庫本のほかに左記の三種の伝本が著録されている。それぞれについて概略を述べておく。

1　内閣文庫本

国立公文書館が所蔵する写本である。『改訂内閣文庫国書分類目録』下、八六八頁に、

小野宮故実旧例（節会写）　甘　一軸　二六二　五七

と著録されている、甘露寺家旧蔵の巻子本である(8)。巻末に草花の装飾を施した「甘露寺蔵書」の陽刻朱印一顆が捺されている。

表紙は灰色雲母引簀目のもので、表紙の法量は縦二九・一cm、横一八・四cm。外題が、

小野宮
　故實舊例節會

と墨筆で打ち付け書されている。また表紙には蔵書票三種が貼付されている。そのうちの二種は国立公文書館所蔵（旧内閣文庫）のものであるが、ほかの一種は甘露寺家のものかと推定される。

本紙は全六紙で、総裏打ちが施されている。表紙を含む各紙の法量は以下のとおりである。

表紙	縦二九・一cm	横一八・四cm	糊代（右端）〇・四cm
第一紙	〃二九・一cm	〃四九・八cm	〃〇・四cm
第二紙	〃二九・一cm	〃五〇・〇cm	〃〇・三cm
第三紙	〃二九・一cm	〃四九・七cm	〃〇・二cm
第四紙	〃二九・二cm	〃四九・八cm	〃〇・二cm
第五紙	〃二九・二cm	〃五〇・二cm	〃〇・二cm
第六紙	〃二九・二cm	〃四二・〇cm（軸際マデ）	〃〇・二cm

なお軸の直径は一・二cm、軸長は三〇・九cmである。

本文は、第三紙一二行目までは尊経閣文庫本と同様に「小野宮故実旧例」の写本であり、一行の字詰めはおよそ二〇

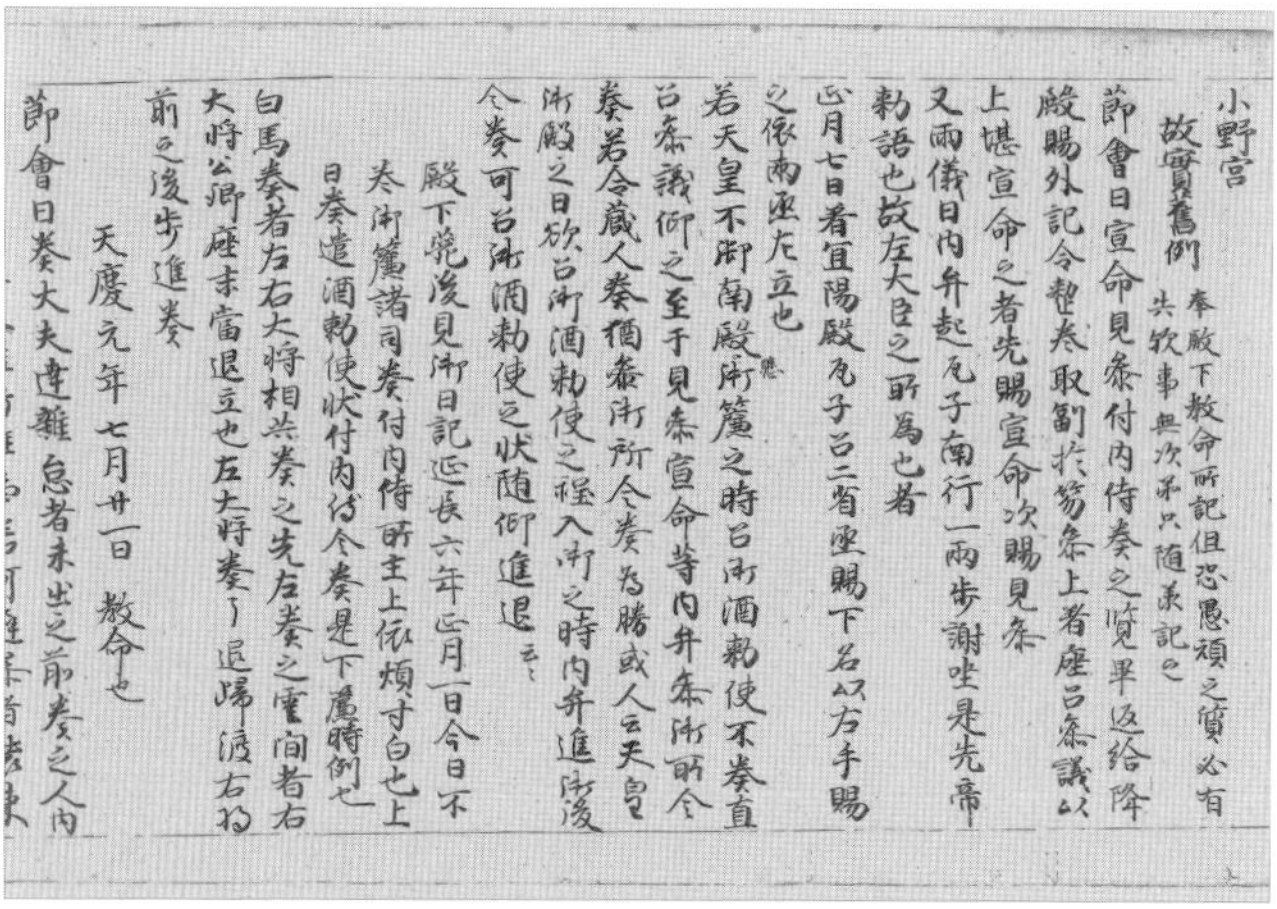
小野宮
故實舊例　奉殿下教命所記但恐愚頑之質必有失欽事無次第只随承記之
節會日宣命見參付内侍奏之覧畢返給降
殿賜外記令整參取副於笏參上着座召參議以
上堪宣命之者先賜宣命次賜見參
又兩儀日内弁起座子南行一両歩謝坐是先帝
勅語也故左大臣之所爲也者
正月七日着宜陽殿座子召二省丞賜下名以右手賜
之依兩座左立也
若天皇不御南殿御簾懸之時召御酒勅使不參直
召參議御之至于見參宣命等内弁參御所令
奏若令蔵人奏猶參御所令奏爲勝或人云天皇
御殿之日欲召御酒勅使之程入御之時内弁進御後
令奏可召御酒勅使之状随御進退云々
殿下党後見御日記延長六年正月一日今日不
出御簾諸司奏付内侍所主上依煩寸白也上
日奏遣酒勅使状付内侍令奏是下﨟時例也
白馬奏着右大将相共奏之先左奏之電向者右
大将公卿座未當退立也左大将奏了退帰渡右将
前之後歩進奏
天慶元年七月廿一日　教命也
節會日奏大夫達雖怠者未出之前奏之人内

図１　『小野宮故実旧例』（国立公文書館所蔵）

字前後である。祖本に存在した天地各一条の界線が書写されている。内閣文庫本「故実旧例《小野宮》」の本文は尊経閣文庫本と近く、また字形が近似している箇所もみとめられ、書承関係は近いと見てよい。

一方、両書には、

①尊経閣文庫本一ウ二行八字目の「懸」は、内閣文庫本本文では脱落しており、「殿」の下に挿入符を付し、行の右に「懸」を傍書している（本文と同筆）。

②尊経閣文庫本三オ八行四字目の「賜」は、内閣文庫本本文では「給」となっており、これをミセケチで抹消し、行の右に「賜」を傍書している（本文と同筆）。

③尊経閣文庫本二ウ九行二字目は「月」をミセケチで抹消し、行の右に本文と同筆で「年」を傍書しているが、内閣文庫本の本文は「年」となっている。

④尊経閣文庫本三ウ三行六字目の「殿」は、内閣文庫本本文では異体字であり、その右に「殿」を傍書している（本文と同筆）。

⑤尊経閣文庫本四オ三行八字目の「即」は、内閣文庫本本文では脱落しており、「了」の下に挿入符を付し、行の右に「即」を傍書している（本文と同筆）。

などの相違がある。右の五点はいずれも、内閣文庫本が尊経閣文庫本より上位の写本であることを示すものと見て矛盾がない。

内閣文庫本の後半部分は続群書類従、巻九〇（第四輯上 補任部）所収の『蔵人補任残闕』に相当する史料が書写されている。前半の「小野宮故実旧例」と同様、これも祖本に存在した天四条、地二条の界線が書写されている。すなわち内閣文庫本の祖本は『小野宮故実旧例』と『蔵人補任』を合綴したものであったと見られるが、何故にこの合綴がなされたのかは明らかではない。読者のご教示を俟ちたい。

『蔵人補任』の内容は、延喜一六年から同二二年までの補任であるが、続群書類従本との最大の相違点は、続群書類従本の冒頭の「延喜十六年丙子」が内閣文庫本にないことである。この『蔵人補任』については、和田英松著『本朝書籍目録考証』の「蔵人補任」の項に、

　続群書類従に収めたるは、延喜十六年より、同廿二年に至りたるもの一巻あり。但し同書には、別当を挙げず、蔵人を五位、六位に別たざれば、群書類従に収めたるものとは、その体同じからず。蓋し別種のものなるべし。

と述べられ(9)、宮内庁書陵部編『図書寮典籍解題 続歴史篇』も和田氏の説明をほぼ踏襲している(10)。

なお内閣文庫本の文字の様態はかなり古いもののように見受けられる。断定は難しいが、「小野宮故実旧例」「蔵人補任」ともにその祖本は鎌倉期にまでさかのぼる可能性がある古写本であり、内閣文庫本はそれらを影写もしくは臨模したものかと推定される。

2　無窮会本

無窮会が所蔵する写本である。『神習文庫図書目録』一三二頁に、

小野宮故実旧例　　　写　一冊　三八九四番号　井

と著録されている(11)。井上頼圀の旧蔵にかかる袋綴装の冊子本である。法量は縦二七・四㎝、横一九・八㎝。表紙は波状に渋を引いており、装訂は大和綴である。表紙の下部左方および上部右端に「3894」の黒色スタンプ印が捺され、表紙左方に「小野宮故實舊例」の打ち付け書の外題がある。表紙見返しに無窮会のものと考えられる蔵書票が貼付されている。首尾ともに遊紙はない。また本紙一オに次の蔵書印が各一顆捺されている。

（1）「無窮會神習文庫」（単郭長方陽刻朱印。縦四・六㎝、横二・九㎝）

（2）「井上頼圀藏」（重郭長方陽刻朱印。縦六・一㎝、横一・九㎝）

墨付は九紙で、一オ～四ウは「故実旧例《小野宮》」を、五オ～九オは『蔵人補任』をそれぞれ書写しており、前述の内閣文庫本と同様の構成を取っている。

「故実旧例《小野宮》」は半丁七～八行、一行の字詰めは二〇字前後であるが、この字詰めは一箇所を除いて内閣文庫本と一致しており、両者の書承関係が近いことをうかがわせる。一方、『蔵人補任』については、本文の文字遣いが内閣文庫本と異なる箇所が認められるものの、体裁はほぼ内閣文庫本と同じであり、総体的には無窮会本は内閣文庫本に近似しており、無窮会本は内閣文庫本を丁寧に書写したものということができる。

なお「故実旧例《小野宮》」には、尊経閣文庫本に見られた「簾」に対する闕画は行われていない。一方、『蔵人補任』には「兼」の字に闕画を行っていると思われる箇所が多く見られ、書写の時期を考える際の手掛かりとなるであろう。

3　南葵文庫本（東京大学附属図書館所蔵）

『南葵文庫蔵書目録』八二六頁に、

小野宮故実旧例蔵人補任　写　一　A10　54　7

と著録されている。(12) 現在は東京大学附属図書館が所蔵しており、函架番号は「G26―379」である。

本書は袋綴装の冊子本で、四つ目綴じ。綴じ糸は緑色の絹糸である。現在は外側に厚手のボール紙を加えて外表紙とし、書物を保護している。その内側には、表裏ともに薄茶色、網目入りの新補表紙が付され、さらにその内側に本紙共紙の原表紙がある。ただしこの原表紙は後に新補表紙を加えた際に見返しとして貼り付けられたが、ある時期に剥離したと見られる。

新補表紙の左端部には「小野宮故実舊例　蔵人補任」の外題が打ち付け書され、表紙中央部の上端には「小野宮故實舊例全」と黒のペン書きのある貼紙が付されている。また表紙右端上部には現在の函架番号「G26―379」の貼紙が、下部には南葵文庫の蔵書票が、それぞれ貼付されている。

旧表紙にはその左端部に左記の墨書があり、これがもとの外題であろう。

小野宮故實舊例

藏人補任残闕延喜中書□□〔到来カ〕

次に蔵書印について述べる。

（1）「陽春」廬記」（単郭長方隅丸陽刻印。縦三・〇cm、横二・四cm）

（2）「南葵」文庫」（方形隅丸陽刻朱印。印文の周囲に装飾あり。縦三・三cm、横三・三cm）

（3）「温古堂」（楕円陽刻黒印。長径二・四cm、短径一・三cm）

（4）「東京帝」國大學」圖書印」（単郭方形隅丸陽刻朱印。縦五・九cm、横五・九cm）

（1）（2）は本紙一オ上端に、（3）は旧表紙の右端下部に、また（4）は旧表紙ウラの上部に、それぞれ捺されている。(1)(2)により、本書は関東大震災による被災直後に徳川頼倫より東京帝国大学に寄贈された旧紀伊徳川家の蔵書群のなかの一冊で、同藩の古学館教授を務めた経歴を持つ小中村清矩(一八二一～一八九五、号陽春廬)の旧蔵書であることが判明する。なお(3)の「温古堂」印に関しては詳細が不明であるが、『改訂増補内閣文庫蔵書印譜』によれば、塙保己一の書斎「温故堂」に由来する可能性があるようである[13](同書二五頁)。

本紙については、墨付は九紙であり、一オ～三ウは「小野宮故実旧例」の写本である。ただし第一紙の書き出しは「小野宮故実旧例(割注略ス)」とあり、尊経閣文庫本・内閣文庫本のように「小野宮」の下で改行してはいない。南葵文庫本の本文は半丁一〇行、一行二〇字で、全体を通じて体裁が整定されており、冒頭の書き出しの様態がほかの二本と異なっているのはそのためと考えてよい。本文には朱墨の校異が多数見られ、そのほとんどは本文と別筆である。校異は多くの場合は他本との校合ではなく、意を以て本文を改訂するという性質のもののようである。

南葵文庫本「小野宮故実旧例」の本文は総体的には他本との相違は少ないが、右に述べたように体裁を整定しているため、他本との書承関係が不明確な点がある。内閣文庫本より下位の写本と見てよいが、尊経閣文庫本・無窮会本との関係については今後の検討を俟ちたい。

次に、南葵文庫本は四オ～九オに『蔵人補任』を書写している。内閣文庫本とは文字遣いに多少の相違があるほか、改行の箇所にも多くの相違がある。ただし改行箇所の相違については、一行の文字数の制約による可能性も想定する必要があり、必ずしも内閣文庫本と系統を異にする写本とまではいいにくい。また冒頭の記載は次のように内閣文庫本と大きく相違している。

　蔵人補任残闕
(朱書)『延喜十六年丙子』

頭従四位下（下略）

内閣文庫本は「頭従四位下（下略）」から始まるが、南葵文庫本は冒頭に「蔵人補任残闕」とあり、さらに「頭従四位下（下略）」との行間に「延喜十六年丙子」を朱で追補している。この二行についても、異本による追記ではなく、意を以て追補したと見るべきであろう。

なお前半の『小野宮故実旧例』と同じく、『蔵人補任』にも朱墨の校異が多数見受けられるが、前半とは異なり、本文と同筆かと推定される書入れが多いように思われる。

以上、尊経閣文庫本の書誌・内容・体裁・書名、および伝本について概要を述べた。本書の書名については先に憶測を述べ、この書籍の成立の経緯について推測を加えたが、内閣文庫本の文字の様態から推測すれば、その祖本は鎌倉期もしくはそれ以前に成立していたかと思われ、その後さらに『蔵人補任』の残闕が本書に合綴されたと推定される。しかし『蔵人補任』の合綴がいかなる意図にもとづくものか、俄かには判断できない。ご教示をお願いしたい。

注

（1）侯爵前田家尊経閣文庫『尊経閣文庫国書分類目録』（尊経閣文庫、一九三九年）。
（2）前掲注（1）書。
（3）和田英松『本朝書籍目録考証』（明治書院、一九三六年、初出一九三五年）。
（4）むしゃこうじ・みのる「陽明文庫本『九暦記抄』について」（『日本文学史研究』二〇〇、一九五三年）。この論文は田島公氏のご教示により知った。
（5）湯山賢一「『摂関家旧記目録』について」（『古文書の研究─料紙論・筆跡論─』青史出版、二〇一七年、初出二〇〇八年）。

（6）前掲注（4）むしゃこうじ論文。

（7）宮内庁書陵部編『看聞日記紙背文書・別記』〈図書寮叢刊〉（養徳社、一九六五年、二二一頁下段所収）。

（8）内閣文庫編『改訂内閣文庫国書分類目録』下（国立公文書館内閣文庫、一九七五年）。

（9）前掲注（3）和田書。

（10）宮内庁書陵部編『図書寮典籍解題　続歴史篇』（養徳社、一九五一年）。

（11）無窮会編『神習文庫図書目録』（名著出版、一九八二年）。

（12）南葵文庫編『南葵文庫蔵書目録』（南葵文庫、一九〇八年）。

（13）国立公文書館編『改訂増補内閣文庫蔵書印譜』（国立公文書館、一九八一年）。

補注

（1）繊維（楮）は縦・横に明確な方向性を示しており、完成度の高い流し漉き技法で漉かれたことを確認できる。そのため、全体に漉きムラのない紙である。簀目は二〇本／三㎝（おそらく竹簀）、糸目は三・八㎝。紙厚は七五〜八〇㎛くらい。打紙加工はされていないようだが、墨は繊維の上に乗っており、少々のかすれもあるが墨のにじみは見えないので、表面にそれなりの濃度のニカワ溶液が塗布されていると推定される。典型的な近世紙だが、繊維間に填料は目立たず（少々白い物が混じる程度）、触った際にもパリパリする音はあまりたたない柔らかめの紙である。

（2）『小野宮故実旧例』に関しては、竹内理三「口伝と教命」（『貴族政治の展開』〈竹内理三著作集五〉角川書店、一九九九年、初出一九五八年）・山中裕「『九暦』と『九条年中行事』」（『平安時代の古記録と貴族文化』思文閣出版、一九八八年、初出一九五七年）などでも、簡略に検討されている。

（3）『通憲入道蔵書目録』にも「貞信公教命」が見える。同目録の性格については、田島公「典籍の伝来と文庫―古代・中世の天皇家ゆかりの文庫・宝蔵を中心に―」（『蔵書目録からみた天皇家文庫史―天皇家ゆかりの文庫・宝蔵の目録学的研究―』塙書房、二〇二四年、初出二〇〇四年）を参照。

（文責：渡辺　滋）

史料対照表

1　この対照表は、上段に尊経閣文庫本『小野宮故実旧例』を、校異を加えずそのまま翻刻し、下段には、上段に対応すると考えられる『西宮記』『北山抄』の勘物等に引かれた記事を掲げた。

2　下段の記事および末尾［注］の典拠は、神道大系本『西宮記』『北山抄』の略称『西』『北』と頁数（神○○頁と表記する）によりその所在を示し、翻刻もそれにしたがった。

3　用字は原則として通行の字体を用いた。

4　下段の空欄は調査が行き届いていないことを示す。大方のご教示をお願いする。

〔尊経閣文庫本『小野宮故実旧例』〕	〔『西宮記』『北山抄』勘物等〕
小野宮 故実旧例奉殿下教命所記但恐愚頑之質必有失歟事無次第只随承之記	
A　節会日宣命見参付内侍奏之覧畢返給降殿賜外記令整巻取副於笏参上着座召参議以上堪宣命之者先賜宣命次賜見参	a　小野宮記云宣命見参付内侍奏之覧了返給降殿賜外記令整巻取副於笏参上着座召参議以上堪事者先賜宣命次賜見参云々　（『西』神41頁）

B　又雨儀日内弁起瓦子南行一両歩謝坐是
先帝勅語也故左大臣之所為也者

C　正月七日着宜陽殿瓦子召二省丞賜下名」（1オ）
以左手賜之依雨丞左立也

D　若天皇不御南殿懸御簾之時召御酒勅使
不奏直召参議仰之至于見参宣命等内弁
参御所令奏若令蔵人奏猶参御所令奏為
勝或人云天皇御殿之日欲召御酒勅使之
程入御之時内弁進御後令奏可召御酒勅
使之状随仰進退云々

E　殿下薨後見御日記延長六年正月一
日今日不巻御簾諸司奏付内侍所主」（1ウ）
上依煩寸白也上日奏遣酒勅使状付
内侍令奏是下簾時例也

F　白馬奏者左右大将相共奏之先左奏之雲
間者右大将公卿座末当退立也左大将奏
了退帰渡右将前之後歩進奏
天慶元年七月廿一日　教命也

b　小野記云起座南行一両歩謝座是
先帝勅語也云々(1)　（『西』神12頁）

c

d　小野記云不御南殿懸御簾之時召御酒勅使
不奏直召参議仰之至于見参宣命等内弁
参御所令蔵人奏
或人云天皇御殿之日欲召御酒勅使之
程入御之時内弁進御後令奏
随仰進退云々　（『西』神39〜40頁）

e　延長六｜正｜一
｜不巻御簾諸司奏付内侍所主
上依煩寸白也日上奏御酒勅使状付
内侍令奏是下簾時例也云々　（『西』神40頁）

f　小野記云左奏之
間右大将公卿座末当艮立也左大将奏
了退帰渡右大将前之後歩進奏之　（『西』神39頁）

G
節会日奏大夫達雑怠者未出之前奏之人
内弁上者早参入催行雑事若可遅参者装
束弁許遣仰可催行之由故左大臣所示也」(2オ)
天慶三年十二月廿三日教

H
今年新嘗会中宮男親王歟今案令上不預謝
座酒入見参簿間事由於外記申云去四月
一日可奉入見参之由有気色仍所奉入也
云々殿下命云非有永宣旨於奏内事由可
令者也者留御所之奏者奏了即退出

I
又七日賜位記筥於二省之間笏者如指置
傍伝給宜也
四年月正月八日教」(2ウ)
九条殿口伝如是教命時々雖承愚拙之身自以忘失歟但至于承覚略書之

J
節会日若御簾懸内弁大臣諸奏事参進御
下令内侍奏之御酒勅使見参宣命等文類
但御酒勅使事堂上巡行三度之後可申行
或依黄景傾一献若二献之後被行見参等
文付内侍後内弁大臣立東第三柱本御覧

g
小野宮記云節会日奏大夫達雑怠者未出之前奏之又
内弁上者早催行雑事若可遅参之時装
束司弁許仰遣可催行之由左大臣所被示也云々(2)
(『西』神11～12頁)

h

i
小野記云賜位記筥於二省之間笏者如揖置
傍云々
(『西』神39頁)

j
九記云節会日懸御簾内弁諸奏事進御
簾下令内侍奏之酒勅使見参宣命等文類
但〈酒勅使事堂上巡行三度之後可申行
或依黄景傾一献若二献之後被行〉之見参等
文付内侍後内弁立東第三柱本御覧
(〈 〉内、『西』神340頁ニモアリ)

之後返賜下堂召外記賜挿書杖見参宣命
等文取副笏参上着座須召両参議給二枚」（3オ）
文常如此為前宣命為後見参

K一節会日儀未畢前々皇帝若還御本殿内弁
大臣参進御殿付蔵人令奏但御酒勅使事不奏而行

L一節会日堂上巡行三巡之後内弁大臣奏事
由後召参議一人称唯進立内弁後仰云大
夫達御酒給参議称唯下従東階召外記問
為勅使之人而後昇自同階従南簀子西行
立東第二柱西方召仰事着本座

M一節会若旬臨時宴会親王召采女献御酒某」（3ウ）
儀堂曰上卿先奏事由親王召采女等二声
即采女擎御盞参進立御前親王座跪唱乎
皇帝御酒聞食了即親王給座西妻下自南
階傾縁東方拝舞昇東階座着事見酒式

N一節会若臨時宴会日左右大将不参而有宰
相中将者称警蹕雖大臣不得称

了返賜下堂召外記賜挿書杖見参宣命
等文取副笏参上着座召両参議給之云々
為前宣命云々　（『西』神40・339頁）

k
〔九記云〕節会日儀未畢前天皇若還御本殿警蹕内弁
大臣進御殿付蔵人奏但酒勅使不奏給之(3)　（『西』神40頁）

l

m
(押紙)九記云節会若旬臨時宴会親王召采女献御酒其
儀当日上卿先奏事由親王召采女等二声
即采女擎盞参進立御前親王立座跪唱平
天皇御酒聞食畢即親王経座西妻下至南
階傾縁東方拝舞畢昇東階着事見酒式也(4)　（『西』神602頁）

n

旬事

〇 旬日外記進見参録目録上卿見了令奏如」（4オ） 〇(5)
節会儀奏了着陣座先召少納言賜見参次
召弁間給録目録承平八年四月一日下官
為上卿事了後執中今日行事之次所承也
（以下、六行分空白）」（4ウ）

史料対照表の注

(1)『北山抄』巻一　年中要抄上　正月　元日節会（神七頁）本文に「雨儀左右近陣立平張大臣兀子南傍行一両歩謝座」とある。

(2)『北山抄』巻一　年中要抄上　正月　白馬節会（神一七頁）勘物の分注に「貞信公教云節会諸大夫雑怠者未出御前奏之云々」とある。

(3)〔九記云〕、『西宮記』前田家巻子本　巻六甲　十一月　新嘗会（『西宮記』二〈尊経閣善本影印集成二〉一二一頁）、『同書』巻六乙　十一月　新嘗会（『西宮記』二、一九五頁）に「九記云」として引く。

(4)「九記」に傍書されている「押紙」の原本がかつて壬生本『西宮記』に貼り付けられていた押紙を意味するものであり、現在は剝落して京都大学文学部所蔵「狩野亨吉氏蒐集文書」に収められていることは、北啓太「京都大学文学部所蔵の壬生本『西宮記』断簡」（『神道大系月報』一一五、一九九三年）が明らかにした。

(5)『北山抄』巻一　年中要抄上　四月　旬事（『北』神五五頁）本文に「大臣着陣座外記進見参禄目録等（注略）大臣参上付内侍奏之返給退下（注略）着陣召少納言給見参召弁給目録」とあり、また『同書』巻一　年中要抄上　四月　宜陽殿平座事（『北』神五七頁）本文にも類似の記事がある。

第三章　尊経閣文庫本『年中行事秘抄』

はじめに

宮廷の年中行事を列記した年中行事書は、仁和元年（八八五）に太政大臣藤原基経が献上し、清涼殿に立てたと伝える「年中行事障子」（『帝王編年紀』同年五月二五日条、『師遠年中行事』裏書、尊経閣文庫本『年中行事秘抄』巻首書入れ等）を嚆矢とすると見られ、以後、行事項目を加除し、多くの勘物・注記を加えるなどしつつ多様な行事書が作成された。『年中行事秘抄』もその一種である。本書の古写本の一つである尊経閣文庫所蔵『年中行事秘抄』（以下、これを尊経閣文庫本と称する）の複製本が一九三一年に刊行され、それに付された解説が尊経閣文庫本について包括的に述べているが、[1]その後、『年中行事秘抄』の研究の立ち後れは否めず、『図書寮典籍解題　続歴史篇』が葉室家旧蔵本を中心に記述しているが、[2]概して簡略であり、本格的な研究は一九七三年の山本昌治論文[3]および翌一九七四年の所功論文[4]を待たなければならなかった。ついで最近十年余りの間に、後掲（四八三〜四八四頁）の注・参考文献に挙げたような研究が出され、ようやく研究が本格化した。

本稿ではこれら諸氏の研究に依拠しつつ尊経閣文庫本の概略を述べることとする。なお行論の便宜のため、尊経

閣文庫本の奥書および、中原氏の略系図を次に掲載する。(5)

〔尊経閣文庫本奥書〕

本奥書曰、

Ⅰ　本云、

ⓐ元久三年(一二〇六)二月六日、借請音儒師行本書写了、
年来所持之本、不慮紛失之故也、重可合証本
而已、　　判
即校合畢、

ⓑ建暦三年(一二一三)八月廿九日、合前相州之本、重加勘物等了、
件本、以故羽州之御本予書写之、而先日不慮紛失了、
今此本、羽州御本由記奥、尤珍重也、其奥書云、

Ⅱ　本云、

ⓒ長寛二年(一一六四)四月五日、以大外記師元之本書写之、
散位藤原在判

ⓓ治承五年(一一八一)五月〇七日、校合或人本之次、加朱点、近代事少々
勘入了、

ⓔ件本云、

保安元年（一一二〇）七月十一日、於直廬、休閑之隙書之、
大外記師遠所進本也、

Ⅲ　延応元年（一二三九）八月廿九日、以前大監物師世之本（祖父博士）（師高自筆、師世尚歟、又近代事多勘入之、）書写之、可秘、〳〵、即校合畢、

Ⅳ　此年中行事、先年（貞和三年五月之比、）忠俊朝臣送之云、或人秘本也、可加一見云々、仍所書留也、而謬字多之歟、後年披閲之次、見咎事等注付之、以墨合点之也、年来所在之本（建治之頃以内相殿本書写之、）雖為委細、不載後之事等少々有之、可秘蔵々々、抑如奥書者中家之外記所注書歟、旧本又同前、仍為後見、彼家系図聊注載裏也、

〔中原氏略系図〕注（5）五味論文掲載図を基に作成

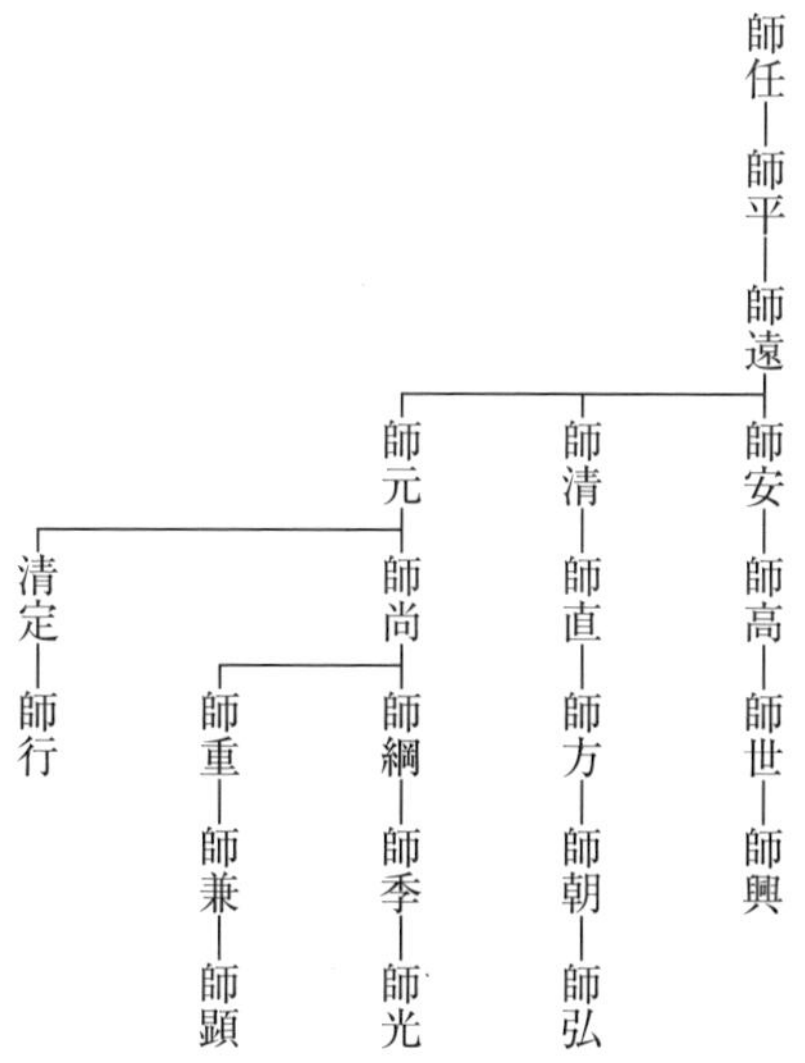

一　研究の現状 ―撰者・成立・伝来―

『年中行事秘抄』の撰者については、近世において中原師尚、中原師光、大江匡房などとする諸説がすでに存在しているが、近年では山本昌治氏(6)、所功氏(7)、西本昌弘氏(8)、五味文彦氏(9)の研究がその主なものである。以下、伝来を

含めてこれら諸氏の研究に依拠しつつ、研究の現状を垣間見ることとしよう。

まず山本氏は『年中行事秘抄』の引用書と『江家次第』を比較して五九箇条に及ぶ『江家次第』からの引用と見なしうる記事を見出し、それらが典拠を示さずに引用されているところから、両書の作者は同一人物、もしくは同系統の人物と推定したうえで、引用の態度から、『江家次第』の作者である大江匡房こそが『年中行事秘抄』の作者であるとした。したがって「本書（『年中行事秘抄』―引用者注）の成立年代の上限も、江家次第成立時として何ら差支へないと思ふ」と結論している。(10)

また『年中行事秘抄』の伝来に関しては、尊経閣文庫本の奥書Ⅲに見える「師高」をその傍注「尚歟」にしたがって「師尚」と見なしたうえで、その系統に属する師光を延応元年写本の書写者と判断し、この写本を「延応元年本甲」、現存の尊経閣文庫本を「延応元年本乙」と呼ぶとともに、両者をあわせて「延応元年系本」と称した。また水府明徳会彰考館所蔵の葉室長光本に見える「建武元年六月日、此抄上下、以前源相公国資卿本書写畢、（中略）／参議右兵衛督藤原長光在判」(補注1)という葉室長光の本奥書にもとづいて、この系統を「建武元年系本」と称し、『年中行事秘抄』の諸写本をこの両系統に分類した。両系統の関係については、「「延応元年本甲をもとにして」現存の両系統の写本が誕生したと思ふのである。いはゞ「延応元年系本」は、「建武元年系本」の親本であつたと考へられるのである」と結論した。(11)

山本氏の成立年代および著者に関する論については所功氏が批判を加えた。(12)所氏は、山本氏が『江家次第』からの引用と認めた五九箇条のなかには後人による補入や大江匡房死後の年次を有する勘注が含まれており、山本説の論拠は不確実であるとして再考の必要を説いた。その論は詳細かつ多岐にわたるが、結論はおおむね以下のとおりである。

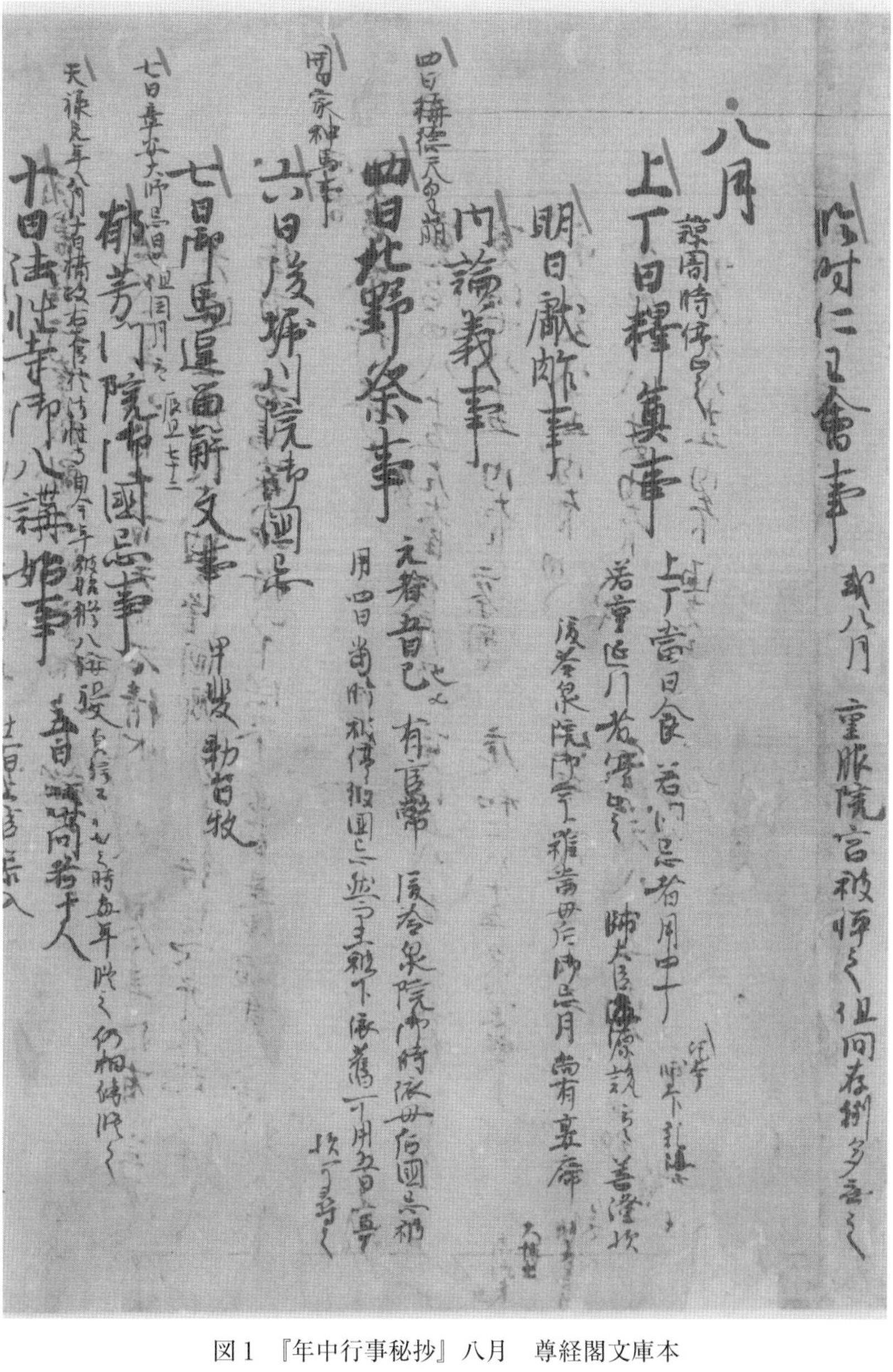

図 1　『年中行事秘抄』八月　尊経閣文庫本

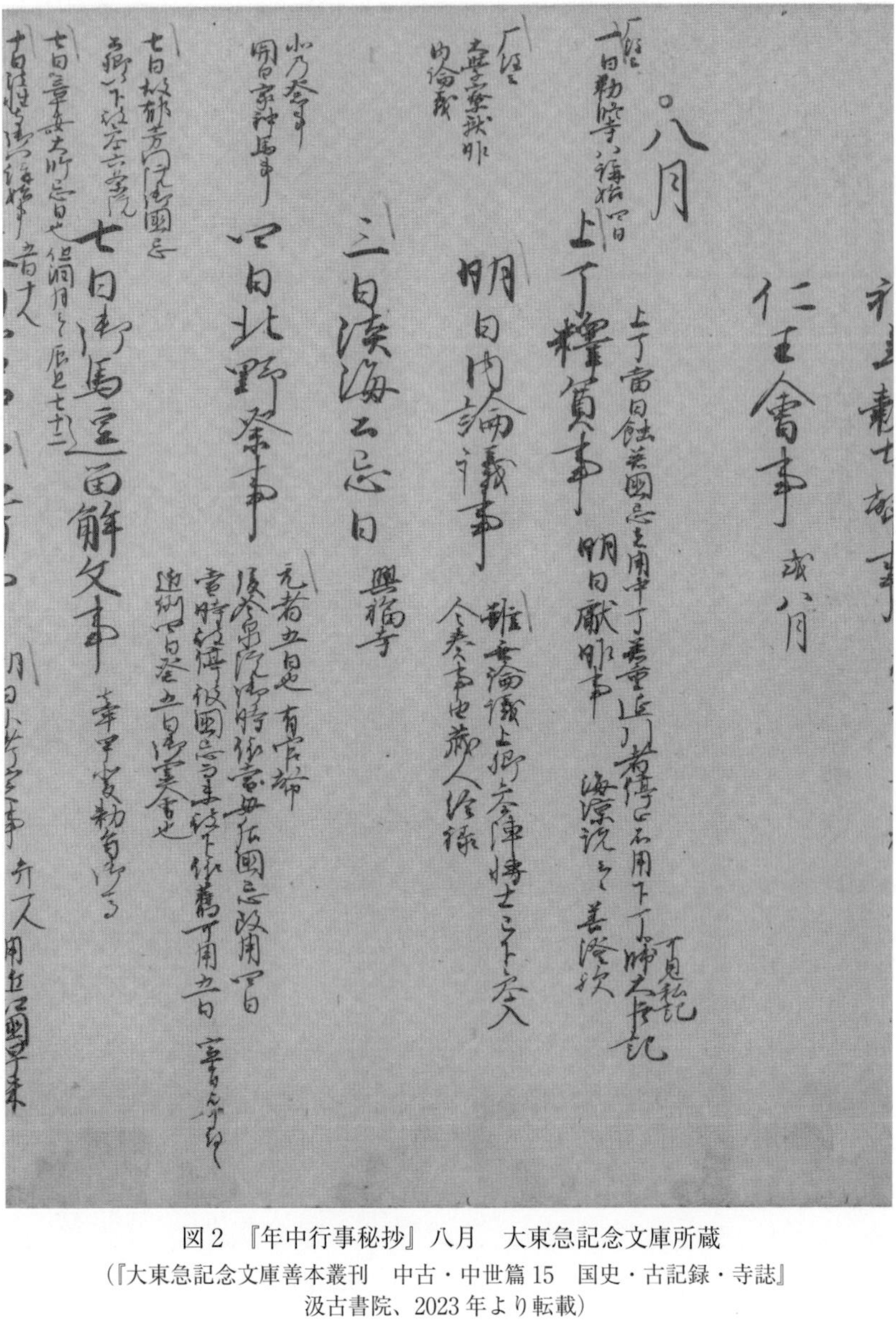

図2　『年中行事秘抄』八月　大東急記念文庫所蔵
（『大東急記念文庫善本叢刊　中古・中世篇15　国史・古記録・寺誌』
汲古書院、2023年より転載）

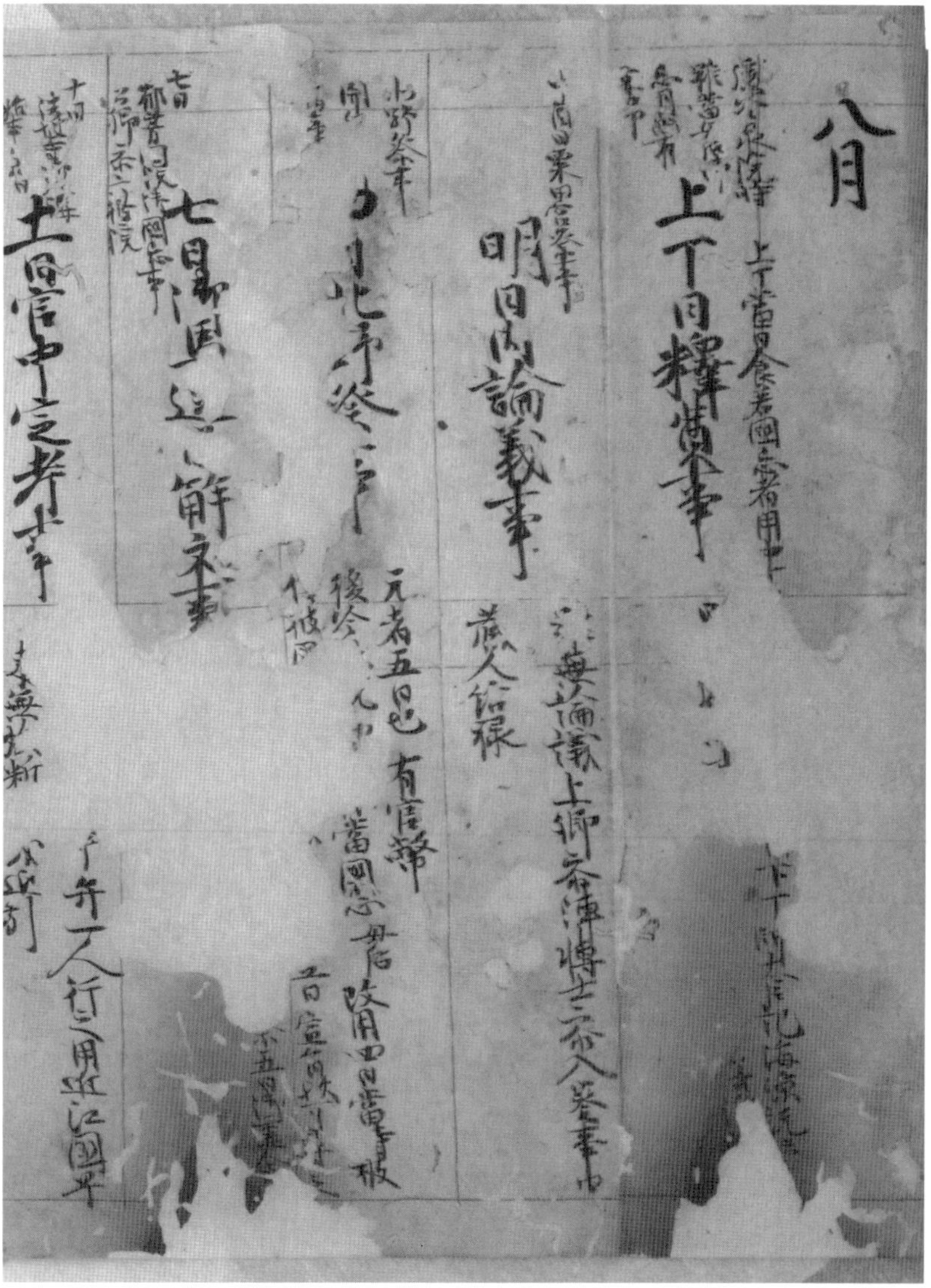

図３『年中行事秘抄』八月　国立歴史民俗博物館本

所氏によれば、『年中行事秘抄』の祖本は、中原師遠がその行事項目を構成する段階で大江匡房の『江家年中行事』などを参考として編成したもの（師遠所進本）であり、尊経閣文庫本の奥書に保安元年（一一二〇）七月一一日に「大外記師遠所進本」が書写されたことが記されている（奥書Ⅱⓔ）ので、師遠所進本の成立は保安元年以前となる。これを起点としてその後、師遠所進本には彼の子孫が書写する間に新しい年中行事や勘物・注記が加えられた。その過程で、師遠の子・師安系の孫である中原師高、曾孫の師世らが加筆した系統と、同じく師遠の子・師尚系の孫である師尚、六世孫の師光が加筆した系統に分かれ、現行本では尊経閣文庫本系が前者に、群書類従本系が後者に属すると図式化した。(13)

なお所氏は前掲の奥書Ⅳにもとづいて、（1）尊経閣文庫本は貞和三年（一三四七）の頃に「忠俊朝臣」(補注2)が奥書の記主のもとにもたらした「或人秘本」を書写したものであるが、誤字が少なくなく、後にそれを訂正注記したこと、（2）また奥書の記主が年来所持していた写本は建治年間（一二七五〜一二七八）の頃に「内相殿」(補注3)（近衛家基）所持の本を書写したものであり、記事は詳しいが「後之事等」は載せていなかったこと、（3）尊経閣文庫本の奥書から知られるように、この写本は「中家之外記」の伝本であり、「中原家流年中行事書」にほかならないこと、などを指摘している。(14)

次に西本昌弘氏は大東急記念文庫本『年中行事秘抄』(補注4)と『江家年中行事』の比較検討を行い、両者の関係を追究するとともに、『年中行事秘抄』の原撰者、編成・増補にかかわった人物の解明を試みた。(15)

西本氏によれば、『江家年中行事』は大江匡房の著作で、これに中原師遠が勘物・注記を加えたものであり、これと鎌倉初期書写の大東急記念文庫本『年中行事秘抄』を比較すると、（1）大東急記念文庫本は『江家年中行事』の記載をかなり忠実に踏襲していること、（2）行事項目も基本的に『江家年中行事』のそれを継承していることなど、両書の親近性が認められ、したがって『年中行事秘抄』は『江家年中行事』をもとに増補を加えた書であるとする。また（3）大東急記念文庫本には匡房による草稿本の痕跡が残っていること、（4）大東急記念文庫本の奥書の「都督江納言、以近代公事被撰定云々」を重視すべきことなどから、『年中行事秘抄』は大江匡房が原撰者であり、以後、師元・師尚ら中原氏の増補が加わって行くと考える。

なお大東急記念文庫本の裏書には師遠の子の師元（四六三頁の中原氏略系図参照）による加筆を含んでおり、この本は、師元が書写・増補した『年中行事秘抄』（奥書Ⅰⓑに見える「故羽州之御本」）の形態をよく残した写本であるとしている。また大東急記念文庫本と尊経閣文庫本はともに延応元年本系に属する同系統の写本であるが、前者がより古い写本であるとする。

一方、五味文彦氏は右の諸氏らの研究を踏まえ、日記・文書を始めとする多様な文献を傍証として用いつつ独自の見解を提示した[16]。本節の課題に即してその行論を追えば、ほぼ以下のようになろう。

まず『年中行事秘抄』は外記の日記が多く引用され、また外記の行動や外記の勘申の引用も多く、外記の手が入っていることがうかがわれる。ただし『師遠年中行事』などと異なって行事の意味、由来などの探究に関心が強い点が特徴であるとする。

次に作者については、『年中行事秘抄』が『江家次第』に多く依拠していることを認めつつ、匡房以後の記事を大量に含む点から山本昌治氏の大江匡房作者説を排する。しかし『年中行事秘抄』の原形は匡房が著わしたと見る。すなわち静嘉堂文庫本『年中行事秘抄』下巻の奥書に「保延元年五月書写之、此年中政要者、都督匡房卿納于筐底秘蔵之、彼卿便撰也、於再注勘物者大外記中原師遠注加之」と見えることから、原形本の書名は『年中政要』であり、匡房と中原師遠の連携により著わされたとした（したがって『年中行事秘抄』の原形である『年中政要』の成立は保延元年（一一三五）以前となろう）。

『年中政要』は中原師遠の孫の師尚に伝えられて大幅に手が加えられ、『年中行事秘抄』が成立した。この師尚所持本はその後、師尚の兄弟である清定の子で、師尚の養子となった師行に継承された。これを元久三年（一二〇六）に書写したものが尊経閣文庫本の祖本とする（奥書Ⅰⓐ）。また五味氏によれば、元久三年本の書写を行ったのは、奥書Ⅲに見える「祖父博士師高」であるとする。

元久三年書写本には師行所持本以外にも、「大外記師元之本」を「散位藤原」が長寛二年（一一六四）に書写したものが利用されているが、この長寛二年書写本には、保安元年に「大外記師遠所進本」を書写した本（五味氏はこれを藤原伊通が書写したと見る）にもとづいて治承五年（一一八一）に校合・追記が加えられており、したがって尊経閣文庫本は師行所持本に、師遠・師元の本による追記などをも加えて成立しているとする（奥書Ⅱ）。

このような経過をたどって伝わった尊経閣文庫本の祖本は、五味氏によれば、延応元年（一二三九）に「前大監物師世之本」にもとづいて書写された。師世所持本は「祖父博士師高自筆」の本であり、師世が「近代事」を追記したものであった（奥書Ⅲ）。ここに師高を「祖父博士」と呼んでいることから、延応元年写本は師高の孫の師興（四六三頁の中原氏略系図参照）の手に成るものであるとした（これが尊経閣文庫本の最新の奥書であり、尊経閣文庫本成立の上限は延応元年となろう）。

なお五味氏は、師尚は師元に与えたもののほかに、さらに筆を加えた行事書を作成していたと考え、これが群書類従本『年中行事秘抄』の系統であろうと推定する。

次に佐藤健太郎氏の所論を見よう。[17] 佐藤氏の研究は天理大学附属天理図書館吉田文庫所蔵の『年中行事秘抄』（万里小路惟房書写本）の再評価を行うことを主眼としている。佐藤氏によれば、万里小路本は尊経閣文庫本と同じく延応元年本系に属する写本であり、内容においても、万里小路本は尊経閣文庫本の特徴を具備しており、尊経閣文庫本系の写本をもとに成立しているとする。

万里小路本の巻末には天文二〇年（一五五一）八月一四日の惟房の奥書があり、これによれば惟房は「洞院本歟」という写本を借り請けてこの日に書写し、あわせて首書・注釈を加えたという。その後の万里小路本については、佐藤氏が紹介したこれと同系統の宮内庁書陵部所蔵鷹司本『年中行事秘抄』の奥書（佐藤氏の〔奥書ａ〕）からうかがわれる。佐藤氏によればこの奥書は「享保三年十一月日」の万里小路尚房のものであり、その内容は、惟房の自筆書写本、すなわちここでいう万里小路本は当時、賀茂清茂が所持していたが、それは伏見宮邦永親王から賜ったものである、ということである。これにより万里小路本はある時期に伏見宮家の有に帰し、後に邦永親王から賀茂清茂の手に渡ったことが判明するという。(補注5)

なお万里小路本には「田中勘兵衛」と書かれた付箋が挟み込まれ、また「宝玲文庫」印が捺されているので、田中勘兵衛（教忠）からフランク・ホーレーを経由して天理大学附属天理図書館の所蔵となったことが知られるとしている。

従来ほとんど評価されなかった近世の写本の意義とその伝来を明らかにしようとする佐藤氏の試みは評価すべきであり、さらに、万里小路本に存在するが尊経閣文庫本には見られない項目や勘物・頭書などは大東急文庫本と一致することを指摘し、また万里小路本系の鷹司本には建武元年系本の記事が混入しているとする山本氏の指摘に対して、(18)その事実は確認できないことを述べるなど、今後の研究に資する重要な提起が見受けられる。

最後に「尊経閣叢刊」の解説も、その奥書に沿って中原氏内部における書写・追補の状況を記述している。(19)その結論は、延応（一二三九〜一二四〇）より間もない時期に、「延応書写の師世本を底本として転写すると共に、最近の新行事を本行或は頭書に書加へたるもの」が尊経閣文庫本であるとし、書写の時期については、「追加の行事より推測して」、奥書Ⅲの延応元年以降、間もない時期で、宝治年間（一二四七〜四九）以後には降るまいとしている。ただし『年中行事秘抄』の撰者および尊経閣文庫本の書写者についての具体的な言及はない。わずかに、尊経閣文庫本は月々の行事とこれの記載順序が『師光年中行事』とほぼ一致していることを指摘するとともに、『師光年中行事』には寛元元年九月一八日に抄写したとする奥書があり、尊経閣文庫本とおおむね同時代であると述べており、師光を尊経閣文庫本の書写者に比定しているかとも受け取れる記述を行っている。

なお、解説の表題には「年中行事秘抄師世本　解説」とあり、尊経閣文庫本があたかも師世本そのものであるかのように記されているが、これは不適切であろう。

以上のような研究状況からうかがわれるように、『年中行事秘抄』の撰者とそれに関連する成立時期について、諸説には対立する点も少なくない。また伝来の経緯、写本系統の研究についても、山本氏の労作があるにもかかわらず、詳しい系統図を作成するまでには整理されていないのが現状であり、さらに近世の書写本の研究も十分とはいえず、今後の課題は少なくない。(補注6)

しかし『年中行事秘抄』が主として外記中原氏の深い関与のもとに成立し伝来したことは諸説により明らかである。平安時代後期以降、中原氏の手に成る年中行事書は『師遠年中行事』『師元年中行事』『師光年中行事』が知られており、『年中行事秘抄』を含めて、こうした「中原家流年中行事書」と概括される年中行事書が出される背景にはこの時期に固有の状況が存在したことがすでに指摘されているが、(20)これについてここで言及することは差し控える。文末の注・参考文献に掲げた所功・五味文彦・遠藤基郎・遠藤珠紀ら諸氏の研究を参照されたい。

二　尊経閣文庫本

尊経閣文庫本『年中行事秘抄』（函号 七―三書政）は、巻子本、一巻。『尊経閣文庫国書分類目録』七〇三頁に、

　年中行事秘抄　　中原師世撰　延応元年写　一（巻）　七　三書政

と著録されている。(21) ここに「中原師世撰」「延応元年写」とあるのは、右に見た諸氏の研究を踏まえれば、適切ではないであろう。

尊経閣文庫本の来歴については、「尊経閣叢刊」の解説(22)が前田綱紀（一六四三～一七二四）の『桑華書志求遺書庚子正月起』（尊経閣文庫所蔵）に依拠して的確に記述している。ここでは『桑華書志』を引用して改めて述べておく。

尊経閣文庫本について『桑華書志』には、

　原本　年中行事秘抄一巻
　　此証本依願受納、贈金二十両、上絹
　　五匹、以述謝辞、端玄徹奉之、時
　　享保五載仲春二十四日、事既竣焉、

とあり、享保五年（一七二〇）二月二四日に金二〇両と上絹五匹を対価として綱紀が入手したものであった。『桑華書志』にはまたこれの写本についても著録されているが、そのなかに右の原本を入手するまでの経緯が記されている。それには、

　写本　年中行事秘抄一巻

本朝経籍目録所載年中行事之証本無疑、
押小路大外記中原師貫家蔵也、師貫家
貧不給事故、以此被乞助力、端玄徹介之、
因茲示談為連々之間、先命書手令
摹写之、殊勘物附注精詳也、絶世之
弥篇也乎、（以下略）

と見え、原本は大外記中原師貫の所持していたもので、勘物・附注が精細な「絶世之弥篇」であると述べ、これを摹写せしめている。この後には、原本を入手するための代価について折衝が繰り返された経緯が記録されている。それによれば、当初、中原家からの申し出は五〇両であったが、「僉議」の結果三〇両、さらに二五両と上絹二、三匹となり、最終的には右のように二〇両と上絹五匹で決着した。

これらの綱紀の記録により、尊経閣文庫に現存する『年中行事秘抄』一巻が外記中原氏の伝本であったことが知られよう。

次に尊経閣文庫本の書誌の概要を述べる。

本巻を収納する箱はなく、二重の包紙に包まれている。内側の包紙は楮紙の渋紙かと推定される薄茶色の紙で、裏打ちが施されている。これには「年中行事　秘本勘物多註付之極秘々々」の墨書が打ち付け書されている。法量はおよそ縦三一・八cm、横四四・八cmで、そのほぼ中央に紙継目がある。外側の包紙は奉書紙で、縦四四・一〜四四・三cm、横五五・七〜五六・五cmであり、「年中行事延応元年抄本　一巻」の墨筆の打ち付け書および「政書(貫)第三号」（(貫)は朱印）の貼紙がある。右の包紙ウハ書の筆跡の主はいずれも不明である。

まず現装の表紙について述べる。本体には本紙とは異なる紙を用いた表紙が加えられており、その表面には磨きを加えた痕跡がある。現表紙には打ち付け書の「年中行事秘抄」の外題があるが、その筆跡はさほど古いものではない。外題の「年」と「行」の字画の一部が虫損のため欠けており、現表紙を付した際に外題も書かれ、その後に裏打ちが施されたものであろう。現表紙の法量はおおむね縦三〇・二cm、横二三・三cmである。

表紙の構造は、やや不明瞭な点が残るが、ほぼ次のような状況と考えられる。すなわち見返しには裏打ちが施され、その上に原表紙が張り付けられている。したがって現在の見返しに認められる「廃務」「廃朝」に関する注記などは、原表紙の見返しのものである。原表紙の上下端および右端は大きく破損しており、残存する見返しの墨書を保存するため、表面に磨きを施して裏打ちした表紙に原表紙を張り付けたのであろう。全体として現在の表紙は①現表紙、②現表紙の裏打ち紙、③原表紙、の三重の構造を有していると考えられる。

表紙の左端、外題の左方には幅約〇・三cmの折り返しのごとき線が一筋見えている（『年中行事秘抄』〈尊経閣善本影印集成四七―三〉二二頁。以下、頁数は同書からの引用を示す）が、これは現表紙の裏打ち紙が原表紙よりやや大きいためにはみ出した状態を示しているものであり、折り返しではない。現表紙見返しの右端には、約〇・七cmの間隔で三筋の折目が認められ、もとはここに発装が装着されていたと考えられる。右端から三筋目の折目の上、上端から約一三・八cm、下端から約一五・五cmの位置には長さ約〇・八cmの、紐を通した際の穴かと見られる痕跡があり、また現表紙の面のほぼ同じ位置には、紐擦れの跡かと思われる汚れが認められるようであるが、いずれについても断定は難しいように思う。

また現表紙の裏打ち紙には横の界線が多数引かれているように見える（二三頁）。そのうち、天（上端から約四・五cm）および地（下端から約一・九cm）の二本は横界線かと見られるが、ほかについては定かではない。

次に本文について述べるが、本紙各紙の法量は法量表を参照されたい。本文は二八紙から成り、無軸。紙背には多量の裏書を有する。料紙は楮紙で、(補注7)各紙には天三条、地一条の墨界線がある。また表裏両面に磨きを加えている。全体的に破損が多く、とくに料紙の下端部分の湿損が顕著である。破損の箇所には表裏の両面から繕紙が当てられているため、両面ともに文字の解読が困難な箇所が少なくない。なお料紙の継目には継ぎ直した形跡が認められる。

尊経閣文庫本には書写時・書写後に加えられたと見られる多くの書入れがあり、また紙背には多量の裏書と後世の書入れが認められる。これらの筆跡を正確に整理することは困難であるが、現段階での卑見を述べれば、おおよそ次のとおりである。

本文および裏書は一筆であろう。また見返しの書入れも本文と同筆の可能性があると思われる。

次に本文に対する書入れであるが、奥書からうかがわれるように、書写を重ねる過程で重層的に書入れがなされ、尊経閣文庫本が成立した。しかし尊経閣文庫本が書写された時点で書入れの重層構造は全て失われ、本文も、積み重ねられてきた書入れも、同一平面上に布置されることになる。したがって書入れのなかには本文と同筆のものが多く含まれ、一方、本文とは異筆の書入れは当然、尊経閣文庫本が書写された後に加えられたものである。本文を通覧したところでは、万全ではないが、両者の識別は以下のようになるであろう。

まず、本文には各月の頭に朱の丸が付され、また行事名の右肩には多く朱の合点「╲」（一部に「〵」があるが、両者の意味の識別については結論を保留する）が施されている。同じ朱の合点は鼇頭の書入れにも多く見られ、また行末余白の記事にも朱合点をともなうものがある。これら朱合点を施された記事は一筆である可能性が強く、朱合点をともなう書入れは、尊経閣文庫本の書写以前に加えられていたものを書写時に転写したものと推定できよう。

これに対して、朱合点をともなわない書入れや校異（「某歟」「他本〔云〕」など）はおおむね本文と別筆と見られ、

尊経閣文庫本『年中行事秘抄』法量表

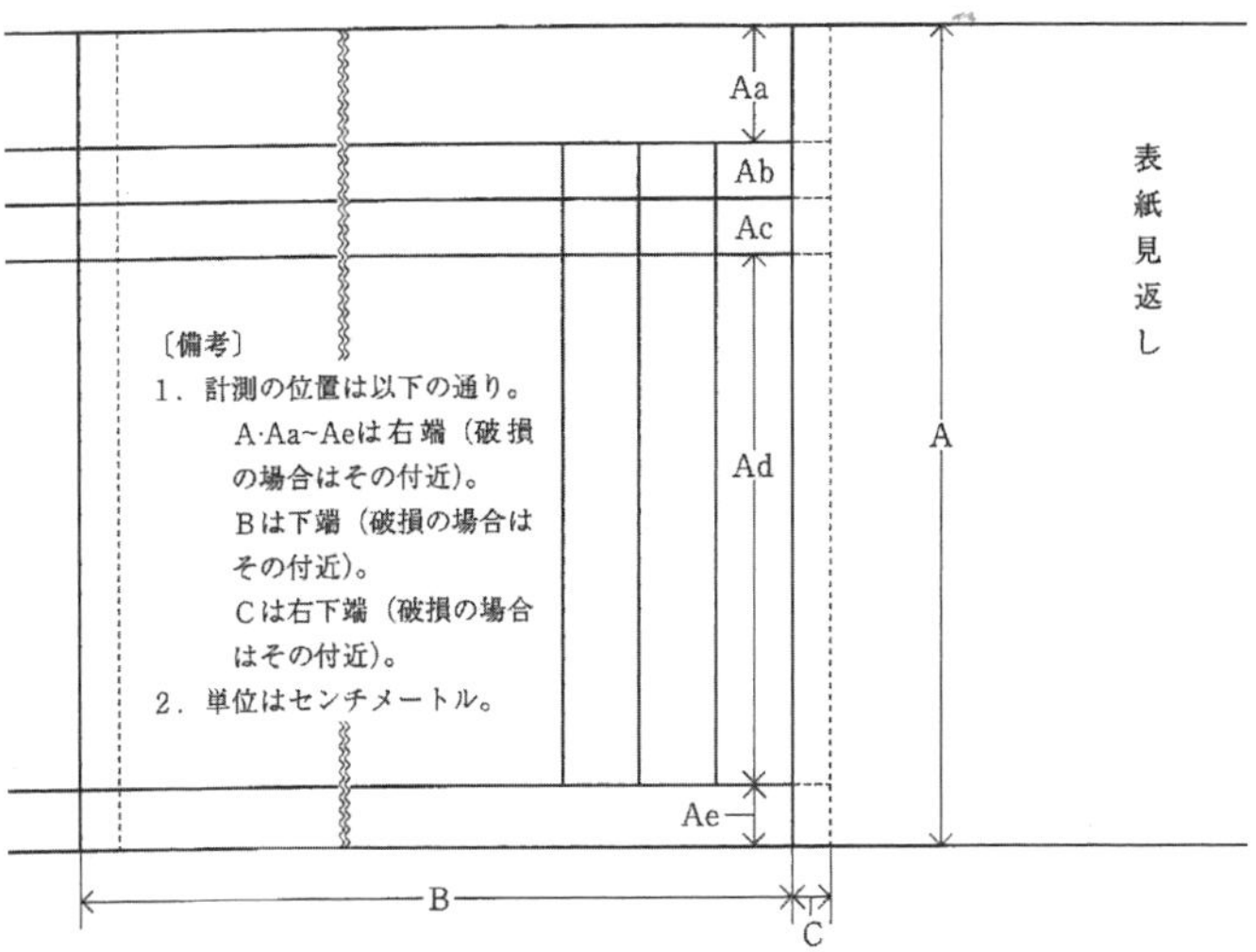
Aa
Ab
Ac
Ad
Ae
A
B
C
表紙見返し
〔備考〕
1．計測の位置は以下の通り。
A·Aa~Aeは右端（破損の場合はその付近）。
Bは下端（破損の場合はその付近）。
Cは右下端（破損の場合はその付近）。
2．単位はセンチメートル。

	A	Aa	Ab	Ac	Ad	Ae	B	C	備　考
表　紙	30.2						33.3		
原表紙	27.1						28.3		最大値。
第1紙	30.1	2.2	1.0	1.0	24.7	1.2	41.5	0.5	
第2紙	30.0	2.2	0.9	1.0	24.7	1.2	42.0	0.5	
第3紙	30.3	2.3	0.8	1.0	24.9	1.3	41.9	0.4	
第4紙	30.1	2.4	0.9	1.0	24.6	1.2	41.8	0.5	
第5紙	30.2	2.5	0.9	0.9	24.6	1.3	41.8	0.4	
第6紙	30.2	2.2	1.0	1.0	24.7	1.3	42.0	0.5	
第7紙	30.3	2.4	0.9	1.1	24.6	1.3	41.9	0.5	
第8紙	30.3	2.4	0.9	1.0	24.7	1.3	42.1	0.4	
第9紙	30.5	2.5	0.8	1.0	24.8	1.4	42.2	0.4	
第10紙	30.5	2.5	0.9	1.1	24.7	1.3	42.2	0.4	
第11紙	30.5	2.4	1.0	1.0	24.8	1.3	42.1	0.5	
第12紙	30.5	2.5	0.8	0.9	24.8	1.5	42.2	0.4	
第13紙	30.4	2.5	0.8	1.1	24.7	1.3	42.1	0.4	
第14紙	30.6	2.4	1.0	1.0	24.7	1.5	42.3	0.4	
第15紙	30.6	2.4	0.9	1.0	24.9	1.4	42.2	0.4	
第16紙	30.5	2.4	0.9	1.0	24.9	1.3	42.1	0.5	
第17紙	30.5	2.4	0.9	1.0	24.8	1.4	42.1	0.3	
第18紙	30.5	2.4	0.9	1.0	24.8	1.4	42.1	0.4	
第19紙	30.4	2.3	0.9	1.0	24.9	1.3	41.9	0.4	
第20紙	30.4	2.4	0.9	1.0	24.8	1.3	41.9	0.5	
第21紙	30.4	2.4	0.8	1.1	24.7	1.4	42.2	0.4	
第22紙	30.5	2.4	0.9	0.9	24.9	1.4	41.6	0.4	
第23紙	30.6	2.3	1.1	1.0	24.8	1.4	22.9	0.3	
第24紙	30.6	2.5	0.9	1.0	24.6	1.6	25.5	0.5	
第25紙	30.5	2.4	0.9	1.0	24.8	1.4	42.0	0.4	
第26紙	30.6	2.6	0.9	1.1	24.8	1.2	42.2	0.4	
第27紙	30.5	2.4	0.9	1.1	24.8	1.3	41.4	0.5	
第28紙	30.4	2.2	1.0	1.0	24.8	1.4	17.9	0.4	

またそれには墨の合点が付されているものが多い。これは前掲の奥書Ⅳに「後年披閲之次、見咎事等注付之、以墨合点之也」とあるものに該当しよう。ただし墨の合点には「＼」と「〽」の二種類がある。大勢として「＼」およびそれをともなう書入れは本文に比して墨色が薄く、本文とは別筆であり、右の奥書Ⅳに当たるものであろうが、この奥書は、その分注によって貞和三年五月以後のものであることが明らかである。一方、「〽」をともなう記事・書入れは本文と同筆の可能性が高く、「〽」の墨色も本文と同じかと推定される。憶測を重ねることになるが、「〽」が付されたのは「＼」に先行し、かつ尊経閣文庫本の書写時もしくはそれに近い時期ではないか。なお右二種の墨合点と朱合点の先後関係については、朱合点の上に墨筆で「〽」を重ね書きしている箇所がある（三七頁四行目「京」の右肩、五二頁五行目「廿四」の右肩）ので、朱合点は「〽」に先行することになる。以上の関係を整理すれば、各種の合点は㈠朱合点、㈡墨「〽」、㈢墨「＼」の順序で付されたと考えられよう。

右のほかに、書写時に（1）挿入符により文字（列）を補入し、あるいは（2）抹消符によって文字を訂正し、もしくは（3）本文の文字の右傍に「某歟」と校異注を付し、さらに（4）鼇頭・行間に書入れを行ったと見られるものも少なくない。当然これらは本文と同筆である。

以上のような本文の様態はおおむね裏書にも共通していると見られる。ただし、本文では月名の頭に朱丸が付されているが、裏書では朱の合点が加えられている（八八・八九頁）。また墨合点をともなわない校異注の一部には、校異の右肩に爪点かと思われるキズが認められる。八八頁「三月三日草餅」分注の校異「幽」および八九頁「七月七日索餅」分注の校異「足歟」がそれである。このうち前者は裏書と同筆で、書写時に加えられた校異であり、後者についてもその可能性が高いと思われる。なお本文についても同様のキズがある可能性があるが、現時点では発見できていない。

尊経閣文庫本の本文・裏書に関する現時点での所見は右のとおりであるが、この書は、前述の『桑華書志』にあるように、享保五年まで外記中原氏のもとに伝来していたものである。したがって尊経閣文庫本の書写後、享保五年までの間に中原家において重層的に加筆されてきた可能性も視野に入れておく必要がある。そうであればこの書の様態は非常に複雑なものとなるはずであり、右に述べた所見は正確な現状把握というには程遠いものといわなければならない。今後のより精細な調査を期したい。

三　尊経閣文庫本の新写『年中行事秘抄』概観

尊経閣文庫には嘉永元年（一八四八）書写の『年中行事秘抄』が所蔵されている。その概略を述べておく。『尊経閣文庫国書分類目録』七〇三頁に、

年中行事秘抄　二巻 嘉永元年写　二(冊)　七　二九

と著録されているものがそれである。この写本（以下、新写本と略称する）は冊子本、二冊。四つ目綴じで、綴糸は白の絹糸。外題は、斜めに薄く渋を引いた表紙に打ち付け書で「年中行事秘抄 上（下）」と墨書する。また小口にも「年中行事秘抄 上（下）」の墨書がある。各冊の内扉には、

（上冊）「自正月 至十二月

年中行事秘抄　上」

（下冊）「　自七月至十二月
雑諸祭剋限
賢所雑事
諸神並雑事
清涼殿行事
年中行事秘抄　下」
とある。上冊の内扉の次に遊紙が一紙あるが、末尾および下冊の首尾には遊紙はない。
法量は次のとおりである。
上冊縦二七・一cm　横二〇・〇cm
下冊縦二七・一cm　横二〇・一cm
また紙数は、
上冊九二紙（内扉・遊紙を含む）
下冊七三紙（内扉・奥書を含む）
である。
新写本下冊の末尾には次の奥書がある。
右年中行事秘抄上下二巻、借伴翁遺本
課人令謄写訖、
嘉永元年戊申歳　神谷克楨

とあり、この新写本は嘉永元年に神谷克楨（一七八八～一八七一）が伴信友の「遺本」を書写せしめたものであることが知られる。克楨は名古屋の人。名古屋藩士細野要斎の著書『感興漫筆』三八〈『名古屋叢書』二二、随筆編五〉（名古屋市教育委員会、一九六二年）によれば、克楨は「学ヲ好ミ、博ク和漢雑書ニ渉リ、蔵書一万巻ニ至ル、（中略）世ニ稀ナル珍書ニシテ、自筆模写セシ者頗ル多シ」と評された蒐書家であった。

神谷克楨の奥書の前には伴信友本の詳細な奥書が転写されている。信友は、多くの彼の所持本がそうであるように、対校本ごとに多彩な顔料を使い分けて本文の行間や鼇頭におびただしい書入れを行い、もしくは別紙に書入れて本紙に貼付し、それに対応する色の顔料で奥書を書き留めるのを常としているが、この新写本も同様である。奥書は長文であるため、全文を掲載することは控えるが、この新写本は山本昌治氏のいう「建武元年系本」に属することが奥書によって知られ、山本氏は「「葉室長光本」を底本とした校合本である」としている。(23)

さらに奥書によれば、この系統の本は承応三年（一六五四）五月二八日に中御門宣順が弟の宣兼の所持本を書写・校合したこと、また正徳元年（一七一一）八月二三日に千種有統が、野宮定基の秘蔵本を所持していた樋口宗武の本を借りて書写・校合したこと、を示す奥書をともなっている。

信友自身は文政八年（一八二五）に塙保己一の校本を用いて書写し、さらに他本と校合した。これがこの新写本の親本となった。すなわち、

年中行事秘抄上下二冊、存墨百六十帋、以瞽者検校塙保己一所校本令課人書写、別以二本比校、加騂墨了、

文政八年乙酉二月十八日　　伴信友（花押影）

（朱書）『又以一本批校了』

とある。ただし塙本と先の中御門宣順本および千種有統本の関係については、ここでは不明である。また伴信友本の奥書については山本氏の論考に触れられているが、[24]なお検討が必要かと思われる。

右に述べたように、信友は多彩な顔料を使用し、一連の「中原家流年中行事書」などと比較して多くの書入れを行っている。信友の奥書では、山本氏のいう葉室長光本（水府明徳会彰考館所蔵）の本奥書は墨色で書写しているが、その他の色分けは（1）中原師遠の『師遠年中行事』との比校は藍色、（2）『師元年中行事』との比校は代赭、（3）『師光年中行事』との比校は朱色、（4）『師冬年中行事』との比校は緑色であったようである。

なお（4）『師冬年中行事』は『師緒年中行事』『外記年中行事』『年中行事』とも題される写本で、国立公文書館内閣文庫に六本が伝わっており、一本を除いて左記の本奥書がある。一例として坊城家旧蔵『年中行事』（一冊、函号　一四五―一七七）から引用する。

本奥書云、

弘安八年六月廿三日、以相伝之秘説授

愚息木工助師緒訖、

良醞令中原在判

延慶三年十二月写留畢、

すなわち弘安八年（一二八五）に中原師弘の子の師冬が「相伝之秘説」をその子の師緒に伝授し、それを延慶三年（一三一〇）に写し留めたことを示している。所功氏によればこの書は鎌倉時代後期における中原家相伝の秘説を具体的に示す行事書であるという。[25]

以上、三節にわたって尊経閣文庫所蔵の『年中行事秘抄』について述べた。残した課題は少なくないが、全て今後の調査・研究を俟ちたい。

注

（1）育徳財団「年中行事秘抄師世本解説」（『年中行事秘抄』〈尊経閣叢刊〉付属解説、育徳財団、一九三一年）。
（2）宮内庁書陵部『図書寮典籍解題 続歴史篇』（養徳社、一九五一年）。
（3）山本昌治「年中行事秘抄の作者及び成立年代」（『皇学館論叢』六―一、一九七三年）。
（4）所功「『年中行事秘抄』の成立」（『平安朝儀式書成立史の研究』国書刊行会、一九八五年、初出一九七四年）。
（5）五味文彦「奥書の書物史―年中行事書の展開―」（『書物の中世史』みすず書房、二〇〇三年）一三五頁より引用。
（6）前掲注（3）山本論文、同「校訂 年中行事秘抄（五）」（『大阪青山短期大学研究紀要』一二、一九八五年）。
（7）前掲注（4）所論文。
（8）西本昌弘「『江家年中行事』と『年中行事秘抄』―大江匡房原撰本の展開過程―」（『日本古代の年中行事書と新史料』吉川弘文館、二〇一二年、初出二〇〇三年）。
（9）前掲注（5）五味論文。
（10）前掲注（3）山本論文。
（11）山本昌治「年中行事秘抄の写本」（『大阪私立短期大学協会研究報告集』一一、一九七八年）。
（12）前掲注（4）所論文。
（13）前掲注（4）所論文。
（14）所功「中原家流年中行事書の成立」（『平安朝儀式書成立史の研究』一九八五年、初出一九八四年）。
（15）前掲注（8）西本論文。
（16）前掲注（5）五味論文。
（17）佐藤健太郎「万里小路惟房書写本『年中行事秘抄』について」（『関西大学博物館紀要』一〇、二〇〇四年）。
（18）前掲注（11）山本論文。

(19) 前掲注（1）育徳財団論文。
(20) 前掲注（14）所論文。
(21) 侯爵前田家尊経閣文庫『尊経閣文庫国書分類目録』（尊経閣文庫、一九三九年）。
(22) 前掲注（1）育徳財団論文。
(23) 前掲注（11）山本論文。
(24) 前掲注（11）山本論文。
(25) 前掲注（14）所論文。

参考文献

遠藤珠紀「局務中原氏と公事情報」（『中世朝廷の官司制度』吉川弘文館、二〇一一年、初出二〇〇四年）
遠藤基郎「年中行事認識の転換と「行事暦注」」（十世紀研究会編『中世成立期の政治文化』東京堂出版、一九九九年）
「「外記の家」の年中行事書」（『国史談話会雑誌』五〇、二〇一〇年）
五味文彦「書物世界の再構築―後嵯峨院政と書籍の展開―」（『書物の中世史』みすず書房、二〇〇三年）
山本昌治「校訂 年中行事秘抄（一）～（四）」（『大阪青山短期大学研究紀要』八～一一、一九八〇～一九八二・一九八四年）

補注

（1）建武元年（一三三四）六月における右兵衛督は藤原隆蔭、左兵衛督は足利高氏で、葉室長光（一三〇九～一三六五）が在任していた事実は確認できない。彼が兵衛督に在任したのは、右兵衛督が元弘元年、左兵衛督が元弘二～三年である。またこの奥書によれば、後醍醐天皇側近の源国資が、建武新政で解官された葉室長光に対して「不可出困〔閫〕外」（上巻奥）・「外見不可許」（下巻奥）の秘本を貸し出したことになるが、両者間にそうした関係が存在したかどうかは検討の必要な課題であろう。

（2）「忠俊朝臣」は、時期的に見て「〈正四下／左中将　早世〉忠俊母」（『尊卑分脈』道綱卿孫楊梅）とある藤原忠俊のことであろう。中世の楽書（『郢曲相承次第』『御遊部類記』『御遊抄』ほか）や古記録類（『中院一品記』ほか）に、一四世紀中頃における篳篥の名手としてその名が見える。

（3）建治年間（一二七五～一二七八）に内大臣を務めた人物としては、花山院師継（一二二二～一二八一）と近衛家基（一二六一～一二九六）の両人が確認できる。ここでいう「内相」がいずれかについては、師継が内大臣を極官としていることや、彼の有職研究家・蔵書家としての名声を念頭に置けば、こちらを指すと考えるのが自然だろう。

（4）西本論文は、本写本の成立に関して『大東急記念文庫貴重書解題 三 国書之部』の「鎌倉初期写」という見解を継承する。しかし掲載情報の下限（後高倉院〔一一七九～一二二三〕の忌日）を主要根拠として写本成立の時期を想定する方法論には、問題が少なくない。紙質や筆跡などから見ても、本写本は中世後期の成立と判断すべきである（渡辺滋「古写本から見た『年中行事秘抄』の史料性―原本調査の成果を中心として―」〔『山口県立大学基盤教育紀要』四、二〇二四年〕）。西本氏の主張するように、本写本に見える文字情報が古態を多く残していることは間違いない。ただし内容的な文字情報と物理的な書誌情報は、もう少し厳密に分別すべき要素であろう。
なお本史料については、小川剛生氏の解説を付した影印が築島裕ほか編『大東急記念文庫善本叢刊　中古中世篇一五　国史・古記録・寺誌』（汲古書院、二〇二三年）として刊行された。

（5）天理図書館本が、かつて万里小路家から伏見宮家に移動した背景については、万里小路惟房の旧蔵品の多くが、おそらく彼の娘が伏見宮家に嫁いだ関係から同家に流入した結果と推測される。また同本と田中教忠の関係については、『小中村清矩日記』明治二二年八月一〇日条に「午後四時より、生田目（経徳）と共に、田中勘兵衛をとひて、蔵書をみる。其書目左のごとし。」として一五種の書名が挙がるなかに「年中行事秘抄天文廿年写、万里小路惟房、○目録のみなり　一冊」と見えることも注目すべきだろう。

（6）本稿で検討されていない広橋家本『年中行事秘抄』（国立歴史民俗博物館所蔵）に関して概説しておく。本写本には奥書がなく巻子冒頭も失われているので、成立・伝来の具体的な様相は判明しない。成立時期について、国立歴史民俗博物館編『広橋家旧蔵記録文書典籍類目録』は「南北朝時代」、館蔵資料データベースは「室町時代」とするが、紙質などからは中世前期と考える余地が大きい。

本文は、五月半ば以降の記事のみ現存する。記載情報は、本文・裏書（現状では本文と同じ面に書写）・追記の三種に分かれ、前二者は同時に成立した可能性が高い。掲載項目数は、葉室家系本の約八二%、中原家系本の約八四%程度にとどまる。このうち本文として挙げられるのは掲載項目の七〇%程度で、残りは裏書や行間・上部間空への追記として掲載される。これらの記載内容から、本写本は一二世紀中頃に親本から筆写され、一一八〇年代初頭まで追記が加えられ続けたものと想定される

記載内容からは、大東急記念文庫本との親近性が確認される。ただし両本に共通する独自情報を見る限り、いずれも広橋家本の方が詳しい。たとえば五月末の撰吉日事に付された「最勝講事」裏書について、大東急記念文庫本に「最勝講間、服者不可参内事／故肥州康平五年記云々」とある箇所は、広橋家本に「最勝講間、服者不可参内事／故肥州康平五―五―廿八―、最ｏ《勝》講□～□也。最勝講之間、重服者不参内云々」とある。こうした対応関係からは、広橋家本の方が世代の古い写本で、大東急記念文庫本はこの世代の写本を略写したうえで独自情報を加筆したものと推定されることになる（補注（4）渡辺論文）。

（7）　本巻子の調査に当たっては、肉眼観察により全体で同質紙を利用している可能性が高いことを推定したうえで、三箇所（第一紙・第三紙・第二八紙）をピックアップして詳細な検討を行った。その結果、いずれの箇所も同規格の漉簾（簀目：一六本／三㎝、糸目二・八㎝）を使って漉かれた同質紙（紙厚：一四〇～一六〇㎛）であることが確認された。

まず繊維（楮）の方向はバラバラなので、おそらく流し漉き技法で漉かれた紙ではなく、漉きムラも目立つ。ただし、地合はそれほど悪くない（現状では修補の痕が目立ち、分かりにくいとはいえ）。顕微鏡観察によると、繊維間には白色物の混入が目立つ。また肉眼観察では、未叩解繊維（切断されているものも、されていないものも）・未蒸解繊維が散見される。

表面加工は、顕微鏡観察によれば繊維間の隙間がやや目立つので、弱い打紙加工が施された程度と推定される。

また表・裏ともに強いテカリが見えるので、打紙に先立って濃いめのニカワ溶液を染みこませた可能性が高い。そのため墨の乗りは比較的よいとはいえ、墨継ぎをした直後の水分の多い箇所を中心に文字の滲みが、運筆の速度を速めた箇所で墨のカスレが生じている（両面とも同じ程度）。また裏面の墨が他面に染み出している箇所も目立つ。染み出しの程度は両面ともほぼ同じなので、二次利用に際して追加の表面加工はなされていないと判断できる。全体として、チリ取りなどの作業はあまり丁寧でなく、よい紙とはいえない。後処理（弱い打紙＋ニカワ塗布）でそれなりに文字を書けるようにした紙と評価できよう。

なお本史料には、全体で激しい茶変が生じている。変色の程度が軽い巻後半でも、変色そのものははっきり見て取れる。この現象は、写本作成以前の段階で表面に塗布したものの性質と関連する現象と推定される（たとえば塗布したニカワに、酸化を生じさせるミョウバンなどが混入していた可能性も想定される）。

（文責：渡辺　滋）

第四部　説話

第一章　尊経閣文庫本『日本霊異記』

一　概　要

『日本霊異記』は上・中・下の三巻から成る日本最古の仏教説話集であり、文学研究上、また歴史研究上でも重要な位置を占めている。書名については、各巻の冒頭および巻末に「日本国現報善悪霊異記」（ただし真福寺本の下巻尾題は「大日本国現報善悪霊異記」）と題しており、また上巻の序にも「号曰二日本国現報善悪霊異記一」と見え、これが正式なものである。

本書の撰述者については、本書上・下巻の巻頭に「諸楽右京薬師寺沙門景戒録」、また下巻の巻末に「諸楽右京薬師寺伝法住位僧景戒録」云々とあることにより、薬師寺僧景戒と考えられるが、その伝や生没年などは不明である。

景戒が本書を撰述した時期については明証がないが、（一）本書中、最も新しい年紀が延暦一九年（八〇〇）正月二五日（下巻第三八縁）であること、（二）下巻第一四および一六縁に「越前国加賀郡」とあり、弘仁一四年（八二三）二月三日に越前国から江沼・加賀両郡を割いて加賀国を設置（『類聚三代格』）した事実を知らないことなどから、最終的な完成は弘仁年間（八一〇〜八二四）の頃と推定されている。ただしそこに至るまでには追補が行わ

れたと考えられ、延暦初年の頃に初稿本が成立していたと推定されている。(1)

次に本書の諸本について触れるが、これについては小泉道氏の『日本霊異記諸本の研究』があり、現存の主要な写本である興福寺本・真福寺本・来迎院本・前田家本（尊経閣文庫本）・金剛三昧院本についての研究が行われている。(2)(補注1) 尊経閣文庫本については次項で述べることとし、ここではそれを除く四本について、書誌的情報を中心に、小泉氏の研究に依拠して概略を述べるにとどめる。

1　興福寺本

巻子本。上巻のみ。一九二二年に興福寺東金堂から発見されたもので、若干の破損があるが、首尾完備している。句読点・送り仮名も含め、書入れは全くない。「延喜四年五月十九日午時許写已畢」云々の奥書があるが、これは本書の書写時期を示すものではなく、本書の書写はこれよりやや下ると推定されている。中国・北朝時代撰の例話集『金蔵要集論』の紙背に書写されている。諸本のなかでも最古の写本であり、本文には後人の私意による改変は認められない。一九三四年に便利堂より複製が刊行されている。日本古典文学大系本の底本に用いられている。(3)

2　真福寺本

中・下の二巻の巻子本。両巻とも巻首を欠き、(補注2) 下巻の一部にも若干の破損がある。奥書はないが、平安時代末～鎌倉時代前期頃の書写と推定されている。小泉氏によれば、下巻は本文・訓釈ともに整理の手があまり加わっていない写本を書写したと見られるのに対して、中巻は整理が加えられた写本を書写したものという。日本古典文学大系本の底本に用いられている。

3　来迎院本

中・下二冊の列帖装冊子本。一九七三年に発見された。全体に破損が甚だしい。中巻は後半を欠失しているが、二八丁を残し、下巻は中間および末尾を若干欠き、六一丁を残している。奥書の存否は不明であるが、一二世紀初頭頃の書写と見られ、中・下巻の写本としては最古のものである。一九七七年に日本古典文学会の監修による複製が刊行されている（ほるぷ出版）。新潮日本古典集成本の対校本として用いられ[4]、また日本古典文学全集本に中巻の序文が底本として採用されている[5]。

4　金剛三昧院本

原本は所在不明であるが、昭和初年頃には高野山金剛三昧院に三巻の巻子本が所蔵されていた可能性があるという。延宝八年（一六八〇）に水戸彰考館の史官が原本を書写したものの転写本（三冊本）が流布している。その本奥書には「建保弐年甲戌六月　日西剋計書写了」（国立国会図書館本）とみえる。

二　尊経閣文庫本

尊経閣文庫本（以下、前田本と略称する）は巻下の一冊のみを伝える。前田本は「尊経閣叢刊」に加えられて一九三一年に影印刊行されている[6]。

以下においては本書の書誌を中心に述べることとする。

1　箱および包紙

前田本は奉書の包紙（縦三二・一㎝、横四七・三㎝）に包まれ、桐箱（縦三〇・〇㎝、横一八・九㎝、高三・七㎝）に納められている。包紙には、

（朱書）『古本中』下。

續乙部至丙部

心蓮院書籍之内

日本國霊異記巻下　一冊

と記され、「國寶」の朱印を捺した紙片（縦三・〇㎝、横二・九㎝）および「釋家貫第九號」（貫は朱印）と墨書された紙片（縦二・七㎝、横一・八㎝）を貼付している〈影印集成四〇〉参考図版一二四頁）。

また桐箱の表には「靈異記」と墨書し〈影印集成四〇〉参考図版一二三頁）、下方側面には「國寶」の朱印を捺した紙片（縦三・四㎝、横三・四㎝）および「釋家貫／第九號／日本國現報／善悪靈異／記」（貫は朱印）と墨書した紙片（縦四・一㎝、横五・九㎝）を貼付している。

2　様　態

次に前田本の様態について述べる。

①装訂・表紙・印記・識語など

前田本は縦二六・二cm、横一五・四cm。装訂は列帖装で、七枚の料紙を重ね折って一括とし、全四括から成っている。

第一括
　原表紙・遊紙
　一オ〜一二ウ
第二括
　一三オ〜二六ウ
第三括
　二七オ〜四〇ウ
第四括
　四一オ〜五四ウ
　遊紙・原裏表紙

第一括の第一丁が原表紙で、これと第二丁の遊紙には裏打ちが施されている。原表紙の上には書状を反故して裏打ちを加えた後補の表紙を付している。

なお第四括最終丁（原裏表紙）は後補の裏表紙に貼り付けられているが、貼り付けられた第四括最終丁と後補裏表紙の左端には約〇・八cmのズレが認められる。これは後補表紙を付加するに当たって行われた以下のような〝細工〟によるものである。現状を観察すると、本書四一オの左端の余白がほかより狭い。他方、ノドの部分の余白はほかに比べて広く、またそこには裏表紙の折り返しが覗いており、折り返した部分を本紙に貼り付けている。この第四一丁は第四括の第一丁に当たり、最終丁とは同一の料紙である。以上の様態から、裏表紙を新たに付加するに当たって次のような操作が行われたと推定される。まず、四一オの左端を約〇・八㎝ほど裁ち落とした後に、元来の折り目をずらして折り直し、後補裏表紙を装着する際に折り返し部分が第一行目の文字にかかることを回避したものと考えられる。

オモテの後補表紙についても同様の操作は行われており、第一括の最終丁のウラのノドの部分に後補表紙の折り返し部分が認められる。ただしこの場合は折り返しが文字にかかることはなく、したがって料紙の裁ち落とし、折り直しなどは行われていない。なお、一二オのノドの部分に、巻頭の遊紙に施されている裏打ち紙の左端が貼り付けられており、それが第一行目の文字の一部にかかっている。

後補の表紙には、

傳領頼岑

（別筆）「乙　第十四箱」

日本國霊異記巻下

と墨書し、また原表紙には、

日本國善悪現報霊異記下

と墨書されている。また首題・尾題はいずれも「日本國現報善悪霊異記巻下」とある。尾題の次に、

嘉禎二年丙申三月三日書寫畢　　右筆禅恵

の書写奥書があり、さらに巻末の遊紙に以下の識語がある。

金剛佛子源秀之

（別筆）「心蓮院」

これらのうち、原表紙外題・首題・尾題・書写奥書は同筆である。書写奥書に見える「右筆禅恵」については、『仁和寺諸院家記（恵山書写本）』下の法勝院の項に、

禅恵法印　按察使、信瑜僧都弟子、禅助僧正重受、

正応元四月十一日、任権律師、同五年九月廿七日、任少僧都、永仁六年七月七日、叙法印、

と見え、[7]永仁六年（一二九八）に法印に叙された「禅恵法印」が見えるが、これが同一人物であるかどうかは確証がない。[補注3]

なお本文一丁の右下端に「仁和寺心蓮院」の重郭長方陽刻朱印（縦四・六㎝、横二・九㎝）を捺す。[補注4]以上の識語・印記などにより、本書は嘉禎二年（一二三六）の書写本であり、もと仁和寺心蓮院の所蔵にかかるものであったことが判明する。ただしその後の伝来の経緯については、必ずしも明確ではなく、「頼岑」「源秀之」などの人物についての解明が求められる。

②本　文

前田本の料紙は斐紙混じりの楮紙かと思われる。[補注5]本文は書写奥書も含めて一筆。半丁七行、一行二二字前後。各丁には、表裏の原表紙も含め、天地各一、縦各七の押界がある。料紙を二、三枚重ねて界線を施したものと見られ、

押界の濃淡が交互に認められる。

本紙には全体にわたって虫損箇所に繕い紙が当てられている。また本文には（1）ミセケチを付して文字を抹消し訂正する、（2）抹消符（ミセケチ、ヒ）により文字を抹消する、（3）文字を傍書する、（4）重ね書きにより文字を訂正する、（5）挿入符により字間に文字を挿入する、などの本文の改竄が認められるほか、多数の傍訓が存在する。これらのうちには、たとえば一六オ六行目四字目の傍書「英」のように明らかに本文と異筆のものもあるが、大部分は本文と同筆と推定される。

次に、前田本の本文に関しては、すでに広く知られていることではあるが、記事の配列が真福寺本と異なっていること、訓釈の形式が前半と後半で異なること、および前半には本文に省略があること、の三点の特徴が認められる。訓釈の問題の詳細については沖森卓也氏の解説(8)に譲り、ほかの二点について触れておく。

イ　記事の配列　後掲（五〇一・五〇二頁）に掲載する真福寺本との対照表に見られるように、前田本第二三縁まででは真福寺本と変わらないが、真福寺本の第二四縁が前田本では第三九縁として末尾に置かれている。このため、前田本第二四縁以下については、真福寺本との間にずれが生じている。なお、前田本第三九縁は、真福寺本下巻第二四縁、興福寺本上巻第四縁の一部、および真福寺本下巻第三九縁の一部から成っている。

ロ　本文の省略　第二三縁までは、第三縁を除き、各縁の末尾に「云々」と記し、もしくは何も記さずに、文章が省略されているが、前田本第二四縁以下には省略はない。

このように記事の配列の相異、本文の省略の有無がいずれも第二三縁を境界として生じており、また訓釈の形式にも前半と後半では相異があることが沖森氏の解説に指摘されている。このような点を踏まえて、下巻の元来の姿は第二三縁までであったとの見解をはじめ(9)、前田本の性格についていくつかの異なる見解が示されており、解決すべき課題が残されている。

注

（1）『日本霊異記』〈日本古典文学大系〉（岩波書店、一九六七年）の解説、春日和男氏執筆。
（2）小泉道『日本霊異記諸本の研究』（清文堂出版、一九八九年）。
（3）前掲注（1）書。
（4）『日本霊異記』〈新潮日本古典集成〉（新潮社、一九八四年）。
（5）『日本霊異記』〈日本古典文学全集〉（小学館、一九七五年）。
（6）『日本霊異記』〈尊経閣叢刊〉（育徳財団、一九三一年）。
（7）『仁和寺史料　寺誌編』一（奈良国立文化財研究所、一九六四年）。
（8）沖森卓也「尊経閣文庫所蔵『日本霊異記』の訓読」（『日本霊異記』〈尊経閣善本影印集成四〇〉八木書店、二〇〇七年）。
（9）前掲注（6）書。

補注

（1）初出以降、『日本霊異記』諸写本の性格に関しては山本崇「書誌」（『考証日本霊異記』上、法蔵館、二〇一五年）が発表されている。今後は、たとえば鈴木恵「日本霊異記古写本の比較に基づく文末の助字「也」「矣」字の用法」（『鎌倉時代語研究』三、一九八〇年）・同「日本霊異記古写本間に於ける「忽」「急」字の異同の成立」（『国文学攷』八八、一九八〇年）などのように国語学の分野から示された研究成果を含め、より本格的に検討が求められよう。
（2）大須文庫本は、近年の調査で中巻冒頭の断簡が発見されており、本来は冒頭から揃った完本だったと推定される。三好俊徳「日本霊異記」（名古屋市博物館・真福寺大須文庫調査研究会編『大須文庫　いま開かれる、奇跡の文庫』

大須観音宝生院、二〇一二年）を参照。

（3）禅恵という僧名は、前後の時期に散見される。本文に挙がる仁和寺の「禅恵法印」（『仁和寺諸院家記』）もその一人だが、活動時期が半世紀以上ずれており候補である可能性は高くない。ただし、金剛寺（河内国）に、禅恵（一二八四～一三六四）という僧侶がおり、弟子の源秀が彼の旧蔵典籍を伝領している事例が確認できることは（後藤昭雄編『真言密教寺院に伝わる典籍の学際的調査・研究―金剛寺本を中心に―』科学研究費中間報告書、二〇一〇年）、この種の僧名の多さを物語っていると見るべきだろう。仁和寺には金剛寺文書も所蔵されており、両寺の間には一定の関係があったようなので、この範囲内に同名の僧侶が少なくなかった可能性も想定できる。この部分が「禅恵」と読めるかどうかも含め、今後、再検討が必要となろう。

（4）仁和寺の蔵書印としては、額型の「仁和寺」印のほか、「仁和寺／〇〇院」「〇〇院」とする単郭（あるいは重郭）朱印が見られる。具体的な使い分けに関しては今後の検討課題だが、おそらく時期による違いと推定される。

（5）繊維（楮）は表・裏ともに多少の方向性を示してはいるが、明確な流し漉きとはいえず、軽く揺らす程度の漉き方と推定される。軽く揺らした結果、紙の辺縁部はやや厚めになってはいるが、漉きムラは抑えられている。繊維のダマや、未蒸解の切れた繊維（三㎜程度）が散見される。繊維間に白色の不純物（おそらくデンプン質の填料）が見えることは、全体に虫損が少々発生していることとも関連する可能性がある。また丁によっては、繊維間に微細な墨痕らしいものが見えるので、漉き返しの可能性もある（ただし墨痕は視認できない丁も多い）。

打紙加工は弱めで、その結果、反対面への墨のにじみ出しや、部分的な文字のかすれが生じている。ただし細い文字もきちんと書けてはいて、表面にはニカワが薄く塗布されている可能性が想定される。紙厚は一〇〇～一三〇μmの範囲で変動する。簀目は一二～一三本／三㎝なので、かなり太い萱簀と推定される（部分的に肉眼でも見える）。一方、透過光を用いても糸目は視認できず、比較的細めの糸で結わえてあった可能性が想定される。なお簀目の方向性からすると、紙を九〇度横向きに使っていることが確認できる。このほか、刷毛目がところどころに見える。

（文責：渡辺　滋）

尊経閣文庫本・真福寺本対照表

説話番号	尊経閣文庫本	真福寺本（新日本古典文学大系本による）
第一	憶持法花経者舌著之曝髑髏中不朽縁	憶持法花経者舌著之曝髑髏中不朽縁
第二	殺生命結怨作狐狗互相報怨縁	殺生物命結怨作狐狗互相報怨縁
第三	沙門憑願十一面観音像得現報縁	沙門憑願十一面観音像得現報縁
第四	沙門誦持方広大乗沈海不溺縁	沙門誦持方広大乗沈海不溺縁
第五	妙見菩薩変化示異形顕盗人縁	妙見菩薩変化示異形顕盗人縁
第六	魚化作法花経覆俗誹縁	禅師将食魚化作法花経覆俗誹縁
第七	被観音木像助脱王難縁	被観音木像之助脱王難縁
第八	弥勒菩薩応於所願示奇形縁	弥勒菩薩応於所願示奇形縁
第九	閻羅王示奇表勧人令修善縁	閻羅王示奇表勧人令修善縁
第一〇	如法奉写法花経不火焼縁	如法奉写法華経火不焼縁
第一一	盲目女人帰敬薬師仏木像現得明眼縁	二目盲女人帰敬薬師仏木像以現得明眼縁
第一二	二目盲男敬称千手観音日摩尼手現得明眼縁	二目盲男敬称千手観音日摩尼手以現得明眼縁
第一三	将写法花経建願人在暗穴内依願力得全命縁	将写法花経建願人断日在暗穴頼願力得全命縁
第一四	拍持千手咒者以現得悪死報縁	拍于憶持千手呪者以現得悪死報縁
第一五	撃沙弥乞食現得悪死報縁	撃沙弥乞食以現得悪死報縁
第一六	女人濫嫁飢子乳故得現報縁	女人濫嫁飢子乳故得現報縁
第一七	未作畢仏像出呻音示音縁	未作畢攝像出呻音示奇表縁
第一八	奉写法花経々師為邪婬現得悪死報縁	奉写法花経々師為邪婬以現得悪死報縁
第一九	産生肉団作女子修善化人縁	産生肉団之作女子修善化人縁

第二〇	奉写法花経女人過失以現口喎斜縁	誹之奉写法花経女人過失以現口喎斜縁
第二一	沙門目眼盲使読金剛般若経得明眼縁	沙門因目眼盲使読金剛般若経得明眼縁
第二二	重斤取人物復写法花経以現得善悪報縁	重斤取人物又写法花経以現得善悪報縁
第二三	用己寺物復将写大般若建願現得善悪報縁	用寺物復将写大般若建願現得善悪報縁
第二四	漂流大海敬称尺迦仏名得全命縁	依妨修行人得猴身縁
第二五	強非理以徴債取多倍而現得悪死報縁	漂流大海敬称釈迦仏名得全命縁
第二六	髑髏目穴笋掲脱以祈之示霊表風	強非理以徴債取多倍而現得悪死報縁
第二七	弥勒丈六仏像其頸為蟻所嚙示表縁	髑髏目穴笋擉脱以祈之示霊表風
第二八	村童戯刻木像愚夫斫破以現得悪死報縁	弥勒丈六仏像其頸蟻所嚙示奇異表縁
第二九	沙門積功作仏像臨命終時示異表縁	村童戯刻木仏像愚夫斫破以現得悪死報縁
第三〇	女人産石以之為神而斎縁	沙門積功作仏像臨命終時示異表縁
第三一	用網漁夫値海中難憑願妙見菩薩得全命縁	女人産生石以之為神而斎縁
第三二	刑罰賤沙弥乞食以現得頓悪死縁	用網漁夫値海中難憑願妙見菩薩得全命縁
第三三	悪病嬰身因之受戒行善以現得愈病縁	刑罰賤沙弥乞食以現得頓悪死報縁
第三四	仮官勢非理為政得報縁	怨病嬰身因之受戒行善以現得愈病縁
第三五	滅塔階作寺幢得悪報縁	仮官勢非理為政得悪報縁
第三六	不顧因果作悪受罪報縁	滅塔階仆寺幢得悪報縁
第三七	災表相先現而後其災答被縁	不顧因果作悪受罪報縁
第三八	智行並具禅師重得人身生国之皇子縁	災与善表相先現而後其災善答被縁
第三九	依妨修行者以得猴身縁	智行並具禅師重得人身生国皇之子縁

第二章　尊経閣文庫本『江談抄』

一　概　要

『江談抄』は儒者として著名な権中納言大江匡房（一〇四一～一一一一）の言談を蔵人藤原実兼（一〇八五～一一一二）が筆録したとされる談話筆記である。その根拠とされるのは、『今鏡』巻一〇（しきしまのうちぎゝ）に見える「蔵人さねかぬときこへしひとの、まさふさの中納言のものがたりかけるふみに」（新訂増補国史大系本による）の一節である。ただし、『江談抄』のなかには実兼の死後の年紀を記したものもある[1]ことなどから、実兼の筆録を中心としながらも、複数の筆録者を想定する見方が多い。

藤原実兼は、儒家としての南家藤原氏の祖とされる大学頭兼文章博士藤原実範の孫で、藤原通憲（信西）の父に当たる（『尊卑分脈』）。実兼は鳥羽天皇の東宮時代から近侍し、康和五年（一一〇三）に東宮昇殿を許され、天皇即位後、蔵人に補された。文章生として家学の継承を志したと思われるが、天永三年（一一一二）に二八歳で急死した（『中右記』同年四月三日条）。一説に殺害されたともいう（『殿暦』同年九月二三日条）。『中右記』の記主藤原宗忠は実兼を評して「件人頗有二才智一、一見一聞之事不二忘却一、仍才藝超二年歯一」といい、その死を悼んでいる（『中右記』同日条）。

『江談抄』が筆録された時期については、大江匡房の最晩年、すなわち匡房が没した天永二年（一一一一）をさかのぼること数年、やや幅を取っても一〇年ほど（匡房が大宰府から帰洛した康和四年〔一一〇二〕以降と見て）の間と推定されている。筆録の契機については、『江談抄』巻五（73都督自賛事）の、

（上略）只所二遺恨一ハ、不レ歴二蔵人頭一ト子孫カ和呂クテヤミヌルトナリ、足下ナトノ様ナル子孫アラマシカハ、何事ヲカ思侍ラマシ、家之文書、道之秘事、皆以欲二煙滅一也、就中史書、全経秘説徒ニテ欲レ滅也、無二委授之人一、貴下ニ少々欲二語申一、如何、（下略）　（新日本古典文学大系『江談抄 中外抄 富家語』の原文による）

との記述にもとづいて、匡房が嫡男隆兼を亡くして江家の学統の断絶に危機感を抱き、若くして「頗有二才智一」と評価されるほどの秀才実兼に対して言談をなしたものと解するのが通説と思われる。ただしこの説に対しては、匡房には儒者としての道を歩み始めていた二男匡時があったのであり、筆録の契機はむしろ江家の学問を吸収しなければならなかった実兼の側の事情によるものであったとする佐藤道生氏の新説があり(2)、当時、南家藤原氏の家学が存亡の危機に瀕していたことを詳細に論じている。

『江談抄』の写本は多数伝わっているが、諸本の系統は古本系と類聚本系に大別される(補注1)。『江談抄』〈尊経閣善本影印集成四四〉（八木書店、二〇〇八年）として影印刊行された尊経閣文庫本は(3)（1）神田喜一郎旧蔵本(4)（もと高山寺旧蔵本、一巻）、（2）醍醐寺三宝院本(5)（一冊）とともに古本系に分類される。類聚本系は古本系に属する（1）（2）の系統の本をもとに内容を再分類・再配列するとともに、『和漢朗詠集』古写本に書入れられた「朗詠江注」を用いるなどして編纂されたものと考えられている(6)。

（1）は永久二年（一一一四）・同三年の書写奥書を有しており、これは匡房の没後三・四年に当たる。本文は問

答の形式をよく保存しており、『江談抄』の古い形態を伝えるものと評価されている。（2）は『水言鈔』と題する写本である。表紙に「勤息勝賢之」とあり、『江談抄』筆録の中心人物である藤原実兼の孫に当たる醍醐寺座主勝賢（一一三八〜一一九六）の所蔵にかかるものであったことが知られ、平安時代末期の写本と考えられる。また裏表紙見返しには建久九年（一一九八）の「沙門成賢」の一見奥書があるが、成賢（一一六二〜一二三一）は勝賢の甥に当たり、勝賢と同じく醍醐寺座主を務めた（以上『尊卑分脈』）。（2）は古本系のなかでは最も多くの言談を伝えている。

尊経閣文庫本は（2）に近い系統の写本から公事や故実に関する言談を抄出したものと考えられている。「寛元三年丁巳七月十九日於鎌倉甘縄辺書写了」の奥書を有し、寛元三年（一二四五）書写の写本である。なお本書の言談と類聚本との対応関係を表示した（五一七・五一八頁、尊経閣文庫本『江談抄』言談一覧）。

以下、節を改めて、尊経閣文庫本について書誌情報を中心に述べる。

二　尊経閣文庫本

1　概　要

尊経閣文庫本（以下、本書と称する）は一巻の巻子本で、桐製印籠箱（縦三一・八cm、横六・五cm、高六・一cm）に納められている。箱蓋の表には「江談抄　一巻」、蓋の内側には「寛元三年抄本」と墨書されている（〈影印集成四四〉参考図版一二三頁）。また箱の側面には「雑書貫第三號」（貫は朱印）の貼紙（縦二・六cm、横一・八cm）、および「國寶」の朱印を捺した貼紙（縦三・〇cm、横三・〇cm）が付されている。

尊経閣文庫本『江談抄』法量表

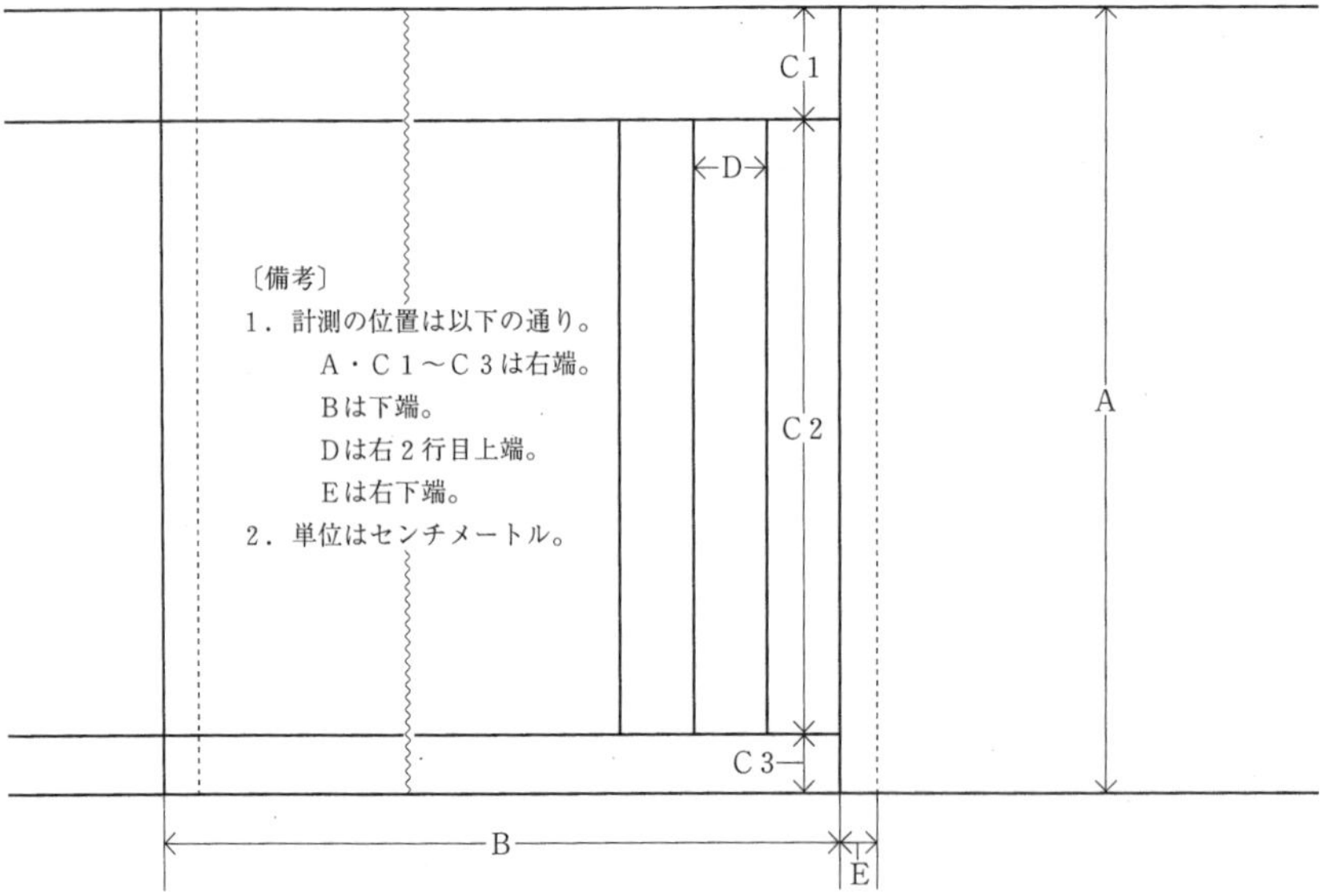
C 1
D
〔備考〕
1．計測の位置は以下の通り。
A・C 1～C 3は右端。
Bは下端。
Dは右2行目上端。
Eは右下端。
2．単位はセンチメートル。
C 2
A
C 3
B
E

紙　数	A	B	C1	C2	C3	D	E	備　考
表　紙	28.0	20.3					0.4	
補　紙	27.8	14.8			1.4		0.4	下端から1.4cmに押界あり。
第1紙	27.8	30.2	2.9	24.0	0.9	2.3		E、右端破損のため計測不能。
第2紙	27.8	45.0	2.9	24.0	0.9	2.5	0.3	
第3紙	27.8	45.2	2.9	24.0	0.9	2.5	0.3	
第4紙	27.9	45.2	2.9	24.1	0.9	2.4	0.3	
第5紙	27.9	45.2	3.0	24.0	0.9	2.4	0.3	
第6紙	27.9	45.1	3.0	24.0	0.9	2.4	0.3	
第7紙	27.9	45.2	3.0	24.1	0.8	2.6	0.3	
第8紙	27.9	45.1	3.0	24.0	0.9	2.3	0.3	
第9紙	27.9	45.1	3.0	24.0	0.9	2.3	0.3	
第10紙	27.8	45.0	2.9	24.0	0.9	2.3	0.3	
第11紙	27.9	45.0	2.9	24.0	1.0	2.6	0.3	
第12紙	27.9	45.1	3.0	24.0	0.9	2.3	0.3	
第13紙	27.9	45.0	2.9	23.9	1.0	2.3	0.3	
第14紙	27.8	45.2	2.9	23.9	1.0	2.5	0.3	
第15紙	27.9	45.0	3.0	23.9	1.0	2.5	0.3	
第16紙	27.9	45.1	3.0	24.0	0.9	2.6	0.4	
第17紙	27.9	44.9	2.9	24.0	1.0	2.6	0.3	
第18紙	27.8	44.9	2.9	24.0	0.9	2.5	0.3	
第19紙	27.8	39.7	2.9	24.0	0.9	2.5	0.3	
第20紙	27.8	42.5	2.9	24.0	0.9	2.4	0.5	
第21紙	27.8	44.8	2.9	24.0	0.9	2.5	0.3	
第22紙	27.9	41.7	2.8	24.1	1.0	3.2	0.3	
軸付紙	27.8	8.3			1.4		0.3	下端から1.4cmに押界あり。
軸	28.2							直径1.3cm。杉材。

本書の表紙・紐はいずれも濃い茶色、軸は杉材で、近年に付されたものである。外題はない。本文は二二紙から成る。料紙は楮紙打紙（補注2）と推定され、延応二年（仁治元・一二四〇）の具注暦を翻して書写している。『江談抄』を書写するに当たっては、紙背の暦の界線の透けを利用し、暦の一行に本文を一行収めるように書写している。一紙は一九行が基本で、一行は二一字前後である。

なお、「尊経閣叢刊」の一巻として一九三八年に影印刊行された本に付された「前田本江談抄解説」は、「江談抄と具注暦の筆跡は頗る相通ずる所があり、おそらくは同一人の筆になるものと認められる」としているが(7)、断定は躊躇される。

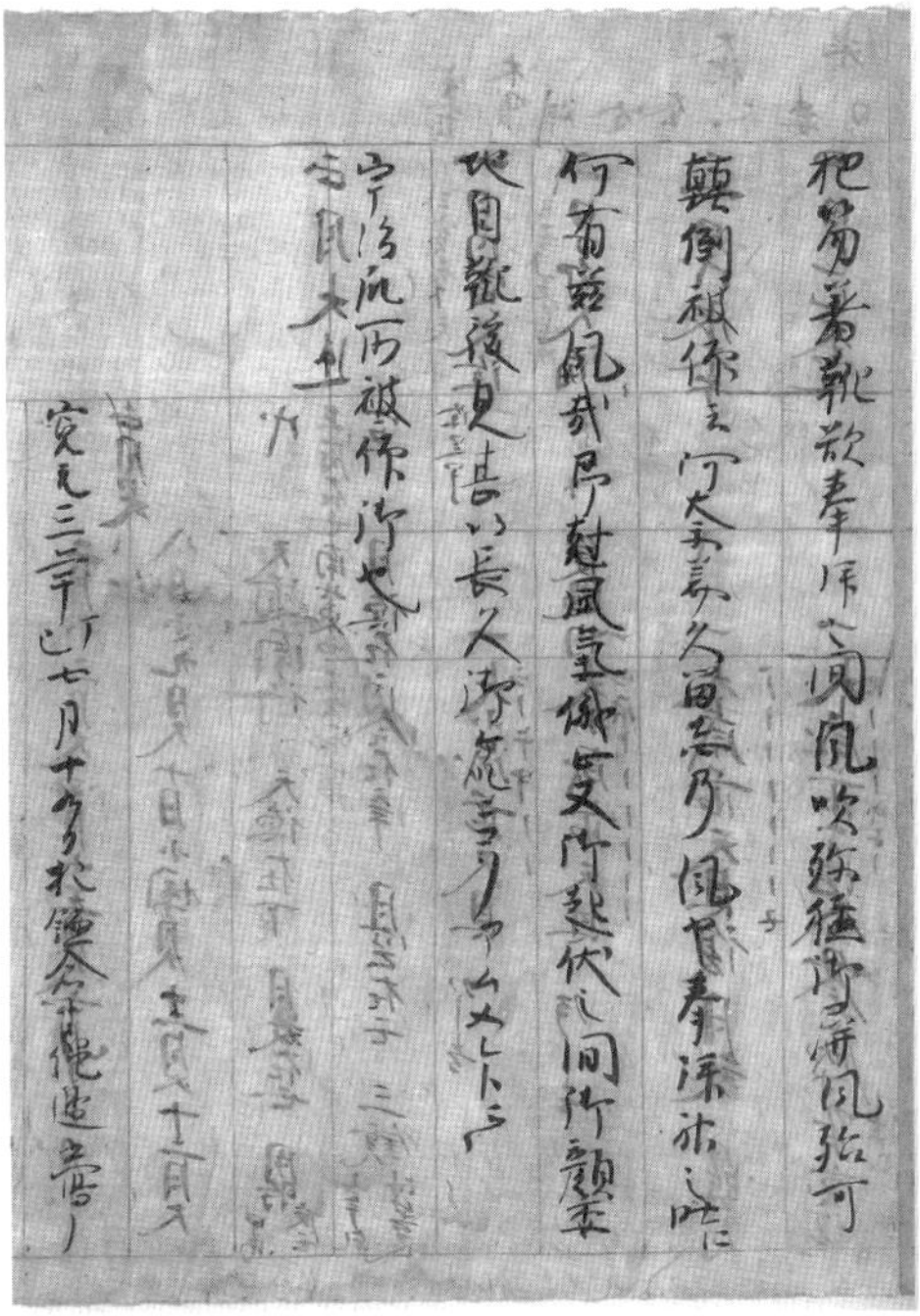

図１　尊経閣文庫本『江談抄』

本文の第一紙には大きな破損がある。紙背の暦は一二月二〇日まで存在し、二一日以下が欠損していることになる。一二月は大の月であるので、一〇行ないしそれ以上の欠損が想定される。一方、本文第一紙は一三行（暦では一二月八日～二〇日）が残存している。一紙の基本は前述のように一九行であるから、本来、この暦には六行分の欠損プラス一紙（以上）、すなわち二五行（以上）が存在していたと見られる。ただしこの六行分の欠損プラス一紙（以上）がそのまま『江談抄』巻頭の欠損に等しいとはいえず、『江談抄』の欠失がどの程度であったかは不明とせざるをえない。(8) なお欠損の箇所には幅約一五㎝の白紙を補っているが、この補紙は本紙の色に似せて染めているようである。このほか本紙の破損は、かなり大きなものが第二紙右端三行の下部にも認められ、補修が加えられている。また全巻を通じて下端に小規模な虫損や傷みがあり、繕いが施されている。

本紙に関しては、前掲の法量表に示したように、第一九紙と第二〇紙の紙幅がほかより短い。紙背の暦はこの継目の前後で九日から一三日に飛んでいる。『江談抄』の書写の際に、何らかの事情で(9)第一九紙左端を二行、第二〇紙右端を一行切り取って再度貼り継いだためと見られる。

なお第二二紙の左端（巻末）には糊の沁みと思われる汚れが認められるが、これは元の軸を装着していた痕跡と推定される。

2　箱

本書を納めた桐箱には、（Ⅰ）「江談抄古題簽」と上書きした包紙に包まれた短冊状の紙片三点〈影印集成四四〉参考図版一三四・一三五頁〉、および（Ⅱ）「木下貞幹等添書　二通」と上書きした包紙に包まれた書付二点〈影印集成四四〉参考図版一三六・一三七頁〉が納められている。（Ⅰ）―（3）「御吟味」（縦五・五㎝、横二・八㎝）の意味・用途は不詳であるが、（Ⅰ）―（1）「古書書出聖廟順菴副書一通一巻」（縦二二・三㎝、横四・五㎝）、（Ⅰ）―（2表）「古書一巻書出聖廟」（縦二一・三㎝、横三・八㎝）は題簽というにふさわしい形状である。おそらく（Ⅰ）―（1）は本書のもとの箱ないし包紙に付されていたもの、（Ⅰ）―（2）は本書の原表紙に付されていた題簽ではないかと推定する。

（Ⅰ）―（1）、（Ⅰ）―（2）にはともに「古書」「書出聖廟」の文字が見えるが、これは、ある時期まで本書の書名が明らかでなかったことをうかがわせる。このことを裏付けるのは木下順庵（一六二一〜一六九八）の「添書」（Ⅱ）—(1)の「一無外題　書出聖廟（中略）外題之義ハ先此通ニ被遊、追而此類之書出申候ハヽ、其上ニ而相考可然奉存候」、および（Ⅱ）—(2)冒頭の「此一巻相考申候処、何之書タルト申候義不知申候」との記述である。順庵は金沢藩第五代藩主前田綱紀に長期にわたって仕え、かたわら綱紀の典籍収集にも多大の貢献をしていることで知られる。(10) 右の「添書」も、綱紀の命により本書を検討した結果の報告の類と推察されるが、この時点では本書の書名を明らかにすることはできなかった。

3　前田家と『江談抄』

「尊経閣叢刊」に付された「前田本江談抄解説」には次のような記述が見える。

この本は延宝五年前田家五代松雲公諱綱紀が武州金沢称名寺よりほかの古本と共に獲られたもので、即ち金沢文庫の旧蔵である。その時の記録に無題号で口不足とあるから、この時既に巻首の闕けてゐたことが知られる。而してもと如何なる書か判らなかつたが近代に於て之が江談抄の零本たることが知られるに至つた。(11)

第一に、綱紀が延宝五年に称名寺から本書を入手した「その時の記録に無題号で口不足とある」との記述の根拠についてである。ここに見える「その時の記録」については、関靖『金沢文庫の研究』の附録に紹介されている「称名寺書物之覚」がそれに該当する内容を有している。(12) 関氏の著書から当該箇所を引用すれば以下のとおりである。

一無題号　無作人　廿一枚　一巻

延喜一条院時分ナトノ事ヲ色々書申候　口不足ニテ御座候

延応二年ノ書本暦ヲ裏返書申候

奥書

　寛元三年丁巳七月十九日於鎌倉甘縄辺書写畢

この「覚」の末尾には「三月二日　津田太郎兵衛」とあり、前田家の家臣津田光吉が記録したものと考えられるが、年紀は不明であり、前述の延宝五年に入手との記述の根拠とはならない[13]。しかしこの「覚」の内容は上記解説の「無題号で口不足」との記述に合致し、また紙背の暦、奥書に関する「覚」の記述も本書のそれと一致しており、本書が金沢文庫旧蔵本であったと見てよいであろう。

第二に、本書が『江談抄』であることが「近代に於て」知られるに至ったとの記述についてである。「解説」がいう「近代」とは具体的にいつのことか、どのような経緯で『江談抄』と判明したのか、それらを明らかにする資料は管見に入っていない。今後の課題としておく。

三　「尊経閣文庫本『江談抄』言談一覧」について

最後に、本論の末尾に掲載した「尊経閣文庫本『江談抄』言談一覧」について一言しておきたい。この「言談一覧」は類聚本系の事書を勘案して作成している[14]。それは、古本系に属する本書にはそのような事書が存在しないために取った便宜的な措置である。

類聚本系の事書を基準に見ると、本書の言談は、形式の面からいえば、〔1〕改行せずに次の言談に移行している場合、〔2〕改行せず、一字空白を置いて次の言談に移行している場合、が認められる[15]。

これに加えて、〔3〕本書で改行して次の言談に移行する箇所でも、類聚本系では言談の区切りとしていないことがある。この場合は言談の内容からの判断も困難なケースがある。一つの例として、No.23「嵯峨天皇御時落書多々事」とNo.24「弘法大師如意宝珠瘞納札銘事」について述べる。類聚本系の「嵯峨天皇御時落書多々事」（第三―42）の構成は次のとおりである（便宜、行番号を付す）。

①　嵯峨天皇之時無悪善ト云落書（中略）被仰令書給
②　一伏三仰不来待書暗降雨慕漏寝如此読云々
③　十廿卅　五十　落書事
④　海岸香在怨落書也
⑤　二冂口月八三中トホセ市中用小斗
⑥　欲唐ノケサウ文　谷傍有欠欲日本返事　木頭切月中破不用
⑦　粟天八一泥加故都
⑧　或人云為市々々有砂々々　左縄足出志女砥与布
⑨　又云弘法大師如意宝珠瘞納札銘云々（ママ）
⑩　宇一山精進峯竹目々底土心水道場此文未読云々

本書では③～⑥が見えず、この位置にNo.24「弘法大師如意宝珠瘞納札銘事」の二行分、すなわち、⑨⑩が入っている。ちなみに類聚本系ではこの言談は第一―42に収められている。本書の現状を示せば、次のとおりである。

①　嵯峨天皇之時無悪善止云落書（中略）被仰令書給
②　一伏三仰不来待畫暗降雨慕漏寝如此読云々

⑨　又云弘法大師如意宝珠瘞納札銘云々（ママ）

⑩　宇一山精進峯竹目々底土心水道場此文未読云々

⑦　粟天八一泥加故都

⑧又或人云為市々々有砂々々又左縄足出シメトヨフ

この配列は、本書と近い系統とされる醍醐寺本『水言鈔』でも同じである。ここにおいて、№23「嵯峨天皇御時落書多々事」に①・②が、№24「弘法大師如意宝珠瘞納札銘事」に⑨・⑩が該当することは確実であるが、問題は⑦と⑧である。類聚本系は前述のようにこれらを№23の一部としている。『江談抄』〈尊経閣善本影印集成四四〉（二五頁）の柱では、類聚本にしたがって⑦・⑧を「（嵯峨天皇御時落書多々事）」と表示した。しかし古本系の配列によると、これらが№24に含まれるものか、あるいはそれぞれ独立の言談と見なすべきかの判断が必要になる。その際、参考となるのは醍醐寺本『水言鈔』巻頭の目録である。これによれば、№23・№24に該当する箇所に、

悪善、、落書（事）、　一代（伏）三作（仰）、
如意宝珠札銘、　未読得文、
古塔銘、　警蹕、
左縄足出、　為市、、

と見える。「悪善、、落書、」が①、「一代（伏）三作（仰）、」が②、「如意宝珠札銘、」が⑨、「未読得文、」が⑩、「左縄足出、」「為市、、」がいずれも⑧に、それぞれ該当すると見られる。ただ「古塔銘、」については定かでないが、⑦を指していると見るほかなかろう。そうであれば、この目録は⑦・⑧をそれぞれ独立の言談と見なしており、さらに⑧後段の「又左縄足出シメトヨフ」も独立のものとしている。

以上のように、本書に類聚本系の事書を借用した場合、№23「嵯峨天皇御時落書多々事」の言談が№24「弘法大師如意宝珠瘞納札銘事」によって分断されることになる。しかし、より古態を伝えるとされる古本系の本書および醍醐寺本『水言鈔』の言談配列にしたがえば、⑦・⑧、もしくは⑦・⑧前段・⑧後段をそれぞれ独立の言談と見なすべきかもしれない。とすれば本書に、類聚本系にはない二ないし三の言談項目を新たに立て、その言談数も八八ないし八九としなければならない。これは類聚本の事書を当てはめたことによる矛盾であるが、いまはとくに手を加えることはせず、類聚本に沿って立項しておく。

以上、本書の書誌的事項を中心に述べたが、未解決の問題が多く残っている。またこのほかにも、本文に加えられた校異注の性格など、本書の内容にかかわる重要な検討課題が存在するが、全て後日を期すほかない。

注

（1）類聚本系の三―3「安倍仲麿読歌事」に「永久四年（一一一六）三月或人問師遠」と、匡房没後五年の年紀が見える（新日本古典文学大系『江談抄　中外抄　富家語』岩波書店、一九九七年による）。これについては「後補ないし注の本文化」と見る説がある。小峯和明「『江談抄』の語りと筆録―言談の文芸―」（『院政期文学論』笠間書院、二〇〇六年、初出一九八二年）。

（2）佐藤道生「「朗詠江注」と古本系『江談抄』」（『三河鳳来寺旧蔵暦応二年書写　和漢朗詠集　影印と研究　研究編』勉誠出版、二〇一四年、初出二〇〇七年）。

（3）本書は『尊経閣叢刊』の一巻として一九三八年に刊行されている（育徳財団発行）。

（4）神田喜一郎旧蔵本は「古典保存会」による複製本が、橋本進吉氏の解説を添えて一九三〇年に刊行されている。

（5）醍醐寺三宝院本は「古典保存会」による複製本が、橋本進吉氏の解説を添えて一九二五年に刊行されている。

（6）後藤昭雄「『江談抄』解説」（『江談抄　中外抄　富家語』〈新日本古典文学大系〉岩波書店、一九九七年）ほか。

（7）育徳財団「前田本江談抄解説」（『江談抄』〈尊経閣叢刊〉付属解説、育徳財団、一九三八年）。

（8）甲田利雄「前田本江談抄の起首に関する疑問」（『校本江談抄とその研究』下、続群書類従完成会、一九八八年）が本書巻頭の欠損の規模について醍醐寺本『水言鈔』と比較しつつ考察を加え、結論として本書は醍醐寺本の巻頭（ただし醍醐寺本冒頭の「類聚国史五十九」の引用部分を除く）と同じく、「江都督言談」から始まっていたとしている。この結論は、「前田本が水言鈔の中での漢籍に係る話・詩文談を削る偏向を示してゐる事に従へば、当然削除する筈の条」を一二行（または一四行）想定することによって成り立っているが、この想定には不安が残る。

（9）甲田利雄「前田本江談抄の裏の具注暦缺日について」（『校本江談抄とその研究』下、注（8）書）は、本文に引く『九条殿御遺誡』の「缺脱に気付いて、その補塡の為めの作業の誤りではなからうか」としているが、趣旨が不明瞭のように思われる。

（10）『加賀松雲公』中（前田家、一九〇九年）、藤岡作太郎『松雲公小伝』（前田家、一九〇九年）の記述を参照。

（11）前掲注（7）解説。

（12）関靖『金沢文庫の研究』（藝林舍、一九七六年、初版一九五一年）。

（13）『加賀松雲公』中（注（10）書）に「松雲公は（中略）延宝五年。津田光吉をして之（称名寺の書籍―引用者注）を捜索せしめらる。光吉称名寺を訪ふこと前後幾回。苦心惨憺。遂に数十部の旧書を発見し。其用に堪ゆべきものを選び。之を購ひて還る」（一九三～一九四頁）と述べ、その論拠として「津田光吉報告書」を抄録しているが、報告書の年紀は示されていない。なお藤岡作太郎『松雲公小伝』（注（10）書）二六八～二六九頁にも「（津田光吉が）延宝五年のほか往訪数回に及び、探索甚だ精し」とある。
『松雲公採集遺編類纂　書籍』（金沢市立図書館近世史料館所蔵）に収める「延宝五年冬相州鎌倉辺書籍等捜索方被命留記」は津田が同年冬に鎌倉周辺の資料調査を実施した際の記録であるが、これによれば、この時の訪書では称名寺の了解が得られなかったため、書籍の入手は実現できず、実際の入手は翌年以降ではなかったかと見られる。そのことは右の『加賀松雲公』『松雲公小伝』の記述からもうかがわれるのであり、これに対して「前田本江談抄解説」の「延宝五年前田家五代松雲公〈諱綱紀〉が武州金沢称名寺より他の古本と共に獲られたもの」との記述は正確さを欠くと思われる。
(14)　前掲注（1）『江談抄　中外抄　富家語』。
(15)　この〔1〕〔2〕のケースを、本書で定めた言談の番号（No.1のように表記する。別表「言談一覧」参照）で示すと、次の箇所が該当する。
〔1〕No.1―2　No.5―6　No.8―9　No.11―12　No.12―13　No.40―41　No.67―68　No.73―74　No.77―78
〔2〕No.35―36　No.43―44　No.45―46

参考文献

本稿の執筆に際して参照した論考のうちの主要なものを以下に掲げる。

池上洵一「『江談抄』における「場」の問題―ある顕光説話の足跡―」（『説話と記録の研究』〈池上洵一著作集二〉和泉書院、二〇〇一年、初出一九八二年）
川口久雄・奈良正一『江談証注』（勉誠社、一九八四年）
甲田利雄『校本江談抄とその研究』上（続群書類従完成会、一九八七年）
　　『校本江談抄とその研究』中（続群書類従完成会、一九八九年）
篠原昭二「大江匡房論序説―江談抄を中心として―」（『国語と国文学』四一―四、一九六四年）
　　「類聚本『江談抄』の編纂資料について」（秋山虔編『中世文学の研究』東京大学出版会、一九七二年）
橋本進吉「醍醐寺蔵水原鈔解説」（『水原鈔』古典保存会、一九二五年）
　　「神田喜一郎氏蔵江談抄解説」（『江談抄』古典保存会、一九三〇年）
益田勝美「『江談抄』の古態（一）（二）」（『日本文学誌要』一五・一七、一九六六・一九六七年）
村井康彦「『江談抄』の成立に関する覚書」（『文芸の創生と展開』思文閣出版、一九九一年、初出一九八一年）
山根対助「『江談抄』成立論」（『国語国文研究』三二、一九六五年）
和田英松『本朝書籍目録考証』（明治書院、一九三六年、初出一九一五年）

『江談抄』に関する先行研究の蓄積は厚く、網羅的に参照することはできない。研究史については川口久雄・奈良正一『江談証注』（前掲）の「『江談』主要研究文献ノート」および「主要参考文献目録ノート」を参照していただきたい。

補注

（1）『江談抄』のうちの古本系写本、とくに前田家本の性格については、江談抄研究会『古本系江談抄注解』（武蔵野書院、一九九三年〔補訂版〕、初出一九八一年）・益田勝実「『江談抄』異文の発生―古態本段階での一ケース―」（『法政大学文学部紀要』三〇、一九八四年）・磯水絵「匡房の言談」（『大江匡房―碩学の文人官僚―』勉誠出版、二〇一〇年）なども参照。

（2）繊維は楮の可能性が高いが、一般的な楮と比べて細めである。繊維の方向性は、表・裏ともに明確ではなく、漉きムラもやや目立つ。繊維間に少量の白色混入物・墨痕が見えるが、目立たない程度で、全体に丁寧に洗浄している印象がある。肉眼では、切れた未蒸解繊維や切れていない未叩解繊維が少数見えるくらいだが、透過光による観察では未叩解繊維の小片が目立つ。漉簾の簀目は一四本／三㎝（部分的に肉眼で見える）、糸目は三・六㎝である。紙厚は七〇～九〇㎛の範囲に収まる。

一次利用の段階で打紙加工が丁寧に施されており、それもあって現状ではやや硬めの紙で、部分的に巻皺が発生している。ニカワの塗布はやや強めで（とくに一次利用＝具注暦の面）、テカっている場所が広く見られる。墨の乗りは全体によく、細い字でもかすれず繊維の上に乗っている。ただし、一次利用面から二次利用面への部分的な墨の染み出しが発生している。

なお第一～三紙では、下部の文字がかすれて見えにくくなっている（顕微鏡で見ると、断片的に繊維上の墨が割れて、一部のパーツが剝落している）。この部分は全体に変色・毛羽立ちが生じているので、過去の湿損との関係で欠損が生じている可能性も想定される。

（文責：渡辺　滋）

尊経閣文庫本『江談抄』言談一覧　※「影印頁」は尊経閣善本影印集成四四の頁数を示す。類聚本の「巻・番号」は新日本古典文学大系本による。

尊経閣文庫本			類聚本	
配列	影印頁	言談	巻	番号
1	六	聖廟西府祭文上天事	第六	45
2	六	公忠弁忽頓滅蘇生俄参内事	第三	33
3	八	公方違式違勅論事	第二	15
4	一〇	惟仲中納言申請文事	第二	13
5	一一	平中納言時望相一条左大臣事	第二	25
6	一二	平家自往昔為相人事	第二	26
7	一三	勘解由相公誹謗保胤事	第五	61
8	一四	有国者伴大納言後身也事	第三	8
9	一四	清和天皇先身為僧事	第三	5
0	一五	善男坐事承伏事	第二	35
11	一六	有国以名簿与惟成事	第三	31
12	一七	大入道殿令譲申中白給事	第一	32
13	一八	町尻殿御悩事	第一	33
14	一八	有国与惟仲成怨事	第三	30
15	一八	小野宮右府嘲範国五位蔵人事	第二	12
16	一九	四条中納言嘲弼君顕定事	第二	30
17	二〇	範国恐懼事	第二	31
18	二一	源道済号船路君事	第三	18
19	二一	称藤隆光号大法会師子事	第三	19
20	二二	勘解由相公暗打事	第三	20
21	二二	以英雄之人称右流左死事	第三	21
22	二三	忠文民部卿好鷹事	第三	22
23	二四（二五）	嵯峨天皇御時落書多々事	第三	42
24	二四	弘法大師如意宝珠納札銘事	第一	42
25	二五	警蹕事	第一	21
26	二五	御馬御覧日馬助以上可参上事	第一	16
27	二六	忠文炎暑之時不出仕事	第二	43
28	二七	忠文被聴昇殿事	第二	42
29	二七	元方為大将軍事	第二	44
30	二八	致忠買石事	第三	24
31	二八	保輔為強盗主事	第三	26
32	二九	菅根与菅家不快事	第三	28
33	二九	依無中納言例不行叙位事	第一	1
34	三〇	貞信公与道明有意趣歟事	第二	37
35	三一	経頼卿死去事	第二	40
36	三一	大納言道明到市買物事	第三	23
37	三一	紀家参長谷寺事	第一	38
38	三二	橘則光搦盗事	第三	25
39	三二	花山院出禁中被向花山事	第二	5
40	三二	花山院御即位之後大宰府不帯兵仗事	第一	20
41	三二	円融院末朝政乱事	第二	4
42	三三	英明乗檳榔車事	第二	41

43	三三	小野宮殿不被渡蔵人頭事	第二	29
44	三三	熒惑星射備後守致忠事	第三	36
45	三四	鷹司殿屏風詩事	第五	42
46	三五	実資公任俊賢行成等被問公事其作法各異事	第二	32
47	三六	朱雀門鬼盗取玄上事	第三	58
48	三七	元興寺琵琶事	第三	61
49	三七	小琵琶事	第三	62
50	三七	葉二為高名笛事	第三	50
51	三八	穴貴為高名笛事	第三	51
52	三八	小蚶絵笛被求出事	第三	52
53	三九	不々替為高名笙事	第三	55
54	三九	壺切者為張良剣事	第三	71
55	三九	忠輔卿号仰中納言事大将事	第三	16
56	四〇	入道中納言顕基被談事	第三	15
57	四〇	日本紀撰者事	第五	24
58	四〇	擬作起事	第六	71
59	四〇	善相公与紀納言口論事	第三	27
60	四一	菅家御序秀勝事	第六	32
61	四一	源頼国熊野詣事	第一	36
62	四二	最勝講始事	第一	9
63	四二	吽字事	第五	38
64	四二	熊野三所本縁事	第一	35
65	四三	畳上下事	第三	46
66	四三	左右太鼓分前事	第三	68
67	四三	杣字事	第五	39
68	四三	時棟不読経事	第一	49
69	四四	天安皇帝有譲宝位于惟喬親王之志事	第二	1
70	四四	内宴始事	第一	3
71	四五	紫宸殿南庭橘桜両樹事	第一	25
72	四五	秀才国成来談敦信亭事	第五	72
73	四六	佐理生霊悩行成事	第三	34
74	四六	小蔵親王生霊煩佐理事	第三	35
75	四七	仲平大臣事	第三	13
76	四七	延喜之比以束帯一具経両三年事	第二	28
77	四八	安嘉門額霊踏伏事	第一	26
78	四八	大内門等額書人々事	第一	27
79	四九	郭公為鶯子事	第三	41
80	四九	可然人着袴奴袴不着事	第二	34
81	五一	御剣鞘巻付何物哉事	第二	36
82	五二	融大臣霊抱寛平法皇御腰事	第三	32
83	五四	冷泉天皇欲解開御璽結緒給事	第二	3
84	五五	摂政関白賀茂詣共公卿幷子息大臣事	第一	28
85	六三	済時卿女参三条院時	第二	7
86	六三	延喜聖主臨時奉幣日風気俄止事	第一	19

跋

一九九四年十一月十二日の奥付を持つ『古代文献の基礎的研究』と題する私の論集を、吉川弘文館が出版して下さった。まことに貧しい内容ではあったが、古代史の専門研究者のために僅かでも役立つものがあればと、自らを納得させ、書肆の申し出をお受けしたのである。前年の十一月、四十二歳で病に仆れた妻・美鳥《みどり》への供養のつもりで、不十分な内容を承知のうえでの所業であった。

旧著刊行の当初、幾人かの方々に書籍をお贈りし、ご意見をお寄せ下さった方も何人かおられた。その中でも今もって明瞭に記憶しているのは、「出すならもっと役に立つ本を出すべきだ」というA氏からいただいたご批判であった。これは未熟な私への叱咤激励として有り難くお受けするほかなかった。

後日、A氏の著書が公刊され、ご批判の真意をそれによって了解することができ、A氏の著書から歴史学研究における「論文」「論文集」とは、役に立つ本とは何かを改めて考える貴重な機会を与えていただいた。今になって思うに、拙著の書名は「基礎的研究」よりむしろ「史料調査報告」という方が内容にふさわしかったと思う。A氏のご指摘に心より感謝申し上げる。

＊　＊

今回、私の第二冊目の論集を刊行するに際して、またもや第一冊目と同じ過ちを繰り返そうとしているのは、決してA氏のご指摘を無視しているためではない。

十数年以前、普段からお世話になっている医師から突然、「心不全だ。即刻入院せよ。病院は手配した」と宣告され、取る物もとりあえず入院することとなった。以来、今日まで生き長らえてきたのは、彼の医師の適切な指示のお蔭であり、感謝のほか、言葉がない。

こうして生還したものの、いつ病状が悪化するか分からない不安を常に抱えていた。その間、脳裏を去らなかったのは「終活」ということであった。とはいうものの、何を最優先に解決するべきか、容易に判断できなかった。そこで、目を私自身の身の回りに転じた。まず、これまでに私が行なってきた史料調査と、公表した結果について振り返り、その不備や誤りをそのまま放置することは許されないとの思いに立ち至った。

しかし私の現状は、外出はおろか立ち上がることもままならない有様で、史料の調査など論外である。この窮状を旧知の友人で史料研究に精通しておられる渡辺滋氏（山口県立大学）に漏らしたところ、援助を申し出て下さった。しかし史料原本の再調査にかかる時間と労力は計り知れない。それを承知のうえで八木書店に本書の刊行を打診し、書肆の了承を得られたのも偏に渡辺氏のご尽力によっている。本来は著者である私が自ら行うべき事実誤認の訂正、対象とした史料の再調査など、あらゆる初出時の不備も訂正していただいた。このことは、本書に加えられている補注が物語っている。さらに原本の再調査に関して、各史料所蔵者との折衝には八木書店出版部の恋塚嘉氏に多大のご尽力をいただいた。お二人には感謝の言葉もない。

*　　*

はじめにも書いたとおり、旧著への手厳しい批判をいただいてから三十年を経過した。この間、私は最初の職場である宮内庁書陵部を辞し、国立歴史民俗博物館（以下、歴博と略称することがある）に勤務することになった。妻の死、まだ自立していない二人の子供たちの生活、彼らを見守ってくれる老齢の母の負担を思うと、私のみ従来のように規則正しい日常の勤務を続けることは許されないように思われた。そのような折に平川南氏（国立歴史民俗博物館、当時）が、「大学共同利用機関である歴博は大学と同様、教官の研究時間が比較自由に設定でき、役所とは違うから」と、歴博への移籍をお誘いくださった。思ってもいなかったことであり、私の窮地を救ってくださった平川氏のご厚情を忘れることはない。

歴博では歴史・考古・民俗・自然科学など、館内外の多分野の研究者とともに共同研究を実施し、その成果は歴博最大の武器である博物館機能を活用して展示を行い、研究者だけでなく広く一般にも情報を発信するという使命があった。これは博物館の創設に大きく寄与された、初代館長・井上光貞博士が立てられた「歴史博物館構想」を具体化するものであった。

しかしこのような研究のスタイルは私には不慣れなものであった。私にとって研究とは個々人がコツコツと行なう孤独な作業の積み重ねであり、成果が上がればそれを研究紀要・学術雑誌などに公表するもの、というのが書陵部で獲得した研究のあり方であった。しかし、これはおそらく世間には通用しない観念であった。たとえばどこの大学でも実施している科学研究費による研究も一つの共同研究であるが、書陵部のような役所では、外部の資金で個人が研究を行なうなど、ありえないことである。

こうして役所の外の自由な世界を初めて経験したのであるが、しかし一方で如何ともしがたい〝息苦しさ〟を感じた。こうしたことは、「歴博の共同研究」についての浅薄な私の理解に起因するのであろう。

＊　＊

歴博に勤務するようになって数年後、体の変調を感じるようになった。以前からあった不整脈が徐々に悪化し、先にも述べたように、ある時、医師より突然の入院加療を命じられた。心不全であった。それに加えて持病の糖尿の治療も必要となり、半年余り入院することとなった。以後、退院後の今日まで、私を支えてくれたのは二人の息子、長男吉岡能人《たかと》と二男吉岡直人《なおと》であった。直人は学生時代より関西に居を構えているため、会う機会は少ないが、能人は一貫して東京生活で私と同居してくれており、今はほとんど寝た切りの状態の私の日常生活を気遣い、その隅々まで気を配ってくれ、息子とはいえその献身は実に有り難く、また申し訳なく思う。彼がいなければ、このような状態の今の私でさえ存在しえなかったに違いない。

＊　＊

本書のもととなった各論文を成稿するに当たっては、多くの方からご協力・ご教示をいただいた。その全てを列挙するわけにはいかないが、『続日本紀』『令集解』の本文校訂作業を共同で行って下さった石上英一氏（当時、東京大学史料編纂所）、禁裏・公家文庫研究の旗手として関連研究を領導された田島公氏（同）には、さまざまな点で大変なお世話になった。また各地における史料調査に際しては、宮内庁書陵部の本田慧子・北啓太（当時）・高田義人の諸氏や、東京国立博物館の島谷弘幸氏（当時）からのご教示もありがたいものであった。このほか、本書の中核となっている前田育徳会尊経閣文庫における史料調査にあたっては、前田育徳会尊経閣文庫の故橋本義彦・菊池紳一（当時）・菊池浩幸・柳田甫の各氏、また、国立歴史民俗博物館に所蔵される史料については同館の小倉慈司氏、同資料係の各氏をはじめとする多くの方々に多大な便宜を図っていただいた。これらの方々のご協力なくして、本書が成り立たなかったことは間違いない。

ほかにも謝辞を申し述べなければいけない方々は余りにも多く、与えられたこのスペースと時間でそれを果たすことはできそうにない。どうかお許しいただきたい。

二〇二四年六月三十日

吉岡眞之

追悼　米田雄介さんを偲んで

拙著制作の最終段階が迫りつつあった二〇二四年八月、米田雄介さんが亡くなられたとのお知らせをいただいた。ここ数年、頂戴した賀状には、日ごろ端整な字を書かれていた米田さんらしからぬ乱れが見受けられ、私なりにご健康を不安に感じていた矢先のことで、あまりに突然のご逝去の報に、どう対応すればよいのか、戸惑うほかなかった。

私が米田さんに初めてお目にかかったのは、東京・神田の歴史学研究会古代史部会での研究会の際であった。その頃、私は辛うじて大学院に進学を許され、吉村武彦・石上英一両氏らのお誘いを受けて「天下の歴研」の空気を初めて吸ったのであった。正確な記憶はないが、一九七〇年代初頭のころであろうか。驚いたことに、その場には時として石母田正氏も出席されることがあり、議論を戦わせるお姿に身近に接することがあった。米田さんは当時、大阪大学の助手を辞して宮内庁書陵部編修課に迎えられていて、同じ書陵部図書課に在職中の菊地康明さんとともに書陵部の古代史研究をリードするお立場にあり、同時に歴研でも中心的な役割を担っておられた。後に私はこのような研究環境に身を置くことになるが、この時は知る由もなかった。

その後、私が書陵部編修課に採用され、米田さんの隣に席を定められご指導を受けることになったのは、恐らく橋本義彦さんのお口添えによって米田さんご自身のお仕事『吏部王記』（醍醐天皇第四皇子、重明親王の日記）の編纂・校訂のお手伝いをさせ、少しでも多く日記の世界に触れさせようとのご配慮であろう。

そもそも学生時代より、公家や日記の世界に無縁な環境にあった者が公家史料の宝庫に在職していること自体、内部的にも問題になりうる。座席の配置から、公務を見据えた当面の仕事の配分まで、不勉強な私への二人の先生の周到なご配慮にほかなるまい。

このようにして私は、米田さんにはほぼ五十数年にわたってお近くに身を置いてお教えをいただいてきた。ご逝去のお知らせに接し、何を措いても真っ先に弔問に駆けつけるべきであったが、数年来の不摂生が祟り、今や起居もままならない有様で、最後のお別れもかなわなかった。

米田さんは、井上光貞先生、橋本義彦先生とともに、かけがえのない私の恩師であった。にもかかわらず「米田さん」と気安くお呼びするのは、長年気安く接してくださっていた習慣であろうか。米田さん! どうかお許し下さい。

二〇二四年九月三十日

吉岡眞之

初出一覧

「序 ―歴史学研究と史料―」 吉岡の書き下ろし原稿に加え、渡辺滋氏が左記論考を整理・増補し成稿

「歴史学と史料研究」(『歴博』一五二、二〇〇九年)→「序」一に挿入

「史書の編纂」(『別冊歴史読本 六一 古代史研究最前線』新人物往来社、一九八八年)→「序」二に一部挿入

「古代の逸書」(沖森卓也ほか編『文字表現の獲得』〈文字と古代日本 五〉吉川弘文館、二〇〇六年)→「序」二に一部挿入

「書誌」(『続日本紀』一〈新日本古典文学大系 一二〉岩波書店、一九八九年。石上英一との共著)→「序」四に一部挿入

第一部 史書

第一章 「蓬左文庫本『続日本紀』の伝来とその意義」

高橋亨・久富木原玲編『武家の文物と源氏物語絵―尾張徳川家伝来品を起点として―』(翰林書房、二〇一二年)

第二章 「高松宮家伝来禁裏本『続日本紀』の筆跡」(原題「高松宮家伝来禁裏本『続日本紀』の筆跡についての覚書」)

人間文化研究機構連携研究「文化資源の高度活用」(『中世近世の禁裏の蔵書と古典学の研究 ―高松宮家伝来禁裏本を中心として― 研究調査報告二』(平成一九年度)』同研究プロジェクト、二〇〇八年)

第三章　「東山御文庫本『続日本紀』の周辺」
『続日本紀研究』三〇〇（一九九六年）

第四章　「類聚国史」
皆川完一・山本信吉編『国史大系書目解題』下（吉川弘文館、二〇〇一年）

第五章　「尊経閣文庫本『類聚国史』」（原題「尊経閣文庫所蔵『類聚国史』解説」）
前田育徳会尊経閣文庫編『類聚国史』三〈尊経閣善本影印集成三四〉（八木書店、二〇〇二年）

第二部　法制史料

第一章　「尊経閣文庫本『交替式』」（原題「尊経閣文庫所蔵『交替式』解説」）
前田育徳会尊経閣文庫編『交替式』〈尊経閣善本影印集成三五―一〉（八木書店、二〇〇五年）

第二章　「三条西家旧蔵『延喜式』巻五〇の書誌と影印・翻刻」（原題「三条西家旧蔵『延喜式』巻第五十の書誌と影印・翻刻」）
『九条家本延喜式の総合的研究』（平成14年度～平成16年度　科学研究費補助金（基盤研究（C）（1））研究成果報告書、二〇〇五年）

第三章　「『延喜式覆奏短尺草写』の研究—翻刻・訓読・影印篇—　付一字索引・主要語句索引」（原題「『延喜式覆奏短尺草写』の研究　—翻刻・訓読篇—付　一字索引・主要語句索引」）
『國學院大學大学院紀要』三一（二〇〇〇年）

第四章　「『延喜式覆奏短尺草写』をめぐって」
『延喜式研究』二八（二〇一二年）

第五章　「尊経閣文庫本『法曹類林』」（原題「尊経閣文庫所蔵『法曹類林』解説」）
前田育徳会尊経閣文庫編『法曹類林』〈尊経閣善本影印集成三五—二〉（八木書店、二〇〇五年）
第六章　「尊経閣文庫本『政事要略』」（原題「尊経閣文庫所蔵『政事要略』解説」）
前田育徳会尊経閣文庫編『政事要略』〈尊経閣善本影印集成三六〉（八木書店、二〇〇六年）

第三部　儀式書

第一章　「尊経閣文庫本『本朝月令要文』」（原題「尊経閣文庫所蔵『本朝月令要文』解説」）
前田育徳会尊経閣文庫編『本朝月令要文』〈尊経閣善本影印集成四七—一〉（八木書店、二〇一三年）
第二章　「尊経閣文庫本『小野宮故実旧例』」（原題「尊経閣文庫所蔵『小野宮故実旧例』解説」）
前田育徳会尊経閣文庫編『小野宮故実旧例・年中行事秘抄』〈尊経閣善本影印集成四七—二〉（八木書店、二〇一三年）
第三章　「尊経閣文庫本『年中行事秘抄』」（原題「尊経閣文庫所蔵『年中行事秘抄』解説」）
前田育徳会尊経閣文庫編『小野宮故実旧例・年中行事秘抄』〈尊経閣善本影印集成四七—二〉（八木書店、二〇一三年）

第四部　説　話

第一章　「尊経閣文庫本『日本霊異記』」（原題「尊経閣文庫所蔵『日本霊異記』解説」）
前田育徳会尊経閣文庫編『日本霊異記』〈尊経閣善本影印集成四〇〉（八木書店、二〇〇七年）
第二章　「尊経閣文庫本『江談抄』」（原題「尊経閣文庫所蔵『江談抄』の書誌」）
前田育徳会尊経閣文庫編『江談抄』〈尊経閣善本影印集成四四〉（八木書店、二〇〇八年）

【著　者】
吉岡 眞之（よしおか まさゆき）

1944年生まれ。東京大学大学院人文科学研究科修士課程修了、宮内庁書陵部編修課長、国立歴史民俗博物館教授（歴史研究部）、同副館長をへて、現在、国立歴史民俗博物館名誉教授。専門は日本古代史、史料学。

〔主な著作〕
『古代文献の基礎的研究』（吉川弘文館、1994年）
『禁裏本と古典学』（共編、塙書房、2009年）

日本古代典籍研究《にほんこだいてんせきけんきゅう》—史書《ししょ》・法制史料《ほうせいしりょう》・儀式書《ぎしきしょ》・説話《せつわ》—

2024年11月7日　初版第一刷発行　　定価（本体11,000円＋税）

著　者　吉　岡　眞　之
発行所　株式会社　八木書店出版部
代表　八　木　乾　二
〒101-0052 東京都千代田区神田小川町3-8
電話 03-3291-2969（編集）-6300（FAX）
発売元　株式会社　八　木　書　店
〒101-0052 東京都千代田区神田小川町3-8
電話 03-3291-2961（営業）-6300（FAX）
https://catalogue.books-yagi.co.jp/
E-mail pub@books-yagi.co.jp

印　刷　精興社
製　本　牧製本印刷
用　紙　中性紙使用

ISBN978-4-8406-2605-7

索　　引

件　　名

【あ行】

【か行】

【さ行】

【た行】

【な行】

【は行】

史料名

【さ行】

【た行】

【な行】

【は行】

【ま行】

人　名

【た行】

【な行】

【は行】

【ま行】

【や・ら行】

研究者名

【あ行】

【か行】

【さ行】

【た行】

【な行】

【は行】

【ま行】

【や行】

【わ行】

『延喜式覆奏短尺草写』索引

一字索引

凡　例

一、本索引は、本書第2部第3章に翻刻・訓読・影印で収録した『延喜式覆奏短尺草写』の索引で、一字索引、主要語句索引から成る。
二、「一字索引」は中村尚美が編纂した。
三、文字の配列は五十音順を基本とし、同音の文字の配列順序については水本浩典他編『令集解総索引（上・下）』（1991年、高科書店）に準拠した。
四、文字の所在は、翻刻文に付した原本の張数と、各張ごとの行番号を組み合わせた4桁の数字によって表示する。例えば、「安　0616」は、第6張の16行目に「安」があることを意味する。
五、一行に同一文字が複数存在する場合は、4桁の数字の後に(2)などと注記し、その行におけるその文字の頻度を示す。

【き】

【く】

【け】

【こ】

【さ】

【し】

【す】

【せ】

【そ】

【た】

【ち】

【は】

【ひ】

【ふ】

【へ】

【ほ】

【ま】

【み】

【め】

【も】

【や】

【ゆ】

【よ】

【ら】

【り】

【る】

【れ】

【ろ】

【わ】

主要語句索引

凡　例

一、「主要語句索引」は平澤加奈子が編纂した。
二、語句には最も一般的と思われる読みを施し、これを五十音順に配列した。
三、語句の所在の指示、同一行における頻度の表示などの方法は、「一字索引」の凡例「四」に同じ。

【け】

【こ】

【さ】

【し】

【す】

【せ】

【そ】

【た】

【ち】

【つ】

【て】

【と】

【な】

【に】

【り】

【ろ】